高职高专环保类专业教材系列

环境工程给排水技术

（修订版）

王怀宇　主编

张　辉　李宏罡　副主编

科学出版社

北　京

内 容 简 介

本书系统介绍了环境工程给排水技术，主要内容包括：给水系统组成、输水和配水管道工程设计与计算、环境工程取水工程设计与计算、给水处理技术、水的冷却和循环冷却水质处理技术、排水管道布置与计算、排水管网附件和构筑物、工业废水的特种处理和污水处理厂的规划与设计等。

本书可作为高职高专环保类及相关专业的教材，也可以作为环保科技人员、管理干部、环保职工培训教材和参考书。

图书在版编目(CIP)数据

环境工程给排水技术（修订版）/王怀宇主编. —北京：科学出版社，2010.6

（高职高专环保类专业教材系列）

ISBN 978-7-03-027794-7

Ⅰ.①环… Ⅱ.①王… Ⅲ.①环境工程-给水工程-高等学校：技术学校-教材②环境工程-排水工程-高等学校：技术学校-教材 Ⅳ.①TU991②X5

中国版本图书馆 CIP 数据核字（2010）第 099859 号

责任编辑：张 斌/责任校对：耿 耘

责任印制：吕春珉/封面设计：东方人华平面设计部

科学出版社出版

北京东黄城根北街 16 号

邮政编码：100717

http://www.sciencep.com

天津市新科印刷有限公司 印刷

科学出版社发行 各地新华书店经销

*

2010 年 6 月第 一 版 开本：787×1092 1/16

2023 年 7 月修 订 版 印张：19 1/4

2023 年 7 月第五次印刷 字数：462 000

定价：59.00 元

（如有印装质量问题，我社负责调换〈新科〉）

销售部电话 010-62136230 编辑部电话 010-62135235

序

环境保护是我国的一项基本国策，而环境保护教育又是环保工作的重要基础。因此必须加强环境学科相关知识在实践中的应用，提高我国环保类专业学生的环境科研、监管能力，注重学生实践操作能力的培养，努力提高环保专业课程体系的整体性、系统性、实用性。

环境管理作为人类自身行为管理的一种活动，是在20世纪60年代末开始随着全球环境问题的日益严重而逐步形成、发展的，它揭示了人类社会活动与人类生存环境的对立统一关系。在人类社会中，环境—社会—经济组成了一个复杂的系统，作为这个系统核心的人类为了生存发展，需要不断地开发利用各种自然资源和环境资源，而无序无节制的开发利用，导致地球资源急剧消耗，环境失调，从而影响人类的生存和发展。为遏制这种趋势及其蔓延，人类开始研究并采取措施推动资源的合理开发利用，推进环境保护及其自我修复能力的提高，努力实现人类的可持续发展。环境—社会—经济系统能否实现良性循环，关键在于人类约束以及影响这一系统的方法和手段是否有效，这种方法和手段就是环境管理。

环境管理随着人类环保实践活动的推进而不断演变。相当长的时期内，人们直接感受到的环境问题主要是局部地区的环境污染。人类沿袭工业文明的思维定式，把环境问题作为一个单纯的技术问题，其环境管理实质上只是污染治理，主要的管理原则是“污染者治理”和末端治理模式。随着末端治理走到环境污染治理的尽头，加之生态破坏、资源枯竭其他环境问题的进一步凸现，人们开始从经济学的角度去探寻环境问题的根源与对策，通过“环境经济一体化”使“环境成本内部化”，将环境管理原则变为“污染者负担，利用者补偿”，从而推进了源头削减、预防为主和全过程控制的管理模式的形成。人们在科学发展、保护环境的长期追求与探索中，逐步认识到环境问题是人类社会在传统自然观和发展观支配下导致的必然结果，其管理和技术手段都是“治标不治本”的，只有在改变传统的发展观基础上产生的财富观、消费观、价值观和道德观，才能从根本上解决环境问题。因而环境管理不是单纯的技术问题，也不是单纯的经济问题和社会问题，而是人与自然和谐、经济发展与环境保护相协调的全方位综合管理。

加强课题研究，通过课程设计和构建，着力解决高等职业教育环保类专业人才培养和社会需求，以就业为导向，坚持改革创新，努力提高学生的职业能力，使学生将课堂与工作现场直接对接，进一步理解目前的学习如何为将来的职业服务，从而提高学生学习的积极性、针对性，提高教学质量，这是我国环保职业教育必须坚持的方向。

非常高兴的是，2009 年 4 月，由长沙环境保护职业技术学院牵头，集合全国与环境保护相关的本科及职业院校、企业、科研机构等近百家单位共同组建的环境保护职业教育集团正式成立，这是我国目前环保职教领域阵容最大的产学研联合体。该集团的成立，在打造环保职业教育品牌和提升环保职业教育综合实力上，将产生深远影响。

本套教材的作者都是长期从事环保高职教育的一线教师，具有丰富的教学经验，在相关领域又有比较丰富的环保实践经验，在承担相关环保科研与技术服务中，将潜心研究的科研成果与最新技术、方法、政策、标准等体现于职业教育的教材之中，使本套教材具有鲜明的职业性、实践性，对环保职业教育具有较好的指导与示范作用。

衷心希望这套教材的出版发行，能为我国环保教育事业的发展发挥积极的推动作用。

祝光耀

2010 年 3 月 10 日

祝光耀：中国环境与发展国际合作委员会秘书长，原国家环保总局副局长。

前　言

为了遏制水环境的严重污染，国家加大了对环境污染治理的力度，加强了对企业污水排放的管理，兴建了很多城市污水处理厂，使得社会对污水处理人才产生了大量需求。

本书是高等院校环境监测与治理技术专业的一门主干专业课程，是从事环境保护工作必须掌握的基本技术之一，根据教育部高等学校高职高专环保与气象专业教学指导委员会制定的环境保护类专业的教学基本要求编写而成，融系统性、科学性、完整性、实用性于一体。

本书主要讲述了给水工程的取水设施、输配水管道与处理方法、排水工程的排水管道管网的计算、附属设施结构与污水的处理方法等。在讲解必备基础知识的基础上，注重对操作技能的传授与训练，注重培养学生的分析问题和解决问题的综合能力。

本书适应我国高等职业教育的特点，体现规范、必需的原则，具有先进性和较好的教学适用性，突出高等职业教育特色，理论与技能培训相结合，突出实用性，注重对学生整体设计能力的培养，并辅以大量习题。

本书在修订过程中厚植“深入实施科教兴国战略、人才强国战略、创新驱动发展战略，开辟发展新领域新赛道，不断塑造发展新动能新优势”的理念，紧密对接国家发展重大战略需求，不断更新升级，旨在为人才培养提供重要支撑，为引领创新发展奠定重要基础，更好地服务于高水平科技自立自强、拔尖创新人才培养。

本书由邢台职业技术学院王怀宇任主编，邢台职业技术学院张辉、黑龙江生物科技职业学院李宏罡任副主编。编写分工如下：王怀宇编写第一章、第七章，张辉编写第二章，李宏罡编写第五章、第八章、第九章，周广阔（杨凌职业技术学院）编写第三章、第四章，陈勇（河南工程学院）编写第六章。王怀宇负责全书的统稿工作。

由于作者水平所限，书中难免存在错误和不妥之处，欢迎读者批评指正。

目　　录

第一章　给水工程概论 ………… 1

第一节　给水系统概论 ………… 2

第二节　设计用水量 ………… 4

第三节　给水系统的工作情况 ………… 5

第二章　输水和配水管道工程 ………… 8

第一节　管网和输水管布设 ………… 9

第二节　管段流量、管径和水头损失 ………… 13

第三节　管网的计算 ………… 26

第四节　给水管网附件和构筑物 ………… 46

第五节　给水管网的技术管理 ………… 61

第三章　环境工程取水工程 ………… 70

第一节　取水工程概论 ………… 70

第二节　地下取水构筑物 ………… 75

第三节　地表取水构筑物 ………… 90

第四章　给水处理 ………… 120

第一节　给水工程概论 ………… 120

第二节　混凝处理 ………… 125

第三节　沉淀和澄清 ………… 129

第四节　过滤 ………… 139

第五节　消毒 ………… 148

第六节　水的软化 ………… 153

第五章　水的冷却和循环冷却水质处理 ………… 158

第一节　水的冷却基本知识 ………… 158

第二节　循环冷却水水质处理 ………… 163

第三节　循环水防水结垢的处理 ………… 170

第四节　循环冷却水的综合利用 ………… 174

第六章　排水管道工程 ………… 179

第一节　排水系统概论 ………… 179

第二节　污水管道系统设计 ………… 188

第三节　雨水管道的设计计算 ………… 210

第四节　合流制管渠系统设计 ………… 227

第七章　排水管网附件和构筑物 ………… 235

第一节　排水管渠的材料、接口及基础 ………… 236

第二节　排水管渠系统上的构筑物 …… 246
第三节　排水管渠系统的管理和养护 …… 257
第八章　工业废水的特种处理 …… 263
第一节　物理处理法 …… 263
第二节　化学及物理化学处理法 …… 265
第九章　污水处理厂的规划与设计 …… 284
第一节　水污染的综合防治 …… 284
第二节　污水处理厂的设计基础资料与设计文件 …… 287
第三节　厂址选择 …… 288
第四节　处理的工艺流程选择 …… 289
第五节　处理厂平面及高程布置 …… 290
第六节　污水处理厂的配水、计量与水质监测 …… 292
第七节　验收、运行管理、水质监测与自动控制 …… 294
主要参考文献 …… 299

第一章　给水工程概论

岗位目标

(1) 了解给水系统的组成和用户对给水的要求。

(2) 熟悉泵用水标准和用水量的变化，能够对用水量进行计算。

(3) 熟悉泵站的节能运行方法。

(4) 掌握给水系统流量、水压工作情况。

必备知识

(1) 城镇或居住区最高日生活用水量（m^3/d）$Q_1=q\times N$。

(2) 当管网同时供应工业企业用水时，该城镇最高日设计用水量（m^3/d）为

$$Q_d=(1.1\sim1.2)(Q_1+Q_2+Q_3+Q_4)$$

(3) 取水构筑物最高日的平均时流量（m^3/h）为

$$Q_1=\frac{\alpha Q_d}{T}$$

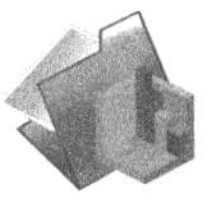

选修知识

(1) 城市用水包括生活用水、生产用水和消防用水。

(2) 给水系统的组成包括取水构筑物、水厂、泵站、输水管管网和调节构筑物。

(3) 影响给水系统布置因素：城市规划、水源和地形条件。

课前思考题

(1) 城市供水系统的结构图应该是什么样的?

(2) 城市用水量应怎样计算?

(3) 城市供水量应满足哪些要求?

(4) 城市给水压力应如何计算?

第一节 给水系统概论

给水工程在人类生产生活中占有重要地位，在现代社会必不可少。给水系统是保证城市和工农业用水的各项构筑物的组合体，按使用目的可分为生产、生活、消防给水系统；按服务对象可分为城市、城镇、工业给水系统；按水重复利用可分为直流、循环、循序系统；按水源种类分为地表和地下水源给水系统；按供水方式分为重力、压力和混合供水系统。

一、用户对给水的要求

（一）生活用水

生活用水指工业、企业、学校、机关、餐厅、浴室和家庭饮用、洗涤、烹调、卫生等用水及工业企业内职工生活和淋浴用水。其用量与气温、习惯、房屋卫生设备条件、水压、水费有关。我国居民生活用水量按《室外给水设计规范（GB50013—2006)》规定选取，生活饮用水水质按《生活饮用水卫生标准（GB5749—2006)》执行。为确保用户供水力，自地面算起最小水压为：一层楼10m，二层楼12m。之后，每升高一层压力增加4m。

（二）生产用水

生产用水指工业企业生产过程中使用的水，如冷却用水、锅炉给水、产品洗涤、纺织染整用水等，其水质、水量、水压应根据生产需要而定。例如，火力发电、钢铁工业、造纸等行业用水量很大，而制衣业用水极少。生产用水水质与工艺、产品种类有关：酿造、食品加工应达到食品工业用水标准，半导体元件制造应用超纯水，冷却用水要求则较低等，由此可见生产用水的复杂性。生产用水水压与工艺有关，高炉要求近百米压头，而冲洗水则可小到数米水压。

（三）消防用水

消防用水是火警下使用的，往往源自给水管网上的消火栓，对水质无特殊要求，其水量与城市规模、建筑性质、耐火等级有关，消防时要求管网水压大于10m。

二、给水系统的组成和布置

1. 给水系统的组成

给水系统通常由下列部分组成：

（1）取水构筑物：自水源取水并输往水处理厂。

（2）水厂：内设水处理构筑物，使原水达用户水质要求。

（3）泵站：用于将所需水量提升到预定高度，分为一级泵站、二级泵站和加压泵站。

（4）输水管和管网：将原水输到水厂、清水送到给水区和用水地点和管道。

（5）调节构筑物：如水塔、高位水池、清水池等，可起到调节水量或水压作用。

给水系统示意图如图 1.1 所示。

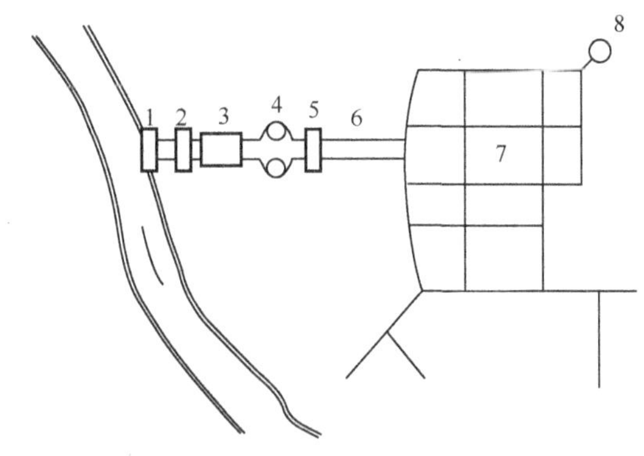

图 1.1　给水系统示意

1. 取水构筑物；2. 一级泵站；3. 水处理构筑物；4. 清水池；5. 二级泵站；6. 输水管；7. 管网；8. 水塔

图 1.1 为地表水为水源的给水系统。取水构筑物 1 自江河中取水，经泵站 2 加压送水厂 3 去处理，达标水进入清水池 4 贮存，水泵站 5 将水经输水管 6 送往管网 7 分配给用户。水塔 8 用于调节水量和保持管网水压。

2. 给水系统的布置

对于地下水源的给水系统，常就近取水，若水质好，往往只进行消毒便可输给用户。

对于城镇中，工业用水大时，可以与生活供水系统合或分建，视经济状况和费用而决定。有时，因对水压要求差异大而建高低压供水系统。如何合理选取给水系统，应由技术经济比较确定。影响给水系统的布置因素有：

（1）城市规划影响：人口数、供水标准、水质、水压、工厂用户都来自城市规划。还要注意与其他行业的协调、配合，如灌溉、航运等均要以规划为准而确定给水系统形式和布局。

（2）水源的影响：水源种类、水源远近、水质条件等影响其取水形式和处理工艺。例如，西安有“八水绕长安”，又有地下水，还有黑河引水 70km，故其成为多水源供水之典型城市。

（3）地形条件影响：平坦地形小城镇宜建统一给水系统，地形高低起伏大宜建高低压分区供水系统。

三、工业给水系统

通常城镇给水系统的组成和布置原则适用工业企业。但当工业企业对水质要求不高或城镇难满足其对供水要求时，也可根据其要求，自建工业给水系统。在工业生产用水中冷却水量大，其利用可分为直流、循环、循序三种给水系统。

（1）直流系统指取水经处理达标使用后直接排入水体的系统。

（2）循环系统指用过的水经适当处理后再回用系统，其使用中损耗的水需加以补充。

（3）循序系统指工厂或车间顺序利用水系统。

第二节 设计用水量

一、用水标准

1. 生活用水量标准

生活水量是指城镇每人每日生活用水量，在工业企业指每一职工每班生活和淋浴用水量。居住区生活用水量标准依据《室外给水设计规范（GBJ14—1987）》，结合现状和考虑近期和远期发展而确定，不包括洒扫、绿化、公共建筑用水量。

（1）洒扫道路用水为1～1.5L/(d·m^2)，大面积绿化用水为1.5～2.0L/(d·m^2)。

（2）公共建筑内生活用水量按《室内给水排水和热水供应设计规范（TJ15—1986）》规定选取。

（3）工业企业职工生活水量和淋浴用水量可按《工业企业设计卫生标准（GB21—2010）》选取，一般车间每人每班25L，高温车间每人每班35L。淋浴用水时间为班后1h。

2. 生产用水量标准

生产用水量可按单位产品计算用水量，如纺织印染工业每100m布用水量为2.5m^{3}等。也可按单位台设备来计算用水量，例如每辆货车冲洗用水5.0 m^3 等。

3. 消防用水量标准

消防用水可按同时发生火灾次数和一次灭火用水量来确定。

二、用水量变化

生活用水并非时时均匀，而是随习惯、气候而变化。一年之内，用水冬少夏多；一日之内，晨起和晚餐前后用水多而深夜少。冷却用水冬少夏多，生产用水却变化不大。用水量标准只是一个平均值，而设计用的设计流量却指在规划的年限内最高日用水量中最高一小时的用水量。通常，将用水最多一日的用水量称为最高日用水量，与日平均水量的比值称日变化系数，其值约为1.1～2.0之间。最高日内最高一小时用水量与平均时用量的比值称时变化系数，其值和居民数、房屋设备类型、职工上班状况有关，一般为1.3～2.5之间，大城市时变化系数值小，城郊、农村时变化系数可达3～4。

三、用水量计算

城镇或居住区最高日生活用水量为Q_1(m^3/d)。

$$Q_1 = q \times N \tag{1.1}$$

式中：q——最高日生活用水标准［$m^3/(d \cdot 人)$］，见我国《室外给水设计规范》；

N——设计或规划年限内的人口数。

最高日生活用水量标准与房屋卫生设备有关，因此，同一城内各区若卫生设备不同，则其最高日生活用水量标准也不同，应将各区分别计算而相加，得到该城最高日用水量：

$$Q_1 = \sum q_i \times N_i \tag{1.2}$$

式中：q_i 和 N_i 分别表示各区的最高日生活用水量标准和计划人口数。

当管网同时供应工业企业用水时，应包括职工生活与淋浴用水量之和 Q_2，以及生产用水量 Q_3。对城市公共建筑、洒扫绿化用水量 Q_4 也须计入最高日用水量之中。考虑到管网漏失和未预见水量约占上述水量之和的10%～20%，故该城镇最高日设计用水量为

$$Q_d = (1.1 - 1.2)(Q_1 + Q_2 + Q_3 + Q_4)$$

从最高日设计用水量 Q_d 可得最高时设计用量，并将单位化为 L/s，则得：

$$Q_h = \frac{1000 \times K_h Q_d}{24 \times 3600} = \frac{K_h Q_d}{86.4} \tag{1.3}$$

式中：K_h——时变化系数；

Q_d——最高日设计用水量（m^3/d）。

第三节　给水系统的工作情况

一、给水系统的流量关系

为解决给水系统各组成部分间的流量关系，应根据各部分具体工作情况而确定其流量。对于一级泵站，其在每天工作 T 小时下，则泵站送水应考虑增加水厂自身消耗的水量（用系数 α 表示）。α 与净水方法、构筑物类型、原水水质等有关，一般选1.05～1.10之间，故取水构筑物、一级泵站、水厂均按最高日的平均时流量计算，即：

$$Q_1 = \frac{\alpha Q_d}{T} \tag{1.4}$$

在取用地下水时，因无须处理，一级泵站可直接将水送入管网或地面水池，故此时一级泵站计算流量 $Q_1 = Q_d/T$ 而无需 α 修正。

二级泵站是自清水池抽水经输水和管网送给用户水，其计算流量与管网中有否高位水池或水塔有关，因为它们在最大用水时将向管网供给贮存的水量。另外，为使供水和需水量相吻合，往往用二级泵站水泵的开动台数进行调节。

二、给水系统与水压关系

1. 一级泵站扬程

一级泵站扬程以满足达到处理构筑物最高水位为准。泵站扬程为吸水管、压水管水

头损失与泵吸水井最低水位与处理构筑物最高水位的高程差三者之和。

2. 供管网前无水塔的管网用水之二级泵站

扬程除要满足自清水池最低水位到管网控制点高差要求外，尚需克服输水管和管网两项水头损失及泵吸水管道水头损失，再留下自由水头。

3. 供管网前有水塔的管网之二级泵站

扬程要满足自清水池最低水位到水塔最高水位高差，尚需满足克服吸水管和输水管的水头损失。而水塔的水柜标高能满足在最高用水量时控制点有足够自由水头的条件。

4. 消防时的管网水压

消防时管网压力有高压和低压两种。高压网消防时除能保证消防流量外，还能保证所需的水压，即自消火栓接上水龙带便可进行灭火。低压网则只能保证消防时所需水量，压力由消防车自行加压。

消防情况发生时会对管网压力有较大影响，故在设计时均按最高日最高时水量计算，并核算此时消防中管网水压和最大转输时管网中水压，在管网事故时只通过70%设计流量时核算水压，以确保届时水的供应。

小结

本章主要讲述了给水系统的组成、给水系统的布置、用户对水质的要求、不同行业的用水标准、城镇用水量的变化情况、供水系统供水量的计算及给水系统与流量和压力的关系等问题，重点内容为如何计算供水量。

复习题

1. 名词解释

给水系统　生活用水　消防用水　生产用水　直流系统　循环系统　循序系统

2. 填空题

(1) 给水工程按供水方式分为重力供水系统、______供水系统和______供水系统。

(2) 消防时管网压力有高压和________两种。

(3) 给水系统的组成包括：取水构筑物、________、________、输水管和管网和调节构筑物。

(4) 影响给水系统布置因素有：城市规划、________和________。

3. 选择题

(1) 给水工程按使用目的可分为生产、生活、(　　) 给水系统。

A. 生产；　B. 生活；　C. 消防；　D. 管道。

(2) 泵站送水应考虑增加水厂自身消耗的水量采用变化系数 α 表示，α 一般选(　　)之间。

A. 1.05～1.10；　B. 1.10～1.15；　C. 1.15～1.20；　D. 1.05～1.15。

(3) 最高日用水量与日平均水量的比值称日变化系数，其值约为(　　)之间。

A. 0.8～1.3；　B. 1.1～2.0；　C. 1.5～2.2；　D. 1.8～2.5。

第二章　输水和配水管道工程

岗位目标

(1) 了解管网和输水管的定线布设。

(2) 了解给水管网各种附件和附属构筑物的结构特点。

(3) 熟悉给水管网运行方面的技术管理及维护方法。

(4) 掌握管段流量、管径和水头损失等各相关参数的计算方法。

(5) 掌握给水系统中树状管网和环状管网的计算方法及步骤。

必备知识

(1) 长度比流量：$q_s = \dfrac{Q - \sum Q_i}{\sum L}$；面积比流量：$q_A = \dfrac{Q - \sum Q_i}{\sum A}$。

(2) 管网任一节点的节点流量：$q_i = 0.5 q_s \sum L_i$ 或 $q_i = 0.5 q_A \sum A_i$。

(3) 连续性方程：$q_i + \sum q_{ij} = 0$；能量方程：$\sum h_{ij} = 0$。

选修知识

(1) 管网图形、管网布置形式及管网和输水管的定线方法。

(2) 管径的确定及水头损失的经验计算方法。

(3) 管网校核的定义、内容及管网计算结果的整理。

(4) 给水管网相关附件和各类附属构筑物。

(5) 给水管网的技术资料及管网管理维护。

课前思考题

(1) 一个复杂的给水管网在计算时如何进行简化？

(2) 枝状管网与环状管网在结构和供水方面有何区别？

(3) 管网在其设计计算过程中主要通过几步完成？

(4) 给水管网中常用的附件及附属构筑物有哪些？

给水管网是由各种大小的给水管道连接而成的，它是给水系统的重要组成部分。给水系统分为输水管和配水管两部分。输水管是指从水源到水厂或由水厂到供水区域之间的管线，它中途一般不接用户，主要起转输水的作用；配水管网（以下简称为管网）就是将输水管送来的水输送到各用水区并分配到各用户的管道系统。它遍布于整个给水区域的地下，只要有用水的地方就需敷设配水管道。就给水系统的设计而言，其主要任务是对系统体系结构、水源与取水点选择、给水处理厂选择、给水处理工艺、给水管网布置等拟定不同方案进行技术经济的比较，最后确定出最佳方案。

第一节　管网和输水管布设

一、管网图形

（一）简化目的及原则

在管网计算中，城市管网的现状核算及旧管网的扩建计算最为常见。由于给水管线遍布在街道下，不仅管线很多而且管径差别很大，若计算全部管线，实际上既无必要，也不大可能。因此，除了新设计的管网，因定线和计算仅限于干管网的情况外，对城镇管网的现状核算及管网的扩建或改建往往需要将实际的管网加以简化，保留主要的干管，略去一些次要的、水力条件影响较小的管线，使简化后的管网基本上能反映实际用水情况，大大减轻计算工作量。通常管网越简化，计算工作量越小。但过分简化的管网会致使计算结果与实际用水情况的差别加大。所以，管网图形简化是在保证计算结果接近于实际情况的前提下，对管线进行的简化。

（二）简化方法

在进行管网简化时，应先对实际管网的管线情况进行充分了解和分析，然后采用分解、合并、省略等方法进行简化。

1. 分解

只有一条管线连接的两个管网，可以把连接管线断开，分解成为两个独立的管网。有两条管线连接的分支管网，若其位于管网的末端且连接管线的流向和流量可以确定时，也可以进行分解。管网分解后即可分别计算。

2. 合并

管径较小、相互平行且靠近的管线可考虑合并。如管线交叉点很近时，可以将其合并为同一交叉点。相近交叉点合并后可以减少管线数目，使系统简化。在给水管网中，为了施工方便和减小水流阻力，管线交叉处往往用两个三通代替四通（实际工程中很少使用四通），不必将两个三通认为是两个交叉点，仍应简化为四通交叉点。

3. 省略

管线省略时，首先略去水力条件影响较小的管线，即省略管网中管径相对较小的管线。管线省略后的计算结果是偏于安全的，但是由于流量集中、管径增大，所以并不经济。

图 2.1（a）为某城市管网的全部管线布置，共计 42 个环，管段旁注明管径（以 mm 计）；图 2.1（b）表示管网在分解、合并和省略时的考虑；图 2.1（c）为简化后的管网，环数减少一半，计 21 环。

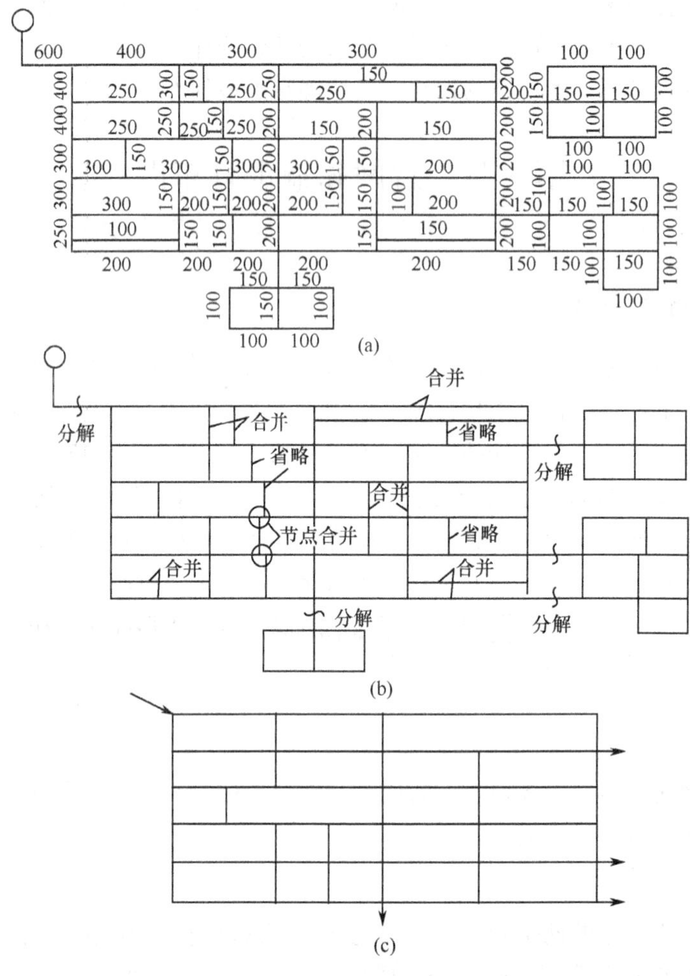

图 2.1 管网简化图

二、管网定线

（一）管网的布置形式

1. 管网布置的基本要求

管网布置是在给水区域地形图和总体规划平面图基础上进行的。管网的规划布置应符合以下几点基本要求：

（1）按照城市规划平面图布置管网，布置时应考虑给水系统分期建设的可能，并留有充分的发展余地。

（2）管网布置必须保证供水安全可靠，当局部管网发生事故时，断水范围应减到最小。

（3）管线遍布在整个给水区内，保证用户有足够的水量和水压。

（4）力求以最短距离敷设管线，以降低管网造价和供水能量费用。

2. 管网的布置形式

根据管网的布置形式可分为树状管网和环状管网。

1）树状管网

树状管网一般适用于小城镇和小型工矿企业，这类管网从水厂泵站或水塔到用户的管线布置成树枝状向供水区延伸，如图 2.2（a）所示。树状管网布置简单，供水直接，管线长度短，节省投资。但其供水可靠性较差，因为管网中任一段管线损坏时，该管段以后的所有管线就会断水。另外，在树状管网的末端，因用水量已经很小，管中的水流缓慢甚至停滞不流动，水质容易变坏。

2）环状管网

在环状管网中，管线连成环状。当任一管线损坏时，可关闭附近的阀门将管线隔开，进行检修，水还可从其他管线供应用户，断水的区域可以缩小，从而增加供水可靠性，如图 2.2（b）所示。环状管网还可以大大减轻因水锤作用产生的危害，而在树状管网中，则往往因此而使管线损坏，但是环状管网的造价要明显高于树状管网。一般在城镇建设的初期采用树状管网，随着城镇的发展逐渐连成环状管网。在城市的中心布置成环状管网，郊区布置成树状管网。

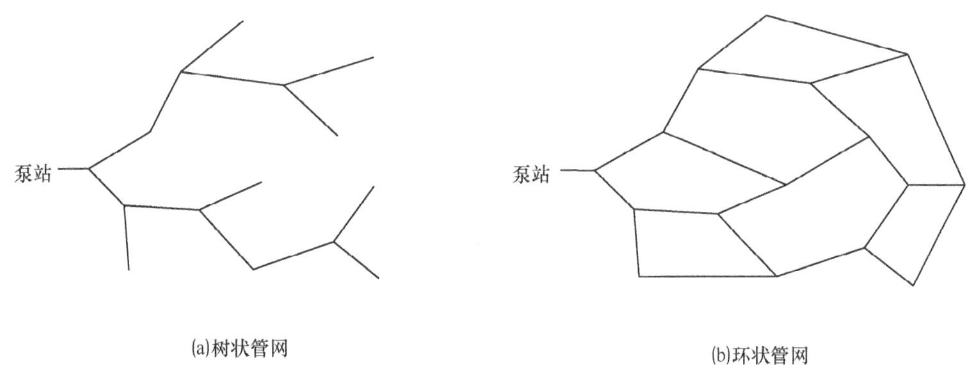

(a)树状管网　　(b)环状管网

图 2.2 管网形状

（二）管网定线

管网定线是指在供水区域内确定给水干管以及干管之间连接管的平面位置和走向，不包括从干管到用户的分配管和接到用户的进水管。其主要影响因素有：城市平面布置，供水区域的地形，水源和调节水池位置，街区和用户特别是大用户的分布，河流、铁路、桥梁的位置等。

1. 城镇给水管网

城镇给水管网定线时一般只限于管网的干管及干管之间的连接管，不包括从干管取水再分配到用户的分配管和接到用户的进水管。由于给水管线一般敷设在街道下，就近供水给两侧用户，所以管网的形状常随城镇的总平面布置图而定。城镇给水管网定线考虑的要点如下：

（1）定线时，干管延伸方向应和二级泵站输水到水池、水塔、大用户的水流方向一致，循水流方向，以最短的距离布置一条或数条干管。

（2）干管位置应从用水量较大的街区通过，干管的间距，可根据街区情况，采用500～800m。从经济上来说，给水管网的布置采用一条干管接出许多支管，形成树状网。费用最省，但从供水可靠性考虑，以布置几条接近平行的干管并形成环状网为宜。干管和干管之间的连接管使管网形成环状网，连接管的间距可根据街区的大小考虑在800～1000m 左右。

（3）干管一般按城镇规划道路定线，但尽量避免在高级路面或重要道路下通过，管线在道路下的平面位置和标高，应符合城镇或厂区地下管线综合设计的要求，给水管线和建筑物、铁路及其他管道的水平间距均应参照有关规定。

考虑了上述要求，城镇管网是树状网和若干环组成的环状网相结合的形式，管线大致均匀地分布于整个给水区。管网中还需安排其他一些管线和附属设备，例如在供水范围内的道路下需敷设分配管，以便把干管的水送到用户和消火栓。分配管直径至少为100mm，大城市采用150～200mm，目的是在通过消防流量时，分配在管中的水头损失不致过大，导致火灾地区水压过低。

2. 工业企业管网

城镇管网定线的原则同样适用于工业企业管网，但工业企业管网也有它的特点。大型工业企业的各车间用水量一般较大，所以生产用水管网不像城镇管网那样易于划分干管和分配管，定线和计算时全部管线都要加以考虑。根据企业内的生产用水和生活用水对水质和水压的要求，两者可以合用一个管网，或者可按水质或水压的不同要求分建两个管网。即使是生产用水，由于各车间对水质和水压要求也不一定完全一样，因此在同一个工业企业内，往往根据水质和水压要求，分别布置管网，形成分质、分压的管网系统。消防用水管网通常不单独设置，而是和生活或生产给水管网合并，由这些管网供给消防用水。工业企业管网定线一般比城镇管网简单，这是因为厂区内车间位置明确，用水量大且比较集中，易于做到以最短的管线到达大用户的要求。但在某些工业企业中，比如地面下有许多建筑物和管线，地面上又有各种运输设施，在这种情况下，管网定线就比较困难了。

三、输水管定线

从水源到水厂或水厂到管网的管道叫做输水管。常用的输水管包括有压输水管和无压输水管两种形式。其中无压输水通常以重力为输水动力，运行费用较低，但管道的布置会受地形的限制，管道的断面尺寸及水流速度也会受到水位落差的影响，输水过程中原水可能受到污染；而有压输水通常以水泵为动力，运行费用较高，但管道的布置相对来说比较自由，输水过程中原水不会受到污染。输水管定线就是指选择和确定输水管线路的走向和具体位置。输水管定线时，应先在地形平面图上初步选定几种可能的定线方案，然后沿线踏勘了解，从投资、施工、管理等方面，对各种方案进行技术经济比较后再作决定。缺乏地形图时，则需在踏勘选线的基础上，进行地形测量，绘出地形图，然后在图上确定管线位置。

输水管定线时，其具体基本原则是：必须与城市建设规划相结合，尽量缩短线路长度，减少拆迁，少占农田，便于管道施工和运行维护，保证供水安全；选线时，应选择最佳的地形和地质条件，尽量沿现有道路定线，以便于施工和检修；减少与铁路、公路和河流的交叉；管线避免穿越滑坡、岩层、沼泽、高地下水位和河水淹没与冲刷地区，以降低造价和便于管理；尽可能采用重力输水。为保证安全供水，可以用一条输水管且在用水区附近建造水池进行调节，或者采用两条输水管。输水管条数主要根据输水量、事故时须保证的用水量、输水管长度、当地有无其他水源和用水量增长情况而定。供水不许间断时，输水干管一般不宜少于两条，并且每隔一定距离设连接管连通；当有安全贮水池或其他安全供水措施时，也可修建一条输水干管。输水干管、连通管管径及连通管根数应按输水干管任何一段发生保障时仍能通过事故用水量计算确定。城镇的事故水量为设计水量的70%，工业企业的事故水量按有关工艺要求确定。当附有消防给水任务时，还应包括消防水量。

从水源至城镇水厂或工业企业自备水厂的输水管的设计流量，应按最高日平均时供水量加自用水量确定。当长距离输水时，输水管的设计流量应计入管漏失水量。当管网内有调节构筑物时，向管网输水的管道设计流量应按最高日最高时用水条件下，由水厂负担供应的水量确定；当无调节构筑物时，向管网输水的管道设计流量应按最高日最高时供水量确定。当采用无压管道输送原水时，应有可靠的保护水质和防止水量流失的措施。输水管应根据具体情况设置检查井。当管径为700mm以下时，检查井间距不宜大于200m；当管径为700～1400mm时，检查井间距不宜大于400m。非满流的重力输水管，必要时还应设置跌水井或控制水位的措施。长距离输水管的定线应在对各种可行的方案进行详细的技术经济比较后确定。对于地势起伏较大的地段，宜采取压力输送与重力输送相结合，特别要避免管路中出现负压。在输水管道隆起点和平直段的必要位置上，应装设排（进）气阀，低处应装设泄水阀，其数量和直径应通过计算确定。设计满流输水管道时，应考虑发生水锤的可能，必要时应采取消除水锤的措施。

第二节　管段流量、管径和水头损失

一、管网计算的概述

在给水区域规划平面图上完成主干管网定线后，主干管网的形状就确定下来，然后就可以选定管道材料，开始管网的计算工作。给水管网的设计要达到下列目标：

（1）在各种最不利的工作条件下，满足最不利控制点的供水水压和水量的要求。管网的供水要可靠和不间断。

(2) 管网本身及与此相连的二级泵站和调节设施的建造费用与运行管理费用之和应最低，不同工作条件下的水泵工作扬程和流量将成为设计二级泵站的依据。在管网的水力计算中将涉及下列几种工作情况。

① 最高日最高时，供水量较大，水压也较大，属于正常供水中的最不利情况。

② 最高日最高时加消防时，水量最大，水压也较大，属于特殊情况，在设计时必须考虑。

③ 最不利管段发生故障，此时供水量可降低为70%，属于事故情况，压力可能最大。

④ 平均日平均时，管网应按第1种情况进行设计计算并根据管网系统的设置及供水要求，分别按其他情况进行校核计算。

以最高日最高时的流量和扬程来选泵，以其他不利情况进行校核流量和扬程能否满足要求，可以对水泵的选择或某些管段管径进行调整，或对管网设计进行大的修改。平均日平均时的流量和扬程与泵站工作运行方式的确定有关。进行水力计算时，要注意的还有控制点的选取，一般最不利控制点就是距二级泵站最高最远的供水点；但地形情况特殊时，不一定是这样，在设计时应注意。

(3) 管网在其设计计算过程中主要步骤如下：

① 绘制计算草图，对节点和管段顺序编号，标明管段长度和节点地形标高。

② 按最高日最高时计算比流量、沿线流量和节点流量。

③ 对各管段拟定水流方向，进行流量分配。

④ 初步确定各管段的管径和水头损失。

⑤ 进行管网水力计算和技术经济计算。

⑥ 确定水塔高度和水泵扬程。

⑦ 根据管网各节点的压力和地形标高，绘制等水压线和自由水压线图。

二、沿线流量和节点流量

（一）沿线流量

在城市给水管网中，干管和配水管上接出许多用户，沿线配水情况比较复杂。在水管沿线既有工厂、机关、学校、医院、宾馆等大量用水单位，其用水流量称为集中流量，也有数量很多但用水量较小的居民用水、浇洒道路或绿化用水等沿线流量。沿线所接用户很多，而且用水量变化也很大。干管的配水情况如图2.3所示。

从图中可以看出，干管除供沿线两旁为数较多的居民生活用水 q'_1、q'_2、q'_3等外，还要供给分配管流量 q_1、q_2、q_3 等，还有可能给少数大用水户供应集中流量 Q_1、Q_2、Q_3 等。由于用水点多，用水量经常变化，所以按实际情况进行管网计算是非常繁杂的，而且在实际工程中也无必要。因此，为了计算方便，常采用简化法——比流量法，即假定小用水户的流量均匀分布在全部干管上。比流量法主要分为长度比流量和面积比流量两种。

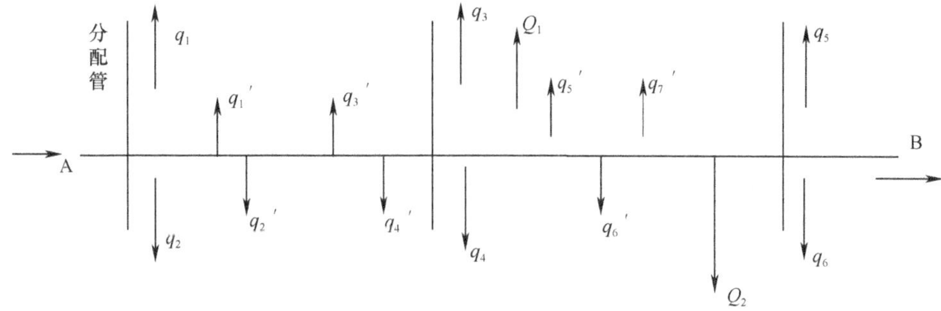

图 2.3　干管配水情况

1. 长度比流量

长度比流量法是假定沿线流量 q'_1、q'_2、q'_3等均匀分布在全部配水干管上，则管线单位长度上的配水流量称为长度比流量，记为 q_s，可按下式计算：

$$q_s = \frac{Q - \sum Q_i}{\sum L} \tag{2.1}$$

式中：Q——管网总用水量（L/s）；

$\sum Q_i$ ——工业企业及其他大用户的集中流量之和（L/s）。

$\sum L$ ——管网配水干管总计算长度（m）；单侧配水的管段（如沿河岸等地段敷设的只有一侧配水的管线）按实际长度的一半计入；双侧配水的管段，计算长度等于实际长度；两侧不配水的管线长度不计（即不计穿越广场、公园等无建筑物地区的管线长度）。

比流量的大小随用水量的变化而变化。因此，控制管网水力情况的不同供水条件下的比流量（如在最高用水时、消防时、最大转输时的比流量）是不同的，需分别计算。另外，若城市内各区人口密度相差较大时，也应根据各区的用水量和干管长度分别计算其比流量。

长度比流量按用水量全部均匀分布在干管上的假定来求比流量，忽视了沿管线供水人数和用水量的差别，存在一定的缺陷。因此计算出来的配水量可能和实际配水量有一定差异。为接近实际配水情况，也可按面积比流量法计算。

2. 面积比流量

假定沿线流量 q'_1、q'_2、q'_3等均匀分布在整个供水面积上，则单位面积上的配水流量称为面积比流量，记作 q_A，按下式计算：

$$q_A = \frac{Q - \sum Q_i}{\sum A} \tag{2.2}$$

式中：$\sum A$ ——给水区域内沿线配水的供水面积总和（m^2）；

其余符号意义同前。

干管每一管段所负担的供水面积可按分角线或对角线的方法进行划分，如图 2.4 所示。在街区长边上的管段，其单侧供水面积为梯形；在街区短边上的管段，其单侧供水面积为三角形。

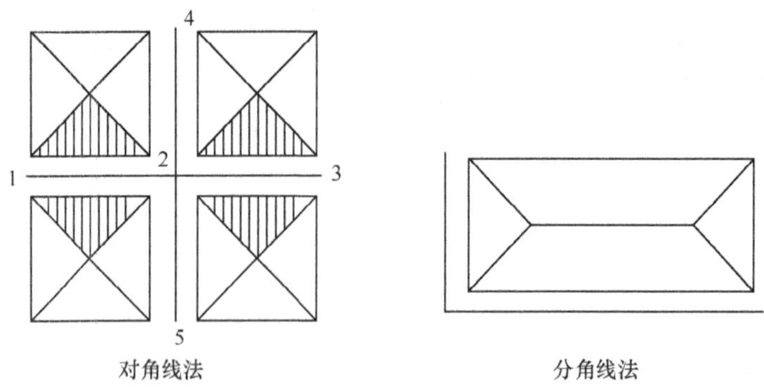

图 2.4 供水面积划分

用面积比流量法计算虽然比较准确，但计算过程较麻烦。当供水区域的干管分布比较均匀、干管距离大致相同时，用长度比流量法计算较为简便。

由比流量 q_s、q_A 可计算出各管段的沿线配水流量即沿线流量，记作 q_y，则任一管段的沿线流量 q_y 可按下式计算：

$$q_y = q_s \cdot L_i \tag{2.3}$$

或

$$q_y = q_A \cdot A_i \tag{2.4}$$

式中：L_i——该管段的计算长度（m）；

A_i——该管段所负担的供水面积（m^2）。

（二）节点流量

管网中任一管段的流量，包括两部分：一部分是沿本管段均匀泄出供给各用户的沿线流量 q_y，如图 2.5（a）所示，流量大小沿程直线减小，到管段末端等于 0；另一部分是通过本管段流到下游管段的流量，沿程不发生变化如图 2.5（b）所示，称为转输流量 q_{zs}。从管段起端 A 到末端 B 管段内流量由 $q_{zs}+q_y$ 变为 q_{zs}，流量是变化的。对于流量变化的管段，难以确定管径和水头损失，因此，需对其进一步简化。简化的方法是化渐变流为均匀流，即以变化的沿线流量折算为管段两端节点流出的流量，称为节点流量。全管段引用一个不变的流量，称为折算流量，记为 q_{if}，使它产生的水头损失与实际上沿线变化的流量产生的水头损失完全相同，从而得出管线折算流量的计算公式为

$$q_{if} = q_{zs} + \alpha q_y \tag{2.5}$$

式中：α——折减系数，其值根据简化条件经推算在 0.5～0.58 之间。

一般在靠近管网起端的管段，因转输流量比沿线流量大得多，α 值接近于 0.5。相反，靠近管网末端的管段，α 值则趋近于 0.58。为便于管网计算，通常统一采用 0.5，管段沿线流量平分到管段两端的节点上，在解决实际工程问题时，已足够精确了。

因此管网任一节点的节点流量为

$$q_i = 0.5\sum q_y \tag{2.6}$$

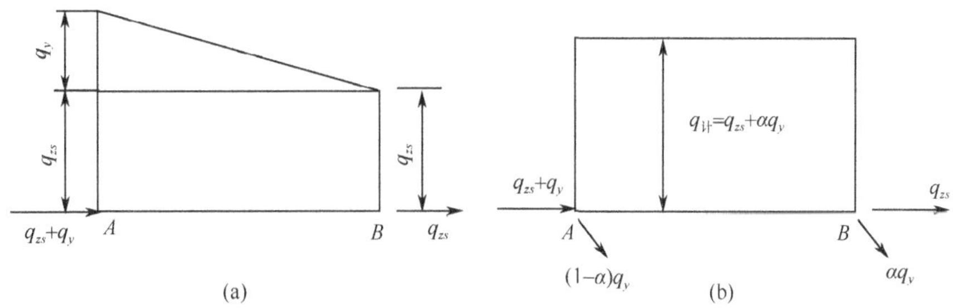

图 2.5　管段输配水情况

即管网中任一节点的节点流量 q_i 等于与该节点相连各管段的沿线流量总和的一半。

当整个给水区域内管网的比流量 q_{cb} 或 q_{mb} 相同时，由式（2.4）、（2.5）可得节点流量计算式的另一种表达形式：

$$q_i = 0.5q_s \sum L_i \tag{2.7}$$

或

$$q_i = 0.5q_A \sum A_i \tag{2.8}$$

式中：$\sum L_i$ ——与该节点相连各管段的计算长度之和（m）；

$\sum A_i$ ——与该节点相连各管段所负担的配水面积之和（m^2）。

城市管网中，工业企业等大用户所需流量可直接作为接入大用户节点的节点流量。工业企业内的生产用水管网和水量大的车间用水量也可直接作为节点流量。

这样，管网图上各节点的流量包括由沿线流量折算的节点流量和大用户的集中流量。大用户的集中流量可以在管网图上单独注明，也可与节点流量加在一起，在相应节点上注出总流量。一般在管网计算图的各节点旁引出细实线箭头，并在箭头的前端注明该节点总流量的大小。

在计算完节点设计流量后，应验证流量平衡，即：

$$Q = \sum Q_i + \sum q_i \tag{2.9}$$

式中：Q——管网总用水量（L/s）；

Q_i——各节点的集中流量（L/s）；

q_i——各节点的节点流量（L/s）。

如果有较大误差，则应检查计算过程中的错误，如误差较小，可能是计算精确度误差（小数尾数四舍五入造成），可以直接调整某些项集中流量和节点流量，使流量达到平衡。

例 2.1　某城镇最高时总用水量为 284.7 L/s，其中集中供应工业用水量为 189.2 L/s。干管各管段编号及长度如图 2.6 所示，管段 4-5、1-2 及 2-3 为单侧配水，其余为两侧配水。试求：(1) 干管的比流量；(2) 各管段的沿线流量；(3) 各节点流量。

解　按长度比流量法计算。

(1) 配水干管计算长度。

因二泵站-4 为输水管，不参与配水，其计算长度为 0，4-5、1-2、2-3 管段为单侧

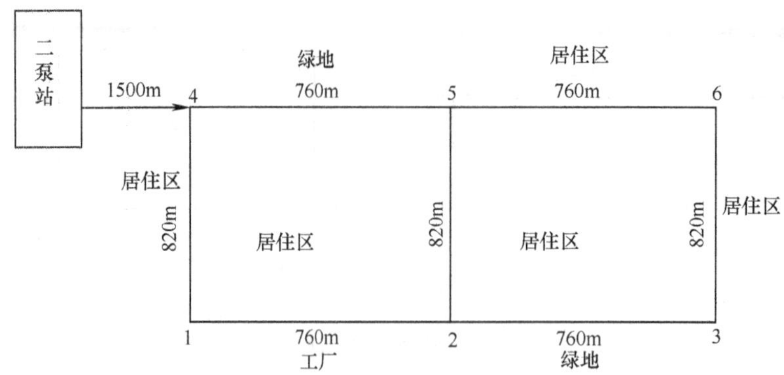

图 2.6　节点流量计算

配水，其计算长度按实际长度的一半计入，其余均为双侧配水管段，均按实际长度计入，则：

$$\sum L = 0.5 \times 760 \times 3 + 760 + 820 \times 3 = 4360(\text{m})$$

配水干管比流量：

$$q_s = \frac{284.7 - 189.2}{4360} = 0.0218[\text{L}/(\text{s} \cdot \text{m})]$$

（2）沿线流量。

管段 1-2 的沿线流量为

$$q_{1\text{-}2} = q_s L_{1\text{-}2} = 0.0218 \times 0.5 \times 760 = 8.3(\text{L/s})$$

各管段的沿线流量计算见表 2.1。

表 2.1　各管段的沿线流量计算

管段编号	管段长度 /m	管段计算长度/m	比流量/[L/(s·m)]	沿线流量(L/s)
1-2	760	0.5×760=380	0.0218	8.3
2-3	760	0.5×760=380		8.3
1-4	820	820		17.9
2-5	820	820		17.9
3-6	820	820		17.9
4-5	760	0.5×760=380		8.3
5-6	760	760		16.6
合计	—	4360		95.2

（3）节点流量计算。

如节点 5 的节点流量为

$$\begin{aligned} q_5 &= 0.5\sum q_l = 0.5(q_{4\text{-}5} + q_{5\text{-}6} + q_{5\text{-}2}) \\ &= 0.5(8.3 + 16.6 + 17.9) \\ &= 21.4(\text{L/s}) \end{aligned}$$

各节点的节点流量计算见表 2.2。

表 2.2　各管段节点流量计算

节点	连接管段	节点流量/(L/s)	集中流量/(L/s)	节点总流量/(L/s)
1	1-4、1-2	0.5(17.9+8.3)=13.1	189.2	202.3
2	1-2、2-5、2-3	0.5(8.3+17.9+8.3)=17.3	—	17.3
3	2-3、3-6	0.5(8.3+17.9)=13.1	—	13.1
4	1-4、4-5	0.5(18.0+8.3)=13.1	—	13.1
5	4-5、2-5、5-6	0.5(8.3+17.9+16.6)=21.6	—	21.6
6	3-6、5-6	0.5(17.9+16.6)=17.3	—	17.3
合计	—	95.2	189.2	284.4

将节点流量和集中流量标注于相应节点上，如图 2.7 所示。

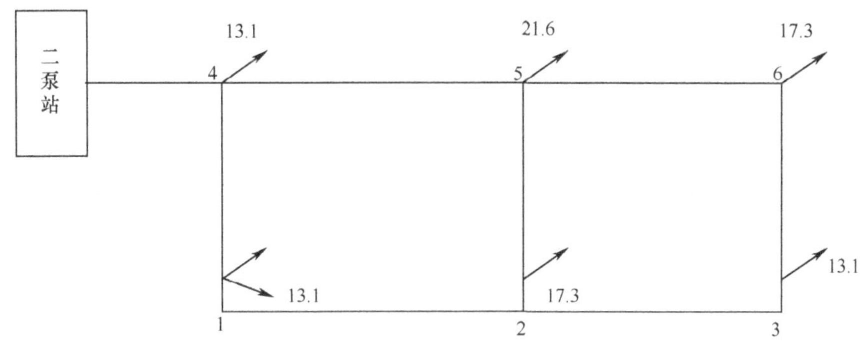

图 2.7　节点流量图（单位：L/s）

三、流量分配

在确定了节点流量之后，就可以进行管网的流量分配，其目的是确定管网中每一管段的计算流量。

管网各管段的节点流量再加上大用水户的集中流量（即所有节点流量的总和），便是由二级泵站送来的总流量（即总供水量）。按照质量守恒原理，每一节点必须满足节点流量平衡条件：流入任一节点的流量必须等于流出该节点的流量，即流进等于流出。

若规定流入节点的流量为负，流出节点为正，则上述平衡条件可表示为

$$q_i + \sum q_{ij} = 0 \tag{2.10}$$

式中：q_i——节点 i 的节点流量（L/s）；

q_{ij}——连接在节点 i 上的各管段流量（L/s）。

依据式（2.10），用二级泵站送来的总流量沿各节点进行流量分配，所得出的各管段所通过的流量，就是各管段的计算流量。

在单水源枝状管网中，各管段的计算流量容易确定。从配水源（泵站或水塔等）供水到各节点只能沿一条管路通道，即管网中每一管段的水流方向和计算流量都是确定

的。每一管段的计算流量等于该管段后面（顺水流方向）所有节点流量和大用户集中用水量之和。因此，对于枝状管网，若任一管段发生事故，该管段以后地区就会断水。

如图 2.8 所示的一枝状管网，部分管段的计算流量为

$$q_{4\text{-}5}=q_5;\quad q_{8\text{-}10}=q_{10};\quad q_{3\text{-}4}=q_4+q_5+q_8+q_9+q_{10}$$

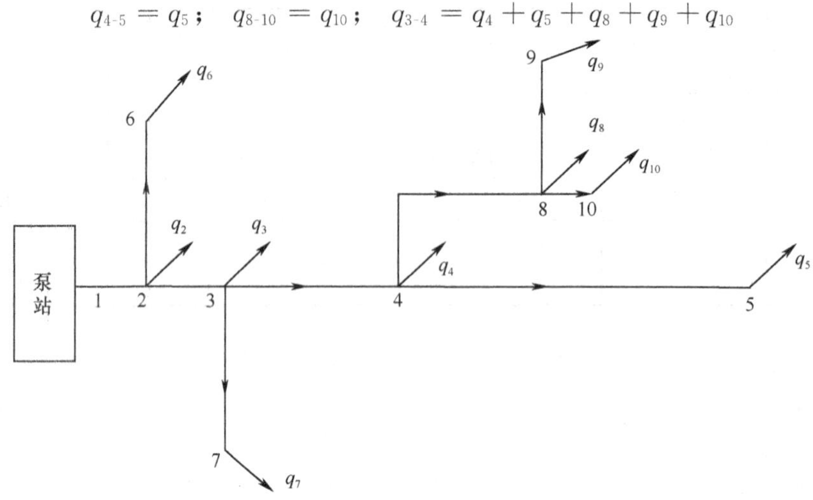

图 2.8 枝状管网管段流量计算

对于环状管网，各管段的计算流量不是唯一确定的。配水干管相互连接环通，环路中每一用户所需水量可以沿两条或两条以上的管路供给，各环内每条配水管段的水流方向和流量值都是不确定的。

如图 2.9 中的 1 节点，图中流入节点 1 的流量只有 $q_{0\text{-}1}=Q$（泵站供水流量），流出节点 1 的流量有 q_1、$q_{1\text{-}2}$、$q_{1\text{-}5}$和 $q_{1\text{-}7}$，由公式（2.10）得：

$$-Q+q_1+q_{1\text{-}2}+q_{1\text{-}5}+q_{1\text{-}7}=0$$

或

$$Q-q_1=q_{1\text{-}2}+q_{1\text{-}5}+q_{1\text{-}7}$$

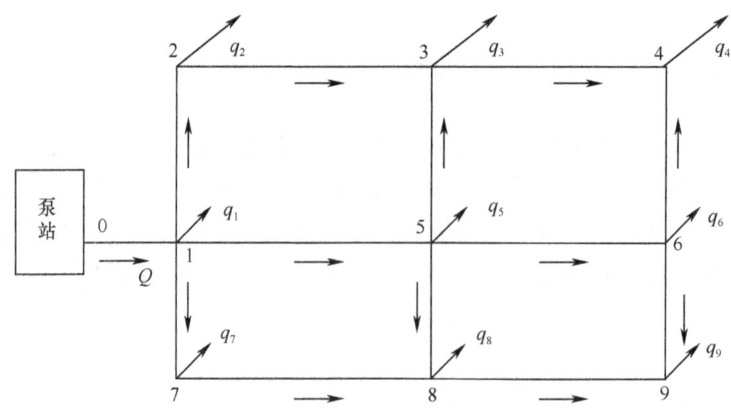

图 2.9 环状管网流量分配

对于节点 1 来说，流入管网的总流量 Q 和节点流量 q_1 是已知的，但各管段的流量，如 $q_{1\text{-}2}$、$q_{1\text{-}5}$和 $q_{1\text{-}7}$可以有不同的分配方法，也就是有不同的管段流量。为了确定各管段

的计算流量，需人为假定各管段的流量分配值称为流量预分配，以此确定经济管径。在环状管网流量预分配时，不仅要考虑经济性（即一定年限内管网的工程总造价和管理费用最小），而且还要考虑可靠性问题（指能够不间断地向用户供水，并保证应有的水量、水压和水质），做到经济性和可靠性并重。

但经济性和可靠性是一对矛盾，一般只能在满足可靠性的前提下，力争得到最经济的管径。在综合考虑经济性和可靠性后，可按如下步骤进行环状管网流量分配：

（1）首先在管网平面布置图上，确定出控制点的位置，并根据配水源、控制点、大用户及调节构筑物的位置确定管网的主要流向。

（2）参照管网主要流向拟定各管段的水流方向，使水流沿最近路线输水到大用户和边远地区，以节约输水电耗和管网基建投资。

（3）根据管网中各管线的地位和功能来分配流量。尽量使平行的主要干管分配相近的流量，以免个别主要干管损坏时，其余管线负荷过重，使管网流量减少过多；干管与干管之间的连接管主要是沟通平行干管之间的流量，有时起输水作用，有时只是就近供水到用户，平时流量一般不大，只有在干管损坏时，才转输较大流量。因此，连接管中可分配较少的流量。

（4）分配流量时应满足节点流量平衡条件，即在每个节点上满足 $q_i + \sum q_{ij} = 0$。

对于多水源管网，会出现由两个或两个以上水源同时供水的节点，这样的节点叫供水分界点；各供水分界点的连线即为供水分界线；各水源供水流量应等于该水源供水范围内的全部节点流量加上分界线上由该水源供给的那部分节点流量之和。因此，流量分配时，应首先按每一水源的供水量确定大致的供水范围，初步划定供水分界线，然后从各水源开始，向供水分界方向逐节点进行流量分配。

环状管网流量分配后得出的是各管段的计算流量，由此流量即可确定管径，计算水头损失，但环状管网各管段计算流量的最后数值必须由平差计算结果来定出。

四、管径确定

确定管网中每一管段的直径是输水和配水系统设计计算的主要课题之一。给水管网各管段的管径，应按最高日最高用水时各管段的计算流量来确定。在设计中，各管段的管径按下式计算：

$$D = \sqrt{\frac{4q}{\pi v}} \tag{2.11}$$

式中：D——管段直径（m）；

q——管段流量（m^3/s）；

v——管内流速（m/s）。

由上式可知，管径不但与通过此管段的流量有关，而且还与所选用的流速有关。因此，确定管径时必须先选定流速。

为了防止管网因水锤现象而损坏，在技术上最大设计流速限定在 2.5～3.0m/s 范围内；在输送浑浊的原水时，为了避免水中悬浮物质在水管内沉积，最低流速通常应大于 0.6m/s，由此可见，在技术上允许的流速范围是较大的。因此，还需在上述流速范围内，根据当地的经济条件，考虑管网的造价和经营管理费用，来选定合适的流速。

从式（2.11）中可以看出，流量一定时，管径与流速的平方根成反比。如果流速选用大一些，管径就会减小，相应的管网造价便可降低，但水头损失明显增加，所需的水泵扬程将增大，从而使经营管理费（主要指电费）增大，同时流速过大，管内压力高，因水锤现象引起的破坏作用也随之增大。相反，若流速选用小一些，因管径增大，管网造价会增加，但因水头损失减小，可节约电费，使经营管理费降低。因此，管网造价和经营管理费（主要指电费）这两项经济因素是决定流速的关键（图 2.10）。一定年限 t（投资偿还期）内，管网造价和经营管理费用之和为最小的流速，称为经济流速，以此来确定的管径，称为经济管径。

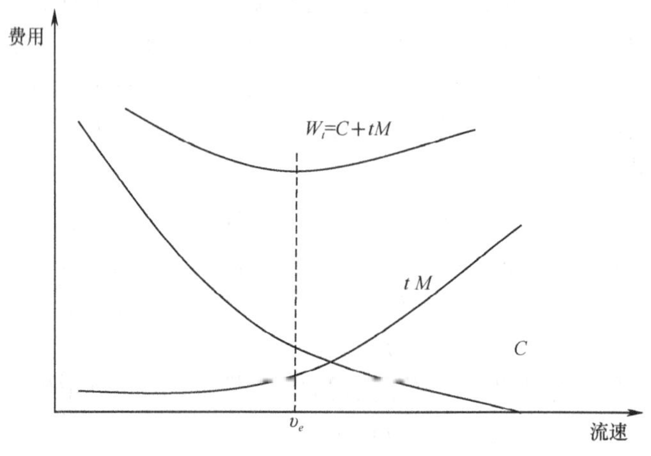

图 2.10 流速和费用的关系

若管网造价为 C，每年的经营管理费用为 M，包括电费 M_1 和折旧、大修费 M_2，因 M_2 和管网造价有关，故可按管网造价的百分数计，表示为 $p\%C$，那么在投资偿还期 t 年内总费用为

$$W_t = C + tM = C + \left(M_1 + \frac{p}{100}C\right)t \tag{2.12}$$

式中：p——管网的折旧和大修率，以管网造价的百分比计。

式（2.12）除以投资偿还期 t，则得年折算费用 W：

$$W = \frac{C}{t} + M = \left(\frac{1}{t} + \frac{p}{100}\right)C + M_1 \tag{2.13}$$

总费用 W 曲线的最低点表示管网造价和经营管理费用之和为最小时的流速称为经济流速 v_e。

各城市的经济流速值应按当地条件，如水管材料和价格、施工条件、电费等来确定，不能直接套用其他城市的数据。另外，管网中各管段的经济流速也不一样，需随管网图形、该管段在管网中的位置、该管段流量和管网总流量的比例等决定。因为计算复杂，有时简便地应用“界限流量表”确定经济管径（表 2.3）。

表 2.3　界限流量表

管径/mm	界限流量/(L/s)	管径/mm	界限流量/(L/s)
100	<9	450	130～168
150	9～15	500	168～237
200	15～28.5	600	237～355
250	28.5～45	700	355～490
300	45～68	800	490～685
350	68～96	900	685～822
400	96～130	1000	822～1120

由于实际管网的复杂性，加上情况在不断变化，例如流量在不断增加，管网逐步扩展，诸多经济指标如水管价格、电费等也随时变化，要从理论上计算管网造价和年管理费用相当复杂且有一定难度。在条件不具备时，设计中也可采用由各地统计资料计算出的平均经济流速来确定管径，得出的是近似经济管径（表 2.4）。

表 2.4　平均经济流速

管径 D/mm	平均经济流速 v_e/(L/s)
100～400	0.6～0.9
≥400	0.9～1.4

一般大管径可取较大的经济流速，小管径可取较小的经济流速。

在使用各地区提供的经济流速或按平均经济流速确定管网管径时，需考虑以下原则：

(1) 首先定出管网所采用的最小管径（由消防流量确定），按 v_e 确定的管径小于最小管径时，一律采用最小管径。

(2) 连接管属于管网的构造管，应注重安全可靠性，其管径应由管网构造来确定，即按与它连接的次要干管管径相当或小一号确定。

(3) 由管径和管道比阻 α 之间的关系可知，当管径较小时，管径缩小或放大一号，水头损失会大幅度增减，而所需管材变化不多；相反，当管径较大时，管径缩小或放大一号，水头损失增减不很明显，而所需管材变化较大。因此，在确定管网管径时，一般对于管网起端的大口径管道可按略高于平均经济流速来确定管径，对于管网末端较小口径的管道，可按略低于平均经济流速确定管径，特别是对确定水泵扬程影响较大的管段，适当降低流速，使管径放大一号，比较经济。

(4) 管线造价（含管材价格、施工费用等）较高而电价相对较低时，取较大的经济流速，反之取较小的经济流速。

以上是指水泵供水时的经济管径确定方法，在求经济管径时，考虑了抽水所需的电费。重力供水时，由于水源水位高于给水区所需水压，两者的标高差 H 可使水在管内重力流动。此时，各管段的经济管径应按输水管和管网通过设计流量时，供水起点至控制点的水头损失总和等于或略小于可利用的水头来确定。

在城市规划设计中，为简化计算，也可根据人口数和用水定额，直接从书后附录中查出所需的直径。

五、水头损失计算

确定管网中管段的水头损失也是设计管网的主要内容，在知道管段的设计流量和经济管径之后就可以进行水头损失的计算。给水管网中任一管段两端节点的水压和管段水头损失之间有下列关系：

$$h_{ij} = H_i - H_j \tag{2.14}$$

式中：H_i、H_j——从某一基准面算起的管段起端 i 和终点 j 的水压（mH_2O）；

h_{ij}——管段 i-j 的水头损失（mH_2O），$1mH_2O \approx 1013Pa$。

在管网计算中，主要考虑沿管线长度的水头损失。至于配件和附件如弯管、渐缩管和阀门等的局部水头损失，因和沿管线长度的水头损失相比很小，通常忽略不计，或将局部阻力转换成等效长度的管道沿程损失进行计算。但遇短管时，如水泵站内的管道或取水结构的重力进水管等，则需进行局部阻力损失计算。对于满管流动，如果管道截面在一段距离内不变且不发生转弯，则管内流动为均匀流；而当管道在局部分叉、转弯与变截面时，管内流动为非均匀流。均匀流的管道沿程水流阻力不变，水头损失可采用谢才公式或达西公式进行计算。对于非满流管道，只要长距离截面不变，也可近似为均匀流计算。

目前，计算水头损失的公式很多，现就我国使用较为广泛的几种公式介绍如下：

1. 曼宁公式

$$C = \frac{1}{n} R^{\frac{1}{6}} \tag{2.15}$$

式中：n——粗糙系数，简称糙率；

R——水力半径（m）；

C——谢才系数（$m^{\frac{1}{2}}/s$）。

2. 舍维列夫公式（适用于旧铸铁管和旧钢管）

当 $v \geqslant 1.2m/s$ 时：

$$i = 0.00107 \frac{v^2}{D^{1.3}} \tag{2.16}$$

当 $v < 1.2m/s$ 时：

$$i = 0.000912 \frac{v^2}{D^{1.3}} \left(1 + \frac{0.867}{v}\right)^{0.3} \tag{2.17}$$

式中：i——水力坡度；

D——管道内径（mm）；

v——管道流速（m/s）。

使用式（2.15）和式（2.16）时，可利用现成的水力计算表进行查算，详见《给水排水设计手册》中的管渠水力计算表。

3. 巴甫洛夫斯基公式（适用于混凝土管、钢筋混凝土管和渠道）

$$C=\frac{1}{n}R^{y}$$

$$y=2.5\sqrt{n}-0.13-0.75(\sqrt{n}-0.10)\sqrt{R} \tag{2.18}$$

式中：n——粗糙系数；

R——水力半径（m）；

C——谢才系数($m^{\frac{1}{2}}/s$)。

对于混凝土管和钢筋混凝土给水管，当 $n<0.02$ 时，y 值可采用 1/6。巴氏公式计算比较繁琐，常预先算好，制成表格，以便核算。

4. 海曾-威廉公式

$$h=\frac{10.67q^{1.852}}{C^{1.852}D^{4.87}}l \tag{2.19}$$

式中：l——管段长度（m）；

C——海曾-威廉系数，其值见表 2.5。

其余符号意义同上。

表 2.5　海曾-威廉公式的 C 值

水管种类	海曾-威廉系数 C
塑料管	150
新铸铁管、涂沥青或水泥的铸铁管	130
混凝土管、焊接钢管	120
旧铸铁管和旧钢管	100

5. 柯尔勃洛克公式

$$\frac{1}{\sqrt{\lambda}}=-2\lg\left(\frac{k}{3.71D}+\frac{2.51}{Re\sqrt{\lambda}}\right) \tag{2.20}$$

式中：λ——阻力系数；

Re——雷诺数；

k——粗糙系数，其值见表 2.6。

表 2.6　柯尔勃洛克公式的粗糙系数 k 值

水管种类	粗糙系数 k/mm	水管种类	粗糙系数 k/mm
涂沥青铸铁管	0.05～0.125	石棉水泥管	0.03～0.04
涂水泥铸铁管	0.50	离心法钢筋混凝土管	0.03～0.04
涂沥青钢管	0.05	塑料管	0.01～0.03
镀锌钢管	0.125	—	—

第三节 管网的计算

一、水力计算步骤

（一）树状管网水力计算步骤

树状管网的特点是流向任何节点的流量只有一个，因此，可利用节点流量守恒原理确定管段流量，根据经济流速确定水头损失、管径等。根据控制点地形标高和服务水头要求可求出各节点水压。因此，在树状管网计算中，应首先计算对供水经济性影响最大的干管，即管网起点到控制点的管线，然后再计算支管。

当管网起点水压未知时，应先计算干管，按经济流速和流量选定管径，并求得水头损失；再计算支管，此时支管起点及终点水压均为已知，支管计算应充分利用起端的现有水压条件选定管径，经济流速不起主导作用，但需考虑技术上对流速的要求，若支管负担消防任务，其管径还应满足消防要求。

当管网起点水压已知时，仍先计算干管，再计算支管，但注意此时干管和支管的计算方法均与管网起点水压未知时的支管相同。

（1）按城镇管网布置图。绘制计算草图，对节点和管段顺序编号，并标明管段长度和节点地形标高。

（2）按最高日最高时用水量计算节点流量，并在节点旁引出箭头，注明节点流量。大用户的集中流量也标注在相应节点上。

（3）在管网计算草图上，从距二级泵站最远的管网末梢的节点开始，按照任一管段中的流量等于其下游所有节点流量之和的关系，推算出每一管段流量。

（4）确定管网的最不利点（控制点），选定泵房到控制点的管线为干线。有时控制点不明显，可初选几个点作为管网的控制点。

（5）根据管段流量和经济流速求出干线上各管段的管径和水头损失。

（6）按控制点要求的最小服务水头和从水泵到控制点管线的总水头损失，求出水塔高度和水泵扬程。

（7）支管管径参照支管的水力坡度选定，即按充分利用起点水压的条件来确定。

（8）根据管网各节点的压力和地形标高，绘制等水压线和自由水压线图。

（二）环状管网的计算步骤

对于环状管网的计算，它是根据用水的要求和地形条件布置管网，确定各管段长度及各节点需要向外供应的流量，然后进行计算，要比树状管网计算复杂一些。在环状管网中，虽然各节点的 q 也是已知的，但各管段中的流量却无法一次确定下来，有时连管段中水流的方向都无法确定下来，因此各段 q 定不下来，与其相应的 D 也不能确定。另外，D 又直接影响管道的过水能力，即管道中所能通过的流量与 D 有关，两者互相制约，所以直接求解是有困难的。因此在进行环状管网计算时，常用间接法来解决。在计算过程中，要遵循以下原则：由于水流的连续性和不可压缩性，任一节点流进和流出的流量是相等的；对于管网中任一闭合环路，从一个节点到一个节点间，沿顺时针方向流动的水头损失为正，逆时针方向的水头损失为负。

在平面图上进行干管定线之后，干管环网的形状就确定下来，然后进行计算，其环状管网的计算步骤如下：

（1）按城镇管网布置图，绘制计算草图，对节点和管段顺序编号，并标明管段长度和节点地形标高。

（2）按最高日最高时用水量计算节点流量，并在节点旁引出箭头，注明节点流量，大用户的集中流量也标注在相应节点上。

（3）在管网计算草图上，将最高用水时由二级泵站和水塔供入管网的流量（指对置水塔的管网），沿各节点进行流量预分配，定出各管段的计算流量。

（4）根据所定出的各管段计算流量和经济流速，选取各管段的管径。

（5）计算各管段的水头损失 h 及各个环内的水头损失代数和 $\sum h$。

（6）若 $\sum h$ 超过规定值（即出现闭合差 Δh），须进行管网平差，将预分配的流量进行校正，以使各个环的闭合差达到所规定的允许范围之内。

（7）按控制点要求的最小服务水头和从水泵到控制点管线的总水头损失，求出水塔高度和水泵扬程。

（8）根据管网各节点的压力和地形标高，绘制等水压线和自由水压线图。

二、树状管网计算

树状管网中的计算比较简单，因为水从供水起点到任一节点的水流路线只有一个，每一管段也只有唯一确定的计算流量。下面通过一个实例来介绍树状管网的计算过程。

例 2.2　某城镇有居民 6 万人，用水量定额为 120 L/（cap・d），用水普及率为 83%，时变化系数为 1.6，要求达到的最小服务水头为 20m。管网布置如图 2.11 所示。

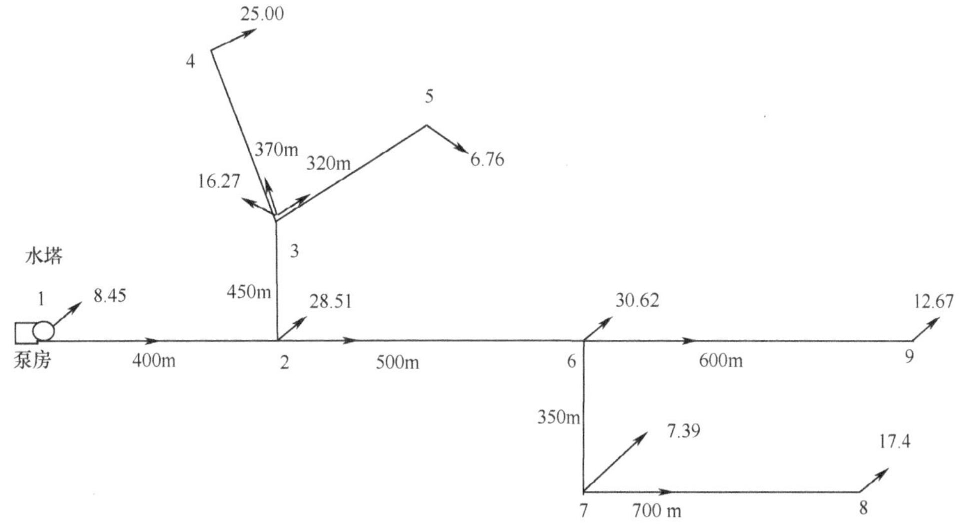

图 2.11　枝状管网计算（流量单位：L/s）

用水量较大的一工厂和一公共建筑集中流量分别为 25.0 L/s 和 17.4 L/s，分别有管段 3-4 和 7-8 供给，其两侧无其他用户。城镇地形平坦，高差极小。节点 4、5、8、9 处的地面标高分别为 56.0 m、56.1m、55.7m、56.0m。水塔处地面标高为 57.4m，其他点的地形标高见表 2.7，管材选用给水铸铁管。试完成枝状给水管网的设计计算，并求水塔高度和水泵扬程。

表 2.7　节点地形标高

节点	2	3	6	7
地形标高/m	56.6	56.3	56.3	56.2

解　(1) 计算节点流量。

最高日最高时流量

$$Q=\frac{6000\times 120\times 83\%\times 1.6}{24\times 3600}+25.0+17.4=153.07(\text{L/s})$$

比流量

$$q_s=\frac{153.07-25.0-17.4}{2620}=0.04224[\text{L/(s}\cdot\text{m)}]$$

沿线流量（表 2.8）：

表 2.8　沿线流量计算表

管段	长度/m	沿线流量/(L/s)
1-2	400	16.90
2-3	450	19.01
2-6	500	21.12
3-5	320	13.52
6-7	350	14.78
6-9	600	25.34
合计	2620	110.67

节点流量（表 2.9）：

表 2.9　节点流量计算表

节点	节点流量/(L/s)	集中流量/(L/s)	节点总流量/(L/s)
1	0.5×16.90=8.45	—	8.45
2	0.5×(16.90+19.01+21.12)=28.51	—	28.51
3	0.5(19.01+13.52)16.27	—	16.27
4	—	25.0	25.0
5	0.5×13.52=6.76	—	6.76
6	0.5×(21.12+25.34+14.78)=30.62	—	30.62
7	0.5×14.78=7.39	—	7.39
8	—	17.40	17.40
9	0.5×25.34=12.67	—	12.67
合计	110.67	42.40	153.07

各节点流量标注如图 2.11 所示。

(2) 选择控制点，确定干管和支管。由于各节点要求的自由水压相同，根据地形和用水量情况，控制点选为节点 9，干管定为 1-2-6-9，其余为支管。

(3) 编制干管和支管水力计算表格（表 2.10 和表 2.11）。

(4) 填写条件。将节点编号、地形标高、管段编号和管段长度等已知条件分别填于表 2.10、2.11 中的第 1、2、3、4 项。

表 2.10　干管水力计算表

节点	地形标高/m	管段编号	管段长度/m	流量/(L/s)	管径/mm	1000i	流速/(m/s)	水头损失/m	水压标高/m	自由水压/m
(1)	(2)	(3)	(4)	(5)	(6)	(7)	(8)	(9)	(10)	(11)
9	56.0	6～9	600	12.67	150	7.20	0.73	4.32	76.00	20.0
6	56.3	2～6	500	68.08	300	4.90	0.96	2.45	80.32	24.02
2	56.6								82.77	26.17
1	57.4	1～2	400	144.62	500	1.53	0.73	0.61	83.38	25.98

(5) 确定各管段的计算流量。

按 $q_i + \sum q_{ij} = 0$ 的条件，从管线终点（包括和支管）开始，同时向供水起点方向逐个节点推算，即可得到各管段的计算流量：

由 9 节点得：$q_{6\text{-}9} = q_9 = 12.67$ (L/s)

由 6 节点得：

$$q_{2\text{-}6} = q_6 + q_{6\text{-}9} + q_7 + q_{7\text{-}8} = 30.62 + 12.67 + 7.39 + 17.4 = 68.08(\text{L/s})$$

同理，可得其余各管段计算流量，计算结果分别列于表 2.10 和表 2.11 中第 5 项。

(6) 干管水力计算。

由各管段的计算流量，查铸铁管水力计算表，参照经济流速，确定各管段的管径和相应的 1000i 及流速。

管段 6-9 的计算流量 12.67 L/s，由铸铁管水力计算表查得：当管径为 125 mm、150 mm、200 mm 时，相应的流速分别为 1.04 m/s、0.72 m/s、0.40 m/s。前已指出，当管径 $D<400$ mm 时，平均经济流速为 0.6～0.9 m/s，所以管段 6-9 的管径应确定为 150 mm，相应的 $1000i=7.20$，$v=0.73$ m/s。同理，可确定其余管段的管径和相应的 1000i 和流速，其结果见表 2.10 中第 6、7、8 项。

根据 $h=iL$ 计算出各管段的水头损失，即表 2.8 中第 9 项等于 $\left[\frac{(7)}{1000}\times(4)\right]$，则 $h_{6\text{-}9}=\frac{7.20}{1000}\times 600=4.32$ (m)。

同理，可计算出其余各管段的水头损失，计算结果见表 2.8 中第 9 项。

计算干管各节点的水压标高和自由水压。

因管段起端水压标高 H_i 和终端水压标高 H_j 于该管段的水头损失 h_{ij} 存在下列关系：

$$H_i = H_j + h_{ij} \tag{2.21}$$

节点水压标高 H_i、自由水压 H_{0i}与该处地形标高 Z_i 存在下列关系：

$$H_{0i} = H_i - Z_i \tag{2.22}$$

由于控制点 9 节点要求的水压标高为已知：

$$H_9 = Z_9 + H_{0\text{-}9} = 56.0 + 20 = 76.0(\text{m})$$

因此，在本例中要从节点 9 开始，按式（2.21）和式（2.22）逐个向供水起点推算：

节点 4　$H_6 = H_9 + h_{6\text{-}9} = 76.0 + 4.32 = 80.32$（m）

$H_{0\text{-}6} = H_6 - Z_6 = 80.32 - 56.3 = 24.02$（m）

同理，可得出干管上各节点的水压标高和自由水压。计算结果见表 2.10 中第 10、11 项。

（7）支管水力计算。由于干管上各节点的水压已经确定（表 2.10），即支管起点的水压已定，因此支管各管段的经济管径选定必须满足：从干管节点到该支管的控制点（常为支管的终点）的水头损失之和，应等于或小于干管上此节点的水压标高与支管控制点所需的水压标高之差。即按平均水力坡度确定管径。但当支管由两个或两个以上管段串联而成时，各管段水头损失之和可有多种组合能满足上述要求。现以支管 6-7-8 为例说明，首先计算支管 6-7-8 的平均允许水力坡度，即：

$$\text{允许 } 1000i = 1000 \times \frac{80.32 - (55.7 + 20.0)}{350 + 700} = 4.4$$

由 $q_{6\text{-}7} = 24.79\text{L/s}$，查铸铁管水力计算表，参照允许 $1000i = 4.4$，得 $D_{6\text{-}7} = 200\text{mm}$，相应的实际 $1000i = 5.88$，则：

$$h_{6\text{-}7} = \frac{5.88}{1000} \times 350 = 2.06(\text{m})$$

按式（2.21）和式（2.22）计算 7 点得水压标高和自由水压：

$$H_7 = H_6 - h_{6\text{-}7} = 8032 - 2.06 = 78.26(\text{m})$$

$$H_{07} = H_7 - Z_7 = 78.26 - 56.2 = 22.06(\text{m})$$

由节点 7 的水压标高即可计算管段 7-8 的平均允许 $1000i$ 为

$$\text{允许 } 1000i = 1000 \times \frac{78.26 - (55.7 + 20.0)}{700} = 3.66$$

由 $q_{7\text{-}8} = 17.4\text{L/s}$，查铸铁管水力计算表，参照允许 $1000i = 3.66$，得 $D_{7\text{-}8} = 200\text{mm}$，相应的实际 $1000i = 2.99$，则：

$$h_{7\text{-}8} = \frac{2.99}{1000} \times 700 = 2.09(\text{m})$$

同理，可计算出节点 8 的水压标高和自由水压：

$$H_8 = H_7 - h_{7\text{-}8} = 78.26 - 2.09 = 76.17(\text{m})$$

$$H_{08} = H_8 - Z_8 = 76.17 - 55.7 = 20.47(\text{m})$$

按上述方法可计算出所有支管管段，计算结果见表 2.11 和图 2.12。

表 2.11 支管水力计算表

节点	地形标高/m	管段编号	管段长度/m	管段流量/(L/s)	允许 1000*i*	管段管径/mm	实际 1000*i*	水头损失/m	水压标高/m	自由水压/m
(1)	(2)	(3)	(4)	(5)	(6)	(7)	(8)	(9)	(10)	(11)
6	56.3	6-7	350	24.79	4.4	200	5.88	2.06	80.32	24.02
7	56.2								78.26	22.06
8	55.7	7-8	700	17.4	3.66	200	2.99	2.09	76.17	20.47
2	56.6	2-3	450	48.03	8.7	250	6.53	2.94	82.77	26.17
3	56.3								79.83	23.53
3	56.3	3-5	320	6.76	11.65	150	2.31	0.74	79.83	23.53
5	56.1								79.09	22.99
3	56.3	3-4	370	25.00	10.35	200	5.98	2.21	79.83	23.53
4	56.0								77.62	21.62

注:管段 7-8、3-5 按现有水压条件均可选用 100mm 管径,但考虑到消防流量较大(q_x=35L/s),管网最小管径定为 150mm。

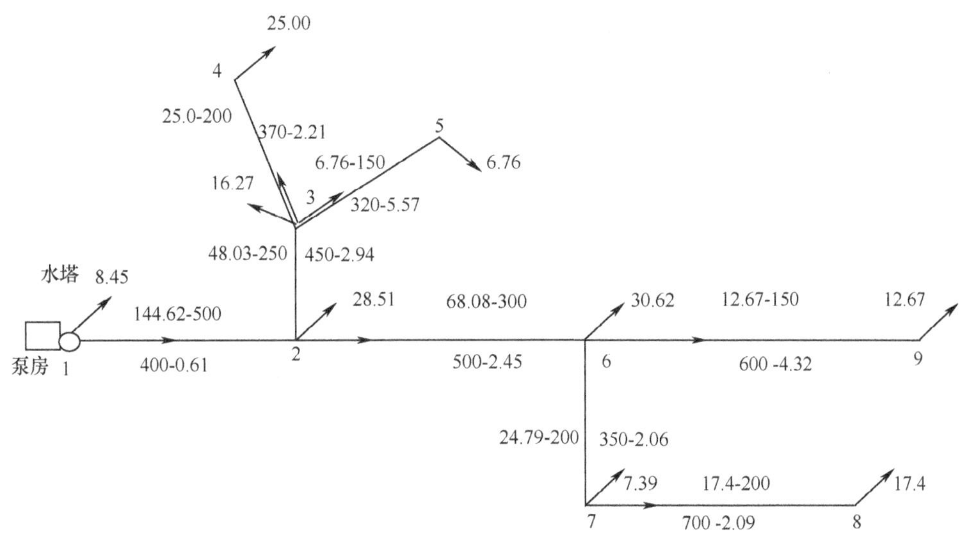

图 2.12 枝状管网计算(流量单位:L/s)

(8) 确定水塔高度。由表 2.9 可知,水塔高度应为 H_t=25.98 m。

(9) 确定二级泵站所需的总扬程。设吸水井最低水位标高 Z_p=53.00m,泵站内吸、压水管的水头损失取 $\sum h_p=3.0\text{m}$,水塔水柜深度为 4.5 m,水泵至 1 点间的水头损失为 0.5m,则二级泵站所需总扬程为

$$H_P = H_{ST} + \sum h + \sum h_p$$
$$= (Z_t + H_t + H_0 - Z_P) + h_{泵-1} + \sum h_p$$
$$= 57.4 + 25.98 + 4.5 - 53.0) + 0.5 + 3.0 = 38.38(\text{m})$$

三、环状管网计算

环状管网计算时，必须满足下列基本水力条件。

（1）连续性方程（又称节点流量平衡条件），即对任一节点来说，流入该节点的流量必须等于流出该节点的流量。

若规定流出节点的流量为正，流入节点的流量为负，则任一节点的流量代数和等于零。即

$$q_i + \sum q_{ij} = 0 \tag{2.23}$$

（2）能量方程（又称闭合环路内水头损失平衡条件），即环状管网任一闭合环路内，水流为顺时针方向的各管段水头损失之和应等于水流为逆时针方向的各管段水头损失之和。若规定顺时针方向的各管段水头损失为正，逆时针方向为负，则在任一闭合环路内各管段水头损失的代数和等于零，即

$$\sum h_{ij} = 0 \tag{2.24}$$

如图 2.13 所示，由并联管路的基本公式可知，节点 1 至节点 4 之间均有下列关系成立：

$$h_{1\text{-}2\text{-}4} = h_{1\text{-}3\text{-}4} = H_1 - H_4$$

式中：$h_{1\text{-}2\text{-}4}$——管线 1-2-4 的水头损失；

$h_{1\text{-}3\text{-}4}$——管线 1-3-4 的水头损失；

H_1、H_4——分别为节点 1 和节点 4 的水压标高值或测压管水头值（每一节点只有一个数值）。

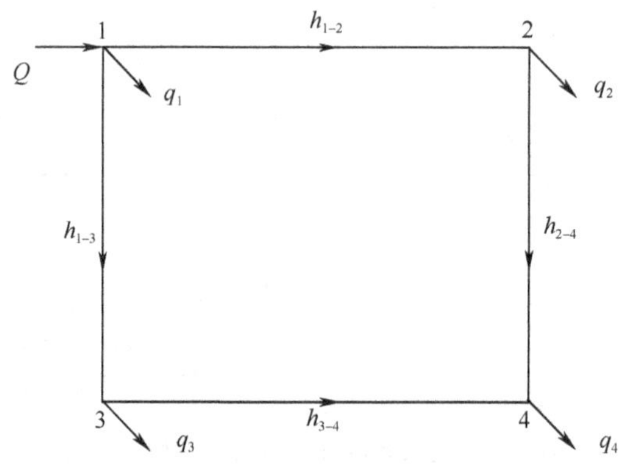

图 2.13 单环管网

另由串联管路的基本公式，得

$$h_{1\text{-}2\text{-}4} = h_{1\text{-}2} + h_{2\text{-}4};\quad h_{1\text{-}3\text{-}4} = h_{1\text{-}3} + h_{3\text{-}4}$$

所以有

$$h_{1\text{-}2} + h_{2\text{-}4} = h_{1\text{-}3} + h_{3\text{-}4} \quad \text{或} \quad h_{1\text{-}2} + h_{2\text{-}4} - h_{1\text{-}3} - h_{3\text{-}4} = 0$$

环状管网计算时，节点流量、管段长度、管径和阻力系数等均已知，需要求解的是管网各管段的流量和水头损失（或节点水压）。求解时可采用解环方程组、解节点方程组和解管段方程组等 3 种方法。

（一）环状管网平差方法

1. 哈代-克罗斯法

最早并应用广泛的管网分析方法有哈代-克罗斯法和洛巴切夫法，即每环中各管段的流量用 Δq 修正的方法。现以图 2.14 为例加以说明，各参数的符号仍规定顺时针方向为正，逆时针方向为负。

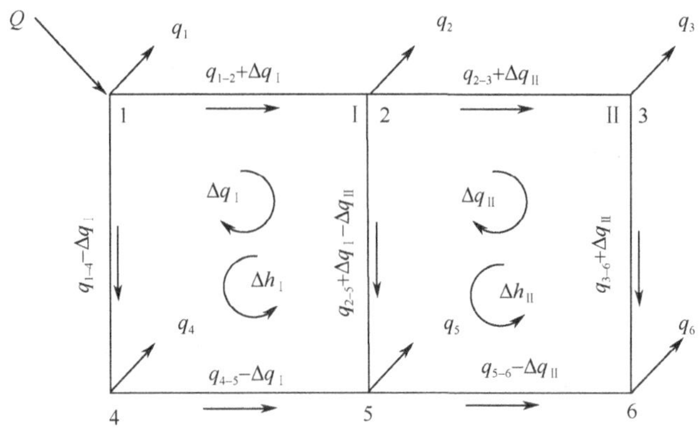

图 2.14　两环管网的流量调整

环状管网初步分配流量后，管段流量 $q_{ij}^{(0)}$ 为已知，并满足节点流量平衡条件，由 $q_{ij}^{(0)}$ 选出管径，计算出各管段的水头损失 h_{ij} 和各环的水头损失代数和 $\sum h_{ij}$，一般 $\sum h_{ij} = \Delta h \neq 0$，不满足水头损失平衡条件，须引入校正流量 Δq 以减小闭合差。校正流量可按下式估算确定：

$$\Delta q = -\frac{\Delta h_k}{2\sum S_{ij}\,|q_{ij}|} = -\frac{\Delta h_k}{2\sum \dfrac{S_{ij}\,|q_{ij}|^2}{|q_{ij\Delta}|}} = -\frac{\Delta h_k}{2\sum \left|\dfrac{h_{ij}}{q_{ij}}\right|} \tag{2.25}$$

式中：Δq_k——环路 k 的校正流量（L/s）；

Δh_k——环路 k 的闭合差，等于该环内各管段水头损失的代数和（m）；

$\sum s_{ij}\,|q_{ij}|$——环路 k 内各管段的摩阻 $s=\alpha_{ij} l_{ij}$ 与相应管段流量 q_{ij} 的绝对值乘积之总和；

$\sum \left|\dfrac{h_{ij}}{q_{ij}}\right|$——环路 k 的各管段的水头损失 h_{ij} 与相应管段流量 q_{ij} 之比的绝对值乘积之总和。

应该注意，上式中 Δq_k 和 Δh_k 符号相反，即闭合差 Δh_k 为正，校正流量 Δq_k 就为负，反之则为正；闭合差 Δh_k 的大小及符号，反映了与 $\Delta h=0$ 时的管段流量和水头损失的偏离程度和偏离方向。显然，闭合差 Δh_k 的绝对值越大，为使闭合差 $\Delta h_k=0$ 所需的校正流量 Δq_k 的绝对值也越大。各环校正流量 Δq_k 用弧形箭头标注在相应的环内，如图 2.14 所示，然后在相应环路的各管段中引入校正流量 Δq_k，即可得到各管段第一次修正后的流量 $q_{ij}^{(1)}$，即：

$$q_{ij}^{(1)} = q_{ij}^{(0)} + \Delta q_s^{(0)} + \Delta q_n^{(0)} \tag{2.26}$$

式中：$q_{ij}^{(0)}$——本环路内初步分配的各管段流量（L/s）；

$\Delta q_s^{(0)}$——本环路内初次校正的流量（L/s）；

$\Delta q_n^{(0)}$——邻环路初次校正的流量，（L/s）。

如图 2.14 中环Ⅰ和环Ⅱ：

环Ⅰ：$q_{1\text{-}2}^{(1)} = q_{1\text{-}2}^{(0)} + \Delta q_{\text{I}}^{(0)}$；$q_{4\text{-}5}^{(1)} = q_{4\text{-}5}^{(0)} - \Delta q_{\text{I}}^{(0)}$；$q_{2\text{-}5}^{(1)} = q_{2\text{-}5}^{(0)} + \Delta q_{\text{I}}^{(0)} - \Delta q_{\text{II}}^{(0)}$

环Ⅱ：$q_{2\text{-}3}^{(1)} = q_{2\text{-}3}^{(0)} + \Delta q_{\text{II}}^{(0)}$；$q_{5\text{-}6}^{(1)} = q_{5\text{-}6}^{(0)} - \Delta q_{\text{II}}^{(0)}$；$q_{2\text{-}5}^{(1)} = -q_{2\text{-}5}^{(0)} - \Delta q_{\text{I}}^{(0)} + \Delta q_{\text{II}}^{(0)}$

由于初步分配流量时，已经符合节点流量平衡条件，即满足了连续性方程，所以每次调整流量时能自动满足此条件。

采用哈代-克罗斯法进行管网平差的步骤：

（1）根据城镇的供水情况，拟定环状网各管段的水流方向，按每一节点满足连续性方程的条件，并考虑供水可靠性要求分配流量，得初步分配的管段流量 $q_{ij}^{(1)}$。

（2）由 $q_{ij}^{(1)}$ 计算各管段的水头损失 $h_{ij}^{(0)}$。

（3）假定各环内水流顺时针方向管段中的水头损失为正，逆时针方向管段中的水头损失为负，计算该环内各管段的水头损失代数和 $\sum h_{ij}^{(0)}$，如 $\sum h_{ij}^{(0)} \neq 0$，其差值即为第一次闭合差 $\Delta h_k^{(0)}$。

如 $\Delta h_k^{(0)} > 0$，说明顺时针方向各管段中初步分配的流量多了些，逆时针方向管段中分配的流量少了些，反之，如 $\Delta h_k^{(0)} < 0$，说明顺时针方向各管段中初步分配的流量少了些，逆时针方向管段中分配的流量多了些。

（4）计算每环内各管段的 $\sum \left| \frac{h_{ij}}{q_{ij}} \right|$，按式（2.23）求出校正流量。如闭合差为正，校正流量为负；反之，则校正流量为负。

（5）设图上的校正流量 Δq_k 符号以顺时针方向为正，逆时针方向为负，凡是流向和校正流量 Δq_k 方向相同的管段，加上校正流量，否则减去校正流量，据此调整各管段的流量，得第一次校正的管段流量。对于两环的公共管段，应按相邻两环的校正流量符号，考虑邻环校正流量的影响。

按此流量再计算，如闭合差尚未达到允许的精度，再从第 2 步按每次调整后的流量反复计算，直到每环的闭合差达到要求为止。

2. 最大闭合差的环校正法

管网计算过程中，在每次迭代时，可对管网中的各环同时进行校正流量，但也可以只对管网中闭合差最大的一部分环进行校正，称为最大闭合差的环校正法。采用此法可以减少平差工作量（图 2.15）。

可知，环Ⅰ、Ⅱ和其构成的大环Ⅲ（1-2-3-6-5-4-1）闭合差之间的关系为

$$\Delta h_{\text{I}} = \sum h_{\text{I}} = h_{1\text{-}2} + h_{2\text{-}5} - h_{4\text{-}5} - h_{1\text{-}4}$$

$$\Delta h_{\text{II}} = \sum h_{\text{II}} = h_{2\text{-}3} + h_{3\text{-}6} - h_{5\text{-}6} - h_{2\text{-}5}$$

$$\Delta h_{\text{I}} + \Delta h_{\text{II}} = h_{1\text{-}2} + h_{2\text{-}3} + h_{3\text{-}6} - h_{5\text{-}6} - h_{4\text{-}5} - h_{1\text{-}4}$$

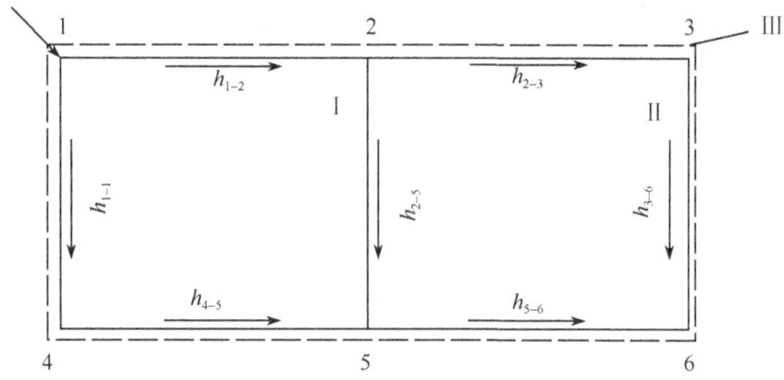

图 2.15　最大闭合差的环校正

$$\Delta h_{\mathrm{III}} = \sum h_{\mathrm{III}} = h_{1\text{-}2} + h_{2\text{-}3} + h_{3\text{-}6} - h_{5\text{-}6} - h_{4\text{-}5} - h_{1\text{-}4}$$

$$\text{即}\quad \Delta h_{\mathrm{III}} = \Delta h_{\mathrm{I}} + \Delta h_{\mathrm{II}}$$

由此可知，大环闭合差就等于构成该大环各基环闭合差 Δh 的代数和。

如图 2.16，环Ⅰ和环Ⅱ的闭合差方向相同：

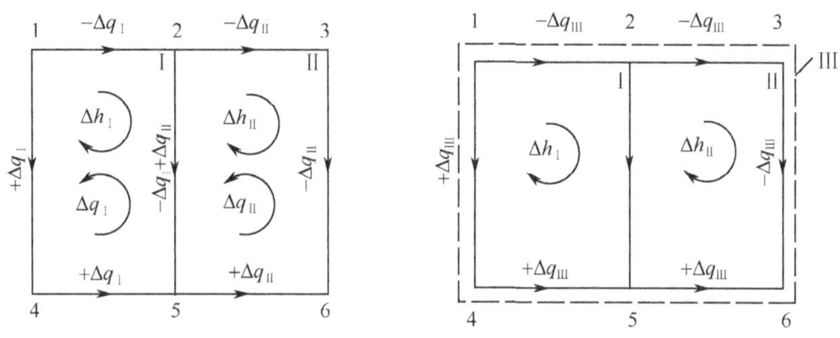

图 2.16　闭合差方向相同

为降低环Ⅰ和环Ⅱ的闭合差，分别对环Ⅰ和环Ⅱ引入校正流量 Δq_{I} 和 Δq_{II}，使环Ⅰ和环Ⅱ的闭合差减小。但公共管段 2-5 由于相互抵消作用，使环Ⅰ和环Ⅱ的闭合差降低幅度减小，平差效率较低 。

若考虑对环Ⅰ和环Ⅱ构成的大环Ⅲ校正，则多环受益，平差效果好。如图 2.17 所示环Ⅰ和环Ⅱ的闭合差方向相反。

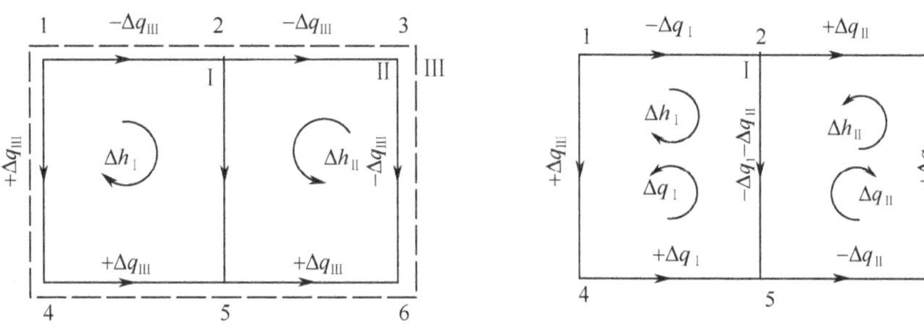

图 2.17　闭合差方向相反

若采用大环平差，则与大环闭合差同号的环Ⅰ闭合差亦随之降低，但与大环异号的环Ⅱ闭合差的绝对值反而增大。因此，相邻基环闭合差异号时，不宜做大环平差。

若只对环Ⅰ进行平差，则环Ⅱ闭合差绝对值也减少。因此，相邻各基环闭合差异号时，宜选择其中闭合差较大的环进行平差，不仅该环本身闭合差减小，与其异号且相邻的基环闭合差也随之降低，从而一环平差，多环受益，计算工作量较逐环平差方法为少。如第一次校正并不能使各环的闭合差达到要求，可按第一次计算后的闭合差重新选择闭合差较大的一个环或几个环连成的大环继续计算，直到满足要求为止。

（二）管网核算

1. 管网校核的定义

从前面的设计过程可知，管网的管径和水泵扬程，是按设计年限内最高日最高时的用水量和水压要求来设计的。这样的管径和水泵能否满足其他特殊情况（消防时、最大转输、事故时）下的要求，就需进行其他用水量条件下的核算。

核算按最高日最高时流量设计的管径和水泵能否满足其他特殊情况下的要求的过程叫做管网校核。

2. 管网校核的内容

1）消防校核

消防校核是在发生火灾的情况下进行核算。

（1）管网是按最高日最高时流量来设计的，这个流量并没有包括消防流量。这是因为城市火灾不是经常发生的，且火灾持续时间不长，灭火期间短时间的断水或者流量减少居民能够接受。

消防校核的实质是以最高日最高时流量另加消防流量作为设计流量，按 10m 的服务水头计算，校核按最高时流量确定的管径和水泵能否满足消防时候的要求。

（2）消防校核的方法。首先根据城市规模和现行的《建筑设计防火规范》确定同时发生的火灾次数和消防用水量。

把消防流量作为集中流量加在相应节点的节点流量中。如按消防要求同时一处失火，则放在控制点，有两处或两处以上失火，一处放在控制点，其他设定在离二级泵站较远或靠近大用户的节点处，其余节点仍按最高用水时的节点流量。

以最高日最高时用水量确定的管径为基础，将最高时用水量与消防流量相加后进行流量分配。

进行管网平差，求出消防时的管段流量和水头损失。

计算消防时所需要的水泵扬程，自由水压不低于 10 mH_2O（约为 1.01×10^5 Pa）。

（3）虽然消防时比最高时所需的服务水头要小得多，但因消防时通过管网流量增大，各管段的水头损失相应增加，按最高时确定的水泵扬程有可能不满足消防时的需要。若消防时需要的水泵扬程小于最高时确定的水泵扬程，则设计不需要调整；消防时需要的水泵扬程略大于最高时确定的水泵扬程，可放大管网末端个别管径；消防时需要的水泵扬程远大于最高时确定的水泵扬程，专设消防泵。

2）事故校核

事故校核在管网前端主要干管发生事故的情况下核算。

管网主要管段发生损坏时，必须及时检修，在检修时间内供水量允许减少，但设计水压一般不应降低。事故时管网供水流量与最高时设计流量之比，称为事故流量降落比，用R表示。R的取值根据供水要求确定，城镇的事故流量降落比R一般不低于70%。

（1）事故校核的实质是管网前端主要管段发生损坏时，原设计的管径和水泵能否供应不小于最高时设计流量70%的流量。

（2）核算时，水力计算过程跟最高时计算过程相同，只是管网各节点的流量应按事故时用户对供水的要求确定（可按事故流量降落比统一折算，即事故时管网的节点流量等于最高时各节点的节点流量乘上事故降落比R）。

（3）事故校核的结果经过核算后不符合要求时，可以增加平行主干管或埋设双管，或放大某些连通管的管径，或重新选择水泵。也可以从技术上采取措施，如加强当地给水管理部门的检修力量，缩短损坏管段修复时间；重要的和不允许断水的用户，可以采用贮备用水的保障措施。

3）最大转输校核

最大转输校核在设有对置水塔的管网最大转输的情况下进行核算。

（1）设对置水塔的管网，在最高用水时由泵站和水塔同时向管网供水，但在一天内泵站送水量大于用水量的时段内，多余的水经过管网送入水塔贮存。

最大转输校核的实质是校核设对置水塔的管网在发生最大转输流量时水泵能否将水送到水塔水柜中最高水位。

（2）核算时，水力计算过程跟最高时计算过程相同，只是管网各节点的流量需按最大转输时管网各节点的实际用水量求出。因节点流量随用水量的变化成比例地增减，所以最大转输时各节点流量可按下式计算：

$$q_{zi} = k_{zs} q_i \tag{2.27}$$

式中：q_i——最高用水时的节点流量（L/s）；

k_{zs}——最大转输时节点流量折减系数，其值可按下式计算：

$$k_{zs} = \frac{Q_{zy} - \sum Q_{zi}}{Q_h - \sum Q_i} \tag{2.28}$$

式中：Q_{zy}、Q_h——分别为最大转输时和最高用水时管网总用水量（L/s）；

Q_{zi}、Q_i——分别为最大转输时已确定（常为集中流量）的节点流量和与之相对应的最高用水时的节点流量（L/s）。

节点流量确定后，按最大转输时的流量进行分配和管网平差，求出各管段的流量、水头损失和所需要的水泵扬程。

（3）最大转输校核的结果不满足要求时，应适当加大从泵站到水塔最短供水路线上管段的管径。

（三）管网计算结果的整理

管网平差结束后，将最终平差结果按$\frac{l_{ij}(\mathrm{m})-D_{ij}(\mathrm{mm})}{q_{ij}(\mathrm{L/s})-1000i-h_{ij}(\mathrm{m})}$的形式标注在管网平面图上相应的管段旁，继续进行下列内容的计算。

1. 管网各节点水压标高和自由水压计算

起点水压未知的管网进行水压计算时，应首先选择管网的控制点，由控制点所要求的水压标高依次推出各节点的水压标高和自由水压，计算方法同枝状管网。由于存在闭合差，即$\Delta h\neq 0$，利用不同管线水头损失所求得的同一节点的水压值常不同，但差异较小，不影响选泵，可不必调整。

网前水塔管网系统在进行消防和事故工作校核时，由控制点按相应条件推算到水塔处的水压标高可能出现以下三种情况：一是高于水塔最高水位，此时必须关闭水塔，其水压计算与无水塔管网系统相同；二是低于水塔最低水位，此时水塔无需关闭，仍可起调节流量作用，但由于水塔高度一定，不能改变，所以这种情况管网系统的水压应由水塔控制，即由水塔开始，推算到各节点（包括二级泵站）；三是介于水塔最高水位和最低水位之间，此种情况水塔调节容积不能全部利用，应视具体情况按上述两种情况之一进行水压计算。

对于起点水压已定的管网进行水压计算时，无论何种情况，均从起点开始，按该点现有的水压值推算到各节点，并核算各节点的自由水压是否满足要求。

经上述计算得出的各节点水压标高、自由水压及该节点处的地形标高，按一定格式写在相应管网平面图的节点旁。

2. 绘制管网水压线图

管网水压线图分等水压线图（图 2.18）和等自由水压线图两种，其绘制方法与绘制地形等高线图相似。两节点间管径无变化时，水压标高将沿管线的水流方向均匀降低，据此从已知水压点开始，按 0.5～1.0 m的等高距（水压标高差）推算出各管段上的标高点。如某一地区的水压线过密，表示该处管网的负荷过大，所选用的管径偏小。水压线的密集程度可作为今后放大管径或增敷管线的依据。

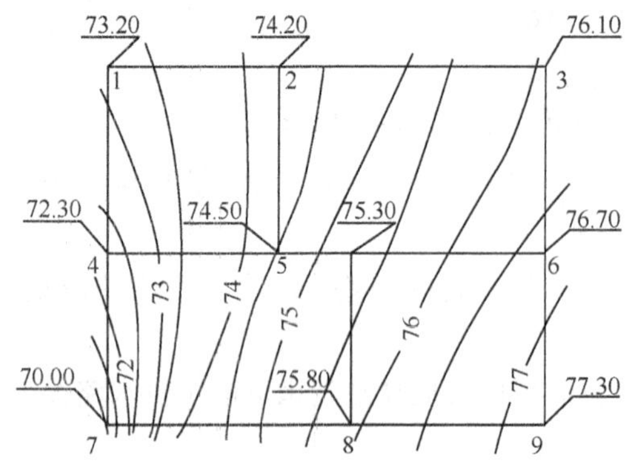

图 2.18 管网等水压线

由等水压线图标高减去各点地面标高得自由水压，用细实线连接相同的自由水压即可绘出等自由水压线图。管网等自由水压线图可直观反映整个供水区域内高、低压区的分布情况和服务水压偏低的程度。因此，管网水压线图对供水企业的管理和管网改造有很好的参考价值。

3. 水塔高度计算

按最高时平差结果和设计水压求出水塔高度。在核算时，水塔高度若不能满足其他最不利工作情况的供水要求时，一般不修正水塔高度。网前水塔只需将水塔关闭，而对置水塔只需调整供水流量即可。

4. 水泵总扬程及供水总流量计算

由管网控制点开始，按相应的计算条件（最高时、消防时、事故时、最大转输时等），经管网和输水管推算到二级泵站，求出水泵的总扬程及供水总流量，以备泵站选择水泵之用。管网有几种计算情况就应有扬程、流量几组数据。

（四）环状管网计算

例 2.3 按最高用水时流量 219.8L/s，计算如图 2.19 所示的管网。节点流量见表 2.12。

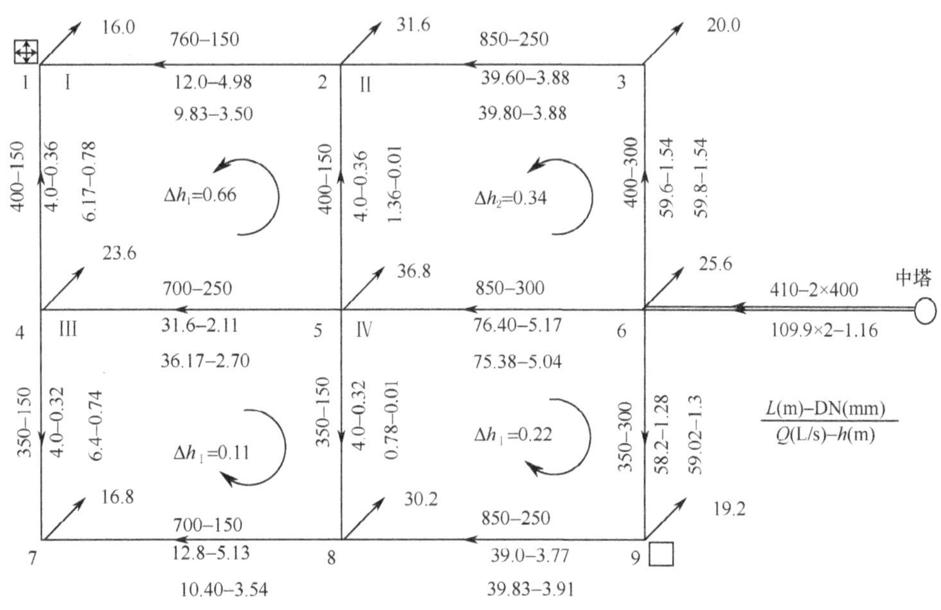

图 2.19 环状管网计算（流量单位：L/s）

表 2.12 节点流量表

节点	1	2	3	4	5	6	7	8	9	总计
节点流量/(L/s)	16.0	31.6	20.0	23.6	36.8	25.6	16.8	30.2	19.2	219.8

解 根据用水情况，拟定各管段的流向如图 2.19 所示。按照最短路线供水原则，并考虑可靠性的要求进行流量分配。这里，流向节点的流量取负号，离开节点的流量取正号，分配时每一节点满足 $q_i+\sum q_{ij}=0$ 的条件。几条平行的干线，如 3-2-1，6-5-4 和 9-8-7，大致分配相近的流量。与干线垂直的连接管，因平时流量较小，所以分配较少的流量，由此得出每一管段的计算流量。

管径按界限流量确定。该城市的经济因素为 $f=0.8$，则单独管段的折算流量为

$$q_0 = \sqrt[3]{f} \cdot q_{ij} = 0.93 q_{ij} \tag{2.29}$$

例如管段 5-6，折算流量为 0.93×76.4=71.1L/s，从界限流量表可得管径为 DN350. 但考虑到市场供应的规格，选用 DN300。至于干管之间的连接管管径，考虑到干管事故时，连接管中可能通过较大的流量以及消防流量的需要．将连接管 2-5、5-8、1-4、4-7 的管径适当放大为 DN150。

每一管段的管径确定后，即可求出水力坡度，该值乘以管段长度即得水头损失。水头损失除以流量即为 $s_{ij}q_{ij}$ 值。

计算时应注意两环间的公共管段，如 2-5、4-5、5-6 和 5-8 等的流量校正。以管段 5-6 为例，初步分配流量为 76.4L/s。但同时受到环Ⅱ和环Ⅳ校正流量的影响，环Ⅱ的第一次校正流量为 0.20L/s，校正流量的方向与管段 5-6 的流向相反，环Ⅳ的校正流量为 0.82L/s，方向也和管段 5-6 的流向相反，因此第一次调整后的管段流量为

$$76.4 - 0.20 - 0.82 = 75.38\text{L/s}$$

计算结果见图 2.19 和表 2.13。

经过一次校正后，各环闭合差均小于 0.5m，大环 6-3-2-1-4-7-8-9-6 的闭合差为

$$\sum h = -h_{6\text{-}3} - h_{3\text{-}2} - h_{2\text{-}1} + h_{1\text{-}4} - h_{4\text{-}7} + h_{7\text{-}8} + h_{8\text{-}9} + h_{6\text{-}9}$$
$$= -1.54 - 3.88 - 3.50 + 0.78 - 0.74 + 3.54 + 3.91 + 1.36 = 0.07(\text{m})$$

小于允许值，可满足要求，计算到此完毕。

从水塔到管网的输水管计两条，每条计算流量为 0.5×219.8=109.9L/s，选定管径 DN400，水头损失为 h=1.16m。

表 2.13 环状管网计算（最高用水时）

环号	管段	管长/m	管径/mm	初步分配流量				第一次校正			
				q/(L/s)	1000i	h/m	|sq|	q/(L/s)	1000i	h/m	|sq|
Ⅰ	1-2	760	150	−12.0	6.55	−4.98	0.415	−12+2.17=−9.83	4.60	−3.50	0.356
	1-4	400	150	4.0	0.909	0.36	0.090	4.0+2.17=6.17	1.96	0.78	0.126
	2-5	400	150	−4.0	0.909	−0.36	0.090	−4+2.17+0.2= −1.63	0.10	−0.04	0.025
	4-5	700	250	31.6	3.02	2.11	0.067	31.6+2.17+2.4=36.17	3.86	2.70	0.075
						−2.87	0.662			−0.06	0.582
				$\Delta q_1=\frac{2.87}{2\times0.662}=2.17$							
Ⅱ	2-3	850	250	−39.6	4.55	−3.88	0.098	−39.6−0.2= −39.8	4.57	−3.88	0.097
	2-5	400	150	4.0	0.909	0.36	0.090	4−0.2−2.17=1.63	0.10	0.04	0.025
	3-6	400	300	−59.6	3.84	−1.54	0.026	−59.6−0.2= −59.8	3.85	−1.54	0.026
	5-6	850	300	76.4	6.08	5.17	0.068	76.4−0.2−0.82=75.38	5.93	5.04	0.067
						0.11	0.282			−0.34	0.215
				$\Delta q_2=\frac{-0.11}{2\times0.282}=-0.20$							

续表

环号	管段	管长/m	管径/mm	初步分配流量				第一次校正			
				q/(L/s)	$1000i$	h/m	$\|sq\|$	q/(L/s)	$1000i$	h/m	$\|sq\|$
Ⅲ	4-5	700	250	−31.6	3.02	−2.11	0.067	−31.6−2.4−2.17=−36.17	3.86	−2.70	0.075
	4-7	350	150	−4.0	0.909	−0.32	0.080	−4.0−2.4= −6.4	2.10	−0.74	0.116
	5-8	350	150	4.0	0.909	0.32	0.080	4.0−2.4−0.82−0.78	0.026	0.009	0.012
	7-8	700	150	12.8	7.33	5.13	0.401	12.8−2.4=10.4	5.06	3.54	0.340
						3.02	0.628			0.109	0.543
				$\Delta q_3=\frac{-3.02}{2\times 0.628}=-2.40$							
Ⅳ	5-6	850	300	−76.4	6.08	−5.17	0.068	−76.4+0.82+0.20=−75.38	5.93	−5.04	0.067
	6-9	350	300	58.2	3.67	1.28	0.022	58.2+0.82=59.02	3.88	1.36	0.023
	5-8	350	150	−4.0	0.909	−0.32	0.080	−0.4+0.82+2.40=−0.78	0.026	−0.009	0.012
	8-9	850	250	39.0	4.44	3.77	0.097	39.0+0.82=39.82	4.60	3.91	0.098
						−0.44	0.267			0.221	0.200
				$\Delta q_4=\frac{0.44}{2\times 0.267}=0.82$							

注:顺时针方向的流量为正,逆时针方向为负。

水塔高度由距水塔较远且地形较高的控制点 1 确定，该点地面标高为 85.60m，水塔处地面标高为 88.53m，所需服务水压为 24m，从水塔到控制点的水头损失取 6-3-2-1 和 6-9-8-7-4-1 两条干线的平均值，因此水塔高度为

$$H_t = 85.60 + 24.00 + 0.5 \times (1.54 + 3.88 + 3.50 + 1.36 + 3.91 + 3.54 - 0.74 + 0.78) + 1.16 - 88.53 = 31.12(\text{m})$$

本例的水塔位置是在二级泵站和管网之间，它将管网和泵站分隔开来，形成水塔和管网联合工作情况。在一天内的任何时刻，水塔供给管网的流量等于管网的用水量。管网用水量的变化对泵站工作并无直接的影响，只有在用水量变化引起水塔的水位变动时，才对泵站供水情况产生影响。例如水塔的进水管接至水塔的水柜底部时，水塔水位变化就会影响水泵的工作情况，此时应按水泵特性曲线，对水泵流量的可能变化进行分析。

根据计算结果得到各节点的水压后，即可在管网平面图上用插值法按比例绘出等水压线。也可从节点水压减去地面标高得出各节点的自由水压，在管网平面图上绘出等自由水压线。

四、输水系统

输水管包括原水输水管（渠）和清水输水管两种。输水管必须保证不间断输水。因此，一般需平行敷设两条，当敷设一条输水管时，常另外设置有一定容量的蓄水池。对于允许间断供水或多水源供水的管网，可以只设一条输水管。输水系统的一般特点是距离长，和河流、高地、交通路线等交叉较多。

原水输水管（渠）设计流量，应按最高日平均时供水量与水厂自用水量之和确定。

当远距离输水时，输水管渠的设计流量还应计入管渠漏失水量。

清水输水管的设计流量，当管网内无调节构筑物时，应按最高日最高时用水量确定；当管网内有调节构筑物时，应按最高日最高时用水条件下，由水厂所负担供应的水量确定（输水管道的设计水量应为最高日最高时供水量减去由调节构筑物每小时供应的水量）。

输水管渠有多种形式，常用的有以下几种：

（1）压力输水管渠。此种形式通常最多，当输水量大时可采用输水渠。常用于高地水源或水泵供水。

（2）无压输水管渠（非满流水管或暗渠）。无压输水管渠的单位长度造价较压力管渠低，但在定线时，为利用与水力坡度相接近的地形，不得不延长路线，因此，建造费用相应增加。重力无压输水管渠可节约水泵输水所耗电费。

（3）加压与重力相结合的输水系统。在地形复杂的地区常用加压与重力结合的输水方式。

（4）明渠。明渠是人工开挖的河槽，一般用于远距离大量输水。

以下重点讨论压力输水管。

输水管平行工作的管线数，应从可靠性要求和建造费用两方面来比较。若增加平行管线数，虽然可提高供水的可靠性，但输水系统的建造费用随之增大。实际上，常采用简单而造价又增加不多的方法，以提高供水的可靠性，即在平行管线之间设置连接管，将输水管线分成多段，分段数越多，供水可靠性越高。合理的分段数应根据用户对事故流量的要求确定。

输水管计算的任务是确定管径和水头损失，以及达到一定事故流量所需的输水管条数和需设置的连接管条数。确定大型输水管的管径时，应考虑具体的埋管条件、管材和形式、附属构筑物数量和特点、输水管条数等，通过方案比较确定。具体计算时，先确定输水管条数，依据经济供水的原则，即按设计流量和经济流速（或可资用水头）确定管径，进而计算水头损失。本节主要介绍输水管分段数计算方法。

（一）重力供水时的压力输水管

水源在高地时（如取用蓄水库水时），若水源水位和水厂内第一个水处理构筑物之间有足够的水位高差克服两者管道的水头损失时，可利用水源水位向水厂重力输水。

如图 2.20 所示，若水源水位标高为 Z，输水管终端要求的水压为 $Z_0=Z_m+H_0$，则可资用水头为 $H=Z-Z_0$，用来克服输水管阻力损失。假设输水系统的总流量为 Q，平行管线（管径、管长和管材均相同）数为 n，则每条输水管的流量为$\frac{Q}{n}$（图 2.21）。

若在输水管上等距离设置 m 条连接管，输水管被分成 $N=m+1$ 段，则正常工作情况下的水头损失为

$$h=s(m+1)\left(\frac{Q}{n}\right)^2=\left[\frac{s(m+1)}{n^2}\right]Q^2=s_0Q^2 \tag{2.30}$$

式中：s——每一管段的摩阻（Pa）；

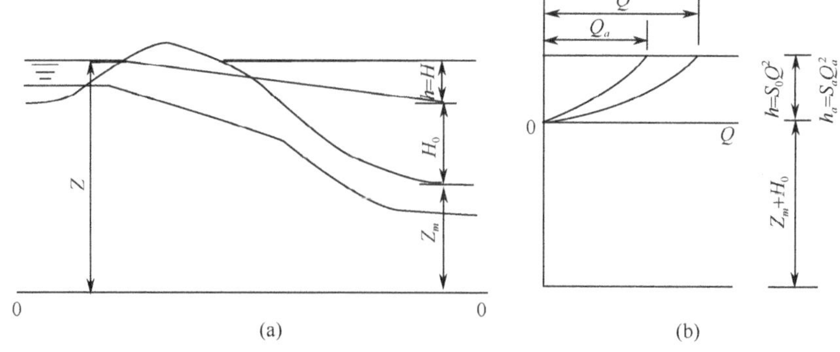

图 2.20　重力流压力输水管

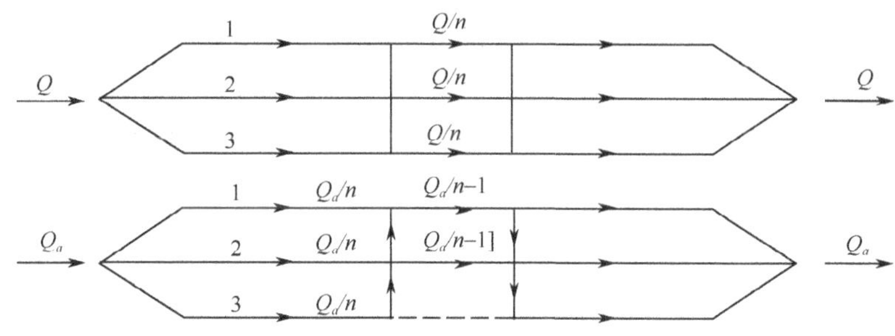

图 2.21　输水管正常时与事故时工作情况

s_0——输水系统的总摩阻（Pa），$s_0=\dfrac{s\ (m+1)}{n^2}$。

如图 2.21，任一管段损坏时，流量降低为 Q_a，若忽略连接管的水头损失（因其长度和输水管相比很短），则此时输水管系统的水头损失为

$$h_a = s\left(\frac{Q_a}{n}\right)^2 m + s\left(\frac{Q_a}{n-1}\right)^2 = \left[s\frac{m}{n^2}\right] + \frac{s}{(n-1)^2}Q_a^2 = s_a Q_a^2 \tag{2.31}$$

式中：s_a——n 条管线中任一段损坏时输水系统的总摩阻（Pa），$s_a=\left[s\dfrac{m}{n^2}\right]+\dfrac{s}{(n-1)^2}$。

在重力流压力输水系统中，因起、终点的水头差固定，不受管线损坏的影响，因此 $h=h_a$，但 $s_0\neq s_a$，可得出事故时和正常工作时的流量比例，即事故时允许流量降落比 R 为

$$R=\frac{Q_a}{Q}=\sqrt{\frac{s_0}{s_a}}=\sqrt{\frac{s\dfrac{(m+1)}{n^2}}{s\dfrac{m}{n^2}+s\dfrac{1}{(n-1)^2}}} \tag{2.32}$$

不同 n、m 值时的 R 值见表 2.14。由表可知：输水管线可靠性随着平行管线数和连接管数的增加而增大。由于城镇给水管网的允许流量降落比 R 值为 0.7，因此为保证输水管损坏时的事故流量，当采用重力下的压力供水时，应设置两根平行的输水管，并设置两条连接管将平行管线按长度分成 3 段。

表 2.14 不同 m、n 值时的 R 值

n	当 m 为下列值时的 R 值				
	0	1	2	3	4
2	0.5	0.63	0.71	0.76	0.79
3	0.67	0.78	0.84	0.87	0.89
4	0.75	0.85	0.89	0.91	0.93

（二）水泵供水的压力输水管

水泵供水时，流量 Q 受到水泵扬程的影响。反之，输水量变化也会影响输水管起点的水压。因此水泵供水时的实际流量，应由水泵特性曲线 $H_p=f(Q)$ 和输水管特性曲线 $H=H_{ST}+\sum h=f(Q)$ 的联合曲线求出。

水泵特性曲线和输水管特性曲线的联合工作情况可如图 2.22 所示，Ⅰ、Ⅱ分别表示输水管正常工作和事故时的 Q-$\sum h$ 特性曲线。当输水管任一管段损坏时，系统的阻力增大，曲线的交点从正常工作时的 b 点移到 a 点，与 a 点相应的横坐标表示事故时流量 Q_a。设置连接管后，由于事故时输水系统的摩阻增加较少，即 s_a 较接近 s_0，因此曲线Ⅱ和曲线Ⅰ也比较接近，事故时流量 Q_a 可大于无连接管时。确定输水管的分段数应保证任一管段损坏检修时，供水流量不低于允许值。水泵供水时输水管的分段数计算方法如下：

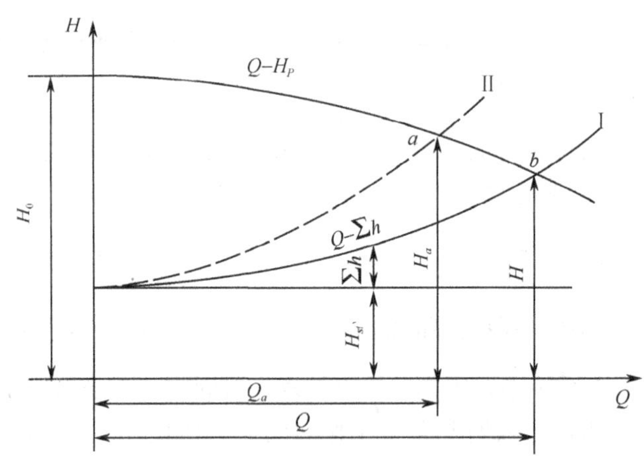

图 2.22 水泵和输水管特性曲线

1. 设有网前水塔时输水管分段数计算

设两条不同直径的输水管用连接管分成 n 段。输水管正常工作时的流量和水压关系用 Q-$\sum h$ 特性方程表示为

$$H=H_0+(s_p+s_d)Q^2 \tag{2.33}$$

忽略连接管的水头损失，则任一段输水管损坏时的流量和水压关系为

$$H_a=H_0+\left(s_p+s_d-\frac{s_d}{n}+\frac{s_1}{n}\right)Q_a^2 \tag{2.34}$$

式中：H——输水管正常工作时水泵扬程（m）；

H_a——事故时水泵扬程（m）；

H_0——水泵静扬程，等于水塔水面与泵站吸水井水面的高差（m）；

Q——正常工作时的流量（m^3/h）；

Q_a——事故时的流量（m^3/h）；

n——输水管的分段数；

Q——正常工作时的流量（m^3/h）；

Q_a——事故时的流量（m^3/h）；

s_p——泵站内部管线的摩阻（Pa）；

S_1——事故输水管的摩阻（Pa）；

s_d——两条输水管的当量摩阻（Pa）。

当量摩阻按下式计算：

$$\frac{1}{\sqrt{s_d}} = \frac{1}{\sqrt{s_1}} + \frac{1}{\sqrt{s_2}}$$

$$s_d = \frac{s_1 s_2}{(\sqrt{s_1} + \sqrt{s_2})^2} \tag{2.35}$$

式中：s_1——事故输水管的摩阻（Pa）；

s_2——未损坏输水管的摩阻（Pa）。

正常情况下水泵的特性曲线方程为

$$H_p = H_b - sQ^2 = H$$

事故时水泵的特性曲线方程为

$$H_p = H_b - sQ_a^2 = H_a$$

将式（2.33）和式（2.34）分别代入上两式，得正常时水泵的输水量 Q 和事故时的水泵输水量 Q_a 为

$$Q = \sqrt{\frac{H_b - H_0}{s + s_p + s_d}} \tag{2.36}$$

$$Q_a = \sqrt{\frac{H_b - H_0}{s + s_p + s_d + (s_1 - s_d)\dfrac{1}{n}}} \tag{2.37}$$

由式（2.36）和式（2.37）得事故时和正常时的流量比为

$$\frac{Q_a}{Q} = R = \sqrt{\frac{s + s_p + s_d}{s + s_p + s_d + (s_1 - s_d)\dfrac{1}{n}}} \tag{2.38}$$

R 一般取 0.7，因此，为保证事故用水量所需的分段数为

$$n = \frac{(s_1 - s_d)R^2}{(s + s_p + s_d)(1 - R^2)} = \frac{0.96(s_1 - s_d)}{s + s_p + s_d} \tag{2.39}$$

式中：s_1——事故输水管的摩阻（Pa）。

2. 设对置水塔时输水管分段数计算

分段数可按下式近似计算：

$$N=\frac{(s_1-s_d)R^2}{(s+s_p+s_c+s_d)(1-R^2)} \tag{2.40}$$

式中：s_c——管网起点至控制点间的管路总摩阻（Pa）。

第四节　给水管网附件和构筑物

一、水管材料和配件

对给水管道的要求：水力条件好、安装简便、快速可靠、维护工作量少。同时要求管道的化学稳定性高、耐腐、质轻、韧性好、寿命长、折旧费用低。常用的给水管道材料有金属管、塑料管、预应力混凝土管、预应力钢筒混凝土管PCCP及玻璃纤维增强热固树脂夹砂管（玻璃钢管）等。

1. 金属管

目前常用的金属管主要有钢管、镀锌管、铸铁管、铜管等。

钢管应用历史较长，范围较广，输水工程一般选用螺旋焊缝与直缝焊接钢管。螺旋焊接钢管采用卷板，利用螺旋管焊接生产线一次成型。国内已可生产DN2540mm螺旋焊接钢管。螺旋焊管受加工工艺影响，管材存在较大残余应力，这部分残余应力与管道运行期间工作应力组合后，降低了管道承受内压的能力。另外，螺旋焊接管的焊缝较直缝焊管的焊缝长，这就意味着薄弱环节多，可靠性差。但由于输水工程管道内压一般不算太高，即使螺旋焊接管存在上述问题也不影响其应用。

钢管分为焊接钢管和无缝钢管两大类，焊接钢管有直缝钢管和螺旋卷焊钢管，钢管的优点是强度高、耐振动、重量轻、长度大、接头少和加工接口方便等。镀锌管道仍作为建筑给水管的主要管材，它比钢管价格低，但防腐性差。

铸铁管按材质可分为灰口铸铁管和延性铸铁管，由于灰口铸铁管口径不大、材质不稳定，因此事故较多，在输水工程中基本不采用。延性铸铁管也称为球墨铸铁管，其强度比钢管大，延伸率也高出10%。另外，现有些厂家生产的球墨铸铁管没进行退火处理，称为铸态球墨铸铁管，其材质的性能除延伸率低于球墨铸铁管外，其余性能指标均与球墨铸铁管相似，价格也低，应用也较多。

铸铁管接有两种形式：承插式（图2.23）和法兰盘式（图2.24）。水管接头应紧密不漏水且稍带柔性，特别是沿管线的土质不均匀而有可能发生沉陷时。

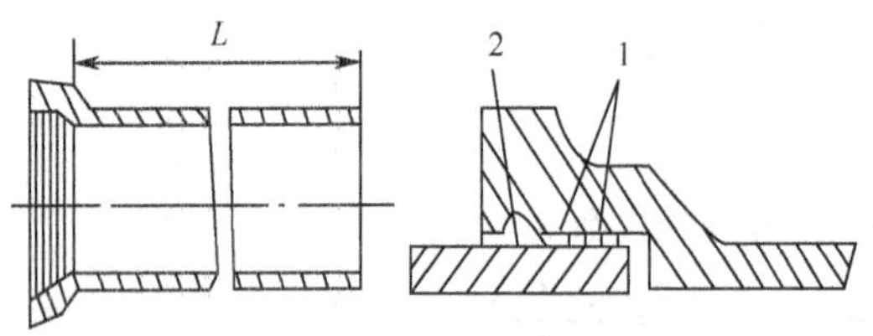

图2.23　承插式接头

1. 麻丝；2. 膨胀性填料等

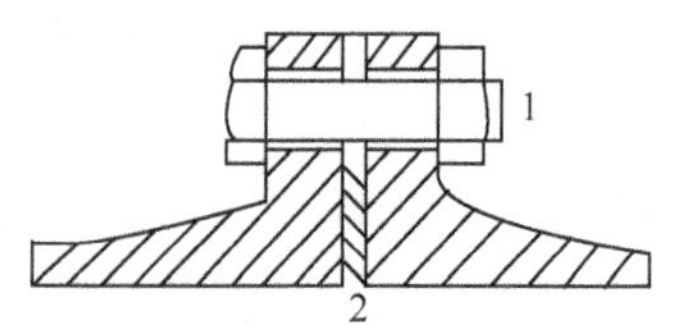

图2.24　法兰式接头

1. 螺栓；2. 垫片

承插式接口适用于埋地管线，安装时将插口插入承口内，两口之间的环形空隙用接头材料填实，接口时施工麻烦，劳动强度大。接口材料分两层，内层常用油麻丝或胶圈，外层可用石棉水泥、自应力水泥砂浆、青铅等。目前很多单位采用膨胀性填料接口，利用材料的膨胀性密封接口。承插式铸铁管采用橡胶圈接口时，安装时无需敲打接口，因而减轻了劳动强度，并加快施工进度，应用广泛。

法兰接口接头紧密，检修方便。但施工要求较高，接口管必须严格对准，为使接口不漏水，在两法兰盘之间嵌以3～5mm厚的橡胶垫片，再用螺栓上紧。由于螺栓易锈蚀，不适用于埋地管线，一般用于水塔进出水管、泵房、净水厂、车间内部等与设备明装或地沟内的管线。

铜管价格较高，主要用于热水管道。

2. 塑料管

塑料管一般是以塑料树脂为原料，加入稳定剂、润滑剂等在制管机内经挤压加工而成。由于它具有质轻、耐腐蚀、外形美观、无不良气味、加工容易、施工方便等特点，在建筑工程中获得了越来越广泛的应用。主要用作房屋建筑的自来水供水系统配管、排水、排气和排污卫生管、地下排水管系统、雨水管及电线安装配套用的穿线管等。

塑料管有热塑性塑料管和热固性塑料管两大类。热塑性塑料管采用的主要树脂有聚氯乙烯树脂（PVC）、聚乙烯树脂（PE）、聚丙烯树脂（PP）、聚苯乙烯树脂（PS）、丙烯腈-丁二烯-苯乙烯树脂（ABS）、聚丁烯树脂（PB）等；热固性塑料采用的主要树脂有不饱和聚酯树脂、环氧树脂、呋喃树脂、酚醛树脂等。常用于给水管道工程的塑料管材有UPVC管，PE管、PB管、PEX管、PP-C管、PP-R管等。这些塑料管具有重量轻、便于运输及安装、管道内壁光滑阻力系数小、防腐性能良好、对水质不构成二次污染的特点。

目前中国的市政管材市场，塑料管道正在稳步发展，PE管、PP-R管、UPVC管都占有一席之地，其中PE管强劲的发展势头最为令人瞩目。PE管的使用领域广泛，其中给水管和燃气管是其两个最大的应用市场。

PE管是由单体乙烯聚合而成，由于在聚合时因压力、温度等聚合反应条件不同，可得出不同密度的树脂，因而又有高密度聚乙烯、中密度聚乙烯和低密度聚乙烯之分。在加工不同类型PE管材时，根据其应用条件的不同，选用树脂牌号的不同，对挤出机和模具的要求也有所不同。

国际上把聚乙烯管的材料分为PE32、PE40、PE63、PE80、PE100五个等级，而用于燃气管和给水管的材料主要是PE80和PE100。我国对聚乙烯管材专用料没有分级，这使得国内聚乙烯燃气管和给水管生产厂家选择原材料比较困难，也给聚乙烯管材的使用带来了不小的隐患。

因此我国在GB/T13663—2000新标准中作了大量的修订，规定了给水管的不同级别PE80和PE100对应不同的压力强度，并且去掉旧标准中的拉伸强度性能，而增加了断裂伸长率（大于350%），即强调基本韧性。给水水管配件如表2.15所示。

3. 预应力混凝土管

预应力混凝土管按生产工艺分成两种：一种因加工工艺分为三步，通常称为三阶段管；另一种方法是一次成型，通常称为一阶段管。预应力混凝土管因加工工艺简单、造价低、较适合我国的经济状况而应用普遍。但管材制作过程中存在弊端，如三阶段管喷浆质量不稳定，易脱落和起鼓；一阶段管在施加预应力时不易控制（特别在插口端部），且因体积重量大造成运输安装都不方便，使其应用受到了限制。

预应力混凝土管口径一般在 2000mm 以下，工压在 0.4～0.8MPa。在口径大、工压高的工程应用时要慎重。

表 2.15 给水水管配件

序号	名称	图例	备注
1	放水龙头		左侧为平面，右侧为系数
2	皮带龙头		左侧为平面，右侧为系数
3	洒水(栓)龙头	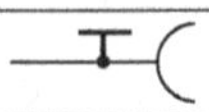	
4	化验龙头	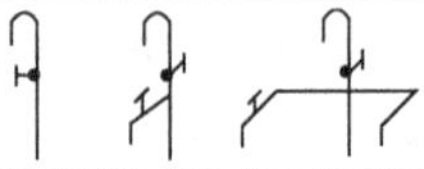	
5	时式龙头	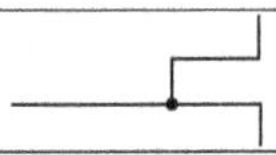	
6	脚踏开关	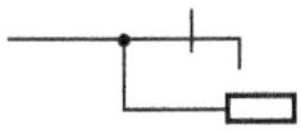	
7	混合水龙头	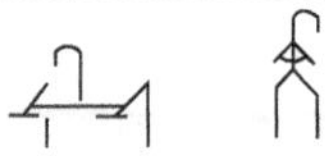	
8	旋转水龙头	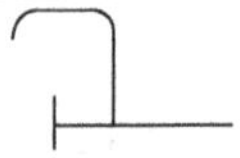	
9	浴盆带喷头 混合水龙头	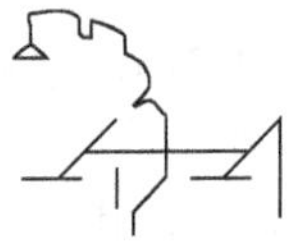	

4. 预应力钢筒混凝土管（PCCP）

预应力钢筒混凝土管是一种钢筒与混凝土制作的复合管，管心为混凝土，在其外壁或中部埋入厚 1.5mm 钢筒，在管芯上缠绕环向预应力，采用机械张拉缠绕高强钢丝，并在其外部喷水泥砂浆保护层。该管的特点是由于钢套筒的作用，抗渗能力非常好。管子的接口采用钢制承插口，尺寸较准确，并设橡胶止水圈（单胶圈或双胶圈），止水效果好，安装方便。

预应力钢筒混凝土管的管径一般为 DN600～3600 mm，工作压力为 0.4～2.0MPa，其中 DN1200mm 以下一般为内衬式，DN1400mm 以上通常为埋置式。PCCP 管材的行业标准已颁发，设计规范与工程建设标准已在编制，其应用前景广阔。

5. 玻璃纤维增强热固树脂夹砂管（玻璃钢管）

玻璃钢管的特点是强度较高、重量轻、耐腐蚀、不结垢，内壁光滑阻力小，在相同管径、相同流量条件下比其他材质管道水头损失小、节省能耗。玻璃钢管的连接也采用承插式，并设置胶圈，安装很方便。玻璃钢管相对而言壁薄，为柔性管道，对基础与回填要求较高。

二、管网附件

（一）阀门

阀门是用以连接、关闭和调节液体、气体或蒸汽流量的设备，它是市政管道系统的重要组成部分。

1. 按作用和用途分类

（1）截断阀：截断阀又称闭路阀，其作用是接通或截断管路中的介质。截断阀类包括闸阀、截止阀、旋塞阀、球阀、蝶阀和隔膜等。

（2）止回阀：止回阀又称单向阀或逆止阀，其作用是防止管路中的介质倒流。水泵吸水关的底阀也属于止回阀类。

（3）安全阀：安全阀的作用是防止管路或装置中的介质压力超过规定数值，从而达到安全保护的目的。

（4）调节阀：调节阀类包括调节阀、节流阀和减压阀，其作用是调节介质的压力、流量等参数。

（5）分流阀：分流阀类包括各种分配阀和疏水阀等，其作用是分配、分离或混合管路中的介质。

（6）排气阀：排气阀是管道系统中必不可少的辅助元件，广泛应用于锅炉、空调、石油天然气、给排水管道中。往往安装在制高点或弯头等处，排除管道中多余气体、提高管道路使用效率及降低能耗。

2. 按连接方法分类

（1）螺纹连接阀门：阀体带有内螺纹或外螺纹，与管道螺纹连接。

（2）法兰连接阀门：阀体带有法兰，与管道法兰连接。

（3）焊接连接阀门：阀体带有焊接坡口，与管道焊接连接。

（4）卡箍连接阀门：阀体带有夹口，与管道夹箍连接。

（5）卡套连接阀门：与管道采用卡套连接。

（6）对夹连接阀门：用螺栓直接将阀门及两头管道穿夹在一起的连接形式。

3. 按阀体材料分类

（1）金属材料阀门：阀体等零件由金属材料制成。如铸铁阀、碳钢阀、合金钢阀、铜合金阀、铝合金阀、铅合金阀、钛合金阀和蒙乃尔合金阀等。

（2）非金属材料阀门：阀体等零件由非金属材料制成。如塑料阀、陶阀、搪阀和玻璃钢阀等。

（3）金属阀体衬里阀门：阀体外形为金属，内部凡与介质接触的主要表面均为衬里，如衬胶阀、衬塑料阀和衬陶阀等。

4. 阀门型号

根据所输送的液体和功能不同而将给水管道系统中常用的阀门型号作一介绍。阀门型号共有 7 个单元，其意义如下：

1）第 1 单元

用汉语拼音字母代表阀门类型，代号如表 2.16 所示。

表 2.16 阀门类型代号

类别	代号	类别	代号
闸阀	Z	旋塞阀	X
截止阀	J	止回阀	H
节流阀	L	安全阀	A
球阀	Q	减压阀	Y
蝶阀	D	泄水阀	S

2）第 2 单元

用数字表示阀门的驱动方式。对于手轮、手柄或扳手直接传动的阀门，本单元可省略，数字代号意义见表 2.17。

表 2.17 阀门驱动方式代号

代号	1	2	3	4	5	6
驱动方式	蜗轮	正齿轮	伞齿轮	气动	液动	电动

3）第 3 单元

用数字表示阀门与管道的连接方式，意义如表 2.18。

表 2.18 阀门与管道的连接方式代号

代号	1	2	4	6	7	8	9
连接方式	内螺纹	外螺纹	法兰	焊接	对夹	卡箍	卡套

4）第 4 单元

用数字表示阀门结构型式，对于不同种类的阀门，数字代表含意也不同，现分别列出。

（1）闸阀数字意义见表 2.19。

表 2.19 闸阀结构型式代号

<table>
<tr><th>代号</th><th colspan="3">闸阀结构型式</th></tr>
<tr><td>1</td><td rowspan="4">杆</td><td rowspan="2">明杆</td><td>单闸板</td></tr>
<tr><td>2</td><td>双闸板</td></tr>
<tr><td>5</td><td rowspan="2">暗杆</td><td>单闸板</td></tr>
<tr><td>6</td><td>双闸板</td></tr>
<tr><td>3</td><td rowspan="2">平行式</td><td rowspan="2">明杆</td><td>单闸板</td></tr>
<tr><td>4</td><td>双闸板</td></tr>
</table>

（2）止回阀和底阀数字意义见表2.20。

表2.20　止回阀和底阀结构型式代号

<table>
<tr><th>代号</th><th colspan="2">结构型式</th></tr>
<tr><td>1</td><td rowspan="2">升降式</td><td>水平瓣</td></tr>
<tr><td>2</td><td>垂直瓣</td></tr>
<tr><td>4</td><td rowspan="2">旋启式</td><td>单瓣</td></tr>
<tr><td>5</td><td>多瓣</td></tr>
</table>

（3）安全阀数字意义见表2.21。

表2.21　安全阀结构型式代号

<table>
<tr><th>代号</th><th>0</th><th>1</th><th>2</th><th>3</th><th>4</th><th>5</th><th>6</th><th>7</th><th>8</th><th>9</th></tr>
<tr><td rowspan="4">结构</td><td colspan="9">弹簧式</td><td rowspan="5">先导式</td></tr>
<tr><td colspan="3">封闭式</td><td>不封闭</td><td>封闭</td><td colspan="4">不封闭式</td></tr>
<tr><td colspan="3">带散热片</td><td colspan="2">带扳手</td><td colspan="2">带控制机构</td><td colspan="2">带扳手</td></tr>
<tr><td>全启式</td><td>微启式</td><td>全启式</td><td>双弹簧
微启</td><td>全启式</td><td rowspan="2">微启式</td><td rowspan="2">全启式</td><td rowspan="2">微启式</td><td rowspan="2">全启式</td></tr>
<tr><td></td><td></td><td colspan="2">单杠杆</td><td colspan="2">双杠杆</td></tr>
</table>

（4）球阀数字意义见表2.22。

表2.22　球阀结构型式代号

<table>
<tr><th colspan="2">球阀结构型式</th><th>代号</th><th colspan="2">球阀结构型式</th><th>代号</th></tr>
<tr><td rowspan="2">浮动球</td><td>直通式</td><td>1</td><td rowspan="2">固定球</td><td>直通式</td><td>5</td></tr>
<tr><td>三通式</td><td>4</td><td>三通式</td><td>7</td></tr>
</table>

（5）蝶阀数字意义见表2.23。

表2.23　蝶阀结构型式代号

代号	0	1	2	3
结构	杠杆式	垂直板式	—	斜板式

（6）减压阀数字意义见表2.24。

表2.24　减压阀结构型式代号

代号	1	2	3	4	5	6	7
结构	薄膜式	弹簧膜式	活塞式	波纹管式	杠杆式	—	组合式

5）第5单元

用汉语拼音字母表示密封圈和衬里材料，表示方法见表2.25。

表 2.25 密封圈和衬里材料代号

材质	代号	材质	代号
合金钢	H	衬橡胶	J
铜合金	T	衬搪瓷	C
巴氏合金	B	衬铅	Q
硬质合金	Y	氟塑料	F
渗氮钢	D	尼龙	N
橡胶	X	无密封圈	W

6）第 6 单元

用数字表示公称压力，单位为 10^5 Pa。

7）第 7 单元

用汉语拼音表示阀体材料，如表 2.26 所示。

例如 Z15T-10 表示内螺纹暗杆楔式闸阀，公称压力为 1.0MPa。其中第 2 单元为手动（省略），第 7 单元阀体材料为灰铸铁（省略）。

表 2.26 阀体材料代号

代号	阀体材料	代号	阀体材料
Z	灰铸铁	C	碳素钢
K	可锻铸铁	I	铬钼合金钢
G	高硅铸铁	P	铬镍钛耐酸钢
Q	球墨铸铁	R	铬镍钼钛耐酸钢
T	铜和铜合金	V	铬钼钒合金钢

5. 以止回阀为例进行介绍

止回阀又称单向阀，它用来限制水流朝一个方向流动，一般安装在水泵出水管、用户接管和水塔进水管处，以防止水的倒流。该阀靠水流的压力达到自行关闭或开启的目的。当水倒流时，阀瓣自动关闭，截断水的流动，避免事故的发生。

止回阀的形式很多，主要分为旋启式和升降式两大类。旋启式止回阀如图 2.25 所示，阀瓣可绕轴转动。当水流方向相反时阀瓣关闭。

在直径较大的管线上，例如工业企业的冷却水系统中，常用多瓣阀门的单向阀，由于几个阀瓣不同时闭合，所以能有效减轻水锤所产生的危害。

止回阀安装和使用时应注意以下几点：

（1）升降式止回阀应安装在水平方向的管道上，旋启式止回阀既可安装在水平管道上，又可安装在垂直管道上。

（2）安装止回阀要使阀体上标注的箭头与水流方向一致，不可倒装。

（3）大口径水管上应采用多瓣止回阀或缓闭止回阀，使各瓣的关闭时间错开或缓慢关闭，以减轻水锤的破坏作用。

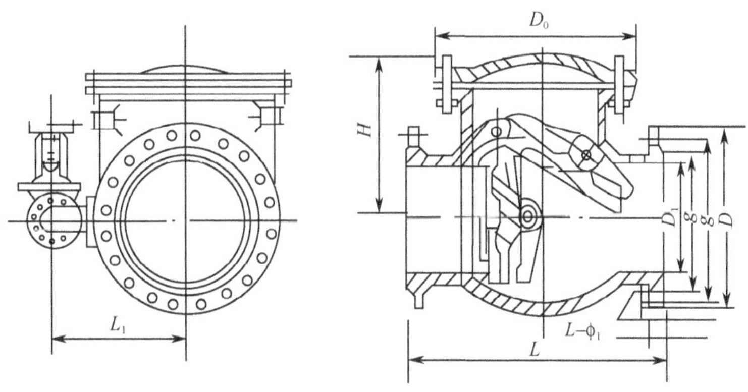

图 2.25　旋启式止回阀

（二）水锤消除设备

水锤是供水装置中常见的一种物理现象，它在供水装置管路中的破坏力惊人，对管网的安全平稳运行十分有害，容易造成爆管事故。消除水锤通常可以采用以下一些方法：

1. 采用恒压控制设备

采用 PLC 自动控制系统，对机泵进行变频调速控制，对整个供水泵房系统操作实行自动控制。

2. 采用泄压保护设备

（1）水锤消除器。

（2）泄压保护阀安装在管道的任何位置，和水锤消除器工作原理一样，只是设定的动作压力是高压，当管路中压力高于设定保护值时，排水口会自动打开泄压。

3. 采用控制流速设备

（1）采用水力控制阀，一种采用液压装置控制开关的阀门，一般安装于水泵出口，该阀利用机泵出口与管网的压力差实现自动启闭，阀门上一般装有活塞缸或膜片室控制阀板启闭速度，通过缓闭来减小停泵水锤冲击，从而有效消除水锤。

（2）采用快闭式止回阀，该阀结构是在快闭阀板前采用导流结构，停泵时，阀板同时关闭，依靠快闭阀板支撑住回流水柱，使其没有冲击位移，从而避免产生停泵水锤。

4. 安装排气阀

在管路中各峰点安装可靠的排气阀也是必不可少的措施。

5. 其他方法

消除或减轻水锤破坏作用的其他措施有：

（1）延长阀门启闭时间。

（2）在管线上安装水锤消除器。

（3）在管线上安装安全阀。

（4）有条件时取消泵站的单向阀和底阀。

（三）消火栓

消火栓有地上消火栓和地下消火栓，均设置在给水管网的管线上。可直接从分配管接出，也可从配水干管上接出支管后再接消火栓，并在支管上安装阀门，以便检修。每个消火栓的流量为10～15L/s。

地上消火栓（图2.26）适用于气温较高的地区，或不影响城市交通和市容的地区。一般设在街道的交叉口等便于消防车驶近的地方，并涂以红色标志。地下消火栓（图2.27）适用于较寒冷的地区，须安装在阀门井内，不影响市容和交通，但不如地上式方便。

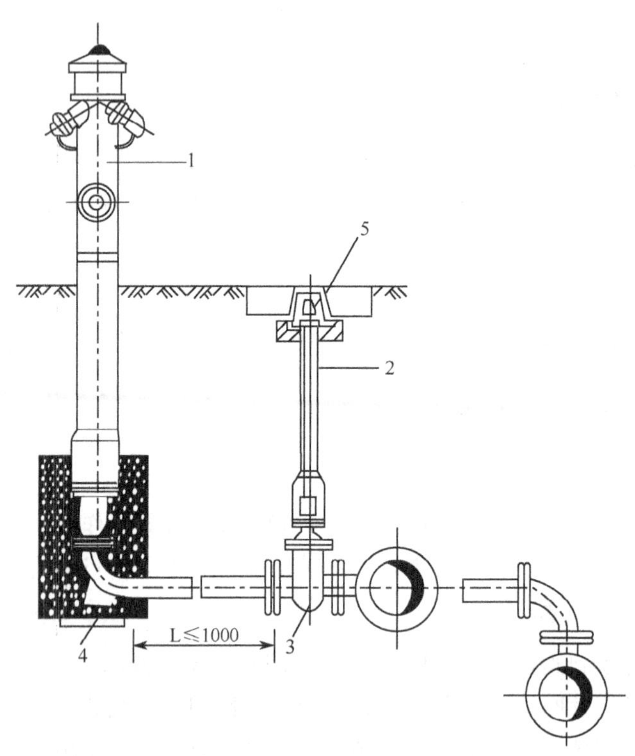

图2.26　地上消火栓

1. SS100地上消火栓；2. 阀杆；3. 阀门；4. 弯头支座；5. 阀门套筒

（四）排气阀和泄水阀

由于地形变化、特别是长距离输水管的最高处或管件上，需要装置排气阀，以排除在管中的气体。排气阀分单口和双口两种。单口排气阀用在直径小于400mm的水管上，口径为水管直径的1/2～1/5。图2.28（a）所示为常用的单口排气阀，阀壳内设有铜网，铜网里装一空心玻璃球。当水管内无气体时，浮球上浮封住排气口。随着气量的增加，空气升入排气阀上部聚积，使阀内水位下降，浮球靠向重随之下降而离开排气

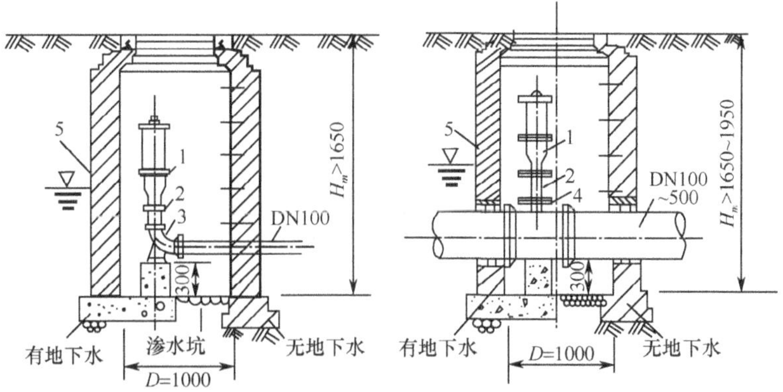

图 2.27 地下消火栓

1. S×100 地下消火栓；2. 短管；3. 弯头支座；4. 消火栓三通；5. 圆形阀门井

口，空气则由排气口排出。双口排气阀口径可按水管直径的 1/8～1/10 选用，装在直径 400mm 以上的水管上。

排气阀必须垂直安装在水平管线上，如图 2.28（b）所示。可单独放在阀门井内，也可与其他管道配件合用一个阀门井。排气阀须定期检修经常维护，在冰冻地区应有适当的保温措施。

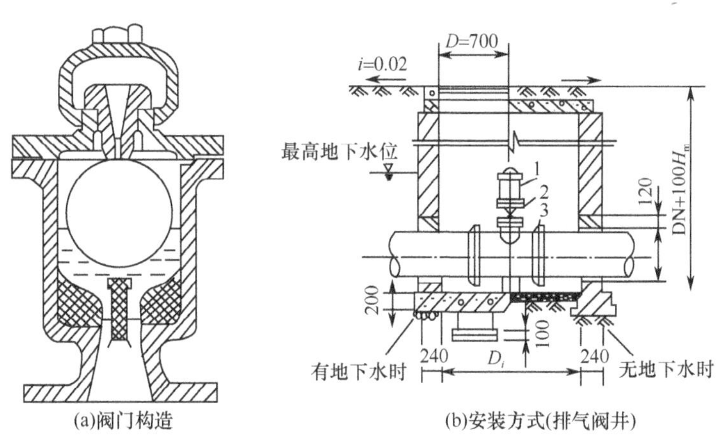

图 2.28 排气阀

1. 排气阀井；2. 阀门；3. 排气丁字管

为了排除管道内沉积物或检修放空及满足管道消毒冲洗排水要求，在管道下凹处和阀门间管段最低处施工时，应预留泄水口用以安装泄水阀。确定泄水点时，要考虑好泄水的排放方向，一般将其排入附近的干渠、河道内，不宜将泄水通向污水渠，以免污水倒灌污染水源。

三、管网附属构筑物

（一）阀门井

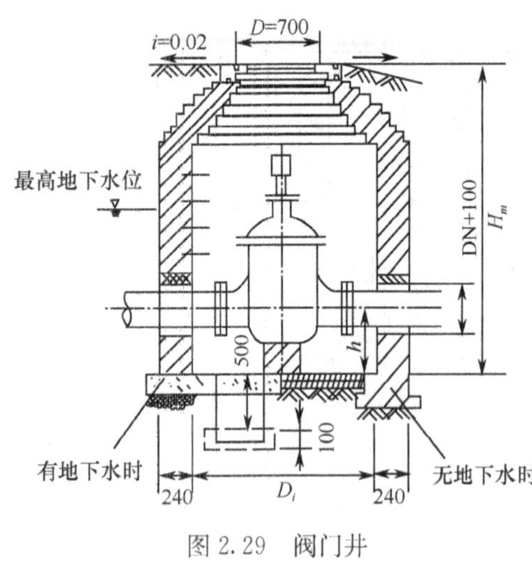

图 2.29 阀门井

为便于操作和维护，输配水管道上的各种附件，一般应设在专用地下井内，如阀门井（图 2.29）、消火栓井（图 2.26 和图 2.27）、排气阀井［图 2.28（a）］、放水井等。为了降低造价，配件和附件应布置紧凑。井的平面尺寸，取决于水管直径以及附件的种类和数量，应满足操作阀门及拆装管道阀件所需的最小尺寸。井的深度由管道埋设深度确定。地下井类一般用砖砌，也可用石砌或钢筋混凝土建造。

地下井的形式，可根据所安装的阀件类型、大小和路面材料来选择。阀门井参见给排水标准图 S143、S144，排气阀井参见标准图 S146。

室外消火栓安装参见标准 88S162。位于地下水位较高处的井，井底和井壁应不透水，在水管穿越井壁处应保持足够的水密性，地下井应有抗浮稳定性。

（二）管道支墩

1. 支墩的类型

根据异形管在管网中布置的方式，支墩有以下几种常用类型，分别见图 2.30～图 2.32。

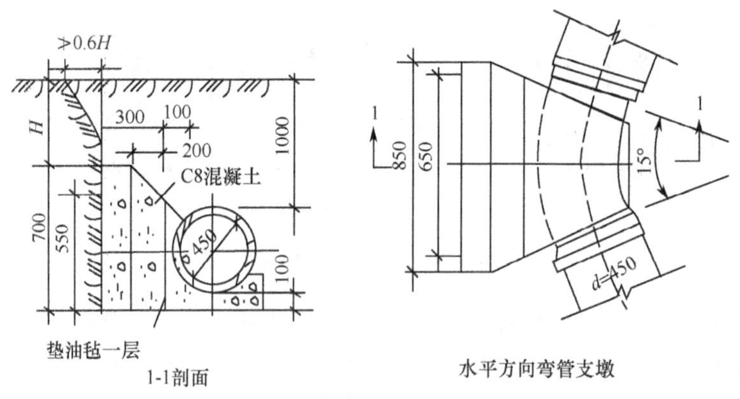

图 2.30 水平方向弯管支墩

（1）水平支墩又分为弯头处支墩、堵头处支墩、三通处支墩。

（2）垂直上弯支墩：管中线由水平方向转入垂直向上方向的弯头支墩。

（3）垂直下弯支墩：管中线由水平方向转入垂直向下向的弯头支墩。

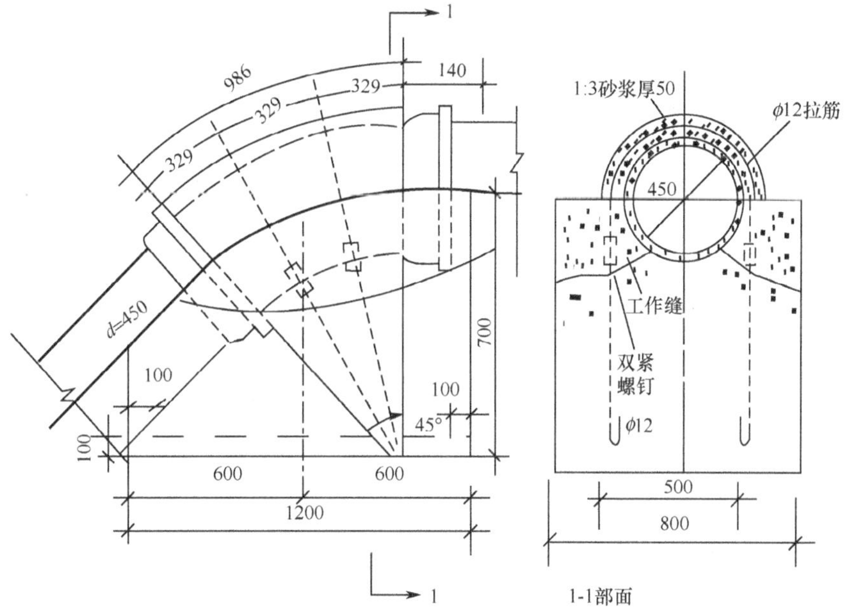

图 2.31　垂直向上弯管支墩

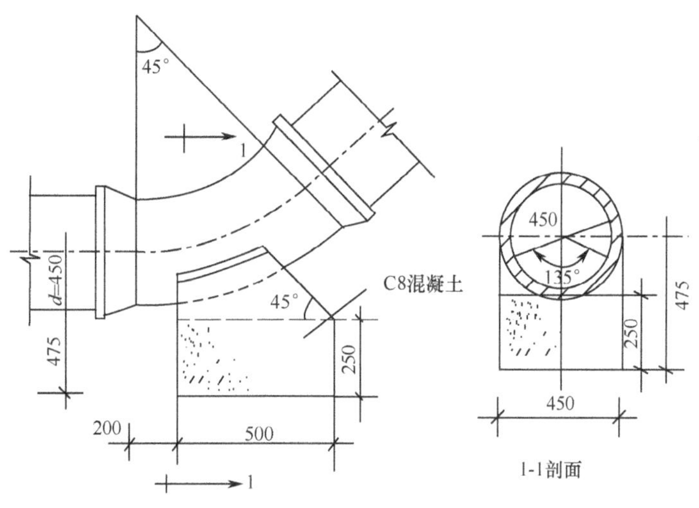

图 2.32　垂直向下弯管支墩

(4) 空间两相扭曲支墩：管中线既有水平转向又会有垂直转向的异形管支墩。

2. 支墩的计算

作用于支墩的推力如果是在石棉灰口处，因其黏接力的关系有一部分推力由灰口负担。通过实验可知，在石棉灰口的黏接力为 $1.7\times10^5\mathrm{kg/m^2}$，在设计支墩时应减去此部分力。

3. 设计原则

（1）当管道转弯角度<10°时，可以不设置支墩。

（2）管径>600mm 管线上，水平敷设时应尽量避免选用 90°弯头，垂直敷设时应尽量避免使用 45°以上的弯头。

（3）支墩后背必须为原形土，支墩与土体应紧密接触，倘若有空隙，需用与支墩相同材料填实。

（4）支撑水平支墩后背的土壤，最小厚度应大于墩底在设计地面以下深度的 3 倍。

（三）给水管道穿越障碍物

当给水管线通过铁路、公路和河谷时，必须采取一定的措施。

管线穿过铁路时，其穿越地点、方式和施工方法，应严格按照铁路部门穿越铁路的技术规范。根据铁路的重要性，采取以下措施：穿越临时铁路、一般公路或非主要路线且水管埋设较深时，可以不设套管，但应尽量将铸铁管接口放在两轨道之间，并用青铅接头，钢管则应有相应的防腐措施；穿越较重要的铁路或交通频繁的公路时，水管须放在钢筋混凝土套管内，套管直径根据施工方法而定，大开挖施工时，应比给水管直径大 300mm，顶管法施工时应比给水管的直径大 600mm。穿越铁路或公路时，水管管顶应在铁路路轨底或公路路面以下 1.2m 左右。管道穿越铁路时，两端应设检查井，井内设阀门或排水管等，如图 2.33 所示。

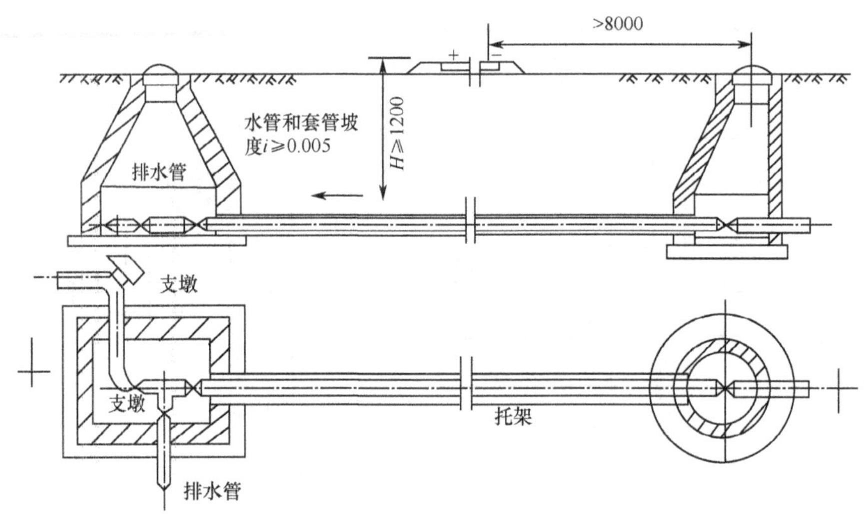

图 2.33 设套管穿越铁路的给水管

管道穿越河谷时，通常采用以下一些方法：

（1）裸露敷设。裸露敷设是我国早期管道穿越江河的一种方法，始于 20 世纪 60 年代初期。它技术简单、施工方便、无需大型施工机器，但缺点是稳管的石笼用量大，浅水区易影响航运和渔业生产。

（2）沟埋敷设。沟埋敷设是把管道埋置于河床稳定层内。这种方式已成为我国水下敷设管道的主要方式。它主要是以挖泥船为主体的施工方法，此外还有爆破法、气举法、液化法等。

（3）管道从河床下稳定层中穿越。

四、调解构筑物

（一）水池的构造

给水工程中，常用钢筋混凝土水池、预应力钢筋混凝土水池和砖石水池等。一般做成圆形或矩形，钢筋混凝土水池使用最广（图 2.34）。一般当水池容积小于 2500m³ 时，以圆形为经济，容积大于 2500m³ 时以矩形为经济。

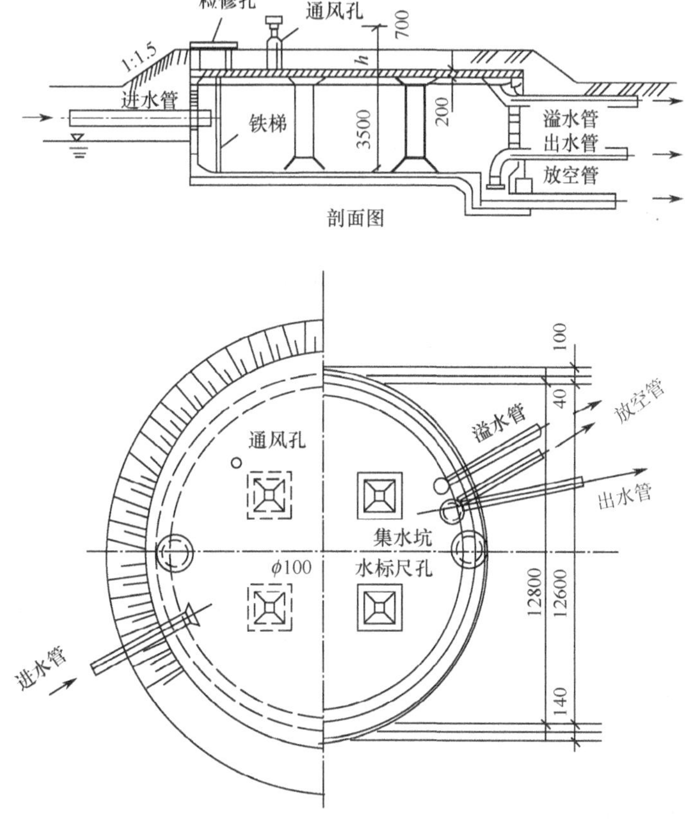

图 2.34 圆形钢筋混凝土水池图

水池应有单独的进水管和出水管，安装地点应保证池水的经常循环，一般从池一侧上部进水，从另一侧下部出水。此外，应有溢水管，管径和进水管相同，管端有喇叭口，管上不设阀门。水池的放空管设在集水坑内，管径一般按最低水位时 2h 内将池水放空计算，容积在 1000m³ 。以上的水池，至少应设两个检修孔，孔的尺寸应满足池内管配件的进出。为避免池内水的短流，池内应设导流墙。为使池内自然通风，应设若干通风孔，孔口高出水池填土面 0.7m 以上。池顶覆土厚度视当地平均室外气温而定，一般在0.3～0.7m之间，气温低则覆土厚一些。此外，覆土厚度还应考虑到池体抗浮要求。当地下水位较高、池子埋深较大时，覆土厚度需满足抗浮要求。为便于观测池内水位，可装置浮标水尺或水位传示仪。

钢筋混凝土水池易出现裂缝．有时即使采用防水层措施也未必解决问题。预应力钢筋混凝土水池水密性高，不出现裂缝。大型预应力钢筋混凝土水池可较同容积的钢筋混凝土水池节约造价。

装配式钢筋混凝土水池近年也有采用。它是将水池的柱、梁、板等构件事先预制，因此可节约模板。各构件拼装完毕后，外面再加钢箍，增加张力，接缝处喷涂砂浆使之不漏水。

我国已编有容量50～1000m^{3}圆形钢筋混凝土蓄水池国家标准图96S11～96S820，矩形钢筋混凝土蓄水池国家标准图96S823～96S833，可供设计时选用。

砖石水池可就地取材，施工简便，可节约木材、钢筋和水泥，造价低。我国中南、西南地区，盛产砖石材料，尤其是丘陵地带，地质条件好，地下水位低，砖石施工的经验也丰富，更宜于建造砖石水池。但这种水池抗拉、抗渗、抗冻的性能很差，所以只宜修建容积不超过500m^{3}的小型水池，且不宜用在湿陷性的黄土地区、地下水位过高或严寒地区。

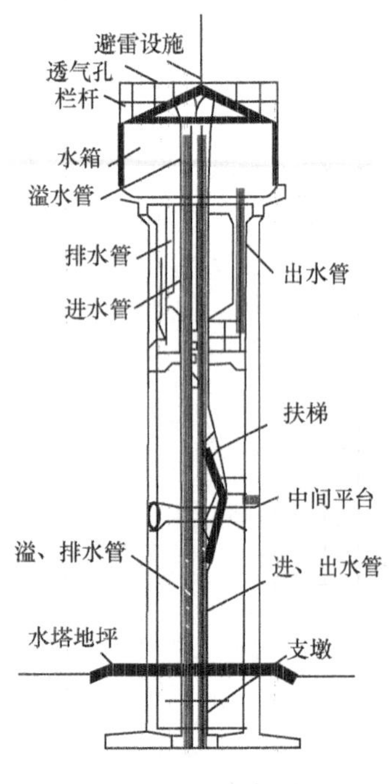

图2.35 支柱式钢筋混凝土水塔

（二）水塔的构造

水塔的构造如图2.35所示，主要由水柜（或水箱）、塔体、管道及基础组成。

1. 水柜（或水箱）

水柜主要是贮存水量，它的容积包括调节容量和消防贮量。水柜通常做成圆形．必须牢固不透水。其材料可用钢材、钢筋混凝土或木材，容积很小时，可用砖砌。木水塔只用于小规模或临时性的给水工程。

2. 塔体

塔体用以支撑水柜．常用钢筋混凝土、砖石或钢材建造，近年来也采用装配式或预应力钢筋混凝土水塔。

3. 管道和设备

水塔的进水管和出水管可合用，也可以分别单独设置。合用时，进水管连接于高水位附近，出水管靠近柜底，出水柜后合并连接。溢水管和放空管可合并，管径可和进、出水管相同，当进、出水管管径大于200mm时，溢流管可小一号。溢水管上不装阀门，放空管从柜底接出。

另外，水塔上还有一些附属设施，如塔顶设为防雷电的避雷针，设置浮标水位池或水位传示仪以便值班人员观察水柜内的水位，还应根据当地气温采取水柜保温措施。

4. 基础水塔

基础可采用单独基础、条形基础和整体基础。常用的材料有砖石、混凝土、钢筋混凝土等。

我国已编有容量 30～400m^3、高度 15～32m 水塔的国家标准图 S843～845、90S846、90S847。

第五节 给水管网的技术管理

给水管道系统的任务就是按用户所需要的水质、水量及水压将水输送给用户。为保证给水管道系统安全供水、保持正常的输水能力、降低日常运转费用，必须在管道系统使用期间，做好日常的养护管理工作。

一、管网技术资料

（一）管网技术管理的基本内容

管网的技术管理的主要内容有以下几个方面：

（1）建立健全管网的技术档案资料。

（2）管网渗漏的检查与修复。

（3）定期进行管网的测流、测压。

（4）管道的清洗和防腐。

（5）管道设备的维护和检修。

（6）管网的日常运行调度。

（二）管网的技术档案资料

管网一般埋在地下，没有详实的图纸与技术资料，很难掌握管网的走向、位置、管径、管材、使用年限、阀门位置等，给管网管理带来很大的困难。因此，建立健全管网的技术档案资料，对于科学管理管网是至关重要的，管网的技术档案资料应包括以下内容。

1. 管网总平面图

管网总平面图应绘制在供水区域地形图上，应能包括整个给水系统的各个组成部分及用户情况。图中应明确标出主要干线的走向、管径及与其相关的管道附属设备、主要用户等。

2. 管线带状平面图与管线高程图

管线带状平面图与管线高程图比总平面图的比例尺要大些，内容更为详实。图中应准确标出管线的具体位置、高程，附属设备节点位置，用户节点位置等。

3. 节点详图

节点详图有附属设备节点详图与用户节点详图，应能准确反映附属设备及用户节点与管网的连接情况。

4. 用户管理卡

用户管理卡主要记录用户与管网的关系，其主要内容有：进户管的管径、管材、埋深、准确位置；用户闸门与水表的型号、口径、进户管安装与使用的日期等。

5. 闸门管理卡

闸门管理卡主要记录闸门（包括消火栓、测流装置、泄水阀、排气阀等）的运行与完好状况，其主要内容有：闸门编号、闸门型号、口径、安装日期、准确位置；闸门井构造与平面布置；闸门启闭方向与转数、启闭人等。

管网技术资料须设专人保管。可将上述资料录入计算机，利用计算机管理。

二、检漏和修复

（一）管网的检漏

给水系统的漏损会造成供水量的减少和水资源、能源和药物的浪费，同时危及公共建筑和道路交通等，因此检漏工作非常重要。

1. 被动检漏法

被动检漏法是指居民向自来水公司报告漏水或自来水公司派员通过实地观察查获。实地观察法是从地面上观察漏水的现象，如管线附近路面塌陷，地面不正常的潮湿和积水，管道上部地面花草茂盛，冬季积雪易厚等。本法简单易行，管理费用低。但由于现在城市道路面层越来越硬，越来越厚，不少漏水冒不出路面，形成“暗漏”，用此法难以发现。

2. 音听检漏法

音听检漏法分为阀栓听音和地面听音两种。前者用于查找漏水的线索和范围，简称漏点预定位；后者用于确定漏水点位置，简称漏点精确定位。漏点预定位是指听漏棒、电子听漏仪及噪声自动记录仪来探测供水管道漏水的方法，根据使用仪器的不同，预定位技术主要有阀栓听音法和噪声自动监测法。

1）阀栓听音法

阀栓听音法是用听漏棒或电子放大听漏仪直接在管道暴露点（如消火栓、阀门及暴露的管道等）听测由漏水点产生的漏水声，从而确定漏水管道，缩小漏水检测范围。金属管道漏水声频率一般在300～2500Hz之间，而非金属管道漏水声频率在100～700Hz之间听测点距漏水点位置越近，听测到的漏水声越大，反之越小。

2）地面听音法

当通过预定位方法确定漏水管段后，用电子放大听漏仪在地面听测地下管道的漏水点，并进行精确定位。听测方式为沿着漏水管道走向以一定间距逐点听测比较，当地面拾音器靠近漏水点时，听测到的漏水声越强，在漏水点上方达到最大。拾音器放置间距与管道材质有关，一般说来，金属管道间距为1～2m，而非金属管道为0.5～1m，水泥路面间距为1～2m，土路面为0.5m。

3. 漏水声自动监测法

泄漏噪声自动记录仪（如德国 SEBA 的 GPL99）是由多台数据记录仪和一台控制器组成的整体化声波接收系统。当装有专用软件的计算机对数据记录仪进行编程后，只要将记录仪放在管网的不同位置，如消火栓、阀门及其他管道暴露点等，按预设时间（如凌晨 2:00～4:00）同时自动开/关记录仪，可记录管道各处的漏水声信号，该信号经数字化后自动存入记录仪中，并通过专用软件在计算机上进行处理，从而快速探测装有记录仪的管网区域内是否存在漏水。

4. 相关检漏法

相关检漏法是当前最先进最有效的一种检漏方法，特别适用于环境干扰噪声大、管道埋设太深或不适宜用地面听漏法的区域。用相关仪可快速准确地测出地下管道漏水点的精确位置。其工作原理为：当管道漏水时，在漏口处会产生漏水声波，并沿管道向远方传播，当把传感器放在管道或连接件的不同位置时，相关仪主机可测出由漏口产生的漏水声波传播到不同传感器的时间差，只要给定两个传感器之间管道的实际长度和声波在该管道的传播速度，漏水点的位置就可通过公式计算出来。

5. 分区检漏法

在管道听测漏水声时，一般说来，漏点大产生的漏水声比漏点小产生的漏水声要大一些，但漏点大到一定程度漏水声反而小了，因此，不能认为听到的漏水声大，其漏水量就大，有时实际情况正好相反。分区检漏法使漏水点按漏水量大小分类成为可能。

每个管网中都存在着多处小的漏水点和几处大的漏水点，经验表明，漏水总量的80%是由20%大漏水点造成的。因此，尽快排除大的漏水点才能更好地控制漏耗，降低漏失率，同时，分区检漏可大大提高检漏速度。

（二）管网漏水修复

1. 水泥压力管的修理

水泥压力管因裂缝而漏水，可采用环氧砂浆进行修补。修补时，先将裂口凿成宽约15～25mm，深10～15mm，长出裂缝50～100mm的矩形浅槽。刷净后，用环氧底胶和环氧砂浆填充。较大的裂缝，还可用包贴玻璃纤维布和贴钢板的方法堵漏。玻璃纤维布的大小与层数应视裂缝大小而定，一般为4～6层。严重损坏的管段，可在损坏部位管外焊制一钢套管，内填油麻及石棉水泥。管段砂眼漏水处理方法与裂缝相同。

如果管道接口漏水，多采用填充封堵的方法。在一般情况下，需停水操作。

由于胶圈不严产生的漏水，可将柔性接口改为刚性接口，重新用石棉水泥打口封堵；若接口缝隙太小，可采用充填环氧砂浆，然后贴玻璃钢进行封堵；若接口漏水严重，不易修补，可用钢套管将整个接口包住，然后在腔内填自应力水泥砂浆封堵。

如果接口漏水的修复是带水操作，一般采用柔性材料封堵的方法。操作时，先将特制的卡具固定在管身上，然后将柔性填料置于接口处，最后上紧卡具，使填料恰好堵死接口。

2. 铸铁管件的修理

铸铁管件本身具有一定的抗压强度，裂缝的修复可采用管卡进行。管卡做成比管径略大的半圆管段，彼此用螺栓紧固。发现裂缝，可在裂缝处贴上 3mm 的橡胶板，然后压上管卡上紧至不漏水即可。

砂眼的修补可采用钻孔、攻丝、塞头堵孔的方法进行修补。接口漏水一般可将填料剔除，重新打口即可。

三、管网水压和流量测定

管网的水压和流量是管网运行的重要参数，了解管网的压力和流量参数可以直接掌握管网的运行状态，提出合理改造管网的措施，节约电耗，保证管网运行经济合理。

（一）管网压力的测量

水压的测定一般每季度测一次，但在夏季供水高峰期间，测定次数多些。管网测压一般在选定的固定测压点或临时测压点进行。固定测压点一般选在能说明管网运行状态、具有一定代表意义的压力点上。经常测压的测压点应采用自动水压记录仪，每小时测 4 次。条件允许时，还可设置无线遥测水压传示仪，24h 连续监测水压。

临时测压点一般是根据临时测压需要设置，一般无固定式测压设备，采用临时装配压力表的方法进行测压。

常用的压力测量仪表有单圈弹簧管压力表和电阻式、电感式、电容式等远传压力表。单圈弹簧管压力表常用于压力的就地显示，远传式压力表可通过压力变送器将压力信号远传至显示控制器.

每次测压后，都要把测压结果整理汇总，经过计算，绘制出等水压线图。对管网水压现状进行分析，找出管网水压不合理处的原因，以采取相应的措施。

（二）管网流量的测量

测流工作可测定管段中的流向、流速和流量，是检验管网经济合理的重要手段。

管网测流常用的是毕托管，目前也常用便携式超声波流量计。毕托管可插入管道内，测出管道的管径、流速和流向，是经济而简便的测流仪器，但操作繁琐，测试时间长，测定结果需进行计算。便携式超声波流量计，体积小，精度高，操作简单，仪器内有微机系统，可无需计算，但只能对均质管材的管道进行测定，且易受电磁干扰。

四、管网防腐

（一）腐蚀现象及危害

金属管道由于接触腐蚀性介质而引起的一种管壁侵蚀破坏现象称为腐蚀。因腐蚀而造成管网损失相当严重。腐蚀使管道外表色泽发生改变，机械性能下降，穿孔泄漏，管内水质变坏，管壁粗糙，阻力增大，使用年限大大缩短，有时甚至会因管道泄漏而引发重大事故。

（二）管网防腐

常用的防腐蚀技术分电化学法和物理法两种。电化学法能停止或减缓腐蚀反应的进行；物理法通过表面绝缘可把需保护的表面与腐蚀介质隔开。电化学法和物理法均可单独应用，但把两种防腐蚀方法结合起来效果将更理想。

1. 物理防护法

物理防腐蚀法又称为覆盖防腐蚀法，分有机材料涂层和无机材料涂层两种，有机材料涂层又分两种：薄涂层和厚涂层。各种广泛使用的涂料和包扎薄带属于薄涂层，厚度为 100～500μm；热敷沥青质膜和聚乙烯（PE）涂层等厚度>1mm，属厚涂层。

在管道上应用的防腐涂料有石油沥青、煤焦油沥青、环氧沥青、聚氨酯石油沥青、煤焦油磁漆（CTE）、环氧粉末（FBE）、底胶加聚烯烃（POA）、环氧底漆加底胶加聚烯烃（POE）、环氧粉末加改性聚烯烃（POF）等。国内现在主要防腐涂料是石油沥青、煤焦油沥青、聚氨酯石油沥青、煤焦油磁漆、FBE 及内衬塑料等，国外目前常用的各类防腐涂料为 CTE、FBE、POA、POE、POF 等。

2. 电化学防护法

电化学防腐蚀法是排流法和阴极保护法的总称，其中排流法更为经济有效。

1）排流法

金属管道受到来自杂散电流的电化学腐蚀时，埋设的管道发生腐蚀的地方是阳极电位，此时可将管道与导致散电之电源负极（如变电站负极或钢轨）之间用低电阻导线（即排流线）连接起来，使杂散电流不经过土壤而是经排流线直接流回变电站去，即达到防止金属管道腐蚀的目的。此法可分为以下两种类型：

（1）直接排流法：当金属管道与变电站负极连起来进行排流时，其中仅有一个变电站电源，而且在电源不可能逆向流入电流的情况下，两者直接用排流线连接即可。

（2）选择排流法：在排流线上串联安装一个只许可正向电流通过的逆电流单向选择阻止装置的方法。

2）阴极保护法

阴极保护法是由外部给一部分直流电流，由于阴极电流的作用，将金属管道表面上下的不均匀电位去除，使之不能产生腐蚀电流，以满足金属免受腐蚀的要求。此法可分为如下两种类型：

（1）牺牲阳极法：采用比被保护金属管道电位更低的金属材料做阳极，与金属管道连接起来，利用两种金属固有的电位差，产生防蚀电流的防腐方法。

（2）外加电流法：通过外部的直流电源装置，将必要的防腐电流通过地下水或埋置于水中的电极，流入金属管道的方法。所用直流电源一般由交流电经过硒整流的过程整流为直流电。

（三）防腐处理措施

目前比较成熟的解决供水管道腐蚀问题的行之有效的方法是清管和清管之后的管道

衬里。

1. 清管方法和类型

1）高压射流法

高压射流法可以不需要断管，利用管道本身的一些附属设备进行清管，使用的喷头直径很小，喷射出水流的清管效果距离喷头越近越好。适合清洗中、小型口径的管道。

通过对高压水射流原理分析，并进行一系列的试验研究，结果表明射流角度在35°～45°之间，孔径在1.4～1.6mm之间，孔数在8～10个之间射流将产生较大冲击力和推力。

2）机械刮管

机械刮管的施工长度一般每次可刮管100～150 m，对于较长距离的管道要分成若干个清洗段，分别断开，逐段实施从而增加人工开挖工程量和施工停水时间。机械刮管涂衬每进行一个工作段，需要断管、刮管、涂衬、水泥砂浆养护、冲管等多道工序，一般要一天才能完成。

3）弹性冲管器法（Poly-Pig 清管法）

Poly-Pig 清管法是指利用充气的特制工具来刮掉管道内壁附着物。可针对软硬不同的锈蚀、结垢，选用不同形式的清管器，既可除掉管道内的锈蚀结垢物，也能对新排管道通水前进行清除，并且节水、高效。Poly-Pig 清管方法适用于DN100以上的各种口径管道清管工作，一次清管长度可由几十米到几千米，只要管道没有变径，可通过任何角度的弯管和阀门（除碟阀外），进行长距离清管。

采用本法清管时停水时间短，一般100 m的管道，只用一天就可以清洗干净，并恢复供水。缺点是目前国内还没有与其配套的衬里技术，另外，清管效果也不是很好。

4）空气脉冲法

空气脉冲法利用气水混合物不断变换压力使管道内壁附着物脱落，是一种特别适合城市供水管道清管的方法。

2. 管道衬里的方法和类型

旧管道清管后的管道衬里可使旧管道恢复原有输水能力，延长管道的使用寿命。清管以后如不进行涂衬的管道，通水后的腐蚀速度是非常快的。

1）水泥砂浆衬里

水泥砂浆衬里靠自身的结合力和管壁支托，结构牢靠，其粗糙系数比金属管小（n值不大于0.012），从而保持和提高了管道的输水能力。

因水泥与金属管壁接触，形成pH很高的溶液（pH≥12），从而抑制了管内壁表面被氧化，避免了腐蚀与结垢的产生，长期使用对水质无不良影响。水泥砂浆化学性质比较稳定，避免了防护层对水质的不良影响，保持了水质。而且，水泥砂浆衬里施工工艺简单，造价低。水泥砂浆衬里施工前对金属管内壁表面的涂衬质量要求比有机涂料低（工具清管即可）。另外，水泥砂浆取材容易，价格便宜。因此，在实际工程中被广泛采用。国内外实践也表明，以水泥砂浆衬里作为金属给水管内壁的防护层，具有显著的优点和实用效果。

2）环氧树脂涂衬法

环氧树脂具有耐磨性、柔软性、紧密性，使用环氧树脂和硬化剂混合后的反应型树脂，可以形成快速、强劲、耐久的涂膜。

环氧树脂一次喷涂的厚度为0.5～1mm，便可满足防腐要求。使用速硬性环氧树脂涂衬后，经过2h的养护，清洗排水后便可使管道投入运行。采用环氧树脂喷膜强化保护处理新工艺改造后的水管，一般情况下10年内能保持完好。环氧树脂防腐性能的静态和动态试验结果表明，未涂膜铸铁管道中铁浓度很高，而且增加很快，而涂膜后缓蚀效果很明显，环氧树脂的防腐效果很好。

3）内衬软管法

用内衬软管法来解决旧管道防腐的方法，有滑衬法、反转衬法、“袜法”及用poly-pig拖带聚氨酯薄膜的方法等。这些方法都能形成“管中有管”的防腐形式，防腐效果非常好，在长距离无支管的情况下特别适用，但不适合城市供水管道。

利用此技术对管道进行翻新，在保证管道使用寿命的前提下改善水质，是一种行之有效的地下管道施工技术。根据经验，软管方法施工费用为传统的“大开挖”更换工艺的55％～70％，工期缩短一半，对周围环境影响小，而性能和使用寿命增加一半以上。

以上几种防腐处理措施，都要考虑构造物的材质，做好计划，便于在平常的维修计划中列入执行。在具体计划中，某段材料的腐蚀抑制力可以忽略，以增加整体管道的防腐能力。

五、维持管网水质

维持管网水质也是管理工作的任务之一。有些地区管网中出现红水、黄水和浑水，水发臭，色度增高等，其原因除出厂水质指标不合格外，还由于水管中的积垢在水流冲击下脱落，管线尽端的水流停滞，或管网边远地区的余氯不足而致细菌繁殖等引起。

为保持管网的正常水量或水质，除了提高出厂水水质外，可采取以下措施：

（1）通过给水栓、消火栓和放水管，定期放去管网中的部分“死水”，并借此冲洗水管。

（2）长期未用的管线或管线末端，在恢复使用时必须冲洗干净。

（3）管线延伸过长时．应在管网中途加氯，以提高管网边缘地区的剩余氯量，防止细菌繁殖。

（4）尽量采用非金属管道。定期对金属管道清垢、刮管和衬涂水管内壁，以保证管线输水能力不致明显下降。

（5）无论在新敷管线竣工后，还是旧管线检修后均应冲洗消毒。消毒之前先用高速水流冲洗水管。然后用20～30mg/L的漂白粉溶液浸泡一昼夜以上，再用清水冲洗，同时连续测定排出水的浊度和细菌，直到合格为止。

（6）定期清洗水塔、水池和屋顶高位水箱。

小结

本章主要讲述了给水系统的管网和输水管定线布设，管段流量、管径和水头损失的计算方法，树状管网和环状管网的计算步骤，给水管网主要附件和附属构筑物及给水管网的技术资料及管理维护等内容。重点是管段流量、管径和水头损失的计算方法及树状管网和环状管网的计算步骤。

复习题

1. 名词解释

管网定线　长度比流量　面积比流量　节点流量　管网校核　阴极保护法　环氧树脂涂衬法

2. 填空题

（1）管网一般要进行的核算有________、________和________三种。

（2）管网的计算方法有________、________和________。

（3）树状网干管管径是依________确定的，支管管径是依________确定的。

（4）输水管线必须有一定的坡度，以便________和________。

（5）排气阀安装在长距离输水管的_______，泄水阀安装在_______管线的_______。

（6）管网检漏的方法有________、________、________、________和________。

（7）管网测压一般在选定的________和________进行。

（8）常用的防腐蚀技术分________和________。

3. 选择题

（1）双水源的管网，如果一个环状管网有 13 个管段，10 个节点，则该管网应该有（　　）基环。

A. 4 个；　B. 3 个；　C. 5 个；　D. 6 个。

（2）如果管网的控制点为 6 层楼房，在最高时从水塔到控制点的管网水头损失为 20m，水塔处的地面标高为 200m，控制点的地面标高为 190m，则水塔水柜底高于地面的高度为（　　）m。

A. 18；　B. 38；　C. 28；　D. 48。

（3）某城市最高日用水量为 15 万 m^3，清水池调节容积取最高日用水量的 20%，消防一次灭火用水量为 55L/s，同一时间内的火灾次数按两次计算，水厂自用水率按 5%计算，安全贮量为 5000m^3，则清水池有效容积为（　　）。

A. 38292m^3；　B. 35792m^3；　C. 43292m^3；　D. 48292m^3。

（4）当给水管道转弯角度（　　）时，可以不设置支墩。

A. 小于 10°；　B. 大于 10°；　C. 小于 30°；　D. 大于 30°。

（5）环氧树脂的喷涂方法一次喷涂的厚度为（　　）时，便可满足防腐要求。

A. 0.4～0.8mm；　B. 0.5～1mm；

C. 1～1.5mm；　D. 1.5～2mm。

4. 判断题

（1）已知一个环状网的节点数和管段数，就可以推求出其环数。（　　）

（2）树状管网的流量分配结果是唯一的。（　　）

(3) 特大城市即使管网延伸很远，但由于地形平坦，所以没有必要考虑分区给水。（　）

(4) 用最大闭合差的环校正法进行平差时，选择闭合差大的基环或将闭合差较大的相邻基环连成大环进行平差。（　）

(5) 环状网只有近似的而没有优化的经济流量分配。（　）

(6) 水塔是调节一泵站和二泵站之间的流量关系的。（　）

(7) 非金属管的管顶覆土深度应大于 1～1.2m。（　）

(8) 给水管发生的腐蚀是化学腐蚀。（　）

5. 计算题

(1) 某城市以地表水为水源，最高日用水量 6 万 m^3，同一时期内发生火灾的次数为 2 次，一次火灾灭火用水量为 45L/s，试确定水厂清水池的有效容积。

(2) 某城市供水区用水人口 8 万人，最高日用水量定额为 120L/（cap・d)，用水普及率为 85%，K_h 为 1.6，要求达到的最小服务水头为 20m。节点 6 和节点 9 分别接工厂 A 和工厂 B，集中流量分别为 26.0L/s 和 18.45L/s。城市地形平坦，地面标高为 56.00m。管网布置如图所示。节点 6、7、9、4 处的地面标高分别为 56.2、56.3、55.8、56.2m，而节点 2、5、3、8 处的地面标高分别为 56.8、56.5、56.5、56.4m，水塔处地面标高为 57.8m。

试完成枝状给水管网的设计计算，并求出水塔高度和水泵扬程。

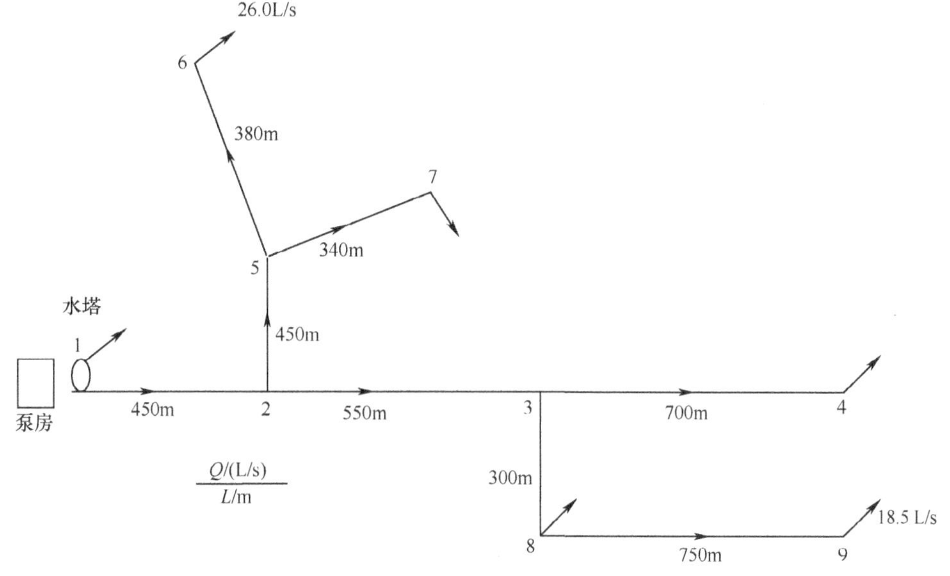

第三章　环境工程取水工程

岗位目标

掌握取水水源选择的原则，能够按照水源的要求，进行地下取水构筑物的选取、计算，以及地表取水构筑物的选取、计算和对水源的保护工作。

必备知识

管井的型式与构造，管井的设计与水力计算，大口井型式与构造，江河特征与取水构筑物的关系，地表取水构筑物的位置选择，江河固定式取水构筑物结构，活动式取水构筑物结构。

选修知识

取水工程的工作任务，取水的水源类型和选择的原则。

课前思考题

（1）给水水源选择的原则是什么？

（2）地下取水构筑物包括哪些？

（3）地表取水构筑物包括哪些？设计时应注意什么？

第一节　取水工程概论

一、取水工程的任务

取水工程是给水工程的重要组成部分之一，其任务是从水源取水，并送至水厂或用户。由于水源不同，使取水工程设施对整个给水系统的组成、布局、投资及维护运行等的经济性和安全可靠性产生重大影响。因此，取水水源的选择和取水工程的建设是给水系统建设的重要项目，也是城市和工业建设的一项重要课题。

取水工程通常从取水水源和取水构筑物两方面进行研究；属于取水水源方面需要研

究的问题有：各种天然水体存在形式；运动变化规律；作为取水水源的可能性；作为供水目的而进行的水源勘察、规划、调节治理及卫生防护等问题。属于取水构筑物方面需要研究的有：各种水源的选择和利用；从各种水源取水的方法；各种取水构筑物的构造形式；设计计算、施工方法和运行管理等。

所以，取水工程的任务就是通过对各种水体的形成、存在形式及运动规律等方面的调查分析，确认其是否能作为取水水源。通过对取水水源选择利用以及对各种水源取水方法、取水构筑物的构造形式、设计计算、施工方法和运行管理等的研究，建造与取水水源相适应的取水构筑物。

二、取水的水源

取水水源可分为两大类：地下水源和地表水源。地下水源包括潜水（无压地下水）、自流水（承压地下水）和泉水；地表水源包括江河、湖泊、水库和海水。

大部分地区的地下水由于受形成、埋藏和补给等条件的影响，具有水质澄清、水温稳定、分布面广等特点，尤其是承压地下水，其上覆盖不透水层，可防止来自地表的渗透污染，卫生条件较好。但地下水径流量较小，有的矿化度和硬度较高，部分地区可能出现矿化度很高或其他物质如铁、锰、氟、氯化物、硫酸盐、各种重金属或硫化氢的含量较高的情况。

大部分的地表水源流量较大，由于受地面各种因素的影响，通常表现出与地下水相反的特点。例如，河水浑浊度较高，水温变幅大，有机物和细菌含量高，有时还有较高的色度；地表水易被污染。但是地表水源径流量大、矿化度和硬度低、含铁锰较低等优点。地表水的水质水量有明显的季节性，采用地表水源时，在地形、地质、水文、卫生防护等方面均较复杂。

一般情况下，采用地下水源具有以下优点：

（1）取水构筑物构造简单，便于施工和运行管理。

（2）水处理工艺比地表水简单，处理构筑物投资和运行费用较省。

（3）便于靠近用户建立水源，降低取水系统（特别是输水管和管网）投资，节省输水费用，提高取水系统的安全可靠性。

（4）便于分期修建。

（5）便于建立卫生防护区。

但是，开发地下水源的勘察工作量较大，对于规模较大的地下水取水工程需要较长时间的水文地质勘察。

地表水源水量充足，常能满足大量用水的需要，因此，城市、工业企业常利用地表水源作为取水水源。

三、取水水源选择的原则

取水水源的选择是取水系统建设中的重要部分，要密切结合城市远近期规划和工业总体布局要求，从整个取水系统（取水、输水，水处理设施）的安全和经济来考虑。水源选择前，必须进行水资源的勘察。考虑与取水工程有关的水文、水文地质、工程地质、地形、卫生、施工等方面的条件，根据供水对象对水质、水量的要求，对所在地区的水资源状况进行认真的勘察、研究，选择取水水源并合理利用。

(1) 所选水源应当在水体功能区划所规定的取水地段，水质良好，水量充沛可靠，具有施工条件，便于防护。

对于水源水质而言，应根据《地面水环境质量标准》(GB3838—2002) 判别水源水质优劣及是否符合要求。作为生活饮用水水源，其水质要符合《生活饮用水卫生标准》(GB5749—2006) 中关于水源水质的若干规定；工业企业生产用水的水源水质则根据各种生产要求而定。水源水质不仅要考虑现状，还要考虑远期变化趋势。对于水量而言，除保证当前生活、生产需水量外，也要满足远期发展所必需的水量。

地下水资源有限，用地下水作为供水水源时，应有确切的水文地质资料，取水量必须小于允许开采量，严禁盲目开采。地下水开采后，不引起水位持续下降、水质恶化及地面沉降。若地下水埋深过大，将增加抽水能耗，提高水的成本。

天然河流（无坝取水）的取水量应不大于该河流枯水期的可取水量。用地表水作为城市供水水源时，其设计枯水流量的年保证率应根据城市规模和工业大用户的重要性选定，宜用 90%～97% 。

(2) 符合卫生要求的地下水，应优先作为饮用水水源。

按照开采和卫生条件，选择地下水为生活饮用水水源时，通常按泉水、承压水（或层间水）、潜水的顺序。对于工业企业生产用水水源而言，如取水量不大或不影响当地饮用需要，也可采用地下水源，否则，应取用地表水。采用地表水源时，须先考虑自天然河道中取水的可能性，而后考虑需调节径流的河流。

(3) 地表水源和地下水源相结合，集中与分散相结合，建立多水源取水系统。

在一个地区或城市，两种水源的开采和利用有时是相辅相成的。对于用水量大、工业用水量占一定比例、自然条件复杂以及水资源不丰富地区或城市尤需重视。例如，在城市边远地区、地势较高地段、对水质有特殊要求的用水户以及远期发展的地段等，可考虑采用地下水。又如，一般以地表水作为工业用水，地下水作为饮用水。地下水源与地表水源相结合、集中与分散相结合的多水源供水及分质供水不仅能够发挥各类水源的优点，而且对于降低取水系统投资、提高取水系统工作可靠性有重大作用。

(4) 水源的合理利用。

选择水源时，必须全面考虑、统筹安排，正确处理与取水工程有关部门，如农业、水利、水力发电、航运、水产、旅游及排水等方面的关系，以求合理地综合利用和开发水资源。特别是对于水资源比较贫乏的地区，合理开发利用水资源，对于所在地区的全面发展具有决定性的意义。例如，利用经处理后的污水灌溉农田，在工业取水系统中采用循环和复用给水，提高水的重复利用率，减少水源取水量，以解决城市或工业大量用水与农业灌溉用水的矛盾；我国沿海某些地区河流和地下水受海水影响，淡水缺乏，此种情况下应尽可能利用海水作为某些工业取水水源；沿海地区地下水的开采与可能产生的污染、地面沉降和塌陷及海水入侵等问题，应予以充分注意。此外，随着我国经济的发展，水资源进一步开发利用，将有越来越多的河流实现径流调节，因此水库水源的综合利用也是水源选择中一个重要课题。

某些沿海城市的潮汐河流，往往受到海水入侵，有时氯化物含量很高。为了取集淡水，可采用“蓄淡避咸”措施，即当河水含盐量高时，取用水库水；含盐量低时，直接取用河水。

四、取水水源保护

由于水源污染，水土流失，对水的长期超量开采等，常使水源出现水量降低和水质恶化的现象。水源一旦出现水量衰减和水质恶化现象后，就很难在短期内恢复。因此，要事先采取保护水源、防止水源枯竭和被污染的措施。应该指出，只有采取预防性的措施，才是保护取水水源的有效和经济的措施。

（一）保护取水水源的一般措施

保护取水水源的一般措施包括防止水源枯竭的水量保护措施和防止水质恶化的水污染控制措施。

1. 防止水量衰减的保护措施

1）制定本地区的水资源开发利用规划

水资源开发利用规划是地区经济发展的重要组成部分，是本地区开发利用水资源的依据，也是保护水源、防止过度开采的重要措施。制定水资源开发利用规划时，应对本地区的地表水资源和地下水资源进行科学评价，并对本地区的水资源供需状况进行预测分析，若水资源量不足，就必须考虑从外地输水或调整产业结构或采取节水措施。

2）加强水源管理

对于地表水源要进行水文观测和预报。对于地下水源要进行区域地下水动态观测，尤应注意开采漏斗区的观测，以便对超量开采及时采取有效的措施，如开展人工补给地下水、限制开采量等，人工回灌地下水是合理开采和利用地下水源的措施之一。有的城市因长期过量开采地下水，往往造成地下水静水位大幅度下降、单井出水量大幅度下降，甚至水井报废。更有甚者，过量开采地下水还会引起地面沉降、地面塌陷及海水入侵。为保持开采量与补给量平衡，可进行人工回灌，即以地表水补充地下水，以丰水年补充缺水年，以用水少的冬季补充用水多的夏季等。此外，某些工业用水需要水温稳定或以地下水作为冷源，也可采用回灌方法以保持地下水储量。回灌水的水质应以不污染地下水、不使井管发生腐蚀、不使地层发生堵塞为原则，通常采用自来水回灌。

3）进行流域面积内的水土保持工作

水土流失不仅使农业遭受直接损失，而且还加速河流淤积，减少地下径流，导致洪水流量增加和常水流量降低，不利于水量的常年利用。为此，要加强流域面积上的造林和林业管理，在河流上游和河源区要防止滥伐森林。

2. 防止水源水质污染的措施

合理规划城市居住区和工业区，减轻对水源的污染。容易对水源造成污染的工厂，如化工、石油加工、电镀、冶炼、造纸等企业应尽量布置在城市及水源地的下游。加强水源水质监测管理，严格执行污水排放标准和区域水污染防治规划。勘察新水源时，应从防止污染角度，对水源合理规划，提出卫生防护条件与防护措施。对于滨海及其他水质较差的地区，要注意由于开采地下水引起的水质恶化问题，如咸水入侵、与水质不良含水层发生水力联系等问题。

进行水体污染调查研究，建立水体污染监测网。水体污染调查要查明污染来源、污染途径、有害物质成分、污染范围、污染程度、危害情况与发展趋势。地下水源要结合地下水动态观测网点进行水质变化观测。地表水源要在影响其水质范围内建立一定数量的监测网点。建立水体监测网点的目的是及时掌握水体污染状况和各种有害物质的分布动态，便于及时采取措施，防止对水源的污染。

（二）取水水源卫生防护

自来水厂的水源必须设置卫生防护地带，卫生防护地带的范围和防护措施，应按我国《生活饮用水卫生标准》（GB5749—2006）的规定。

1. 地表水源卫生防护

（1）取水点周围半径 100m 的水域内严禁捕捞、停靠船只、游泳和从事可能污染水源的任何活动，并应设有明显的范围标志和严禁事项的告示牌。

（2）河流取水点上游 1000m 至下游 100m 的水域内，不得排入工业废水和生活污水；其沿岸防护范围内不得堆放废渣，不得设立有害化学物品的仓库、堆栈或装卸垃圾、粪便和有毒物品的码头；不得使用工业废水或生活污水灌溉及施用有持久性毒性或剧毒的农药，并不得从事放牧等有可能污染该段水域水质的活动。

供饮用水水源的水库和湖泊，应根据不同情况将取水点周围部分水域或整个水域及其沿岸列入此范围，并按上述要求执行。

受潮汐影响的河流取水点上、下游的防护范围，由水厂同当地卫生防疫站和环境卫生监测站根据具体情况研究确定。

（3）水厂生产区范围应明确划定并设立明显标志，在生产区外围不小于 10m 的范围内，不得设置生活居住区和修建禽畜饲养场、渗水厕所、渗水坑；不得堆放垃圾、粪便、废渣或铺设污水渠道；应保持良好的卫生状况和绿化。单独设立的泵站、沉淀池和清水池的外围不小于 10m 的区域内，其卫生要求与水厂生产区相同。

2. 地下水源卫生防护

（1）取水构筑物的防护范围应根据水文地质条件、取水构筑物形式和附近地区的卫生状况进行确定，其防护措施应按地面水水厂生产区要求执行。

（2）在单井或井群影响半径范围内，不得使用工业废水或生活污水灌溉和施用有持久性毒性或剧毒的农药，不得修建渗水厕所、渗水坑、堆放废渣或铺设污水渠道，并不得从事破坏深层土层的活动。若取水层在水井影响半径内不露出地面或取水层与地面水没有互相补充关系时，可根据具体情况设置较小的防护范围。

（3）在地下水水厂生产区范围内，应按地面水水厂生产区要求执行。

3. 卫生防护的建立与监督

水源和水厂卫生防护地带具体范围、要求、措施应由水厂提出具体意见，然后取得当地卫生部门和水厂的主管部门同意后报请当地人民政府批准公布。水厂要积极组织实施，在实施中要主动取得当地卫生、公安、水上交通、环保、农业与规划、建设部门的确认与支持。卫生防护地带建立以后要作经常性检查，发现问题要及时解决。

为确保生活饮用水水质安全，除必须满足上述水源卫生防护各项要求外，还必须遵照《中华人民共和国水污染防治法》的规定，才能有效防止水源污染。

第二节　地下取水构筑物

一、地下水源概述

地下水存在于土层和岩层中。各种土层和岩层有不同的透水性。卵石层、砂层和石灰岩组织松散，具有众多的相互连通的孔隙，透水性较好，水在其中的流动属渗透过程，故这些岩层叫透水层。黏土和花岗岩等紧密岩层，透水性极差甚至不透水，叫不透水层。如果透水层下面有一层不透水层，则在这一透水层中就会积聚地下水，故透水层又叫含水层。不透水层则称隔水层。地层构造往往就是由透水层和不透水层彼此相间构成，它们的厚度和分布范围各地不同。埋藏在地面下第一个隔水层上的地下水叫潜水。潜水有一个自由水面。潜水主要靠雨水和河流等地表水下渗而补给。多雨季节，潜水面上升；干旱季节，潜水面下降。我国西北地区气候干旱，潜水埋藏较深，约达50～80m；南方潜水埋深较浅，一般在3～5m以内。

地表水和潜水相互补给。地表水位高于潜水面时，地表水补给地下潜水，反之则潜水补给地表水。两个不透水层间的水叫层间水。在同一地区，可同时存在几个层间水或含水层。如层间水存在自由水面，称无压含水层；如层间水有压力，称承压含水层。打井时，若承压含水层中的水喷出地面，叫自流水。

在适当地形下，在某一出口处涌出的地下水叫泉水。泉水分自流泉和潜水泉，前者由承压地下水补给，涌水量稳定，水质好。

地下水流动需具备岩层透水性和水位差两个条件。地下水在松散岩层中流动称地下径流，地下水的补给范围叫补给区。抽取井水时，补给区内的地下水都向水井方向流动。

当地下水流向正在抽水的水井时，其流态也可分为稳定流和非稳定流、平面流和空间流、层流与紊流或混合流等几种情况。严格说来，地下水运动并不存在稳定流，所谓稳定流也只有在短暂时间内可把非稳定流视作稳定流。特别是，当抽水量与补给量之比很小且流动十分缓慢时，可近似看作稳定流。

二、地下水取水构筑物类

由于地下水类型、埋藏深度、含水层性质等各不相同，开采和取集地下水的方法和取水构筑物型式也各不相同。地下水取水构筑物的位置应根据水文地质条件选择，构筑物要位于水质好、不易受污染的富水地段，尽量靠近主要用水地区，施工、运行和维护方便，尽量避开地震区、地质灾害区和矿产采空区。

取水构筑物有管井、大口井、辐射井、复合井及渗渠等，其中以管井和大口井最为常见。大口井广泛应用于取集浅层地下水，地下水埋深通常小于12m，含水层厚度在5～20m之内。管井用于开采深层地下水。管井深度一般在200m以内，但最大深度也可达1000m以上。

渗渠可用于取集含水层厚度在4～6m、地下水埋深小于2m的浅层地下水，也可取集河床地下水或地表渗透水。渗渠在我国东北和西北地区应用较多。

辐射井是由集水井和若干水平铺设的辐射形集水管组成，一般用于取集含水层厚度较薄而不能采用大口井的地下水。含水层厚度薄、埋深大，不能用渗渠开采的，也可采用辐射井取集地下水，故辐射井适应性较强，但施工较困难。

复合井是大口井与管井的组合，上部为大口井，下部为管井。复合井适用于地下水位较高、厚度较大的含水层。有时在已建大口井中再打入管井成为复合井，以增加井的出水量和改善水质。

（一）管井的型式与构造

管井由其井壁和含水层中进水部分均为管状结构而得名，由井室、井壁管、过滤器等部分构成，通常用凿井机械开凿。管井施工方便，适应性强，能用于各种岩性、埋深、含水层厚度和多层次含水层的取水工程。因而，管井是地下水取水构筑物中应用最广泛的一种形式。

管井直径一般为50～1000mm，井深可达1000m以上。常见的管井直径大多小于500mm，井深也在200m以内。随着凿井技术的发展和浅层地下水的枯竭与污染，直径在1000mm以上、井深在1000m以上的管井已有使用。

采用管井取水时，应充分考虑大多数含水层中含有细砂这一特点。管井易发生漏砂及堵塞现象。因此，管井广泛采用填砾过滤器来防止这些现象的发生。常见的管井构造由井室、井壁管、过滤器及沉淀管组成，如图3.1（a）所示。当有几个含水层、且各层水头相差不大时，可用多层过滤器管井，如图3.1（b）所示。当抽取结构稳定的岩溶裂隙水时，管井也可不装井壁管和过滤器。

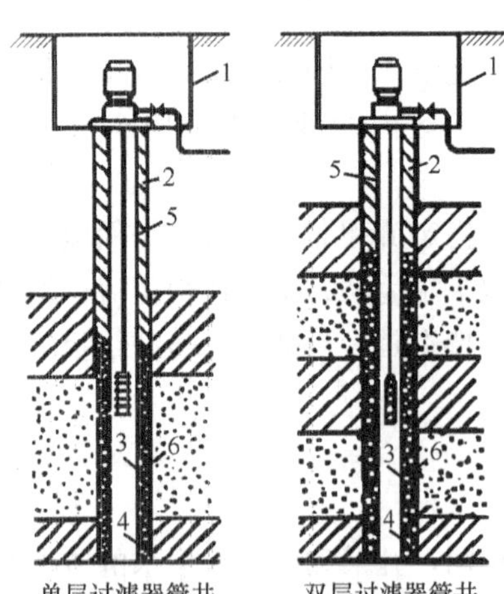

图3.1 管井的一般构造

1. 井室；2. 井壁管；3. 过滤器；4. 沉淀管；5. 黏土封闭；6. 规格填砾

1. 井室

井室是用以安装各种设备（水泵、控制柜等）、保持开口免受污染和进行维护管理的场所。为保证井室内设备正常运行，井室应有一定的采光、采暖、通风、防水和防潮设施；为防止井室积水流入井内，井口应高出地面0.3～0.5m。为防止地层被污染，井口一般用黏土或水泥等不透水材料封闭。封闭深度根据水文地质条件确定，一般不少于3m。

抽水设备根据井的出水量、静水位、动水位和井的构造（井深、井径）等因素来决定。常用的抽水设备有深井泵、潜水深井泵和卧式水泵等。井室的形式在很大程度上取决于抽水设备（同时受气候、水源地卫生等条件的影响）。依据抽水设备的种类，常见的井室结构有深井泵房、深井潜水泵房、卧式水泵房等类型。

1）深井泵房

深井泵由泵体、装有传动轴的扬水管、泵座和电动机所组成。泵体和扬水管安装在管井内、泵座和电动机安装在井室内，因此井室也就是深井泵房；深井泵房可以建成地面式、地下或半地下式，如图3.2所示。地面式深井泵房在维护管理、防水、防潮、采风、通风等条件均优于地下式，大水量深井泵房通常采用地上式；地下式深井泵站便于城镇、厂区规划，防寒条件好，尤其适宜于北方寒冷地区。

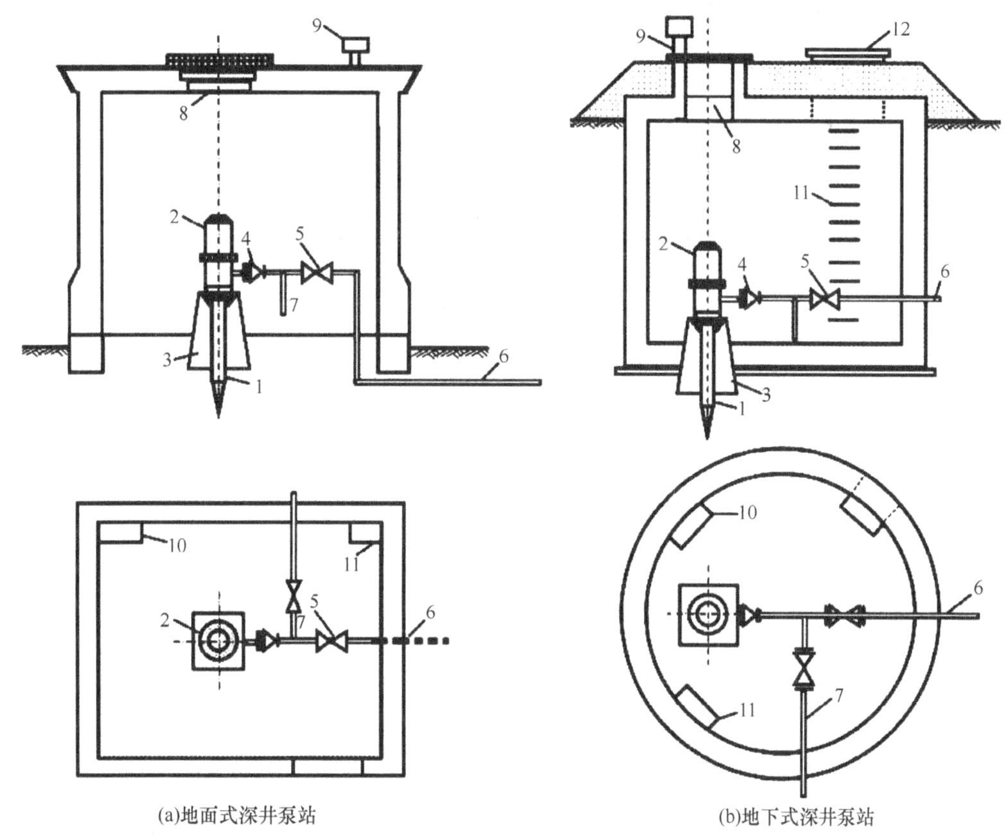

图3.2　深井泵站布置

1. 井管；2. 水泵机组；3. 水泵基础；4. 单向阀；5. 阀门；6. 压水管；7. 排水管；8. 安装孔；9. 通风孔；10. 控制柜；11. 排水坑；12. 人孔

2）深井潜水泵房

深井潜水泵由潜水电动机（包括电缆）、水泵和扬水管组成。电动机和水泵一起浸没在动水位以下。电源通过附在扬水管上的防水电缆输送给电动机。为防止水中砂粒进入电机，在水泵进水段设有防砂设施。控制设备可以就近安装在室内。所以，井室实际上就成了一个阀门井，如图3.3所示。如果阀门未采用电动装置，井室无需考虑通风设施。潜水泵结构简单、使用方便、重量轻、运转平稳和无噪声，在小水量管井中经常使用。

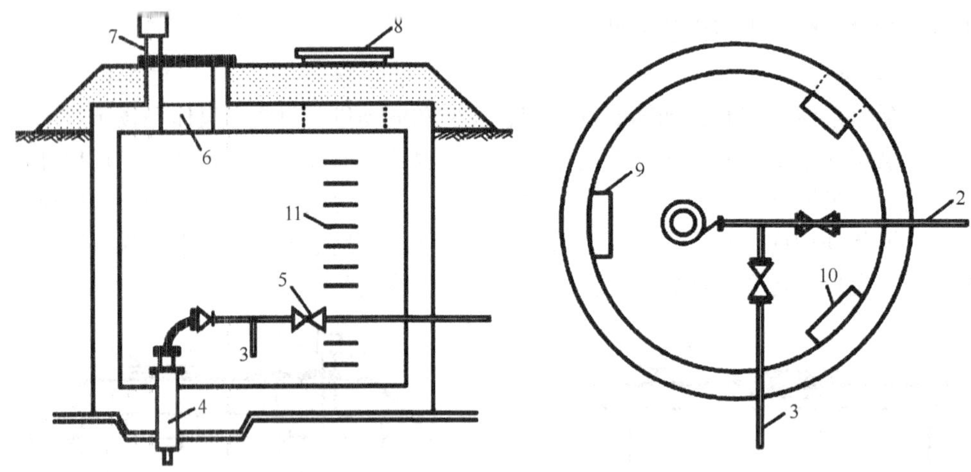

图 3.3 地下式潜水泵站

1. 井管；2. 压水管；3. 排水管；4. 单向阀；5. 阀门；6. 安装孔；7. 通风管；8. 人孔；9. 控制柜；10. 排水坑；11. 攀梯

3）卧式水泵房

采用卧式水泵的管井，其井室可与泵房分建或合建。前一种情况的井室形式类似于阀门井；后一种情况的井室实际即为一般的卧式泵站，其构造按一般泵站要求设计，由于吸水高度的限制，常常用于地下水动水位较高情况下，而且这种井室大多设于地下。

4）其他形式的井室

对于地下水水位很高的管井，可采用自流井或虹吸方式取水，由于无需在井口设抽水装置，又无需经常维护，井室大多做成地下式，故其结构与一般阀门井相似。

装有空气扬水装置的管井，井室与泵站分建，井室设有气水分离器。出水通常直接流入清水池，故井室形式、构造与一般深井泵站大体相同。

2. 井壁管

设置井壁管的目的在于加固井壁、隔离水质不良或水头较低的含水层，井壁管应具有足够的强度，使其能够经受地层和人工填充物的侧压力，井壁要尽可能不弯曲，内壁平滑、圆整，以利于安装抽水设备和井的清洗、维护。井壁管可以是钢管、铸铁管、钢筋混凝土管、石棉水泥管、塑料管等。一般情况下，钢管适用的井深范围不受限制，但随着井深的增加应相应增大壁厚；铸铁管一般适用于井深小于 250m 范围，可用管箍、丝扣或法兰连接。钢筋混凝土管一般井深不得大于 150m，常用管顶预埋钢板圈焊接连接。井壁管内径应按水泵类型、吸水管外形尺寸等确定。当采用深井泵或潜水泵时，井壁管内径应大于水泵井下部分最大外径 100mm。

3. 过滤器

过滤器安装在含水层中，用以集水和保持填砾与含水层的稳定。过滤器是管井最重要的组成部分。它的构造、材料、施工安装质量对管井的单位出水量、含砂量和工作年限有很大的影响，所以过滤器构造形式和材质的选择很重要。

过滤器要有足够的强度和抗蚀性，具有良好的透水性，能保持人工填砾和含水层的渗透稳定性。

过滤器的类型很多，常用过滤器有钢筋骨架过滤器、圆孔或条孔过滤器、缠丝过滤器、包网过滤器、填砾过滤器、砾石水泥过滤器等类型。

1）钢筋骨架过滤器

钢筋骨架过滤器每节长度 3～4m，由位于两端的短管、直径为 16mm 的竖向钢筋（间距 30～40mm）和支撑环（间距为 250～300mm）焊接构成，如图 3.4 所示。此种过滤器一般仅用于不稳定的裂隙岩、砂岩或砾岩含水层。该结构也用作缠丝过滤器、包网过滤器的骨架。钢筋骨架过滤器用料省、易加工、孔隙率大，但其抗压强度、抗腐蚀能力较低，不易用于深度大于 200m 的管井或腐蚀性较强的水层。

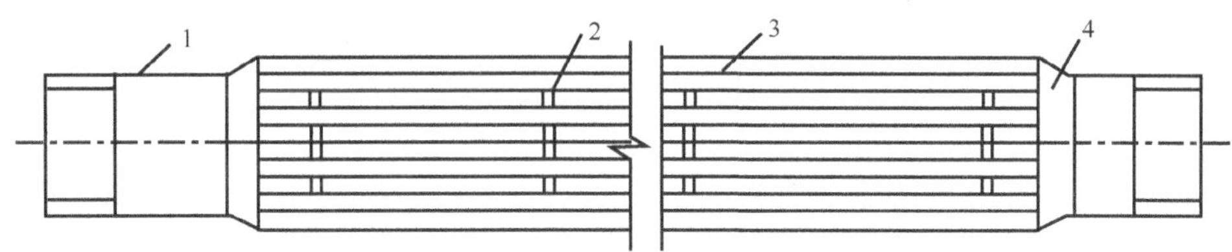

图 3.4　钢筋骨架过滤器

1. 短管；2. 支管环；3. 钢筋；4. 加固环

2）圆孔或条孔过滤器

在钢、铸铁、钢筋混凝土及塑料等管壁上钻圆孔或条孔，加工制成圆孔或条孔过滤器，适用于砾石、卵石、砂岩或裂隙含水层，也可用作缠丝过滤器、包网过滤器的骨架。其中塑料过滤器具有抗蚀性强、重量轻、加工方便等优点。如 200mm 硬质聚丙烯、聚乙烯过滤器重量仅为同口径钢质过滤器的 15%，且可一次注压成型。

过滤器孔眼的直径或宽度 d 与和其接触的含水层粒径有关。在洗井时，含水层内细小颗粒可通过适宜尺寸的孔眼被冲走，粗颗粒留在过滤器周围，形成透水性良好的天然反滤层，如图 3.5 所示。这种反滤层对保持含水层的渗透稳定性、提高过滤器的透水性、改善管井的工作性能（如扩大实际进水面积、减小水头损失）、提高管井单位出水量、延长使用年限都有很大作用。

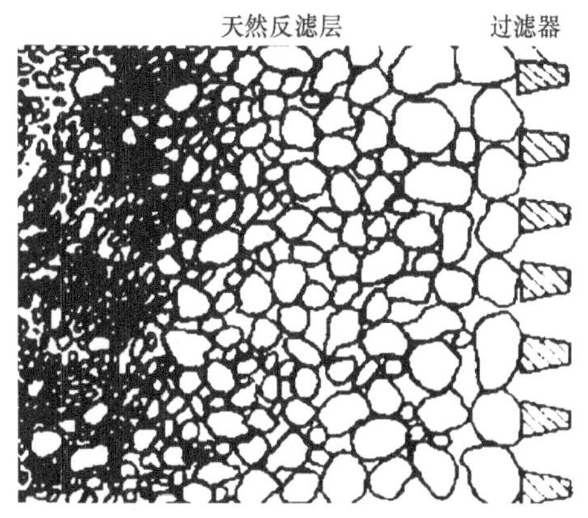

图 3.5　过滤器周围的天然反滤层

3）缠丝过滤器

缠丝过滤器是以圆孔、条孔过滤器或以钢筋骨架过滤器为支撑骨架并在外面缠丝构成，如图 3.6 所示。缠丝过滤器适用于粗砂、砾石和卵石及各种基岩含水层。缠丝一般采用直径

2～3mm 的镀锌铁丝，其间距可根据含水层颗粒组成而定。缠丝过滤器过滤效果好，制作简单、耐用。

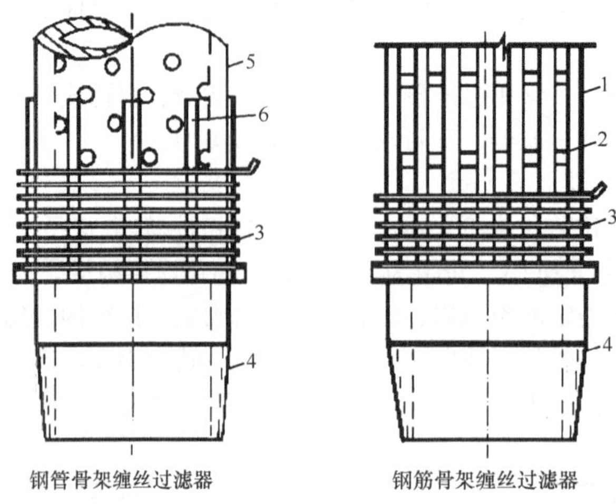

图 3.6 缠丝过滤器

1. 钢筋；2. 支撑环；3. 缠丝；4. 连接管；5. 钢管；6. 垫筋

4）包网过滤器

包网过滤器是由支撑骨架和滤网构成，滤网一般由直径为 0.2～1.0mm 的铜丝编成，如图 3.7 所示，网眼大小可根据含水层颗粒组成确定。过滤器的微小铜丝网眼，很容易为电化学腐蚀所堵塞，因此，可用不锈钢丝网或尼龙网代替黄铜丝网。

包网过滤器适用于粗砾、砾石和卵石及各种基岩含水层。但由于包网过滤器阻力大，易被细砂堵塞，易腐蚀，已逐渐为缠丝过滤器取代。

5）填砾过滤器

以上述各种过滤器为骨架，围填与含水层颗粒有一定级配关系的砾石层，通称为填砾过滤器。工程中应用比较广泛的是在缠丝过滤器围填砾石组成的缠丝填砾过滤器。

这种人工围填的砾石层又称人工反滤层。由于在过滤器周围的天然反滤层是由含水层中骨架颗粒的迁移形成的，所以不是所有含水层都能形成效果良好的天然反滤层。因此，工程上常用人工反滤层取代天然反滤层，如图 3.8 所示。填砾过滤器适用各类砂质含水层和砾石、卵石含水层，过滤器的进水孔尺寸等于过滤器壁上所填砾石的平均粒径。

实验表明，填砾厚度为填砾粒径 3～4 倍时，即能保持含水层的稳定。考虑到井孔的圆度、井孔的倾斜度及过滤器与井孔中心有偏差等因素，工程上采用了较大的厚度。在砾石、卵石、粗砂含水层中的填砾厚度，应根据含水层特征、填砾层数和施工条件等确定，一般可采用 75～150mm。当施工条件许可时，加大填砾层厚度对改善管井工作条件有利。因增加填砾层厚度，实际上扩大含水层与填砾层接触面积（即进水断面），降低进水流速，改善含水层渗透稳定性，同时也降低进水水头损失，有利于提高井的单位出水量。

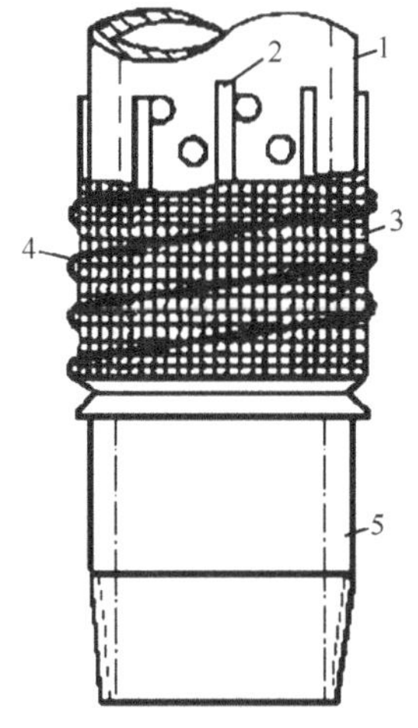

图 3.7　包网过滤器

1. 钢管；2. 垫筋；3. 滤网；4. 缠丝；5. 连接管

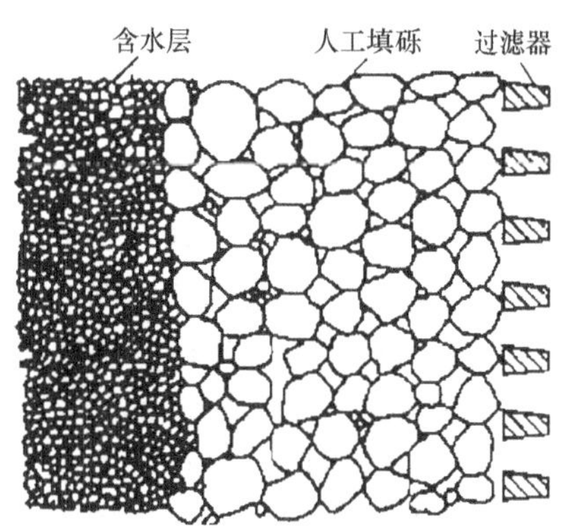

图 3.8　过滤器周围的人工反滤层

填砾层在管井运行后可能出现下沉现象，为此，填砾层应超过过滤器顶 8～10m，如图 3.9 所示。

6）砾石水泥过滤器

砾石水泥过滤器是由水泥浆胶结砾石制成，又称无砂混凝土过滤器。被水泥胶结的砾石，其孔隙仅一部分被水泥填充，故有一定透水性。砾石水泥过滤器的孔隙率与砾石的粒径、水灰比、灰石比有关，一般可达 20%。砾石水泥过滤器取材容易、制作方便、价格低廉。但此种过滤器强度较低、重量大，在细粉砂或含铁量高的含水层中易堵塞。若在这种过滤器周围填入一定规格的砾石，能取得良好效果。

4. 管井的维修管理

管井使用的合理与否直接影响其使用年限，生产实践表明，很多管井由于使用不当，导致出水量衰减、涌砂甚至早期报废。管井使用应注意抽水设备的出水量要小于管井的出水能力，否则，有可能产生出水含砂量增加，破坏含水层渗透稳定性。严格执行必要的管井、机泵的操作规程和维修制度，必须定期检修设备，及时清理水井沉积物，必要时还要进行洗井，以恢复其出水能力。对于季节性供水的管井，在停运期间，应定期抽水，以防长时间停

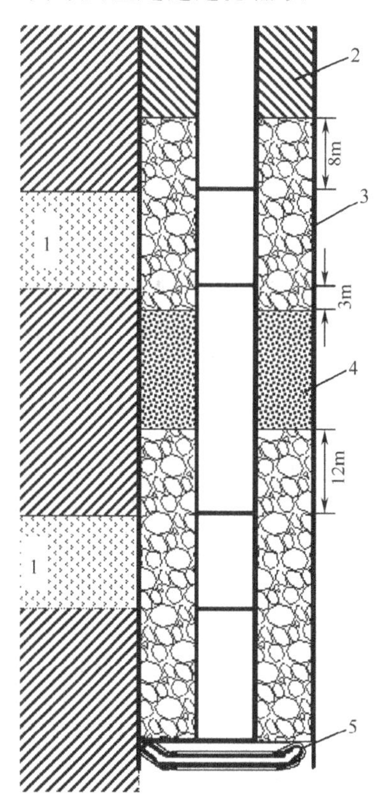

图 3.9　填砾过滤器的管井构造

1. 含水层；2. 黏土封闭；3. 规格填砾；4. 非规格填砾；5. 井管找中器

用导致电机受潮和加速管井腐蚀与沉积。管井周围应按卫生防护要求，保持良好的卫生环境并进行绿化。

1）管井出水量减少的原因

管井在使用过程中，往往会有出水量减少现象，由于管井本身的原因主要有以下4种情况：

（1）过滤器进水孔尺寸选择不当、缠丝或滤网腐蚀破裂、井管接头不严或错位、井壁断裂等原因，使砂粒、砾石大量涌入井内，造成堵塞。

（2）过滤器表面及周围填砾、含水层被细小泥沙堵塞。

（3）过滤器及周围填砾、含水层被腐蚀胶结物和地下水中析出的盐类沉淀物填塞。

（4）因细菌繁殖造成堵塞。

在采取具体消除故障措施之前，应掌握有关管井构造、施工、运行资料和抽水试验、水质分析资料等，对道成堵塞的原因进行分析、判断，根据不同的情况采用不同措施更换过滤器或修补封闭漏砂部位。

属于水源方面引起管井出水量减少的原因有以下两个方面：

第一，地下水位区域性下降，使管井出水量减少。区域水位下降一般发生在长期超量开采的地区，此情况除在设计时应充分估计到地下水位可能降低的幅度而采取相应措施外，还应调整现有抽水设备的安装高度，必要时需改建取水井，使之适应新的水文地质情况。

第二，含水层中地下水的流失。地下水流失可能是由于地震、开矿或其他自然与人类活动，导致地下水流入其他透水层、矿坑或其他地点。

2）增加管井出水量的措施

（1）真空井法。将井管的全部或部分密闭，井孔抽水时，使管井处于负压状态进水，以达到增加出水量的目的。

（2）爆破法。在坚硬裂隙岩溶含水层中取水时，常因孔隙、裂隙等发育不均匀，影响地下水的流动，从而影响水井的出水量。往往同一含水层各井的出水量可能因此相差很大。在这种情况下，采用井中爆破法处理，能增强含水层的透水性。这种方法通常是将炸药和雷管封置在专用的爆破器内，用钢丝绳悬吊在井中预定位置，用电起爆。当含水层很厚时，可以自下而上分段进行爆破，爆破的岩石、碎片用抽筒或压缩空气清理出井。

（3）酸处理法。对于石灰岩地区的管井可采用注酸的方法，以增大或串通石灰岩裂隙或溶洞，增加出水量。注酸时，在含水层的上端用封闭塞将注酸管封闭，注酸后即以980kPa以上的压力水注入井内，使酸液渗入岩层裂隙中。注水时间约2～3h左右，酸处理后，应及时排除反应物，以免沉淀在井孔内及周围的含水层中。

（二）大口井

1. 大口井的型式与构造

大口井与管井一样，也是一种垂直建造的取水井，由于井径较大，故名大口井。大口井是广泛用于开采浅层地下水的取水构筑物。大口井直径一般为5～8m，最大不宜超过 10m。井深一般在 15m 以内。农村或小型给水系统也采用直径小于 5m 的大口井，城市或大型给水系统也有采用直径 8m 以上的大口井。由于施工条件限制，我国大口井多用于开采埋深小于 12m，厚度在 5～20m 的含水层。

大口井有完整式和非完整式之分，如图 3.10 所示。完整式大口井只有井壁进水，适用于颗粒粗、厚度薄（5～8m）、埋深浅的含水层，由于井壁进水孔易于堵塞，影响进水效果，故采用较少。非完整式大口井未贯穿整个含水层，井壁、井底均可进水，进水范围大，集水效果好。当含水层厚度较大（＞10m）时，应做成非完整大口井。

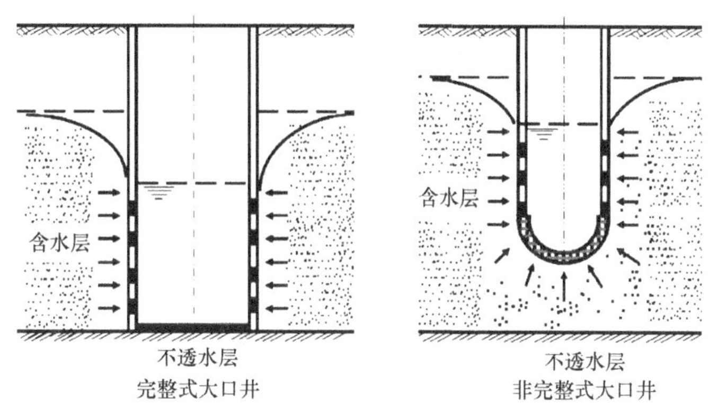

图 3.10　大口井的类型

大口井具有构造简单、取材容易、使用年限长、容积大、能兼起调节水量作用等优点，在中小城镇、铁路、农村供水采用较多。但大口井深度浅，对水位变化适应性差，采用时，必须注意地下水位变化的趋势。

大口井的一般构造如图 3.11 所示。它主要由井筒、井口及进水部分组成。

1）井筒

井筒通常用钢筋混凝土或砖、石等做成，用以加固井壁及隔离不良水质的含水层。

用沉井法施工的大口井，在井筒最下端应设钢筋混凝土刃脚，在井筒下沉过程中用以切削土层，便于下沉。为减小摩擦力和防止井筒下沉时受障碍物的破坏，刃脚外缘应凸出井筒 5～10cm。井筒若采用砖、石结构，也需用钢筋混凝土刃脚，刃脚高度不小于 1.2m。

大口井外形通常为圆筒形，如图 3.12 所示。圆筒形井筒易于保证垂直下沉；受力条件好，节省材料；对周围地层扰动很少，利于进水。但圆筒形井筒紧贴土层，下沉摩擦力较大。深度较大的大口井常采用阶梯圆形井筒，此种井筒为变断面结构，结构合理，具有圆形井筒的优点，下沉时可减小摩擦力。

2）井口

井口为大口井露出地表的部分。为避免地表污水从井口或沿井壁侵入污染地下水，井口应高出地表 0.5m 以上，并在井口周边修建宽度为 1.5m 的排水坡。若覆盖层为透水层，排水坡下面还应填以厚度不小于 1.5m 的夯实黏土层。在井口以上部分，有的与泵站合建在一起，如图 3.13 所示，其工艺布置要求与一般泵站相同；有的与泵站分建，

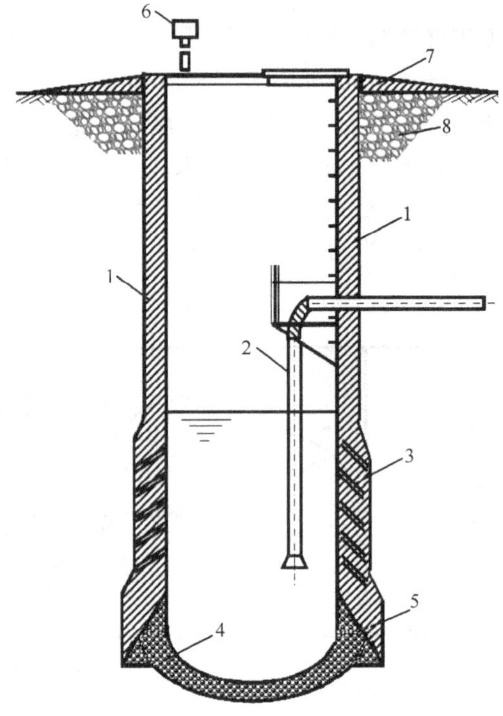

图 3.11 大口井的构造

1. 井筒；2. 吸水管；3. 井壁透水孔；4. 井底反滤层；5. 刃脚；6. 通风管；7. 排水坡；8. 黏土层

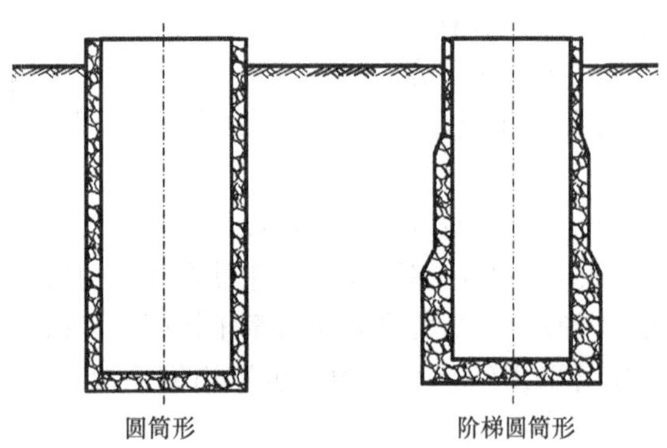

图 3.12 大口井的外形

只设井盖，井盖上部设有人孔和通风管。在低洼地区从河滩上的大口井，为防止洪水冲刷和淹没人孔，应用密封盖板。通风管应高于设计洪水位。

3）进水部分

进水部分包括井壁进水孔（或透水井壁）和井底反滤层。

（1）井壁进水孔

常用的进水孔有水平孔和斜形孔两种，如图 3.14 所示。水平孔施工较容易，采用较多。壁孔一般为 100～200mm 直径的圆孔或（100×150）～（200×250）mm 矩形孔，

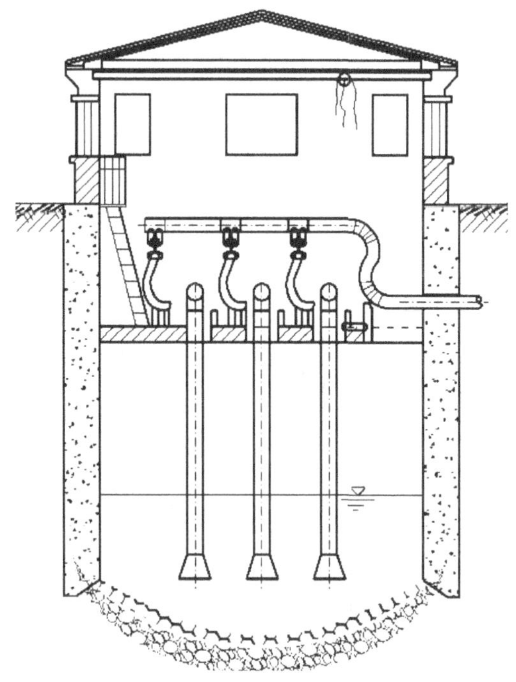

图 3.13　与泵站合建的大口井

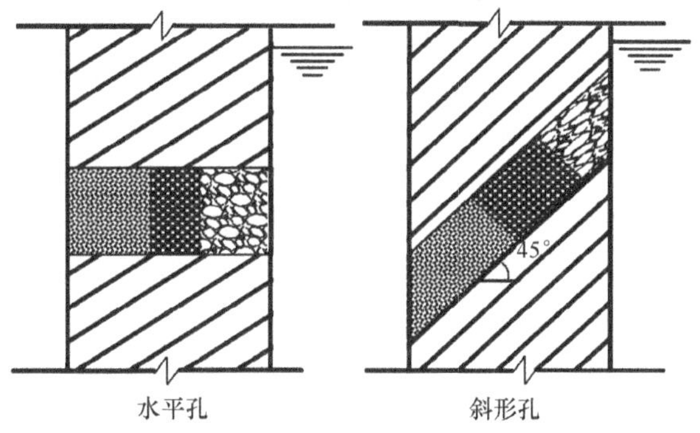

图 3.14　大口井井壁进水孔形式

交错排列于井壁，其孔隙率在15%左右。为保持含水层的渗透性，孔内装填一定级配的滤料层，孔的两侧设置不锈钢丝网，以防滤料漏失。

水平孔不易按级配分层加填滤料，为此也可应用预先装好滤料的铁丝笼填入进水孔。

斜形孔多为圆形，孔倾斜度不超过45°，孔径100～200mm，孔外侧设有格网。斜形孔滤料稳定，易于装填、更换，是一种较好的进水孔形式。进水孔中滤料可分两层填充，每层为半井壁厚度。

(2) 透水井壁

透水井壁由无砂混凝土制成。透水井壁有多种形式。如有以50×50×20（cm）无砂混凝土砌块构成的井壁，也有以无砂混凝土整体浇筑的井壁。若井壁高度较大，可在中间适当部位设置钢筋混凝土圈梁，以加强井壁强度。一般每1～2m设一道，梁高通常为0.1～0.2m。

无砂混凝土大口井制作方便，结构简单，造价低，但在细粉砂地层和含铁地下水中易堵塞。

(3) 井底反滤层

除大颗粒岩层及裂隙含水层外，在一般含水层中都应铺设反滤层。反滤层一般为3～4层，成锅底状，滤料自下而上逐渐变粗，每层厚度为200～300mm，如图3.15所示。含水层为细、粉砂时，层数和厚度应适当增加。由于刃脚处渗透压力较大，易涌砂，靠刃脚处滤层厚度应加厚20%～30%。井底反滤层滤料级配与井壁进水孔相同。

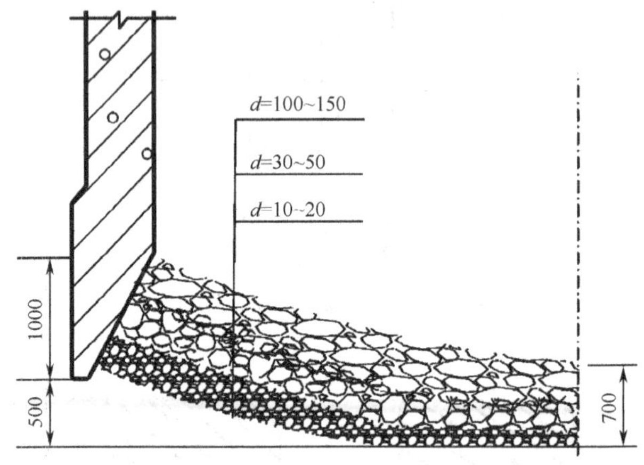

图3.15 井底反滤层（单位：mm）

大口井井壁进水孔易堵塞，多数大口井主要依靠井底进水，故大口井能否达到应有的出水量，井底反滤层质量是重要因素，若反滤层铺设厚度不均匀或滤料不合规格都有可能导致堵塞和翻砂，使出水量下降。

2. 大口井的设计要点

大口井应选在地下水补给丰富、含水层透水性良好、埋藏浅的地段。取集河床地下水的大口井，除了考虑上述水文地质条件外，应选在稳定的河漫滩地段或一级冲积台地上，所处河段应稳定并具有较好的水力条件。

在考虑大口井基本尺寸时，应注意井径对出水量的影响。在施工允许的条件下，适当增加井径是增加水井出水量的途径之一。同样，在出水量不变条件下，采用较大直径的大口井，也可减小水位降落值，降低取水的电耗。还能降低进水流速，延长大口井的使用期。

由于大口井井深不大，地下水位的变化对井的出水量和抽水设备的正常运行有很大影响。对于开采河床地下水的大口井，因河水位变幅大，更应注意这一情况。为此，在计算井的出水量和确定水泵安装高度时，均应以枯水期最低设计水位为准，抽水试验也应在枯水期进行为宜。此外，还需注意到地下水位区域性下降的可能及由此引起的影响。

3. 大口井的施工

大口井的施工方法有大开挖施工法和沉井施工法。

1）大开挖施工法

在开挖的基槽中，进行井筒砌筑或浇筑以及铺设反滤层等工作。大开挖施工的优点是：可以直接采用当地材料（石、砖），便于井底反滤层施工，且可在井壁外围填滤层，改善进水条件。但此法施工土方量大，施工排水费用高。一般情况，此法适用于建造口径小（$D<4$m）、深度浅（$H<9$m）或地质条件不宜于采用沉井法施工的大口井。

2）沉井施工法

在井位处先开挖基坑，然后在基坑上浇筑带有刃脚的井筒。待井筒达到一定强度后，即可在井筒内挖土。这时井筒靠自重切土下沉。随着井内继续挖土，井筒不断下沉，直至设计标高。如果下沉至一定深度时，由于摩擦力增加而下沉困难时，可外加荷载，克服摩擦力，使井下沉。

井筒下沉时有排水与不排水两种方式。排水下沉即在下沉过程中进行施工排水，使井筒内在施工过程中保持干涸的空间，便于井内施工操作。排水下沉施工法的优点：施工方法简单、方便，可直接观察地层变化，便于发现问题及时排除障碍、易于保持垂直下沉，能保证反滤层铺设质量；缺点是排水费用较高，在细粉砂地层易发生流砂现象。

不排水下沉施工即井筒下沉时不进行施工排水，利用机械（如抓斗、水力机械）进行水下取土。优点是：能节省排水费用，施工安全，可避免流砂现象的发生；缺点是：施工时不能及时发现井下的问题，排除故障比较困难，反滤层质量不容易保证。不排水下沉法适用于透水性好、水量丰富或细粉砂的含水地层。

沉井法施工有很多优点，如土方量少，排水费用低，施工安全，对含水层扰动程度轻，对周围建筑物影响小等。因此，在地质条件允许时，应尽量采用沉井施工法。

（三）辐射井

1. 辐射井的型式

辐射井是由集水井与若干辐射状铺设的水平或倾斜的集水管（辐射管）组合而成，如图 3.16 所示。按集水井本身取水与否，辐射井分为两种型式：一是集水井底（即井底进水的大口井）与辐射管同时进水，适用于厚度较大的含水层（5～10m），但大口井与集水管的集水范围在高程上相近，互相干扰影响较大；二是井底封闭，仅由辐射管集水，适用于较薄的含水层（<5m），由于集水井封底，对于辐射管施工和维修均较方便，如图 3.17 所示。

按水的补给情况，辐射井可分为集取地下水的辐射井，如图 3.18（a）所示；集取河流或其他地表水体渗透水的辐射井，如图 3.18（b）、（c）所示；集取岸边地下水和河床地下水的辐射井，如图 3.18（d）所示。

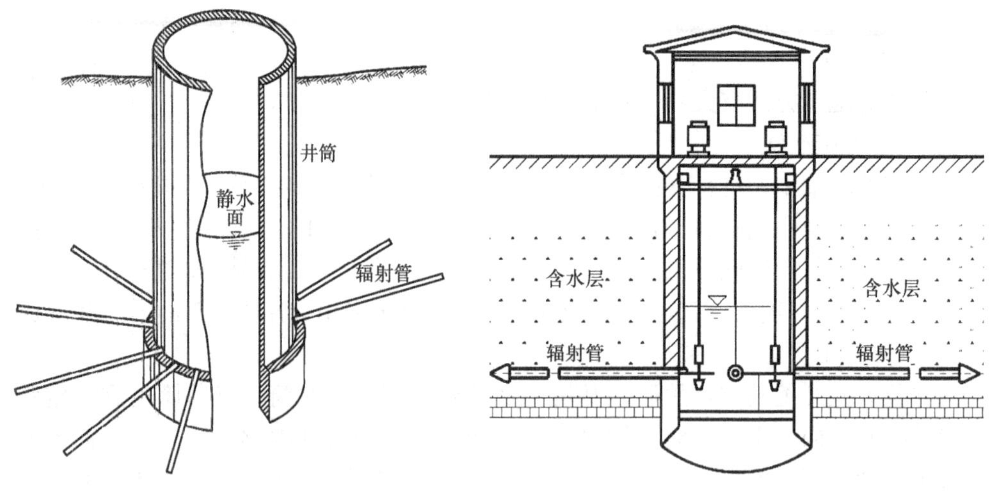

图 3.16　辐射井　　　　　　　　　　图 3.17　单层辐射管的辐射井

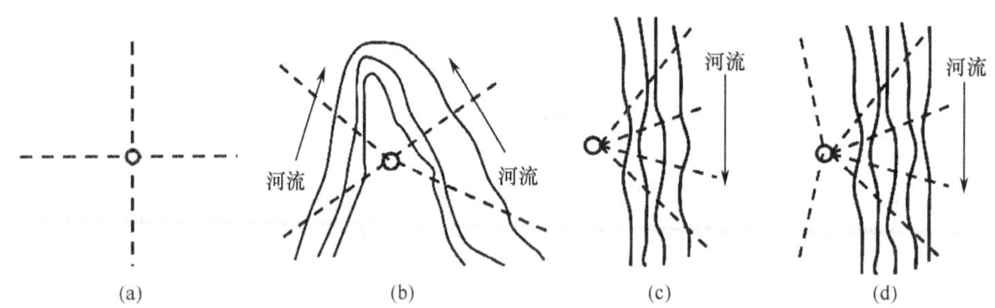

图 3.18　按补给条件分类的辐射井

按辐射管铺设方式，可分为单层辐射管的辐射井和多层辐射管的辐射井。

辐射井是一种适应性较强的取水构筑物，一般不能用大口井开采的、厚度较薄的含水层以及不能用渗渠开采的厚度薄、埋深大的含水层，可采用辐射井开采。此外，开发位于咸水上部的淡水，辐射井比其他取水构筑物更适宜。

辐射井是一种高效能地下水取水构筑物。辐射井进水面积大，其单井产水量在各类地下水取水构筑物之首，高产辐射井日产水量在 $10^4 m^3$ 以上。辐射井具有管理集中、占地省、便于卫生防护等优点，但辐射管施工难度较高。

辐射井产水量的大小，不仅取决于水文地质条件（如含水层透水性和补给条件）和其他自然条件，而且很大程度上决定于辐射管的施工质量和施工技术水平。

2. 辐射井的构造

1）集水井

集水井的作用是汇集从辐射管来的水，安放抽水设备以及作为辐射管施工的场所，对不封底的集水井还兼有取水井之作用。据上述要求，集水井直径不应小于 3m。我国多数辐射井都采用不封底的集水井，用以扩大井的出水量，但不封底的集水井对辐射管施工及维护均不方便。

2）辐射管

辐射管的配置可分为单层或多层，每层根据补给情况采用4～8根。最下层辐射管距含水层底板应不小于1m，以利进水。最下层辐射管还应高于集水井井底1.5m，以便于辐射管施工。为减小互相干扰，各层应有一定间距。当辐射管直径为100～150mm时，层间间距采用1～3m。

辐射管的直径和长度，视水文地质条件和施工条件而定。辐射管直径一般为75～100mm。当地层补给条件好，透水性强，施工条件许可时，可采用大管径。辐射管长度一般在30m以内，当设在无压含水层中时，迎地下水水流方向的辐射管宜长一些。为利于集水和排砂，辐射管应向集水井倾斜一定坡度。

辐射管一般采用厚壁钢管（壁厚6～9mm），以便于直接顶管施工。当采用套管施工时，也可采用薄壁钢管、铸铁管及非金属管。辐射管进水孔有条形孔和圆形孔两种，其孔径或缝宽应按含水层颗粒组成确定。圆孔交错排列、条形孔沿管轴方向错开排列。孔隙率一般为15%～20%。为了防止地表水沿集水井外壁下渗，除在井口外围填黏土外，最好在靠近井壁2～3m的辐射管上不设穿孔眼。

对于封底的辐射井，其辐射管在井内之出口处应设闸阀，以便于施工、维修和控制水量。

3. 辐射管的施工

我国辐射管施工以采用水射顶进法较多。该法是利用千斤顶将辐射管从集水井向外顶入含水层，在顶进的同时，利用喷射水枪，以高速射流（15～30m/s）冲射含水层，砂粒因此随水流沿辐射管排入井内，含水层松动，辐射管得以顶进。此法在水流冲射下，对含水层扰动很大，难以在辐射管周围形成透水性能良好的反滤层，从而影响辐射管的出水量。

国外应用较广泛的兰尼顶进施工法是一种较好的辐射管施工方法。该法基本过程如图3.19所示，带顶管帽的厚壁钢质辐射管借助于油压千斤顶从集水井从外顶入含水层。顶管帽为带孔的金属装置，它与安装在辐射管内的排砂管连接，在顶进过程中，含水层地下水在压力作用下，挟带细颗粒砂，经顶管帽的孔眼进入排砂管，排至集水井。由于井壁处有填料止水装置，地下水不能由辐射管孔眼进入井内，而仅仅集中在顶管帽孔眼进入排砂管，故有较大进水流速排走含水层内细颗粒砂。由于细颗粒砂不断自含水层中排走，辐射管借助顶力得以不断穿入地层。由含水层中排出细颗粒砂，使辐射管周围形成透水性良好的天然反滤层，如图3.20所示。

顶进法能顶进较长的辐射管（40～80m）和形成透水性良好的反滤层，是辐射井成为高效能的取水构筑物的重要原因之一。

当含水层中缺乏骨架颗粒，不可能形成天然反滤层（如在中、细砂地层）时，可采用套管顶进施工法，在辐射管周围进行人工填砾，图3.21为套管顶进施工示意图。该施工法是在兰尼施工法基础上改进的，即用上述同样的方法将套管顶入含水层，然后在套管内安装辐射管，并利用送料小管用压力水将砾石冲填在套管与辐射管间环状空间，形成人工填砂层，最后拔出套管，形成人工填砾的辐射管。此法由于不用辐射管作直接

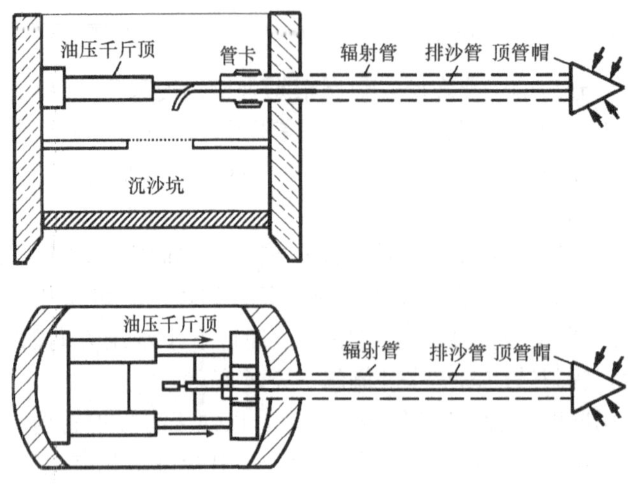

图 3.19 兰尼顶进施工法

顶进，可用强度较低的金属管和非金属管。在有侵蚀性的地下水中，宜用此法铺设抗蚀能力较强的非金属管。

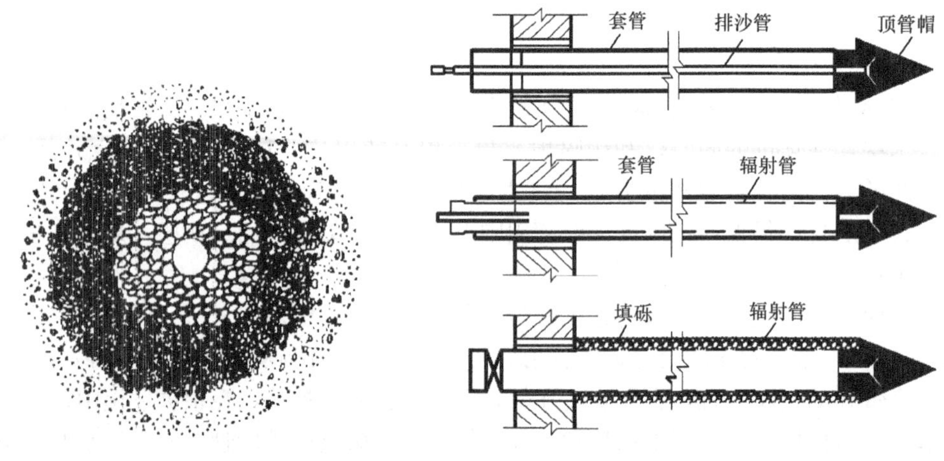

图 3.20 辐射管周围的天然反滤层

图 3.21 套管顶进施工示意图

第三节 地表取水构筑物

地表水水源较地下水源水量充沛，分布较广泛，很多城市及工业企业常常利用地表水作为取水水源。

由于地表水水源的种类、性质和取水条件各不相同，因而地表水取水构筑物有多种形式：按水源分，则有河流、湖泊、水库、海水取水构筑物；按取水构筑物的构造形式分，则有固定式（岸边式、河床式、斗槽式）和活动式（浮船式、缆车式）两种；在山区河流上，则有带低坝的取水构筑物和低栏栅式取水构筑物。

本节分别讲述江河的特征与取水构筑物的关系、取水构筑物位置的选择、取水构筑物的形式和构造、设计、施工和管理等方面的问题。

一、江河特征与取水构筑物的关系

地表水水源多数是江河。因此，了解江河的径流变化、泥砂运动、河床演变、漂浮物和冰冻情况等特征，以及这些特征与取水构筑物的关系，对取水构筑物的设计、施工和运行管理都十分重要。

（一）江河的径流特征

江河的水位、流量和流速等，是江河径流的重要特征，也是江河的水文重要特征。径流变化规律是取水构筑物设计的重要依据。我国某些地区，特别是江河的上游段和山区河流，其径流变化很大，如长江上游的重庆段，洪、枯水位差值历史上最大达33.3m，一次洪水上涨高度曾达23.56m，历时13d，其中一天洪水最大上涨高度为9.93m，一小时洪水最大上涨高度为2m。又如，辽河流域本溪地区的太子河，最大洪峰流量为14300m^3/s，枯水期最小流量仅有1.31m^3/s，洪枯流量两者相差竟达10916倍。因此，在水源选择前，必须进行水资源的勘察，特别要对水资源的可靠性进行综合评价，以免造成工程失误。

在设计取水构筑物时，应注意收集以下有关河段的水位、流量和流速的资料：

（1）河段历年的最高水位和最低水位、逐月平均水位和年常水位。

（2）河段历年的最大流量和最小流量。

（3）河段取水点历年的最大流速、最小流速和平均流速。

取水构筑物的设计最高水位应按百年一遇频率确定。设计枯水位的保证率，应根据水源情况和供水重要性选定，一般可采用90%～99%。

用地表水作为城市供水水源时，设计枯水流量保证率应根据城市规模和工业大用户的重要性选定，一般可采用90%～97%；用地表水作为工业企业供水水源时，设计枯水流量保证率应按各有关部门的规定执行。

（二）泥沙运动与河床演变及其对取水构筑物的影响

1. 泥沙运动

江河中运动着的泥沙，主要来源于雨雪水对地表土壤的冲蚀，其次是水流对河床和河岸的冲刷。江河挟带泥沙的多少与流域特性、地面径流及人类活动等因素有关。

江河中的泥沙按其运动状态，可分为推移质和悬移质两大类。在水流的作用下，沿河底滚动、滑动或跳跃前进的泥沙，称为推移质（也称底沙）。这类泥沙一般粒径较粗，通常只占河流总挟沙量的5%～10%，但对河床演变却起着重要作用。另一类是悬浮于水中，随水流前进的泥沙，称为悬移质（也称悬沙）。这类泥沙一般粒径较细，在冲积平原江河中，约占总挟沙量的90%～95%左右。两类泥沙的运动方式既有区别，又有联系。就同一泥沙组成而言，在较缓水流作用下，可表现为推移质；在较强水流作用下，也可以表现为悬移质。

对于推移质运动，与取水最为密切的问题是泥沙的起动和沙波运动。

在一定的水流作用下，静止的泥沙开始由静止状态转变为运动状态，叫做起动，这时的水流速度称为起动流速。当河水流速逐渐减小到泥沙的起动流速时，河床上运动的泥沙并不静止下来。当流速继续减到某个数值时，泥沙才停止运动。这时的水流平均流速称为泥沙的止动流速。

根据实验结果，泥沙的止动流速 u_H 与起动流速 u_0 有如下关系：$u_H=0.71u_0$。在用自流管或虹吸管取水时，为避免水中的泥沙在管中沉积，设计流速应不低于不淤流速。不同颗粒的不淤流速可以参照其相应颗粒的止动流速。

对于悬移质运动，与取水最为密切的问题是含沙量沿水深的分布和水流的挟沙能力。悬移质在水中一方面受重力作用而下沉，另一方面受水流垂直向上的紊动作用而上浮，两者结合在一起，使悬移质在水中浮游前进。就单个沙粒而言，其运动轨迹很不规则，时而接近水面，时而接近河底。

单位体积河水内挟带泥沙的重量，称为含沙量，以 kg/m^3 表示。为了取得含沙量较少的水，需要了解河流中含沙量的分布情况。由于河流中各处水流脉动强度不同，因此，河水含沙量的分布亦不均匀。一般说来，含沙量的分布是靠近河床底部大，越近水面越小。泥沙的粒径则是靠河底较粗，越近水面越细。

泥沙在水流横断面上的分布亦不均匀。一般泥沙沿断面横向分布比沿水深的分布变化小，在横向分布上，河心的含沙量略高于两侧。

2. 河床演变

任何一条江河，其河床形态都在不断地发生变化，有的河段变形显著，有的河段变形缓慢，或者暂时趋于相对稳定状态。这种河床形态的变化，称为河床演变。为了保证取水安全，着重研究河段的稳定性，探讨由于河床演变，导致取水构筑物偏离河中主流的可能性。为此，必须了解河床演变的原因及演变的规律。

河床演变是水流与河床相互作用的结果。河床影响水流条件，水流促使河床变化，两者相互依存、相互制约。水流与河床的相互作用是通过泥沙运动来体现的，一定的水流条件具有一定的挟沙能力。挟沙能力是指水流能够挟带泥沙的饱和数量。水流条件改变时，挟沙能力也随着改变。如果上游来沙量与本段水流挟沙能力相适应，则水流处于输沙平衡状态，河床既不冲刷，也不淤积。相反，如果来沙量与水流挟沙能力不相适应，则水流处于输沙不平衡状态，河床将发生冲刷或淤积。因此，水流输沙的不平衡是河床演变的根本原因。

影响河床演变的主要因素有：

（1）河段的来水量及其变化。来水量变化使水力条件改变，影响水流挟沙能力。

（2）河段的来沙量、来沙组成及其变化。来沙量大，泥沙组成粗，则产生河床淤积；来沙量少，泥沙组成细，则产生河床冲刷。

（3）河段的水面比降影响水流挟沙能力。水面比降小，将减少河床的冲刷或使河床发生淤积；水面比降增大，将减少淤积或使河床发生冲刷。

（4）河床地质情况不同，河床抵抗冲刷的能力也不同。平原上的河道河床多由黏土和细沙组成，容易冲刷变形；而坚硬的岩石河床较难冲刷，不易变形。

此外，水土保持和水工建筑物的修建也会影响河床的冲淤变形。

河床变形可分为单向变形和往复变形两种。单向变形是在长时间内，河床只是缓慢地受到冲刷或淤积，不出现冲淤交错。如黄河下游多年来一直不断淤积，抬高成为“悬河”。往复变形是指河道周期性往复发展的演变现象。例如，洪水期产生河床冲刷，枯水期产生河床淤积，冲淤交替进行。

河床变形分为纵向变形和横向变形两种。纵向变形是河床沿纵深方向的变化，表现为河床纵剖面和横剖面上的冲淤变化。横向变形是河床在与流向垂直的两侧方向上的变化，表现为河岸的冲刷或淤积，使河床平面位置发生摆动。一般两种变化是交织在一起进行的。

河床纵向变形是由于水流纵向输沙不平衡所引起。纵向输沙不平衡是由来沙量随时间变化和沿程变化，河流比降和河谷宽度的沿线变化及拦河坝等的兴建所造成。

河流横向变化是由横向输沙不平衡引起的。造成横向输沙不平衡主要是由于环流，其中最常见的是弯曲河段的横向环流。此外，水流经过河道中的各种沙滩或障碍物时，也能形成环流。河湾产生环流与河湾水流条件有关。当水流进入弯道后，即作旋转运动，故水流质点除受重力 G 作用外，同时还有离心力 F 作用，G 与 F 两力的合力 R 与水面垂直，故水面发生倾斜，产生横比降，如图 3.22 所示。

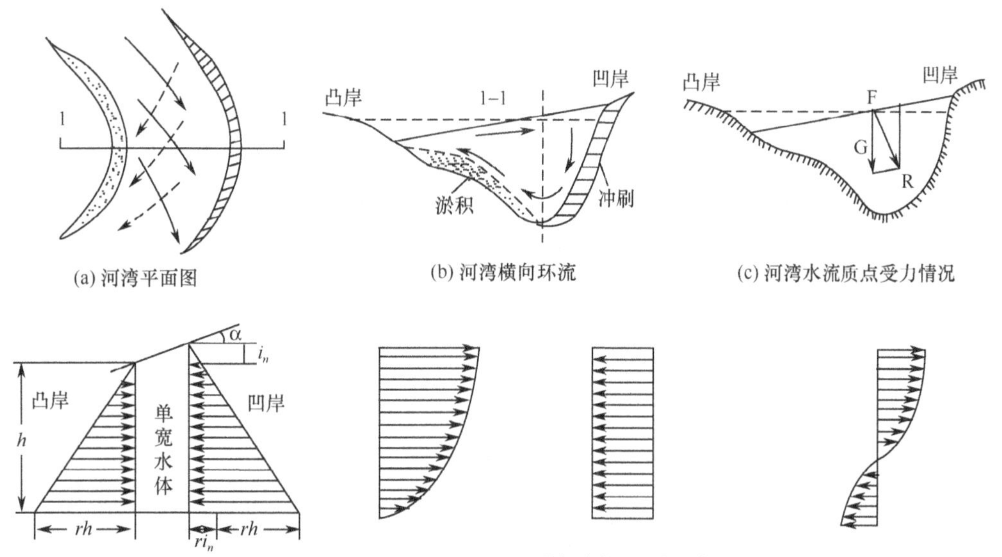

(a) 河湾平面图　(b) 河湾横向环流　(c) 河湾水流质点受力情况

(d) 单宽水体受力分析　(e) 离心力沿垂线分布　(f) 附加应力沿垂线分布　(g) 离心力与附加压力合成的横向力

图 3.22　河湾横向环流

现从河湾横断面上取一单宽水体分析其受力情况，如图 3.22（d）所示。由于水面存在横比降，作用于单宽水体两侧的水压经平衡后，尚有附加压力 $P_n=\rho g i_n$，其中 ρ 为水的密度。附加压力作用方向与离心力相反，在垂线上分布是均匀的，如图 3.22（f）所示。离心力和附加压力同时作用于水体，两者合力如图 3.22（g）所示。由于合成的横向力的作用，表层水流流向凹岸，底层水流流向凸岸，在河湾横断面内形成环流，如图 3.22（b）所示。因为水面含沙量少，河底含沙量多，流向凹岸的表层水流挟带的沙量小于流向凸岸的底层水流挟带的沙量，因此产生横向输沙不平衡。其结果是凹岸冲刷，形成深槽；凸岸淤积，形成浅滩。

江河弯道凹岸往往能形成窄长的深槽，水较深，主流近岸，洪水期水流挟沙能力较大，河床底的泥沙由凹岸运向凸岸。在冬季，由于深槽处流速较大，又有利于河中流冰与水流分层。因此，在弯曲河段的凹岸处取水一般是有利的。为了在凹岸能取到低含沙量的水，又避免取水构筑物受水流冲击过激，一般宜选在顶冲点的稍下游处，即（0.3～0.4）L 内，如图 3.23 所示。

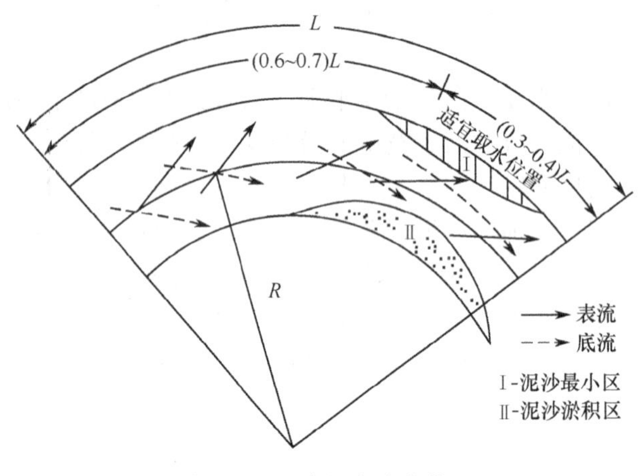

图 3.23 凹岸河段取水位置

当然，该处的水流冲刷是比较强烈的，故护岸工程要求较高。因此也可选择在顶冲点的上游处，该处冲刷强度较小，护岸工程量较少，且施工也较方便。具体如何选择，应根据取水构筑物规模和河岸地质情况而定。

（三）江河中泥沙、漂浮物及冰冻状况对取水构筑物的影响

江河中的泥沙和漂浮物对取水工程的安全和水质有很大影响。特别是在我国西北和西南地区，泥沙及水草较多的江河上，常常由于泥沙和水草堵塞取水头部，严重影响取水，甚至造成停水事故。因此，在设计取水构筑物时，必须了解江河的最高、最低和平均含沙量，泥沙颗粒的组成及分布规律，漂浮物的种类、数量和分布，以便采取有效的措施。

一般河水中的漂浮物，如树枝、木块、水草、芦苇等以每年汛期为最多，南方江河秋冬季节尚有青苔。漂浮物不仅漂浮于水面，而且分布在水中。据黄河某水电站的坝前观测，当河流垂线平均流速小于 1.0～1.2 m/s，水草大部分沿河底运动，当流速小于 0.5～0.8 m/s 时，则沉于河底。

我国北方大多数河流冬季均有冰冻现象，对安全有很大影响。河流的冰冻可分为结冻、封冻和解冻三个阶段。

（1）结冻阶段：冬季当河水温度降至 0℃时，开始结冰。若河水水流缓慢时，首先在岸边结成岸冰，随着水温的进一步降低，逐步扩展至河心，形成冰盖。若河水流速较大时，由于水的紊动作用，使河水过度冷却，水中出现细小的冰晶。冰晶结成海绵状的

冰屑、冰絮，称为水内冰。在河底聚结的冰屑、冰絮，称为底冰。悬浮在水中的冰屑、冰絮，称为浮冰。水内冰沿水深的分布与泥沙相反，越接近水面数量越多。水内冰极易黏附在进水口的格栅上，造成进水口堵塞，严重时甚至中断取水。

悬浮在水中的冰块顺流而下，形成流冰。流冰在河流急弯和浅滩处积聚起来，形成冰坝、使上游水位抬高。当浮冰数量增多，便逐渐聚集冻结，形成冰盖，使河流封冻。

(2) 封冻阶段：河流封冻后，随着气温下降，冰盖逐渐变厚。气温越低，低温持续时间越长，则冰盖厚度越大。

(3) 解冻阶段：春季当气温上升到0℃以上时，由于土壤升温较快和有雨雪水流入，使岸边冰盖首先融化。随着水位上涨，河心冰盖破裂、解体而成冰块，随水流漂动，称为春季流冰。春季流冰冰块较大，流速较快，具有很大的冲击力，对河床中取水构筑物的稳定性有较大影响。

二、地表取水构筑物的位置选择

江河取水构筑物位置的选择是否恰当，直接影响取水的水质和水量、取水的安全可靠性、投资、施工、运行管理以及河流的综合利用。因此，正确选择取水构筑物位置是设计中一个十分重要的问题，应当深入现场，做好调查研究，全面掌握河流的特性，根据取水河段的水文、地形、地质、卫生等条件，全面分析，综合考虑，提出几个可能的取水位置方案，进行技术经济比较。在条件复杂时，尚需进行水工模型试验，从中选择最优的方案。

选择江河取水构筑物位置时，应考虑以下基本要求：

1. 设在水质较好地点

生活和生产污水排入河流将直接影响取水水质。为了避免污染，取得较好水质的水，取水构筑物的位置，宜位于城镇和工业企业上游的清洁河段。在污水排放口的上游100～150m以上。

取水构筑物应避开河流中的回流区和死水区，以减少进水中的泥沙和漂浮物。

在沿海地区受潮汐影响的河流上设置取水构筑物时，应考虑到咸潮的影响，尽量避免吸入咸水。河流入海处，由于海水涨潮等原因，导致海水倒灌，影响水质。设置取水构筑物时，应注意这一现象，以免日后对工业和生活用水造成危害。

其他如农田污水灌溉，农作物及果园施加杀虫剂，有害废料堆场等都可能污染水源，在选择取水构筑物位置时应予以注意。

电厂冷却水要求取得温度尽可能低的河水。通常水深较大的河流，夏季表层水温较高，底层水温较低。水流较缓的大河（不受潮汐影响时），河心水温较低，岸边水温较高（相差0.1～0.4℃）。为了取得低温水，宜从底层（含沙少时）和河心取水。

2. 具有稳定河床和河岸，靠近主流，有足够的水深

在弯曲河段上，取水构筑物位置宜设在河流的凹岸，这已在前面说明。

河岸凸岸，岸坡平缓，容易淤积，深槽主流离岸较远，一般不宜设置取水构筑物。但是如果在凸岸的起点，主流尚未偏离时，或在凸岸的起点或终点，主流虽已偏离，但

离岸不远有不淤积的深槽时，仍可设置取水构筑物。

在顺直河段上，取水构筑物位置宜设在河床稳定、深槽主流近岸处，通常也就是河流较窄、流速较大，水较深的地点。在取水构筑物处的水深一般要求不小于2.5～3.0m。

在有边滩、沙洲的河段上取水时，应注意了解边滩、沙洲形成的原因，以及移动的趋势和速度。取水构筑物不宜设在可能移动的边滩、沙洲的下游附近，以免日后被泥沙堵塞。在有支流入口的河段上，由于干流和支流涨水的幅度和先后各不相同，容易形成壅水，产生大量的泥沙沉积。若干流水位上涨，支流水位不涨时，则对支流造成壅水，致使支流上游泥沙大量沉积。相反，支流水位上涨，干流水位不涨时，又将沉积的泥沙冲刷下来，使支流含沙量剧增。在支流出口处，由于流速降低，泥沙大量沉积，形成泥沙堆积锥。因此，取水构筑物应离开支流出口处上下游有足够的距离，如图3.24所示。

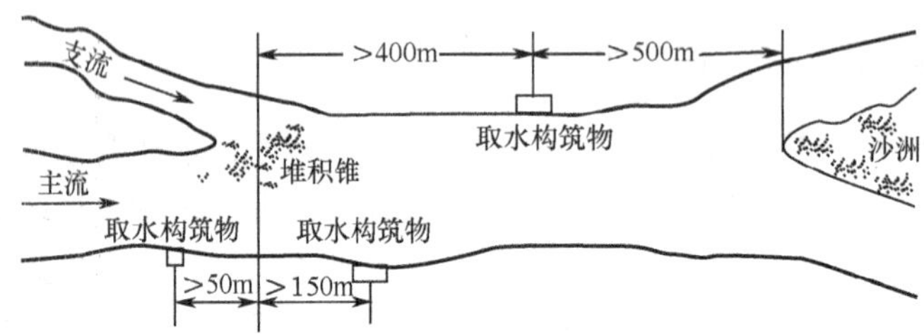

图3.24 两江（河）汇合处取水构筑物位置示意图

3. 具有良好的地质、地形及施工条件

取水构筑物应设在地质构造稳定、承载力高的地基上，不宜设在淤泥、流沙、滑坡、风化严重和岩熔发育地段。在地震地区不宜将取水构筑物设在不稳定的陡坡或山脚下。取水构筑物也不宜设在有宽广河漫滩的地方，以免进水管过长。

选择取水构筑物位置时，要尽量考虑到施工条件，除要求交通运输方便，有足够的施工场地外，还要尽量减少土石方量和水下工程量，以节省投资，缩短工期。

取水泵房可建于岸内或临岸水边，需根据地形、地质、泵房结构型式、施工方案等因素决定。如河岸较陡，地质条件较好，将取水泵房从岸内移至临岸水边，常可减少大量土石方，缩短工期，节约投资，并有利于泵房的防水处理，但泵房也不宜过分伸出河岸，以免受到水流冲击和使交通引桥过长。

水下施工不仅困难，而且费用甚高。因此，在选择取水构筑物时，应充分利用地形和地质条件，尽量减少水下施工量。

4. 靠近主要用水地区

取水构筑物位置选择应与工业布局和城市规划相适应，全面考虑整个给水系统（输水管线、净水厂、二级泵房等）的合理布置。在保证取水安全的前提下，取水构筑物应尽可能靠近主要用水地区，以缩短输水管线的长度，减少输水管的投资和输水电费。此外，编水管的敷设应尽量减少穿过天然（河流、谷地等）或人工（铁路、公路等）障碍物。

5. 应注意河流上的人工构筑物或天然障碍物

河流上常见的人工构筑物（如桥梁、码头、丁坝、拦河坝等）和天然障碍物，往往引起河流水流条件的改变，从而使河床产生冲刷或淤积，故在选择取水构筑物位置时，必须加以注意。

桥梁通常设于河流最窄处和比较顺直的河段上。在桥梁上游河段，由于桥墩处缩小了水流过水断面使水位壅高，流速减慢，泥沙易于淤积。在桥梁下游河段，由于水流流过桥孔时流速增大，致使下游近桥段成为冲刷区。再往下，水流又恢复原来流速，冲积物在此落淤。因此，取水构筑物应避开桥前水流滞缓段和桥后冲刷、落淤段。取水构筑物一般设在桥前 0.5～1km 或桥后 1km 以外的地方。

丁坝是常见的河道整治构筑物。由于丁坝将主流挑离本岸，逼向对岸，在丁坝附近形成淤积区，如图 3.25 所示。因此，取水构筑物如与丁坝同岸时，则应设在丁坝上游，与坝前浅滩起点相距一定距离（岸边式取水构筑物不小于 150～200m，河床式取水构筑物可小些）。取水构筑物也可设在丁坝的对岸（必须要有护岸设施），但不宜设在丁坝同一岸侧的下游，因主流已经偏离，容易产生淤积。

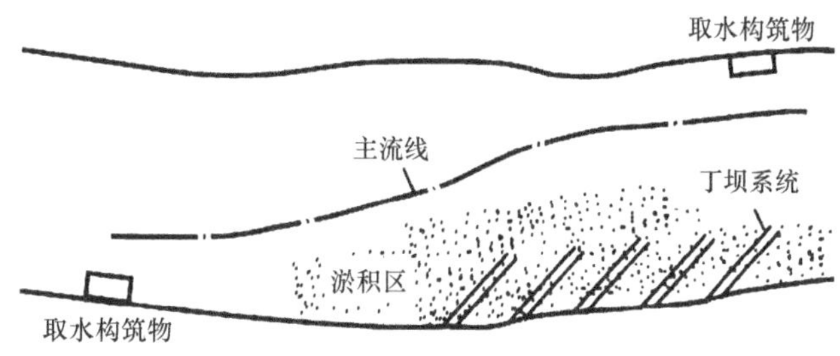

图 3.25　取水构筑物与丁坝布置示意图

突出河岸的码头也和丁坝一样，会阻滞水流，引起淤积，而且码头附近卫生条件亦较差。因此，取水构筑物应离开码头一定距离。如必须设在码头附近时，最好伸入江心取水。此外，还应考虑船舶进出码头的航行安全线，以免船只与取水构筑物相碰。

拦河坝上游由于流速减缓，泥沙易于淤积，设置取水构筑物应注意河床淤高的影响。闸坝下游，水量、水位和水质均受闸坝调节的影响。闸坝泄洪或排沙时，下游可能产生冲刷和泥沙增多的现象，故取水构筑物宜设在其影响范围以外的地段。

残留的施工围堰、突出河岸的施工弃土、陡崖、石嘴对河流的影响类似丁坝。下游附近往往出现淤积区，在此区内不宜设置取水构筑物。取水构筑物本身的设置也应尽量避免束缩水流，以免引起河床的冲刷和淤积。

6. 避免冰凌的影响

在北方地区的河流上设置取水构筑物时，应避免冰凌的影响。取水构筑物应设在水内冰较少和不受流冰冲击的地点，而不宜设在易于产生水内冰的急流、冰穴、冰洞及支流出口的下游，尽量避免将取水构筑物设在流冰易于堆积的浅滩、沙洲、回流区和桥孔的上游附近。在水内冰较多的河段，取水构筑物不宜设在冰水混杂地段，而宜设在冰水分层地段，以便从冰层下取水。

7. 应与河流的综合利用相适应

在选择取水构筑物位置时，应结合河流的综合利用，如航运、灌溉、排洪、水力发电等，全面考虑，统筹安排。在通航的河流上设置取水构筑物时，应不影响航船的通行，必要时应按照航道部门的要求设置航标。应注意了解河流上下游近远期内拟建的各种水工构筑物（水坝、水库、水电站、丁坝等）和整治规划对取水构筑物可能产生的影响。

三、江河固定式取水构筑物

取水构筑物的类型很多，主要可分为固定式取水构筑物和活动式取水构筑物两类。在型式选择时，应根据取水量和水质要求，结合河床地形、河床冲淤、水位变幅、冰冻和航运等情况以及施工条件，在保证取水安全可靠的前提下，通过技术经济比较确定。

固定式取水构筑物与活动式取水构筑物相比具有取水可靠、维护管理简单、适应范围广等优点，但投资较大、水下工程量较大、施工期长，在水源水位变幅较大时，尤其如此。固定式取水构筑物设计时应考虑远期发展的需要，土建工程一般按远期设计，一次建成，水泵机组设备可分期安装。

江河固定式取水构筑物主要分为岸边式和河床式两种，另外还有斗槽式等。

（一）岸边式取水构筑物

直接从江河岸边取水的构筑物称为岸边式取水构筑物，由进水间和泵房两部分组成。它适用于江河岸边较陡，主流近岸，岸边有足够水深，水质和地质条件较好，水位变幅不大的情况。

1. 岸边式取水构筑物基本型式

按照进水间与泵房的合建与分建，岸边式取水构筑物的基本型式可分为合建式和分建式。

1）合建式岸边取水构筑物

合建式岸边取水构筑物是进水间与泵房合建在一起，设在岸边，如图 3.26 所示。河水经过进水孔进入进水间的进水室，再经过格网进入吸水室，然后由水泵抽送至水厂或用户。在进水孔上设有格栅，用以拦截水中粗大的漂浮物。设在进水间中的格网用以拦截水中细小的漂浮物。

合建式的优点是布置紧凑，占地面积小，水泵吸水管路短，运行管理方便，因而采用较广泛，适用在岸边地质条件较好时。但合建式土建结构复杂，施工较困难。

当地基条件较好时，进水间与泵房的基础可以建在不同的标高上，呈阶梯式布置，如图 3.26 所示。这种布置可以利用水泵吸水高度以减小泵房深度，有利于施工和降低造价，但水泵启动时需要抽真空。

当地基条件较差时，为了避免产生不均匀沉降，或者由于供水安全性要求高，水泵需要自灌启动时，则宜将进水间与泵房的基础建在相同标高上，如图 3.27 所示。但是泵房较深，土建费用增加，通风及防潮条件差，操作管理不方便。

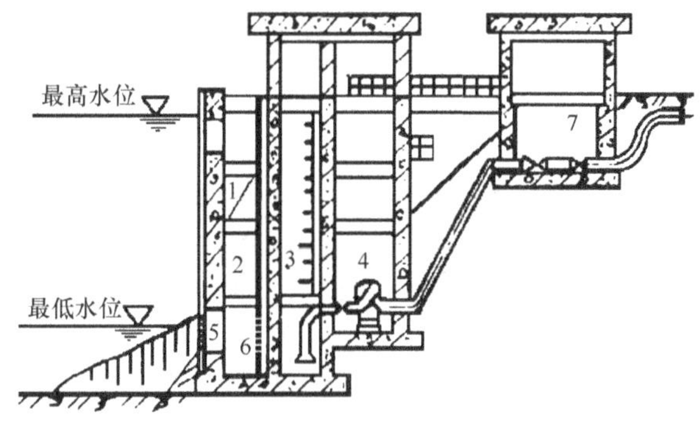

图 3.26 合建式岸边取水构筑物

1. 进水间；2. 进水室；3. 吸水室；4. 泵房；5. 格栅；6. 格网；7. 泵房

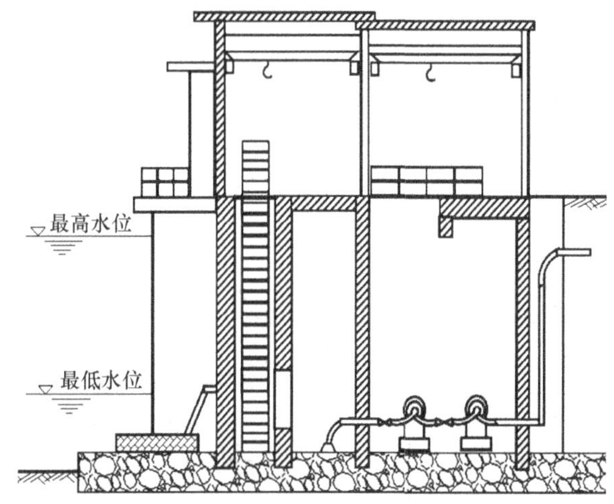

图 3.27 合建式岸边取水构筑物

为了缩小泵房面积，减小泵房深度，降低泵房造价，可采用立式泵或轴流泵取水，如图 3.28 所示。这种布置将电机设在泵房上层，操作方便，通风条件较好。但立式泵安装较困难，检修不方便。在水位变化较大的河流上，水中漂浮物不多，取水量不大时，也可采用潜水泵取水。潜水泵和潜水电机可以设在岸边进水间内，当岸坡地质条件好时也可设在岸边斜坡上。这种取水方式结构简单，造价低。但水泵电机淹没在水下，故检修较困难。

2）分建式岸边取水构筑物

当岸边地质条件较差，进水间不宜与泵房合建时，或者分建对结构和施工有利时，则宜采用分建式，如图 3.29 所示。进水间设于岸边，泵房则建于岸内地质条件较好的地点，但不宜距进水间太远，以免吸水管过长。进水间与泵房之间的交通大多采用引桥，有时也采用堤坝连接。分建式土建结构简单，施工较容易，但操作管理不便，吸水管路较长，增加了水头损失，运行安全性不如合建式。

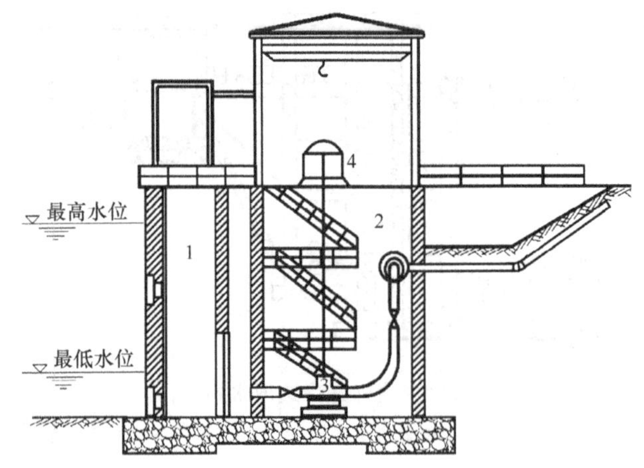

图 3.28 合建式岸边取水构筑物

1. 进水间；2. 泵房；3. 立式泵；4. 立式电动机

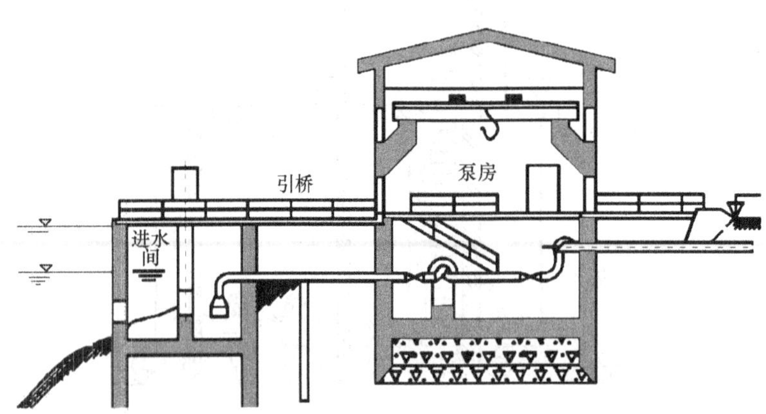

图 3.29 分建式岸边取水构筑物

2. 岸边式取水构筑物的构造和计算

1）进水间

进水间一般由进水室和吸水室两部分组成。进水间可与泵房分建或合建。分建时进水间的平面形状有圆形、矩形、椭圆形等。圆形结构性能较好，水流阻力较小，便于沉井施工，但不便于布置设备。矩形的优点则与圆形相反。通常当进水间深度不大，用大开槽施工时可采用矩形。如进水间深度较大时，则宜采用圆形。椭圆形兼有两者优点，可用于大型取水。

图 3.30 为一岸边分建式进水间的构造。进水间由纵向隔墙分为进水室和吸水室，两室之间设有平板格网或旋转格网。在进水室外壁上开有进水孔，孔侧设有格栅，进水孔一般为矩形。

当河流水位变幅在 6m 以上时，一般设置两层进水孔，以便洪水期取表层含沙量少的水。上层进水孔的上缘应在洪水位以下 1.0m，下层进水孔的下缘至少应高出河底

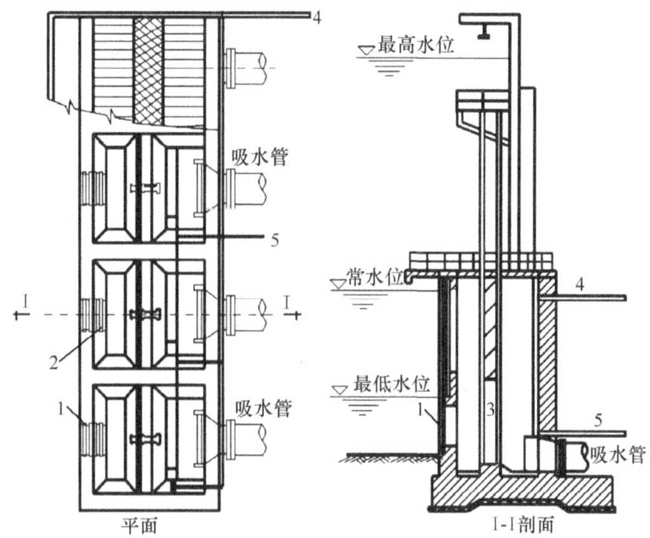

图 3.30 岸边分建式进水间

1. 格栅；2. 闸板；3. 格网；4. 冲洗管；5. 排水管

0.5m，其上缘至少应在设计最低水位以下 0.3m（有冰盖时，从冰盖下缘算起，不小于 0.2m）。进水孔的高宽比应尽量配合格栅和闸门的标准尺寸。进水间上部是操作平台，设有格栅、格网、闸门等设备的起吊装置和冲洗系统。

为了工作可靠和便于清洗检修，进水间通常用横向隔墙分成几个能独立工作的分格。当分格数少时，设连通管互相连通。分格数应根据安全供水要求、水泵台数及容量、清洗排泄周期、运行检修时间、格栅类型等因素确定，一般不少于两格。大型取水工程最好一台泵设置一个分格、一个格网。当河中漂浮物少时，也可不设格网。

进水室的平面尺寸应根据进水孔、格网和闸板的尺寸、安装、检修和清洗等要求确定。吸水室用来安装水泵吸水管，其设计要求与泵房吸水井基本相同。吸水室的平面尺寸按水泵吸水管的直径、数目和布置要求确定。

分建式进水间可以做成半淹没式或非淹没式。非淹没式进水间的顶层操作平台在最高洪水位时仍露出水面，故操作管理方便，一般采用较多。半淹没式进水间则只在常水位或一定频率的高水位时才露出水面，超过此水位时即被淹没。半淹没式投资较省，但在淹没期内格网无法清洗，内部积泥无法排除，因此只宜用在高水位历时不长，泥沙及漂浮物不多时。

2）进水间的附属设备

岸边式取水构筑物进水间内的附属设备有格栅、格网、排泥、启闭和起吊设备等。

（1）格栅。格栅设在取水头部或进水间的进水孔上，用来拦截水中粗大的漂浮物及鱼类。格栅由金属框架和栅条组成，如图 3.31 所示。框架外形与进水孔形状相同，栅条断面有矩形、圆形等。栅条厚度或直径一般为 10m。栅条净距视河中漂浮物情况而定，通常采用 30～120mm。栅条可以直接固定在进水孔上，或者放在进水孔外侧的导槽中，可以拆卸，以便清洗和检修。

(2) 格网。格网设在进水间内，用于拦截水中细小的漂浮物，格网分为平板格网和旋转格网两种。

① 平板格网一般由槽钢或角钢框架及金属网构成，放置在槽钢或钢轨制成的导槽或导轨内。如图 3.32 所示。金属格网一般设一层，面积较大时设两层：一层是工作网，起拦截水中漂浮物的作用；另一层是支撑网，用以增加工作网的强度。工作网的孔眼尺寸应根据水中漂浮物情况和水质要求确定。金属网宜用耐腐蚀材料，如铜丝、镀锌钢丝或不锈钢丝等制成。

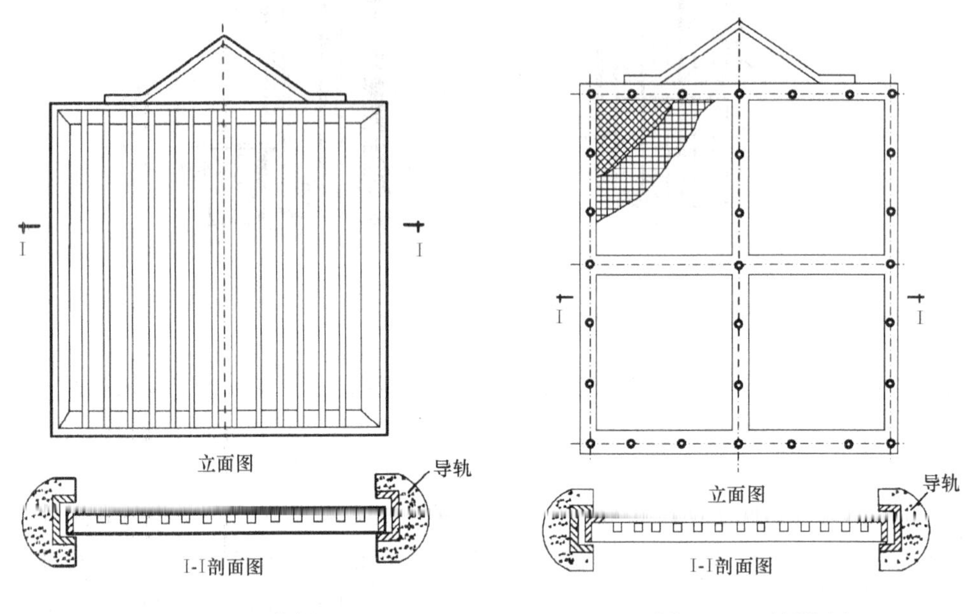

图 3.31　格栅　　　　图 3.32　平板格网

格网堵塞时需要及时冲洗，以免格网前后水位差过大，使网破裂。最好能设置测量格网两侧水位差的标尺或水位继电器，以便根据信号及时冲洗格网。

冲洗格网时，应先用起吊设备放下备用网，然后提起工作网至操作平台，用 196～490kPa（2～5kg/cm^2）的高压水通过穿孔管或喷嘴进行冲洗。

平板格网的优点是构造简单，所占空间较小，可以缩小进水间尺寸。在中小水量、漂浮物不多时采用较广。其缺点是冲洗麻烦；网眼不能太小，因而不能拦截较细小的漂浮物；每当提起格网冲洗时，一部分杂质会进入吸入室。

② 旋转格网是由绕在上下两个旋转轮上的连续网板组成，用电动机带动。网板由金属框架及金属网组成。一般网眼尺寸为（4×4）～（10×10）mm，视水中漂浮物数量和大小而定，网丝直径为 0.8～1.0mm。

旋转格网构造复杂，所占面积较大，但冲洗较方便，拦污效果较好，可以拦截细小的杂质，故宜用在水中漂浮物较多、取水量较大的取水构筑物。

旋转格网的布置方式有直流进水、网外进水和网内进水 3 种，如图 3.33 所示，前两种采用较多。直流进水的优点是水力条件较好，滤网上水流分配较均匀；水经过两次过滤，拦污效果较好；格网所占空间小。其缺点是格网工作面积只利用一面，网上未冲净的污物有可能进入吸入室。网外进水的优点是格网工作面积得到充分利用，滤网上未冲净的污物不会带入吸水室，污物拦截在网外，容易清除和检查。其缺点是水流方向与网面平行，水力条件较差，沿宽度方向格网负荷不均匀，占地面积较大。网内进水的优缺点与网外进水基本相同，但是被截留的污物在网内，不易清除和检查，故采用较少。

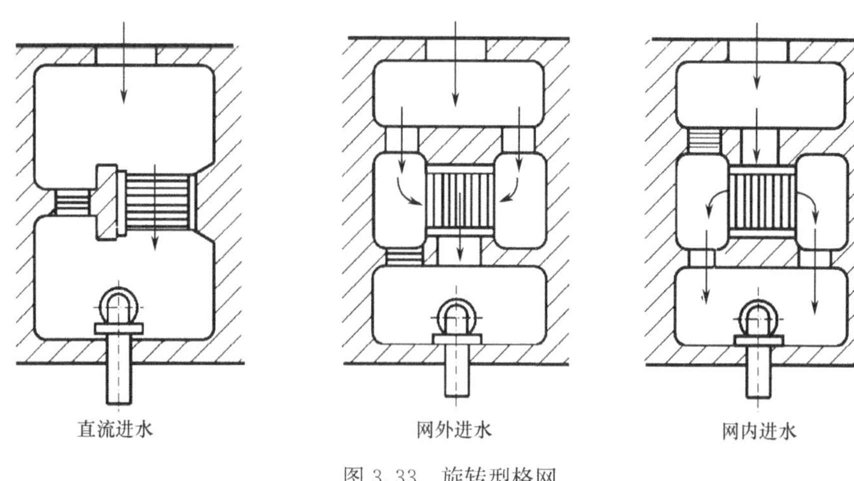

图 3.33 旋转型格网

旋转格网是定型产品，它是连续冲洗的，其转动速度视河中漂浮物的多少而定，一般为 2.4～6.0m/min，可以连续转动，也可以间歇转动。旋转格网的冲洗一般采用 196～392kPa（2～4kg/cm^2）的压力水通过穿孔管或喷嘴来进行，冲洗后的污水沿排水槽排走。

(3) 排泥、启闭及起吊设备。含泥沙较多的河水进入进水间后，由于流速降低，常有大量泥沙沉积，需要及时排除，以免影响取水。常用的排泥设备有排沙泵、排污泵、射流泵、压缩空气提升器等。大型进水间多用排沙泵或排污泵排泥，也可采用压缩空气提升器排泥，排泥效果都较好。小型进水间或积泥不严重时，可用高压水带动的射流泵排泥。为了提高排泥效果，一般在井底设有穿孔冲洗管或冲洗喷嘴，利用高压水边冲洗、边排泥。

在进水间的进水孔、格网和横向隔墙的连通孔上需设置闸阀、闸板等启闭设备，以便在进水间冲洗和设备检修时使用。这类闸阀或闸板尺寸较大，为了节省空间，常用平板闸门、滑阀及蝶阀等。

起吊设备设在进水间上部的操作平台上，用以起吊格栅、格网、闸板和其他设备。常用的起吊设备有电动卷扬机、电动和手动单轨吊车等，其中以单轨吊车采用较多。当泵房较深，平板格网冲洗次数频繁时，采用电动卷扬机起吊，使用较方便，效果较好。大型取水泵站中进水间的设备较重时，可采用电动桥式吊车。

(4) 防冰、防草措施。在有冰冻的河流上，为了防止水内冰堵塞进水孔格栅，一般可采用以下防冰措施：

① 降低进水孔流速。如果进水孔流速在 0.05m/s 范围内，便可减少带入水内冰的数量，而且能阻止过冷却水形成冰晶。但是这样小的流速势必增大进水孔面积，因此，

在实际使用中受到限制。

② 加热格栅法。利用电、蒸汽或热水加热格栅以防冰冻，比较有效，应用较广。电加热格栅是把格栅的栅条当作电阻，通电后使之发热。用蒸汽或热水加热格栅是将蒸汽或热水通入空心栅条中，然后再从栅条上的小孔喷出。

加热格栅可按两种温度计算，一种是使格栅表面温度保持在0.02℃以上，以防止格栅冻结；另一种是使进水温度保持在0.01～0.02℃以上，以防水中继续形成水内冰。后者需要的热量大，但较安全。

③ 在进水孔前引入废热水。当工厂有洁净废热水可利用时，则可考虑该措施。常用于电厂取水构筑物防冰，简易有效。

④ 在近水孔上游设置挡冰木排，以阻挡水内冰进入进水孔。

⑤ 采取渠道引水。使水内冰在渠道内上浮，并通过排水渠排走。

此外还有降低栅条导热性能、机械清除、反冲洗等措施来防止进水孔冰冻。

防止水草堵塞，可采用机械或水力方法及时清理格栅；在近水孔前设置挡草木排；在压力管中设置除草器等措施。

3）岸边式取水泵房的设计特点

（1）水泵选择。水泵型号及台数不宜过多，否则将增大泵房面积，增加土建造价。但水泵台数过少，又不利于调度，一般常采用3～4台（包括备用泵）。当供水量变化较大时，可考虑大小水泵搭配，以利调节。选泵时应以近期水量为主，适当考虑远期发展的可能，预留一定位置，届时可将小泵改为大泵，如条件许可时，可将水泵叶轮换大，或另行增加水泵。

（2）泵房布置。泵房平面形状有圆形、矩形、椭圆形、半圆形等。矩形便于布置水泵、管路和起吊设备，而圆形则相反。但圆形受力条件较好，当泵房深度较大时，其土建造价比矩形泵房经济。

在布置水泵机组、管路及附属设备时，既要满足操作、检修及发展要求，又要尽量减小泵房面积。特别是泵房较深时，缩小泵房面积，具有较大的经济意义。

减小泵房面积的措施有：

① 卧式水泵机组呈顺倒转双行排列，进出水管直进直出布置。

② 一台水泵的进出水管加套管穿越另一台水泵的基础。

③ 大中型泵房水泵压水管上的单向阀和转换阀布置在泵房外的阀门井内，这样既可减小泵房面积，又可避免由于水锤使管道破裂而淹没泵房的危险。

④ 尽量采用小尺寸管件。例如，将异径管、弯管两个配件做成异径弯管一个配件。

⑤ 充分利用空间，将真空泵、配电设备、检修平台等设在不同高度的平台上，以缩小泵房面积。

（3）泵房地面层的设计标高。岸边式取水构筑物的泵房地面层（又称泵房顶层进口平台）的设计标高根据下列情况确定：

① 当泵房位在渠道边时，为设计最高水位加0.5m。

② 当泵房位在江河边时，为设计最高水位加浪高再加0.5m。

③ 当泵房位在湖泊、水库或海边时，为设计最高水位加浪高再加0.5m，并设有防

止浪爬高的措施。

(4) 泵房的起吊、通风、交通和自控设施。取水泵房内的起吊设备有一级起吊和二级起吊两种。中小型泵房和深度不大的大型泵房，一般采用一级起吊，起吊设备有卷扬机、单轨吊车、桥式吊车等。深度较大（大于20～30m）的大中型泵房，由于起吊高度大，设备重，一级起吊容易产生摆动，为了检修方便，宜采用二级起吊，即在泵房顶层设置电动葫芦或电动卷扬机作为一级起吊设备，在泵房底层设置桥式吊车作为二级起吊设备。在布置一、二级起吊设备时，应注意两者的衔接和二级起吊设备的位置，以保证主机重件不产生偏吊现象。

在深基泵房中，因电动机散热以致使泵房温度升高，为了改善操作条件，应考虑通风设施。通风方式有自然通风和机械通风两种。深度不大的大型泵房，可采用自然通风。深度较大、气候炎热的泵房宜采用机械通风，一般多采用自然进风、机械排风。大型泵站可采用机械进风、机械排风装置。

深度较大（一般大于25m）的大型泵房，上下交通除设置楼梯外，还应该设置电梯。取水泵房宜采用自动控制，以节省人力和提高取水的安全可靠性。

(5) 泵房的防渗和抗浮。取水泵房的井壁，要求在水压作用下不产生渗漏。井壁防渗主要在于混凝土的密实性，所以必须注意混凝土的抗渗标号和施工质量。

取水泵房受河水或地下水的浮力作用，因此在设计时必须考虑抗浮。抗浮的措施有：

① 依靠泵房自重抗浮。

② 在泵房顶部或侧壁增加重物来抗浮。

③ 将泵房底板扩大嵌固于岩石地基内，以增加抗浮力。

④ 在泵房底部打入锚桩与基岩锚固来抗浮。

⑤ 利用泵房下部井壁和底板与岩石之间的黏结力，以抵消一部分浮力。

采取何种抗浮措施应因地制宜确定。

（二）河床式取水构筑物

河床式取水构筑物与岸边式基本相同，用伸入江河中的进水管（其末端没有取水头部）来代替岸边式进水间的进水孔。因此，河床式取水构筑物是由泵房、进水间（在河床式时，将进水间称为集水间或集水井）、进水管（即自流管或虹吸管）和取水头部等部分组成。

当河床稳定、河岸较平坦、枯水期主流离岸较远、岸边水深不够或水质不好、河中又具有足够水深或较好水质时，宜采用河床式取水构筑物。

1. 河床式取水构筑物的基本型式

河床式取水构筑物的布置如图3.34所示，河水经取水头部的进水孔流入，沿进水管流至集水间，然后由泵抽走。集水间与泵房可以合建，也可以分建。

按照进水管形式的不同，河床式取水构筑物有以下类型：

1) 自流管取水

图3.34和图3.35分别表示集水间与泵房合建和分建的自流管取水构筑物，河水通

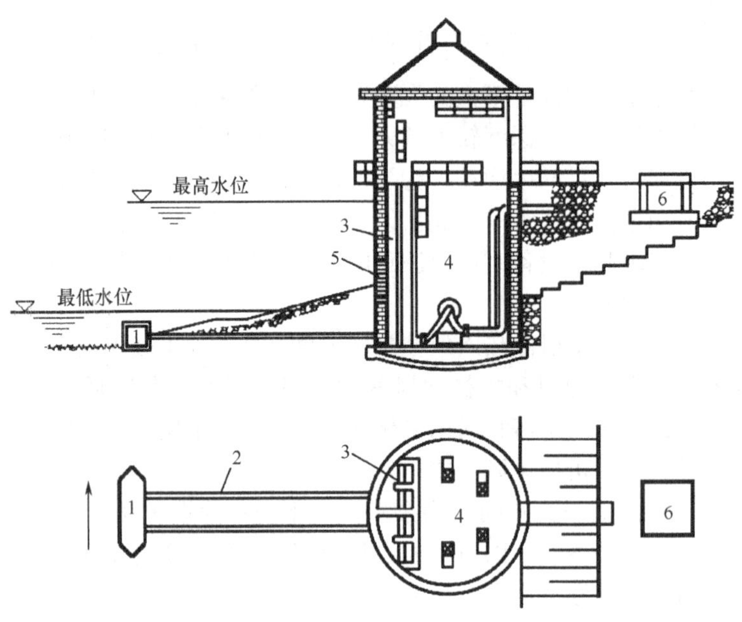

图 3.34 自流管取水构筑物（集水间与泵房合建）
1. 取水头部；2. 自流管；3. 集水间；4. 泵房；5. 进水孔；6. 阀门井

过自流管进入集水间。自流管淹没在水中，河水靠重力自流，工作状态较稳定可靠。但铺设自流管时，开挖土石方量较大，适用于自流管埋深不大，或在河岸可以开挖隧道以铺设自流管时。

在河流水位变幅较大，洪水期历时较长，水中含沙量较高时，为了避免在洪水期引入底层含沙量较多的水，可在集水间壁上开设进水孔（图 3.34）。也可设置高位自流管（图 3.35），以便在洪水期取上层含沙量较少的水。分层取水对降低进水含沙量有一定作用，但也要结合具体情况采用。某些河流（如山区河流）水位变化频繁，高水位历时不长，采用分层取水不仅操作不便，而且在水位陡落时，若不能及时开启自流管上的阀门，易于造成断水。河水含沙量分布比较均匀时，分层取水意义不大。

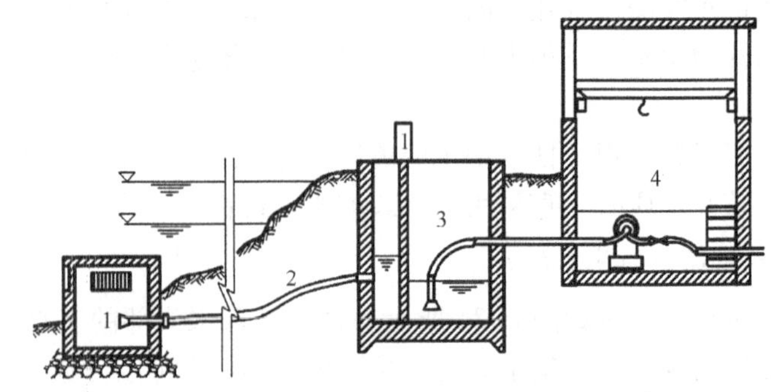

图 3.35 自流管取水构筑物
1. 取水头部；2. 自流管；3. 集水间；4. 泵房

2）虹吸管取水

如图 3.36 所示为虹吸管取水构筑物，河水通过虹吸管进入集水井中，然后由水泵抽走。当河水位高于虹吸管顶时，无需抽真空即可自流进水；当河水位低于虹吸管顶时，需先将虹吸管抽真空方可进水。在河滩宽阔、河岸较高、且为坚硬岩石的区域，埋设自流管需开挖大量土石方，或管道需要穿越防洪堤时可采用虹吸管。由于虹吸管高度最大可达 7m，与自流管相比提高了埋管的高程，因此可大大减少水下土石方量，缩短工期，节约投资。但虹吸管对管材及施工质量要求较高，运行管理要求严格，并需保证严密不漏气；需要装置真空设备，工作可靠性不如自流管。

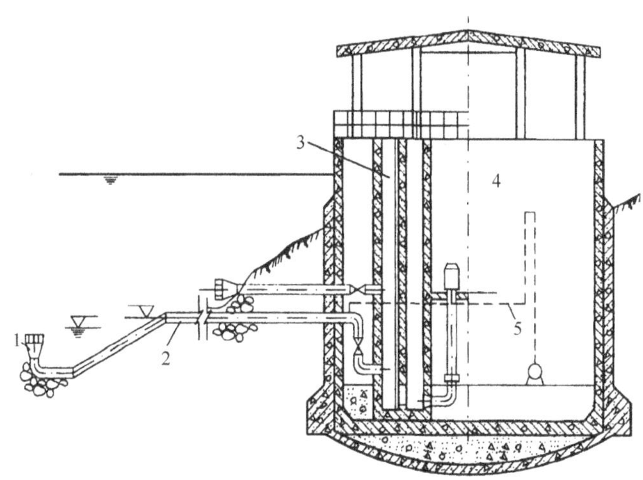

图 3.36 虹吸管式取水构筑物

1. 取水头部；2. 虹吸管；3. 集水间；4. 泵房；5. 真空系统

3）水泵直接吸水

如图 3.37 所示，直接吸水式取水构筑物不设集水间，水泵吸水管直接伸入河中取水。由于可以利用水泵吸水高度以减小泵房深度，又省去集水间，故结构简单，施工方便，造价较低。在不影响航运时，水泵吸水管可以架空铺设在桩架或支墩上。为了防止吸水头部被杂草或其他漂浮物堵塞，可利用水泵从一个头部吸水管抽水，向另一个被堵塞的头部吸水管进行反冲洗。这种形式一般适用于水中漂浮物不多，吸水管不长的中小型取水泵房。

4）桥墩式取水

整个取水构筑物建在水中，在进水间的壁上设置进水孔，如图 3.38 所示。由于取水构筑物建在江内，缩小了水流过水断面，容易造成附近河床冲刷，因此，基础埋深较大，施工较复杂。此外，还需要设置较长的引桥与岸边连接，不但造价昂贵，而且影响航运，故只宜在河流较大、含沙量较高、取水量较大、岸坡平缓、岸边无建泵房条件的情况下使用。

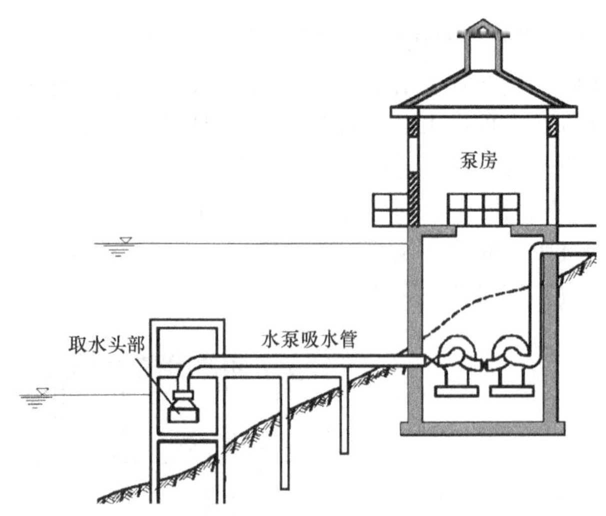

图 3.37 直接吸水式取水构筑物

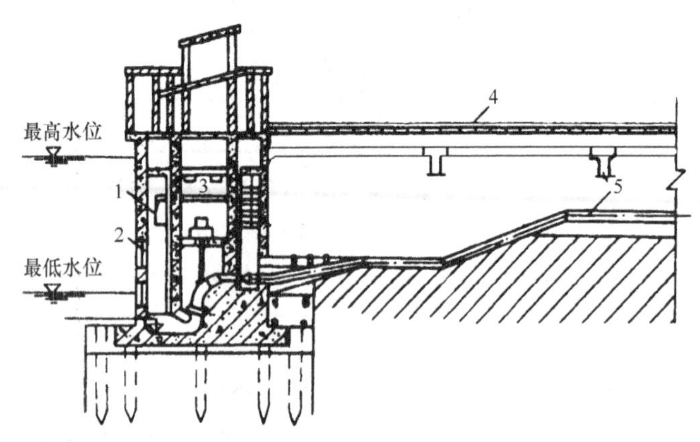

图 3.38 桥墩式取水构筑物

1. 集水井；2. 进水孔；3. 泵房；4. 引桥；5. 出水管

根据取水泵房结构形式和特点，泵房可分为湿井型、淹没型等多种形式。

湿井型取水泵房如图 3.39 所示，采用深井泵取水，集水井设在泵房下部，优点是结构简单，面积较小，造价较低、操作条件较好，但检修水泵时需吊装全部泵管，拆卸及安装工作量大，且目前大型深井泵规格尚不多，价格较高。

淹没型取水泵房如图 3.40 所示，因在常年洪水期处于淹没状态，故称淹没型泵房。它的优点是交通廊道沿岸坡地形修建，比较隐蔽，土石方量较少，构筑物所受浮力小，结构简单，造价较低，适宜在水位变幅较大、河岸平缓、岸坡稳定、洪水期历时不长、漂浮物较少时采用。缺点是泵房的通风和采光条件差，操作管理、设备检修以及运输不便，结构防渗要求高。

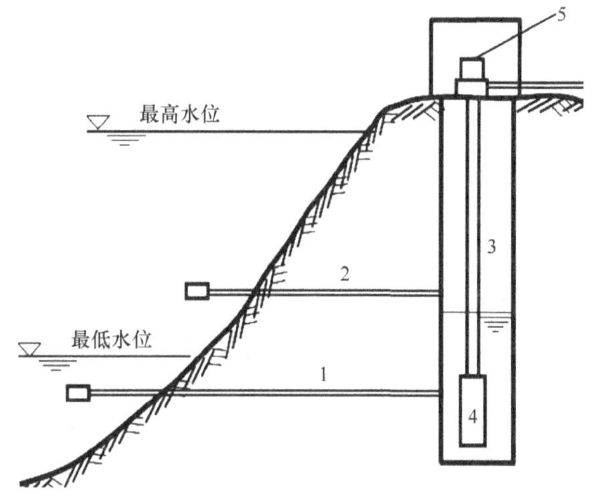

图 3.39　湿井型取水泵房

1. 低位自流管；2. 高位自流管；3. 集水间；4. 深井泵；5. 水泵电动机

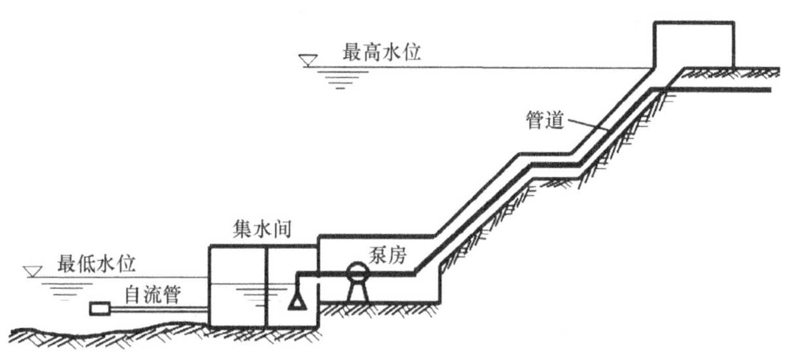

图 3.40　淹没型取水泵房

2. 河床式取水构筑物的构造

河床式取水构筑物是由泵房、集水间、进水管和取水头部组成。由于泵房和集水间与岸边式取水构筑物的泵房、进水间基本相同，因此只重点介绍进水管和取水头部。

1）集水间

与泵房分建的集水间如图 3.41 所示。与泵房合建的集水间常常布置在泵房的前侧，占用泵房的部分面积，如图 3.42（a）所示。这种布置比较紧凑，但集水间的结构上处理较复杂。也可将集水间附于泵房外壁，如图 3.42（b）所示。在取水量较大，水泵台数较多时，也可将集水间做成独立的、与泵房完全分开的构筑物。

2）取水头部的形式和构造

取水头部的型式很多，常用的有喇叭管、蘑菇形、鱼形罩、箱式、桥墩式等。

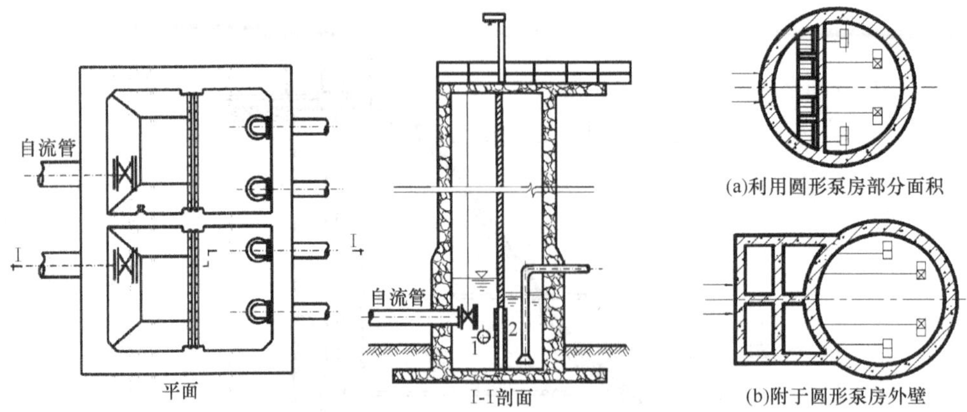

图 3.41 集水间与泵房分建

1. 连通管；2. 格网

图 3.42 集水间与泵房合建

(1) 喇叭管取水头部如图 3.43 所示，是设有格栅的金属喇叭管，用桩架或支墩固定在河床上。这种头部构造简单，造价较低，施工方便，适宜在中小取水量时采用。喇叭管的布置可以朝向下游、水平式、垂直向上和垂直向下布置。

(2) 蘑菇形取水头部如图 3.44 所示，是一个向上的喇叭管，其上再加一金属帽盖。河水由帽盖底部流入，带入的泥沙及漂浮物较少。头部分几节装配，便于吊装检修，但头部高度较大，所以要求设置在枯水期时仍有一定水深，适用于中小型取水构筑物。

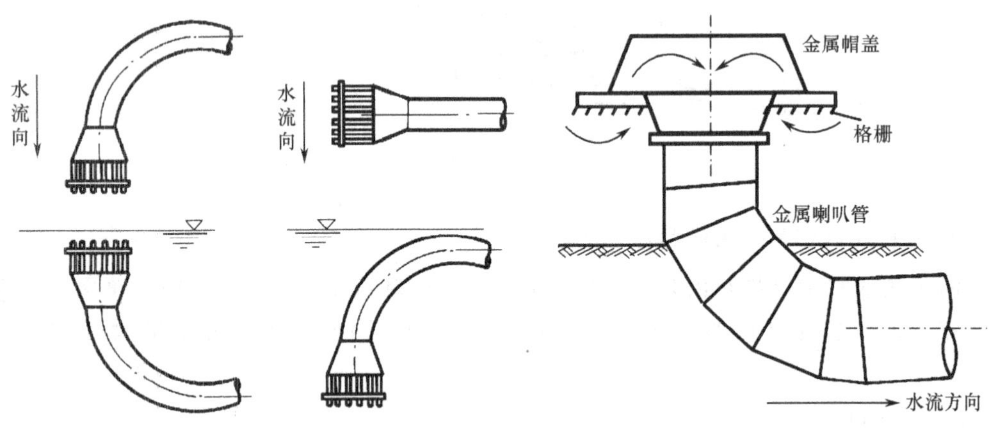

图 3.43 喇叭管取水头部

图 3.44 蘑菇形取水头部

(3) 鱼形罩取水头部如图 3.45 所示，是一个两端带有圆锥头部的圆筒，在圆筒表面和背水圆锥面上开设圆形进水孔。由于其外形趋于流线型，水流阻力小，而且进水面积大，进水孔流速小，漂浮物难以吸附在罩上，故能减轻水草堵塞，适宜于水泵直接从河中取水时采用。

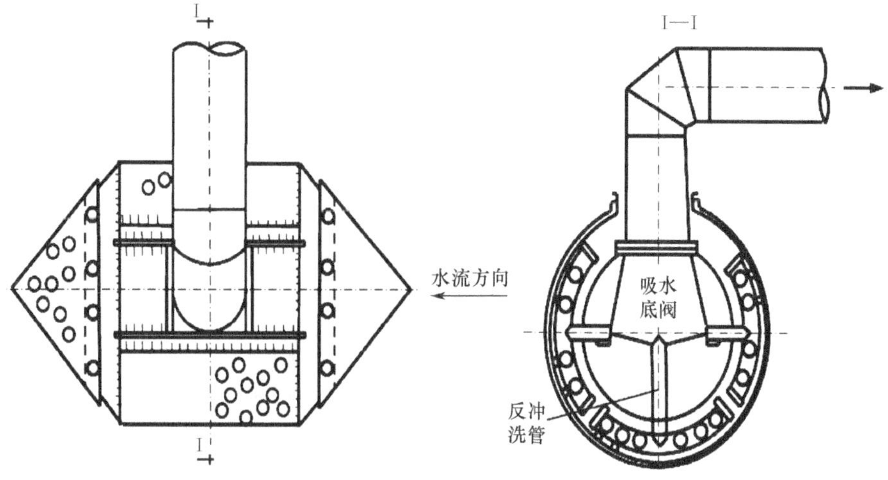

图 3.45　鱼形罩取水头部

(4) 箱式取水头部由周边开设进水孔的钢筋混凝土箱和设在箱内的喇叭管组成。由于进水孔总面积较大，能减少冰凌和泥沙进入量。适宜在冬季冰凌较多或含沙量不大、水深较小的河流上采用。中小型取水工程中使用较多。

箱的平面形状有圆形、矩形、菱形等。图 3.46 为圆形钢筋混凝土箱式取水头部。图 3.47 为菱形箱式取水头部，双面进水，采用分段预制，水下拼装。这种头部在我国中南地区含沙量较小的河流上采用较多。

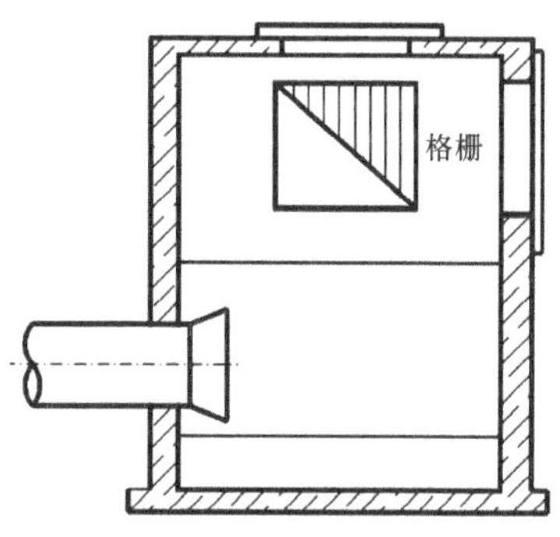

图 3.46　圆形箱式取水头部

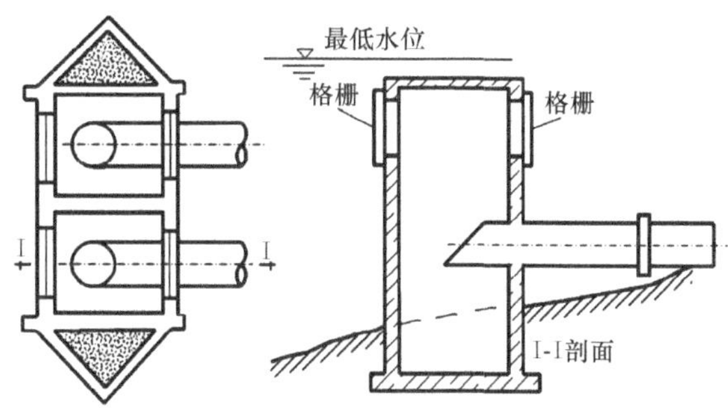

图 3.47　菱形箱式取水头部

(5) 斜板取水头部如图 3.48 所示。在取水头部设斜板，河水经过斜板时，粗颗粒泥沙即沉淀在斜板上，并滑落至河底，为河水所冲走。这种新型取水头部除沙效果较好，适用于粗颗粒泥沙较多的河流。采用斜板取水头部时，河流应具有足够的水深和较大的流速，以便冲走沉降在河床上的泥沙。

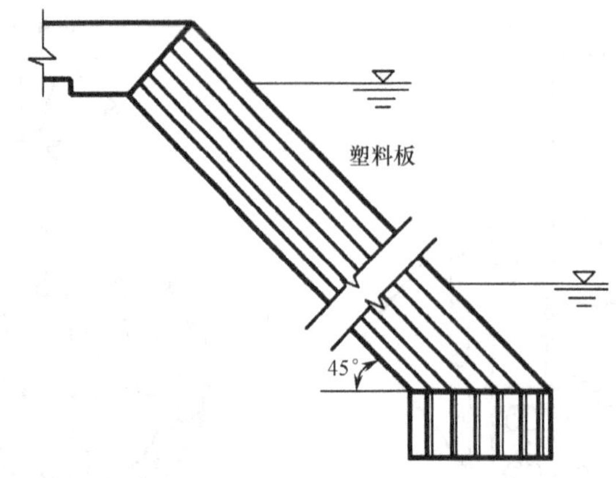

图 3.48 斜板取水头部

(6) 取水头部的设计与计算。取水头部应满足以下要求：尽量减少吸入泥沙和漂浮物，防止头部周围河床冲刷，避免船只和木排碰撞，防止冰凌堵塞和冲击，便于施工，便于清洗检修等。

3) 进水管

进水管有自流管、进水暗渠、虹吸管等。自流管一般采用钢管、铸铁管和钢筋混凝土管。虹吸管要求严密不漏气，宜采用钢管，但埋在地下的也可采用铸铁管。进水暗渠一般用钢筋混凝土，也有利用岩石开凿衬砌而成。

为了提高进水的安全可靠性和便于清洗检修，进水管一般不应少于两条。当一条进水管停止工作时，其余进水管通过的流量应满足事故用水要求。

进水管的管径应按正常供水时的设计水量和流速决定。管中流速不应低于泥沙颗粒的不淤流速，以免泥沙沉积；但也不宜过大，以免水头损失过大，增加集水间和泵房的深度。进水管的设计流速一般不小于 0.6m/s。水量较大、含沙量较大、进水管短时，流速可适当增大。一条管线冲洗或检修时，管中流速允许达到 1.5～2.0 m/s。

自流管一般埋没在河床下 0.5～1.0m，以减少其对江河水流的影响和免受冲击。自流管如需铺设在河床上时，须用块石或支墩固定。自流管的坡度和坡向应视具体条件而定。可以坡向河心、坡向集水间或水平铺设。

虹吸管的虹吸高度一般采用不大于 4～6m，虹吸管末端至少应伸入集水井最低动水位以下 1.0m，以免空气进入。虹吸管应朝集水间方向上升，其最小坡度为 0.003～0.005。每条虹吸管宜设置单独的真空管路，以免互相影响。

进水管内如能经常保持一定的流速，一般不会产生淤积。管内流速过小可能产生淤积。有时自流长期停用，上层清水与河中浑水不断地发生交汇，也可能在投产初期尚达不到设计水量，管内流速过小，可能造成管内淤积。有时自流长期停用，由于异重流的原因，管内上层清水与河中浑水不断地发生交汇，也可能造成管内淤积。

有时漂浮物可能堵塞取水头部，这些情况下应考虑冲洗措施，进水管的冲洗方法有顺冲、反冲两种。

顺冲是关闭一部分进水管，使全部水量通过待冲的一根进水管，以加大流速的方法来实现冲洗；或在河流高水位时，先关闭进水管上的阀门，从该格集水间抽水至最低水位，然后迅速开启进水管阀门，利用河流与集水间的水位差来冲洗进水管。顺冲法比较简单，不需另设冲洗管道，但附在管壁上的泥沙难以冲掉，冲洗效果较差。

反冲洗是当河流水位低时，先关闭进水管末端阀门，将该格集水间充水至高水位，然后迅速开启阀门，利用集水间与河流的水位差来反冲进水管；或者将泵房内的水泵压水管与进水管连接，利用水泵压力水或高位水池来水进行反冲洗。这种方法冲洗效果较好，但管路较复杂。虹吸进水管还可在河流低水位时，利用破坏真空的办法进行反冲洗。

四、活动式取水构筑物

在水源水位变幅大、供水要求急或取水量不大时，可考虑采用移动式取水构筑物，如浮船式取水构筑物和缆车式取水构筑物。

（一）浮船式取水构筑物

浮船式取水构筑物具有投资少、建设快、易于施工、有较大的适应性和灵活性、能经常取得含沙量少的表层水等优点。因此，在我国西南、中南等地区应用较广泛。一只浮船的取水能力可达每日 30 万 m^3。但它也存在缺点：河流水位涨落时，需要移动船位；阶梯式连接时尚需拆换接头以致短时间停止供水，操作管理麻烦；浮船要受到水流、风浪、航运等的影响，安全可靠性较差。

1. 浮船取水位置选择

（1）河岸有适宜的坡度。岸坡过于平缓，不仅联络管增长，而且移船不方便，容易搁浅。采用摇臂式连接时，岸坡宜陡些。

（2）设在水流干线、风浪小的地方，以利于浮船的锚固和减小颠簸。浮船位置应避开急流和大回流区，并与航道保持一定距离。

（3）尽量避开河漫滩和浅滩地段。

2. 浮船与水泵布置

浮船的数目应根据供水规模、供水安全程度等因素确定。当允许间断供水或有足够容量的调节水池时，或者采用摇臂式连接的，可设置一只浮船，否则不宜少于两只。浮船有木船、钢板船、钢丝网水泥船等。钢丝网水泥船造价较低，能节约钢材，使用年限长，维修简单，是一种较好的船体，但怕搁浅、碰撞和震动。

浮船一般制造成平底圆船形式，平面为矩形，断面为梯形或矩形。浮船尺寸应根据设备及管路布置、操作及检修要求、浮船的稳定性等因素决定。目前一般船宽多在 5～6m 左右，船长与船宽之比为 2∶1～3∶1，吃水深 0.5～1m，船体深 1.2～1.5m，船首、船尾长 2～3m。

浮船上的水泵布置，除布置紧凑、操作检修方便外，应注意浮船的平衡与稳定。每只浮船上水泵台数不超过 3 台时，水泵机组在平面上常成纵向排列，如图 3.49 所示，也可成横向排列。

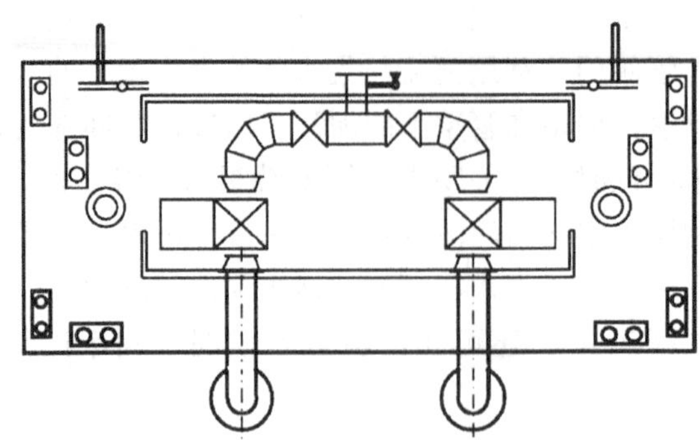

图 3.49 取水浮船平面布置

水泵竖向布置一般有上承式和下承式两种，如图 3.50 所示。上承式的水泵机组安装在甲板上，设备安装和操作方便，船体结构简单，通风条件好，可适用于各种船体，故常采用。但船的重心较高，稳定性差，振动较大。下承式的水泵机组安装在船底骨架上，其优缺点与上承式相反，吸水管需穿过船舷，仅适用于钢板船。

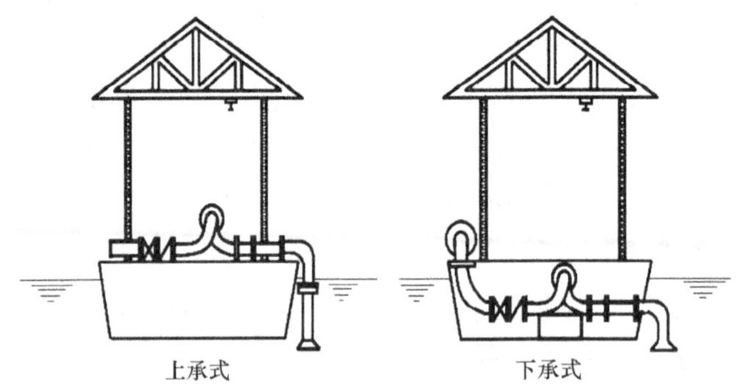

图 3.50 取水浮船竖向布置

3. 浮船的平衡与稳定

为了保证运行安全，浮船应在各种情况下（正常运转、风浪作用、移船、设备装运时）均能保持平衡与稳定。首先应通过设备布置使浮船在正常运转时接近平衡。在其他情况下如不平衡，可用平衡水箱或压舱重物来调整平衡。为保证操作安全，在移船和风浪作用时，浮船的最大横倾角以不超过 7°～8°为宜。浮船的稳定与船宽关系很大。为了防止沉船事故，应在船舱中设水密隔舱。

4. 联络管和输水管

浮船随河水涨落而升降，随风浪而摇摆，因此，船上的水泵压水管与岸边的扬水管之间采用的联络管应当转动灵活。常用的连接方式有阶梯式和摇臂式。

1）阶梯式连接

（1）柔性联络管连接如图 3.51 所示。采用两端带有法兰接口的橡胶软管作联络管，管长一般 6～8m。橡胶软管使用灵活，接口方便，但承压一般不大于 490kPa，使用寿命较短，管径较小（一般为 350mm 以下），故适宜在水压和水量不大时采用。

(2) 刚性联络管连接如图 3.52 所示。采用两端各有一个球形方向接头的焊接钢管作为联络管，管径一般在 350mm 以下，管长一般为 8～12m。钢管承压高，使用年限长，故采用较多。球形方向接头转动灵活，使用方便，转角 α 一般采用 11°～15°，但制造较复杂。

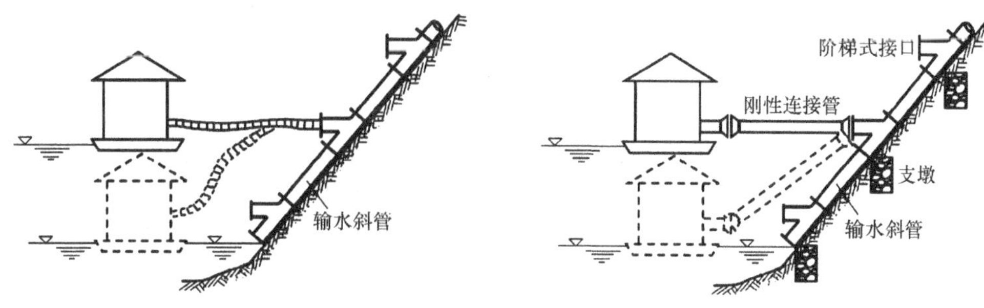

图 3.51　柔性联络管阶梯式连接　　　图 3.52　刚性联络管阶梯式连接

由于受联络管长度和球形接头转角的限制，在水位涨落超过一定范围时，阶梯式连接就需移船和换接头，操作较麻烦，并需短时间停止取水。但船靠岸较近，连接比较方便，可在水位变幅较大的河流上采用。

2）摇臂式连接

套筒接头摇臂式连接的联络管由钢管和几个套筒旋转接头组成。水位降落时，联络管可以围绕岸边支墩上的固定接头转动。这种连接的优点是不需要拆换接头，不用经常移船，能适应河流水位的猛涨猛落，管理方便，不中断供水，因此采用较广泛。目前已用于水位变幅达 20m 的河流。但洪水时浮船离岸较远，上下交通不便。

由于 1 个套筒接头只能在 1 个平面上转动，因此 1 根联络管上需要设置 5 个或 7 个套筒接头，才能适应浮船上下、左右摇摆运动。图 3.53 为 5 个套筒接头组成的摇臂式联络管。由于联络管偏心，致使两端套筒接头受到较大的扭力，接头填料易磨损漏水，从而降低了接头转动的灵活性与严密性。这种接头只适宜在水压较低，联络管重量不大时采用。

摇臂联络管的岸边支墩接口应高出平均水位，使洪水期联络管的上仰角略小于枯水期的下俯角。联络管上下转动的最大夹角不宜超过 70°，联络管长度一般在 20～25m 以内。

3）输水管

输水管一般沿岸边铺设。当采用阶梯式连接时，输水管上每隔一定距离设置叉管。叉管垂直高差取决于输水管的坡度、联络管长度，活动接头的有效转角等因素，一般多在 1.5～2.0m 左右。在常年低水位处布置第一个叉管，然后按高差布置其余叉管。当有两条以上输水管时，各条输水管上的叉管在高程上应交错布置，以便浮船交错位移。

5. 浮船的锚固

浮船需用缆索、撑杆、锚链等锚固。锚固方式应根据浮船停靠位置的具体条件决定。用系缆索和撑杆将船固定在岸边，适宜在岸坡较陡，江面较窄，航运频繁、浮船靠

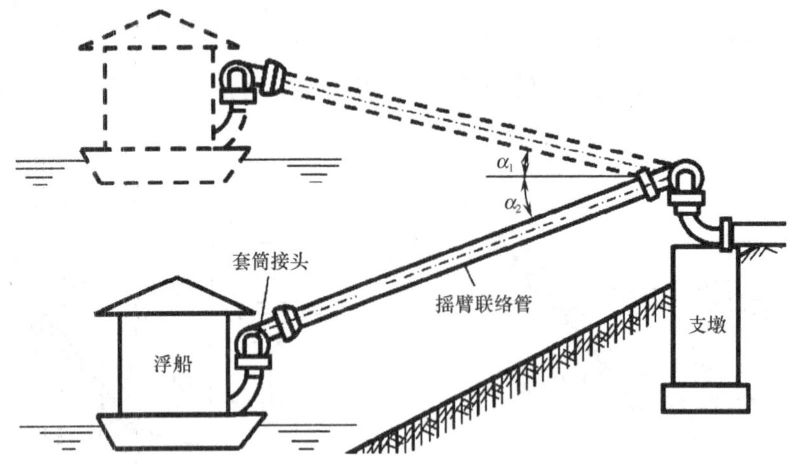

图 3.53 摇臂式套筒接头连接

近岸边时采用。船首尾抛锚与岸边系留相结合的形式，锚固更为可靠，同时还便于浮船移动。它适用于岸坡较陡，河面较宽，航运较少的河段。在水流急、风浪大，浮船离岸较远时，除首尾抛锚外，还应增设角锚。

（二）缆车式取水构筑物

缆车式取水构筑物由泵车、坡道或斜桥、输水管和牵引设备等部分组成，其布置如图 3.54 所示。当河水涨落时，泵车由牵引设备带动，沿坡道上的轨道上下移动。

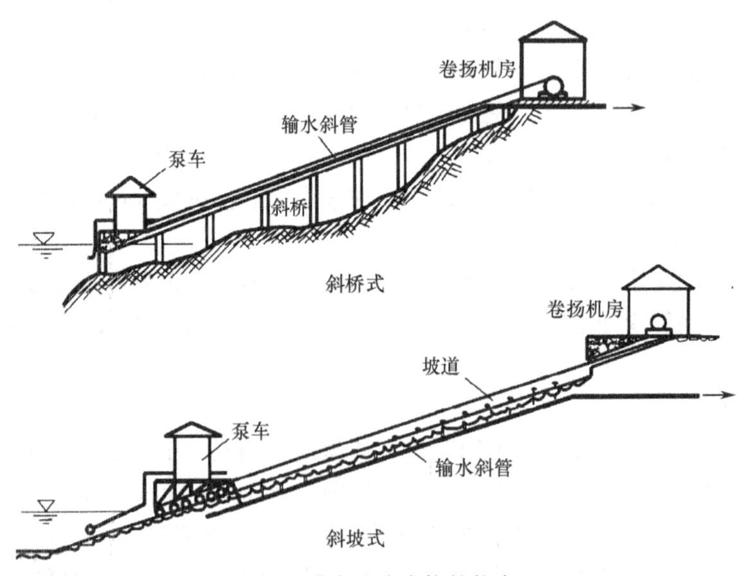

图 3.54 缆车式取水构筑物布置

缆车式取水构筑物的优点与浮船取水构筑物基本相同。缆车移动比浮船方便，缆车受风浪影响小，比浮船稳定。但缆车取水的水下工程量和基建投资比浮船取水大，宜在水位变幅较大，涨落速度不大（不超过 2m/h），无冰凌和漂浮物较少的河流上采用。

缆车取水构筑物位置应选择在河岸地质条件较好，并有 10°～28°的岸坡处为宜。河岸太陡，则所需牵引设备过大，移车较困难；河岸平缓，则吸水管架太长，容易发生事故。缆车式取水构筑物各部分构造如下：

1. 泵车

小型供水一般设置一部泵车。供水量较大，供水安全性要求较高时，泵车应不少于 2 部，每部泵车上不少于 2 台水泵。泵车上的水泵宜选用吸水高度不小于 4m，*Q-H* 特性曲线较陡的水泵，以减少移车次数，并使河流水位变化时，供水量变化不致太大。

泵车上水泵机组的布置，除满足布置紧凑、操作检修方便外，还应特别注意泵车的稳定和振动问题。小型水泵机组宜采用平行布置，如图 3.55 所示，将机组直接布置在泵车的桁架上，使机组重心与泵车轴线重合，运转时振动小，稳定性好。大中型机组宜采用垂直布置，如图 3.56 所示，机组重心落在两桁架之间，机组放在短旗杆处，振动较小。

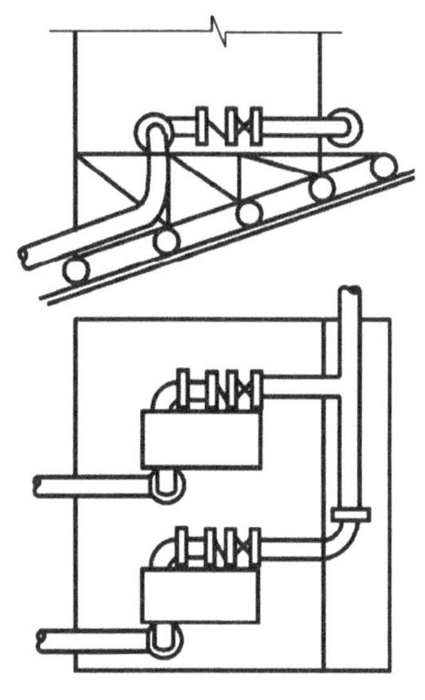

图 3.55　水泵平行布置的泵车

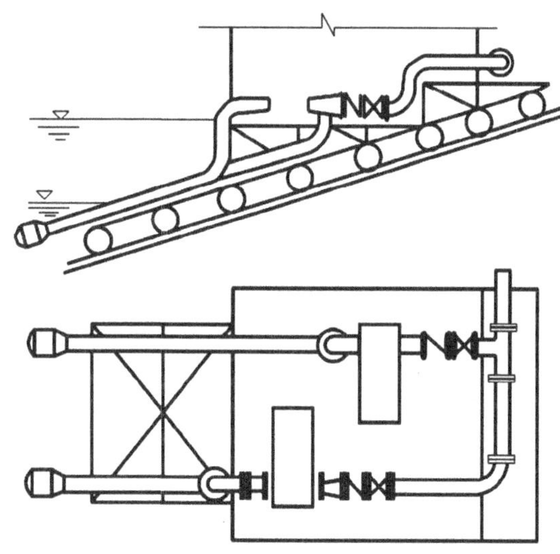

图 3.56　水泵垂直布置的泵车

2. 坡道

坡道的坡度一般为 10°～25°，其形式有斜坡式和斜桥式，如图 3.55 所示。当岸边地质条件较好，坡度适宜时，可采用斜坡式坡道。当岸坡较陡或河岸地质条件较差时，可采用斜桥式坡道。

斜桥式坡道基础可作成整体式、框式挡土墙和钢筋混凝土框格式。坡道顶面应高出地面 0.5m 左右，以免积泥。斜桥式坡道一般采用钢筋混凝土多跨连续梁结构。

坡道上除设有轨道外，还设有输水管、安全挂钩座、电缆沟、接管平台及人行道等。当坡道上有泥沙淤积时，应在尾车上设置冲沙管及喷嘴。

3. 输水管

通常一部泵车设置一根输水管。输水管沿斜坡或斜桥铺设。管上每隔一定距离设置叉管（正三通或斜三通），以便与联络管相接。叉管的高差主要取决于水泵吸水高度和水位涨落速度，一般采用1～2m。当采用曲臂式联络管时，叉管高差可以更大些（2～4m左右）。

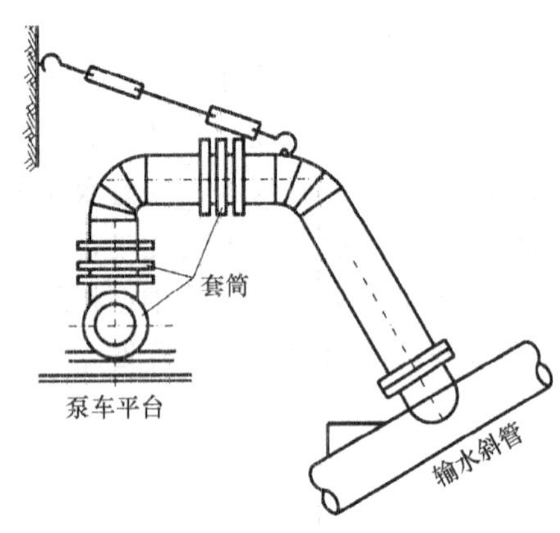

图3.57 套筒接头连接

在水泵出水管与叉管之间的联络管上需设置活动接头，以便移车时接口易于对准。活动接头有橡胶软管、球形万向接头、套筒旋转接头和曲臂式活动接头等。橡胶软管使用灵活，但使用寿命较短，一般用于管径300mm以下。套筒接头由1～3个旋转套筒组成，如图3.57所示，装拆接口较方便，使用寿命较长，应用较广。

4. 牵引设备及安全装置

牵引设备由绞车（卷扬机）及连接泵车和绞车的钢丝绳组成。绞车一般设置在洪水位以上岸边的绞车房内。牵引力在50kN以上时宜用电动绞车，操作既安全，又节省劳力。

为了保证泵车运行安全，在绞车和泵车上都必须设置制动保险装置。绞车制动装置有电磁铁刹车和手刹车，而以两者并用较安全。泵车在固定时，一般采用螺栓夹板式保险卡或钢杆安全挂钩作为安全装置，前者多用于小型泵车，后者多用于大中型泵车。泵车在移动时一般采用钢丝绳挂钩作为安全装置，以免发生事故。

小结

本章主要介绍了三方面的内容。第一方面是取水工程概论，其中包括三个问题：取水工程的任务；给水的水源；给水源选择的原则。第二方面是地下取水构筑物，其中包括三个问题：管井的型式与构造；管井的设计与水力计算；大口井。第三方面是地表取水构筑物，其中包括四个问题：江河特征与取水构筑物的关系；地表取水构筑物的位置选择；江河固定式取水构筑物；活动式取水构筑物。

复习题

1. 填空题

(1) 给水水源可分为两大类：包括________水源和________水源。

(2) 取水构筑物有________、________、________和复合井及渗渠等。

(3) 管井由________、________、________等部分构成。

(4) 地下式深井泵站便于城镇、厂区规划，尤其适宜于________地区。

（5）江河固定式取水构筑物主要分为________式和________式两种。

（6）河床式取水构筑物是由________、________、________和________组成。

2. 选择题

（1）大口井广泛应用于取集浅层地下水，地下水埋深通常小于（　　）m。

A. 10；　　B. 12；　　C. 14；　　D. 15。

（2）大开挖施工法，适用于建造口径小（　　）、深度浅（　　）或地质条件不宜于采用沉井法施工的大口井。

A. D<3m，H<10m；　　B. D<4m，H<9m；

C. D<6m，H<8m；　　D. D<4m，H<8m。

（3）坡道的坡度一般为（　　），其形式有斜坡式和斜桥式。

A. 10°～25°；　　B. 15°～30°；　　C. 20°～35°；　　D. 25°～40°。

（4）岸边式取水构筑物的进水间设计时，当河流水位变幅在（　　）m以上时，一般设置两层进水孔，以便洪水期取表层含沙量少的水。

A. 4；　　B. 5；　　C. 6；　　D. 7。

第四章 给 水 处 理

岗位目标

根据给水工程的水质要求，掌握给（废）水处理的基本方法，包括混凝处理、沉淀澄清、过滤、消毒、水的软化、咸水淡化与除盐等。

必备知识

掌握混凝处理、沉淀澄清、过滤、消毒、水的软化、咸水淡化与除盐等各种废水处理方法的原理和设备。

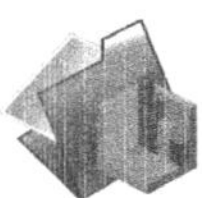

选修知识

熟悉污水的水质标准和监测方法。

课前思考题

（1）给水水质处理方法有哪些?

（2）给水中水质安全最为重要，常用的消毒方法有哪些?

第一节 给水工程概论

一、水源水质

由于水极易与各种物质混杂，溶解能力又较强，所以，任何天然水体都不同程度地含有各种各样的杂质。这些杂质不外乎两种来源：一是自然因素，例如，地层矿物质在水中的溶解，水中微生物的繁殖及其死亡残骸，水流对地表及河床冲刷所带入的泥沙和腐殖质等；二是人为因素，即工业废水、农业污水、生活污水及其他废弃物的污染，污染水体中杂质将更趋于复杂。从水的净化和处理的需要，假定水中的物质均呈球形，按其直径大小分成悬浮物、胶体和溶解物质三大类（表 4.1）。

表 4.1 水中杂质的分类

杂质	溶解物(低分子、离子)		胶体		悬浮物			
颗粒尺寸	0.1nm	1nm	10nm	100nm	1μm	10μm	100μm	1mm
分辨工具	电子显微镜		超显微镜		显微镜		肉眼	
水的外观	透明		浑浊、色、气味		浑浊、色、气味			
主要物质	无机盐类如 Ca^{2+}、Mg^{2+}、Na^{+}、K^{+}、Fe^{2+}、Mn^{2+}、Zn^{2+}、Cu^{2+}；HCO_3^-、Cl^-、SO_4^{2-}、NO_3^-、CO_3^{2-}、$HSiO_3^-$、$H_2BO_3^-$、HPO_4^{2-}、OH^-、F^-；溶解的气体如 NH_3、N_2、O_2、CO_2、SO_2、H_2S、CH_4、H_2 等		黏土、SiO_2、Fe_2O_3、Al_2O_3、MnO_2 形成的胶体，色素物质、腐殖质，细菌、病毒、硅藻等		黏土、泥沙；其他无机的土壤污染物；高分子有机污物；原生动物、藻类、细菌等			

注：各类杂质的尺寸界限只是大体的概念，根据颗粒形状和密度不同而略有变化。一般而言，粒径在 100nm～1μm 之间属于胶体和悬浮物的过渡，小颗粒悬浮物往往也具有一定的胶体特性，只有当粒径大于 10μm 时，才与胶体有明显差别。

1. 悬浮物和胶体杂质

悬浮物尺寸较大，主要是由泥沙、黏土、原生动物、藻类、细菌及有机物等组成。如果密度小于水，则可上浮到水面，易于下沉的一般是大颗粒泥沙及矿物质废渣等；能够上浮的一般是体积较大而密度小的有机物。

胶体颗粒尺寸很小，在水中长期静置也难下沉。水中存在的胶体通常有黏土、某些细菌及病毒、腐殖质、蛋白质及有机高分子物质等。天然水中的胶体一般带负电荷，有时也含有少量带正电荷的金属氢氧化物的胶体。

悬浮物和胶体是使水产生浑浊现象的根源，其中有机物如腐殖质及藻类等，往往会造成水的色、臭、味。随生活污水排入水体的病菌、病毒及原生动物等病原体会通过水传播疾病。悬浮物和胶体是饮用水处理的主要对象。去除粒径大于 0.1mm 的泥沙比较容易，通常在水中可很快自行沉淀。而粒径较小的悬浮物和胶体杂质，需投加混凝剂方可去除。

2. 溶解杂质

溶解杂质包括有机物和无机物两类。无机溶解物是指水中所含的无机低分子和离子。它们与水所构成的均相体系，外观透明，属于真溶液。但有些无机溶解物可使水产生色、臭、味。无机溶解杂质主要是某些工业用水的去除对象，有毒、有害无机溶解物也是生活饮用水的去除对象。有机溶解物主要来源于各类污染物，也有天然存在的如腐殖质等。

受污染水中溶解杂质多种多样，这里重点介绍天然水体中含有的主要溶解杂质。

(1) 溶解气体。天然水体中溶解的气体主要是 O_2、N_2 和 CO_2，含少量 H_2S。地表水中 DO 的量与水温、气压及水中有机物含量等有关，天然水体 DO 为 5～10mg/L。地表水中的 CO_2 主要来自有机物的分解，含量一般小于 20～30mg/L，1L 地下水中 CO_2 的含量约几十 mg 至 100mg，少数可高达数百 mg。水中的 CO_2 约 99%以分子状态存在，仅有 1%左右与水作用生成碳酸。水中 N_2 主要来自空气中 N_2 的溶解，部分是有机物分解及含氮化合物的细菌还原等生化过程的产物。水中 H_2S 的存在与某些含硫矿物

（如硫铁矿）的还原及水中有机物腐烂有关。由于 H_2S 极易被氧化，故地表水中含量很少。如果发现地表水中 H_2S 含量较高，往往与含有大量含硫物质的生活污水或工业废水污染有关。

（2）离子。天然水体中所含阳离子主要有 Ca^{2+}、Mg^{2+}、Na^{+}；阴离子主要有 HCO_3^-、Cl^-、SO_4^{2-}。此外还含有少量 K^+、Fe^{2+}、Mn^{2+}、Zn^{2+}、Cu^{2+} 等阳离子及 NO_3^-、CO_3^{2-}、$HSiO_3^-$、$H_2BO_3^-$、HPO_4^{2-}、OH^-、F^- 等阴离子。所有这些离子，主要来源于矿物质的溶解，也有部分可能来源于水中有机物的分解。

二、水质标准

水质标准是用水对象（包括饮用和工业用水等）所要求的各项水质参数应达到的标准和数值。不同用水对象要求的水质标准不同。随着科学技术的进步和水源污染日益严重，水质标准总是在不断修订和补充。

（一）生活饮用水标准

生活饮用水水质与人类健康直接相关，世界各个国家对饮用水水质极为关注。由于水污染日益严重，水质监测技术及医学科学的不断发展，饮用水水质标准总是不断修订、补充。我国自 1956 年颁发《生活饮用水卫生标准（试行）》直至 1986 年实施《生活饮用水卫生标准》（GB5749—1985）的 30 年间，共修订了 4 次，水质指标项目不断增加。2007 年 7 月 1 日起实施的《生活饮用水卫生标准》（GB5749—2006）增加了不少项目。但对于污染较严重的水源来说，由于目前给水工艺的局限，在卫生安全上还是不能说有绝对保证，有些有毒有害物质还未列入《生活饮用水卫生标准》。与发达国家相比，我国的《生活饮用水卫生标准》所规定的项目也较少。在 GB 5749—2006 标准中所列的水质项目可分成以下几类：

（1）一类属于感官性状方面的要求，如水的浊度、色度、臭和味以及肉眼可见物等。它们的存在会引起使用者厌恶感，而且色、臭、味严重时，很可能是水中含有有毒物质的标志。浊度高时不仅令使用者感到不快，而且病菌、病毒及其他有害物质往往附着于形成浊度的悬浮物中。因此，降低浊度不仅为满足感官性状要求，对限制水中其他有毒、有害物质含量也具有积极意义。

（2）第二类是对人体健康有益但不希望过量的化学物质，如水中钠、钾、钙、铁、锌、镁、氯等是人体必需的化学元素，但含量过多，往往会对生活使用产生种种不良影响。例如铁是合成血红蛋白和氧化酶等所必需的元素，但水中含铁量过高时，会使衣物器皿染色并形成令人厌恶的沉淀或异味；铜能参与人体细胞的生长、增殖和某些酶系统的活化过程，但铜含量超过 1mg/L 时，可将衣物及白瓷器皿染成绿色；锌是酶的组成部分，参与新陈代谢，但水中锌含量超过 5mg/L 时，便产生金属涩味甚至使水浑浊。

（3）第三类是对人体健康无益但一般情况下毒性也很低的物质，如挥发酚类、阴离子合成洗涤剂等。酚具有恶臭，饮用水加氯消毒时所形成的氯酚恶臭更甚。阴离子合成洗涤剂含量超过 0.5mg/L 时，水即有异味并起泡沫。

（4）第四类是有毒物质，如砷、汞、镉、铬、氰化物、氯仿、苯并（a）芘等。这类有毒物质一般均由于受污染造成。有些有毒物质含量高时会引起急性中毒，而大多数有毒物质往往在人体内积蓄引起慢性中毒。各种有毒物质的毒性表现各不相同。如氰化物有剧毒，一次摄入50～60mg会致死，低剂量慢性中毒时，甲状腺激素生成量减少。氰化物会使水产生杏仁味，其嗅觉阈浓度0.05mg/L，但此浓度对人体健康已构成危害。汞及其化合物会在人体内蓄积，主要对人的神经系统、心脏、肾脏和肠胃道有毒害作用。镉的化合物能积蓄于人体软组织中，引起肾脏器官病变并影响酶的正常活动，摄取过量镉还会引起骨痛病。过量的砷化物可引起毛细血管、新陈代谢和神经系统等病变。硒也是人体所需元素，克山病与人体中硒摄入量过少有关，但过量硒对人的肝、肾、骨髓和中枢神经有破坏作用。氟也是人体必需元素，人体缺氟会引起龋齿，但过量氟能引起牙斑釉和骨硬化。因此，砷、硒和氟等虽然都是人体所需元素，但毒性均较明显，故应按毒理学要求限制水中的含量。四氯化碳、氯仿、苯并（a）芘等有机污染物已确认为致癌物或可疑致癌物。

实际上，水中各种化学物质与健康的关系相当复杂，有些至今还不很清楚。随着医学、环境科学及检测技术的发展，人们对此认识也逐渐深化、明确，故各国的水质标准总是每隔一定时间进行修订。

（二）工业用水水质标准

工业用水种类繁多，水质要求各不相同。水质要求高的工艺用水，不仅要求去除水中悬浮杂质和胶体杂质，而且还需要不同程度地去除水中的溶解杂质。

（1）食品、酿造及饮料工业的原料用水，水质要求应当高于生活饮用水的标准。

（2）纺织、造纸工业用水，要求水质清澈，且对易于在产品上产生斑点从而影响印染质量或漂白度的杂质含量，加以严格限制。如铁和锰会使织物或纸张产生锈斑。水的硬度过高也会使织物或纸张产生钙斑。

（3）对锅炉补给水水质的基本要求是：凡能导致锅炉、给水系统及其他热力设备腐蚀、结垢及引起汽水共腾现象的各种杂质，都应大部分或全部去除。锅炉压力和构造不同，水质要求也不同，汽包锅炉和直流锅炉的补给水水质要求相差悬殊。锅炉压力愈高，水质要求也愈高。如低压锅炉（压力小于2450kPa），主要应限制给水中的钙、镁离子含量以及DO和pH。

（4）制药工业用水中，注射用水用于制造各种注射液，如疫苗、点滴静脉输液和类似产品，并用于清洗包装这些产品的药瓶及生产设备。因此，要求水中不能存在有毒或可能妨碍产品疗效的物质，如细菌、腐殖酸等。在电子工业中，零件的清洗及药液的配制等，都需要纯水，特别是半导体器件及大规模集成电路的生产，几乎每道工序均需超纯水进行清洗。

（5）此外，许多工业部门在生产过程中都需要大量冷却水，用以冷凝蒸汽及工艺流体或给设备降温。冷却水首先要求水温低，同时对水质也有要求。如水中存在悬浮物、藻类及微生物等，会使管道和设备堵塞；在循环冷却系统中，还应控制在管道和设备中由于水质所引起的结垢、腐蚀和微生物繁殖。

总之，工业用水的水质优劣，与工业生产的发展和产品质量的提高关系极大。各类工业用水的水质标准由相关工业部门制定。

三、给水处理方法概述

给水处理的任务是通过必要的工艺去除水中杂质，使之符合生活饮用或工业使用所要求的水质。水处理方法应根据水源水质和用水对象对水质的要求确定。由于单一的水处理单元难以达到处理要求，所以将多种基本单元过程互相配合，组成一个水处理工艺过程，以符合所要求的水质。

（一）澄清和消毒

澄清和消毒是地表水为水源的生活饮用水的常用处理工艺，工业用水和污水也常用澄清和消毒工艺进行处理。

澄清工艺通常包括混凝、沉淀和过滤。处理对象主要是水中的悬浮物和胶体杂质。原水加药剂后，经混凝使水中悬浮物和胶体形成大颗粒絮凝体，而后通过沉淀池进行重力分离。过滤是利用颗粒状滤料截留水中杂质的处理工艺，常置于混凝和沉淀构筑物之后，用以进一步降低水的浑浊度。完善而有效的混凝、沉淀和过滤，不仅能有效降低水的浊度，对水中的某些有机物、细菌及病毒等的去除也有一定的效果。

根据原水的水质不同，在上述系统中还可适当增加或减少某些处理构筑物。例如，处理高浊度的原水，往往需设置泥沙预沉池或沉砂池。但在生活饮用水处理中，过滤是必不可少的工艺。大多数工业用水也往往采用澄清工艺作为预处理过程。

消毒是指杀死水中致病微生物，通常在过滤以后进行。主要消毒方法有投加消毒剂或紫外线灯方法杀灭致病微生物，当前我国普遍采用的消毒剂是氯气，也采用臭氧、二氧化氯、次氯酸钠及漂白粉等。

混凝—沉淀—过滤—消毒是生活饮用水的常规处理工艺。我国以地表水为水源的水厂主要采用这种工艺流程。根据水源水质不同，也可增加或减少某些处理构筑物。

（二）除臭和除味

除臭和除味是生活饮用水净化中所需的特殊处理方法。当原水中臭和味严重而采用澄清和消毒工艺方式不能达到水质要求时方才采用。除臭、除味的方法取决于水中臭和味的来源。例如，对于水中有机物所产生的臭和味，可用活性炭吸附或氧化法去除；对于溶解性气体或挥发性有机物所产生的臭和味，可采用曝气法去除；因藻类繁殖而产生的臭和味，可采用微滤机或气浮法去除藻类，也可在水中投加除藻药剂；因溶解盐类所产生的臭和味，可采用适当的除盐措施等。

（三）除铁、除锰和除氟

当地下水中的铁、锰的含量超过生活饮用水卫生标准时，需采用除铁、锰措施。常用的除铁、锰方法是自然氧化法和接触氧化法。前者通常设置曝气装置、氧化反应池和砂滤池；后者通常设置曝气装置和接触氧化滤池。也可采用离子交换法除铁、锰。工艺系统的选择应根据是否单纯除铁还是同时除铁、除锰，原水中铁、锰含量及其他有关水质特点确定。还可采用药剂氧化、生物氧化法及离子交换法等。通过氧化法，可将溶解性二价铁和二价锰分别转变成三价铁和四价锰沉淀物而去除。

当水中含氟量超过 1mg/L 时，需采用除氟措施。常用的除氟方法分为两类，一是投入硫酸铝、氯化铝或碱式氯化铝等使氟化物产生沉淀；二是利用活性氧化铝或磷酸三钙等进行吸附交换。

（四）水的软化

水软化的处理对象主要是水中钙、镁离子。软化方法主要有离子交换法和药剂软化法。离子交换法是利用阳离子交换剂和水中钙、镁离子互相交换以达到去除目的；药剂软化法是在水中投入药剂如石灰、苏打等药品，以使钙、镁离子转变为沉淀物而从水中分离。

（五）淡化和除盐

淡化和除盐的处理对象是水中各种溶解盐类。将高含盐量的水如海水、“苦咸水”处理到符合生活饮用水或某些工业用水要求时的处理过程，一般称为咸水淡化；制取纯水及高纯水的处理过程称为水的除盐。淡化和除盐主要方法有蒸馏法、离子交换法、电渗析法及反渗透法等。离子交换法需经过阳离子和阴离子交换剂发生两种交换过程；电渗析法是利用阴、阳离子交换膜能够分别透过阴、阳离子的特性，在外加直流电场作用下使水中阴、阳离子被分离出去；反渗透法系利用高于渗透压的压力施于含盐水以使水通过半渗透膜而盐类离子被阻留下来。电渗析法和反渗透法属于膜分离法，通常用于高含盐量水的淡化或离子交换法的前处理工艺。

（六）水的冷却

水的冷却这是工业生产中循环冷却水所需的处理工艺。在生产过程中产生的热量往往会使设备或产品温度升高从而影响生产甚至发生事故，故常用水作为冷却介质对设备进行降温，因水的热容量大，是吸收和传递热量的良好介质。作为冷却介质的水通过换热器等设备以后温度升高，必须经过冷却处理使水再恢复原先温度后，才能循环使用。水的冷却一般采用冷却塔。在条件和冷却要求许可下，也有采用喷水冷却池或水面冷却池。

第二节 混凝处理

水体中存在的各种悬浮杂质和呈溶胶状态的胶体颗粒，由于布朗运动和静电排斥力的作用而保持相对稳定性，悬浮颗粒物和胶体颗粒对水的应用性质产生了较大的负面影响。在给水处理过程中，为满足用水水质要求，一般采用混凝沉淀法，即向水中投加混凝剂或絮凝剂以破坏溶胶的稳定性，使水中的胶体和悬浮物颗粒絮凝成较大的絮凝体，以便从水中分离出来，达到水质净化的目的。

一、胶体稳定性及胶体颗粒的凝聚现象

水中存在的各种悬浮颗粒物，颗粒直径大于10^{-7}m（0.1μm）时，形成分散相为粗颗粒的悬浮液，如泥沙悬浮液等；颗粒直径小于1nm时，呈分子或离子分散体系，形成真溶液；颗粒直径介于1～100nm或大分子有机物的分子聚集体，形成胶体。从水处理角度而言，凡沉降速度十分缓慢的胶体粒子以至微小悬浮物，均被认为是“稳定”的。例如，粒径为1μm的黏土悬浮颗粒，沉降10cm约需20h之久，在停留时间有限的水处理构筑物内不可能沉降下来，这样的悬浮体系在水处理领域即被认为是稳定体系，其中大部分属胶体的范围，这些悬浮微粒包括黏土、不溶性无机盐、细菌、病毒、腐殖酸、蛋白质等水中的有害杂质。

水处理中的混凝现象比较复杂，不同种类混凝剂及不同的水质条件、混凝剂作用机理都有所不同。一般而言，混凝剂对水中胶体粒子的混凝作用有3种：电性中和、吸附架桥和卷扫作用。

（1）电性中和。胶粒表面对异号离子、异号胶粒有吸附作用，这种吸附作用中和胶粒所带电荷，使胶体易于发生脱稳和凝聚。

（2）吸附架桥。链状高分子聚合物在静电引力、范德华力和氢键力等作用下，通过活性部位与胶粒和细微悬浮物等发生吸附桥联的过程。当三价铝盐或铁盐及其他高分子混凝剂溶于水后，经水解、缩聚反应形成高分子聚合物，具有线形结构。这类高分子物质可被胶粒所强烈吸附。如图4.1所示，当高分子链的一端吸附了某一胶粒后，另一端又吸附另一胶粒，形成“胶粒一高分子一胶粒”的絮凝体，高分子物质起了胶粒与胶粒之间相互结合的桥梁作用，故称吸附架桥作用。吸附架桥作用使颗粒逐渐变大，形成粗大絮凝体。

若高分子混凝剂投量过少时，高分子物质不足以将胶粒架桥连接起来；投量过多，胶粒被高分子覆盖，当两胶粒相互接近时，覆盖高分子的胶粒受压缩变形（像弹簧被压缩一样）或电性斥力（对带电高分子而言）的阻碍而不能聚集，即产生胶体保护作用，如图4.2所示。高分子混凝剂的最佳投量应是既能把胶粒快速絮凝起来，又不产生胶体保护作用。在实际水处理中，高分子混凝剂投量通常由试验决定。

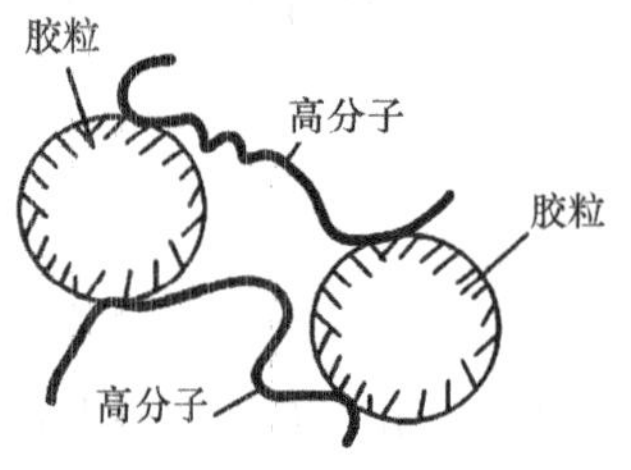

图4.1 吸附架桥示意

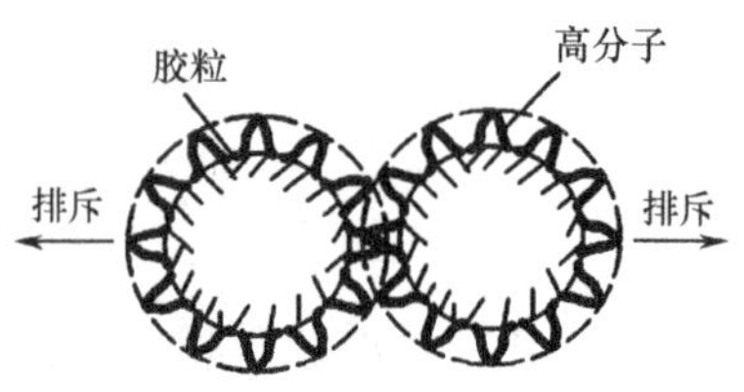

图4.2 胶体保护示意

（3）卷扫作用。当铁盐、铝盐等混凝剂投量较大时，产生大量氢氧化物沉淀可以网捕、卷扫水中胶粒，絮凝体逐渐变大，产生沉淀分离，称卷扫或网捕作用。这种作用基本上是一种机械作用，所需混凝剂量与原水杂质含量成反比，即原水胶体杂质含量少

时，所需混凝剂较多，反之亦然。

这三种作用究竟以哪种作用为主，取决于混凝剂种类和投加量、水中胶体粒子性质、含量及水的 pH 等。

二、混凝剂和助凝剂

（一）常用的混凝剂

应用于饮用水处理的混凝剂应符合以下基本要求：混凝效果好；对人体健康无害；使用方便；来源广、成本低。

混凝剂种类很多，按化学成分可分为无机和有机两大类。无机混凝剂品种较少，目前主要是铁盐和铝盐及其聚合物，在水处理中使用较多。有机混凝剂品种很多，主要是高分子物质，本节仅介绍常用的几种混凝剂。

1. 无机混凝剂

常用的无机混凝剂列于表 4.2。

表 4.2 不同类型的无机混凝剂

离子类型	名称	化学式
铝系	硫酸铝	$Al_2(SO_4)_3 \cdot 18H_2O$, $Al_2(SO_4)_3 \cdot 14H_2O$
	明矾	$KAl(SO_4)_2 \cdot 12H_2O$(钾矾), $NH_4 \cdot Al(SO_4)_2 \cdot 12H_2O$(铵矾)
	聚合氯化铝	$[Al_2(OH)_nCl_{6-n}]_m$
	聚合硫酸铝	$[Al_2(OH)_n(SO_4)_{3-n/2}]_m$
铁系	三氯化铁	$FeCl_3 \cdot 6H_2O$
	硫酸亚铁	$FeSO_4 \cdot 7H_2O$
	聚合硫酸铁	$[Fe_2(OH)_n(SO_4)_{3-n/2}]_m$
	聚合氯化铁	$[Fe_2(OH)_nCl_{6-m}]_n$

2. 有机高分子混凝剂

有机高分子混凝剂可分为天然和人工合成两类。

天然高分子絮凝剂用量远小于合成高分子絮凝剂，原因是其电荷密度小，分子量低且易被生物降解而失去絮凝活性。天然高分子化合物含有各种活性基团，如羟基、酚羟基等，通过羟基的酯化、醚化、氧化、交联、接枝共聚等化学改性，使活性基团大大增加，枝状结构的聚合物对悬浮体系中颗粒物有更强的捕捉与促沉作用。天然高分子絮凝剂与合成有机高分子絮凝剂相比，具有原料来源丰富、选择性大、投药量少、安全无毒、价格低廉、可完全生物降解等显著优点。如淀粉衍生物絮凝剂、木质素衍生物絮凝剂及甲壳素衍生物絮凝剂等。

在给水处理中，人工合成的高分子混凝剂日益增多并居主要地位，这类混凝剂均为巨大的线性分子。每一大分子由许多链节组成且常含有带电基团，凡基团离解后带正电荷者称阳离子型，带负电荷者称阴离子型，分子中既含有正电基团又含有负电基团者称两性型，若分子中不含可离解基团者称非离子型。水处理中常用的是阳离子型、阴离子型和非离子型 3 种高分子混凝剂。

3. 无机高分子复合絮凝剂

无机高分子絮凝剂是 1960 年后发展起来的新型混凝剂。这类化合物与历来的水处理药剂相比在很多方面都自有特色，被称为第二代无机絮凝剂。无机高分子絮凝剂的优点反映在它比传统混凝剂如硫酸铝、氯化铁等效能更优异，而比有机高分子絮凝剂（OPF）价格低廉。应用在给水、工业废水以及城市污水的各种流程，包括前处理、中间处理和深度处理中，逐渐成为主流絮凝剂。

无机高分子絮凝剂处于传统金属盐混凝剂与有机絮凝剂之间的位置。它的分子量和粒度大小以及絮凝架桥能力仍比有机絮凝剂差很多，而且还存在对进一步水解反应的不稳定性问题。这些主要弱点促使研究和开发向各种复合型无机高分子絮凝剂发展。

复合絮凝剂有各种成分，其主要原料是铝盐、铁盐和硅酸盐。它们可以预先分别羟基化聚合后再加以混合，也可以先混合再加以羟基化聚合，但最终总是要形成羟基化的更高聚合度的无机高分子形态，才会达到优异的絮凝效能。

4. 微生物絮凝剂

微生物絮凝剂是一类由微生物产生并分泌到细胞外，具有絮凝活性的代谢产物，主要由糖蛋白、多糖、蛋白质、纤维素和 DNA 等生物高分子化合物，以及有絮凝活性的菌体等组成。因微生物絮凝剂无二次污染，具有使用安全、方便、絮凝效果良好以及独特的脱色效果，适用范围广、絮凝活性高、易于生物降解，被称为第三代絮凝剂。

微生物絮凝剂被广泛用于给水或污水处理。通过其电荷性质和高分子特性在液体介质中起电荷中和、架桥、网捕、吸附等作用，使胶体脱稳、絮凝、沉淀、固液分离。从活性污泥中分离出能产生高絮凝活性物质的微生物，其产品的净水效果良好，并可使絮凝剂的总用量大大减少。

（二）助凝剂

凡能提高或改善混凝剂作用效果的化学药剂可称为助凝剂。有的调整水的 pH，如石灰、硫酸等；有的加大矾花的粒度和结实性，如活化硅酸、骨胶、高分子絮凝剂等；有破坏干扰混凝效果的有机物，如投加 Cl_2、O_3 等。

三、影响混凝效果的主要因素

（一）水温影响

水温对混凝效果有明显影响。水温较低时，即使加大混凝剂投量，也难获得良好的混凝效果。因为温度较低时絮凝体形成缓慢，絮凝颗粒细小、松散。为提高低温水混凝效果，常用方法是增加混凝剂的投加量和投加高分子助凝剂，常用助凝剂是活化硅酸，对胶体起吸附架桥作用，它与硫酸铝或三氯化铁配合使用，可提高絮凝体密度，节省混凝剂用量。

（二）水的 pH 的影响

水的 pH 对混凝效果的影响程度，视混凝剂的品种而异。如对硫酸铝而言，水的 pH 直接影响其水解产物的存在形态，絮凝作用主要是氢氧化铝聚合物的吸附架桥和羟基配合物的电性中和作用。用以去除浊度时，最佳 pH 在 6.5～7.5 之间；用以去除水的色度时，pH 宜在 4.5～5.5 之间。而采用三价铁盐混凝剂时，由于 Fe^{3+} 水解产物溶解度比 Al^{3+} 水解产物溶解度小，且氢氧化铁并非典型的两性化合物，故使用的 pH 范围较宽，用以去除水的浊度时，pH 在 6.0～8.4 之间；用以去除水的色度时，pH 在 3.5～5.0 之间。

（三）水中悬浮物浓度的影响

当水中悬浮物浓度很低时，颗粒碰撞速率大大减小，混凝效果差。为提高低浊度原水的混凝效果，通常采用以下措施：

（1）在投加铝盐或铁盐的同时，投加高分子助凝剂，如活化硅酸或聚丙烯酰胺等。

（2）投加黏土等矿物颗粒，以增加混凝剂水解产物的凝结中心，提高颗粒碰撞速率并增加絮凝体密度。如果矿物颗粒能吸附水中的有机物，效果更好，可同时收到部分去除有机物的效果。

（3）采用直接过滤法，即原水投加混凝剂后经过混合直接进入滤池过滤，滤料（砂和无烟煤）即成为絮凝中心。

如果原水悬浮物含量过高，为使悬浮物达到吸附电中和脱稳作用，所需铝盐或铁盐混凝剂量将相应地增加。为减少混凝剂用量，通常投加高分子助凝剂，如聚丙烯酰胺及活化硅酸等。

第三节 沉淀和澄清

水中悬浮颗粒的去除，可通过颗粒和水的密度差，在重力作用下进行分离。密度大于水的颗粒将下沉，小于水的则上浮。在给水处理中，设置沉淀和澄清工艺都是为了去除包括矾花在内 20～100μm 以上的悬浮固体颗粒，以保证后续滤池的合理工作周期和滤后水的质量。

沉淀池既可用以去除絮凝后的颗粒，这时称为混凝沉淀池；也可预沉高浊度原水中容易下沉的泥沙，因为不加混凝剂，所以称为自然沉淀池。沉淀池的类型有普通沉淀池、斜管（斜板）沉淀池和气浮池等。

澄清池是利用池内的悬浮泥渣层同时完成絮凝和沉淀的净水构筑物，在净水工艺流程上，和沉淀池不同的是澄清池的上游无需设置絮凝池。

一、沉淀原理

水中的悬浮物颗粒，例如泥沙，依靠重力从水中沉降分离出来的过程叫沉淀。只有比水重的颗粒才能沉下去，比水轻的颗粒总是悬浮在水中或是向上浮动。水中凡是能沉淀的颗粒，下沉的快慢，也就是沉淀速度可能不同。生产上总是希望悬浮颗粒在沉淀池中能沉得快些，能在较短的沉淀时间内使水澄清。

1. 颗粒自由沉淀

低浊度水沉淀时，因水中的悬浮泥沙颗粒较少，沉淀时颗粒之间的相互干扰较小，可以看作是自由沉淀。

在静水中，一个非凝聚性颗粒如泥沙下沉时，会受重力以及摩擦阻力的影响。开始下沉时，颗粒受到重力加速度的作用，下沉速度会越来越大，但是随着沉速的加快，颗粒受到水的摩擦阻力相应增大，在很短时间内重力和摩擦阻力达到平衡状态，此时颗粒的沉速就保持恒定，通常所说的颗粒沉速就是指这种恒定不变时的沉速。颗粒从开始下沉时的沉速为零到沉速不变时所经过的时间与水在沉淀池内的停留时间相比是非常短的。据上述概念可以得出和泥沙体积相同的球形颗粒，在缓慢流动水中的自由沉速公式，即 Stokes 公式：

$$u = \frac{g(\rho_1 - \rho)d^2}{18\mu} \tag{4.1}$$

式中：u——颗粒沉速（m/s）；

g——重力加速度，9.81m/s^2；

ρ_1，ρ——颗粒和水的密度（kg/m^3）；

d——与泥砂等体积的球粒直径（m）；

μ——水的动力黏度，与水温有关（Pa・s）。

实际上，颗粒直径大小、颗粒和水的密度差以及水温等因素的变化都会影响颗粒的沉速，所以沉速应通过试验得出，而用公式计算不同大小颗粒的沉速相当困难，也不可能精确。这里介绍沉速公式的目的，只是为了说明影响沉速的一些因素，以便在生产上控制沉淀条件。从式（4.1）可知，沉速和颗粒直径的平方以及颗粒和水的密度差成正比，因此如果颗粒大而重就可较快地在沉淀池内下沉。

在水厂的沉淀池中，沉淀的颗粒通常是矾花，属于凝聚性颗粒，它和泥砂性质不同，因为在其下沉过程中，因矾花还会相互黏合，大小和形状都会有变化，再加以水流的挟带作用，所以沉速是不断变化的，其趋向是越沉越快。

根据上式的概念可以推论，如果矾花结得越大越密实，这时矾花与水的密度差越大，就越容易下沉。因此选择适当的混凝剂，合理使用助凝剂，控制絮凝池的水力条件，保证矾花结大是很重要的。另外，冬天水温低，难以混凝处理，而且水温低时，水的黏度增大，阻碍了颗粒的沉淀，这时需要增加混凝剂的投加量或改变混凝剂品种，例如，冬天可用铁盐来保证沉淀效果。掌握混凝沉淀的原理，才可能在运行时根据具体情况，采取措施解决生产中的问题。

2. 絮凝沉淀

地面水中投加混凝剂后形成的矾花，在沉降过程中，絮状体互相碰撞凝聚，使颗粒尺寸变大，因此沉速将随深度而增加，如图 4.3 所示。因此，悬浮物的去除率不仅取决于沉淀速度，而且与深度有关。所以试验用的沉淀柱的高度应当与拟采用的实际沉淀池的高度相同，而且要尽量避免矾花因剧烈搅动造成破碎，影响沉淀效果。

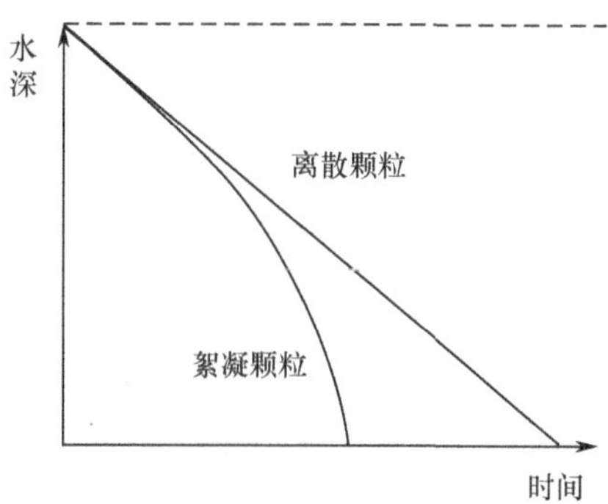

图 4.3 自由沉淀与絮凝沉淀的轨迹

3. 拥挤沉淀

我国有些江河水的浑浊度高，含砂量大，这时颗粒沉淀情况和低浊度水有所不同，下沉颗粒之间相互干扰，所以通常称为拥挤沉淀。当大量颗粒同时下沉时，颗粒将水向上挤出，使水有一定的上升流速，因而阻碍了颗粒群的下沉，这时的沉速将慢于自由沉淀时的沉速，拥挤沉速可通过试验得出。

将高浊度即泥砂含量很高的水倒入量筒内，搅拌均匀后就可看到拥挤沉淀的现象。试验时，量筒中水的深度并不影响沉淀试验的结果。经过一定时间沉淀后，会出现上层清水、下层浑水的明显分界面，称为浑液面（图 4.4）。如果用秒表测定浑液面的下降高度，由此计算得出的是颗粒的平均沉淀速度。在沉淀过程中，浑液面以下某一段高度内，颗粒浓度是相同的，称为等浓度区，该区内悬浮固体的浓度，可能等于或小于试验开始时的水样浓度。到接近量筒底部时，颗粒浓度逐渐增加，到筒底处，因下沉悬浮固体的重压，形成了浓度很高的浓缩区。浑液面连续下移后，清水区深度不断增加，等浓度区不断缩小直至消失，最终只剩清水区和浓缩区，这就是拥挤沉淀的过程。拥挤沉淀的沉速和水中的颗粒浓度有很大关系，一般浓度越高，沉淀时颗粒之间相互受到牵制，以致沉速越小。随着颗粒浓度的减小，拥挤沉速逐渐增大，最后可接近于自由沉淀。拥挤沉速可从试验得出的拥挤沉淀曲线得出，它等于开始沉淀时的直线段斜率：

$$0.5\text{m}/14\text{min}=0.59\text{mm/s}$$

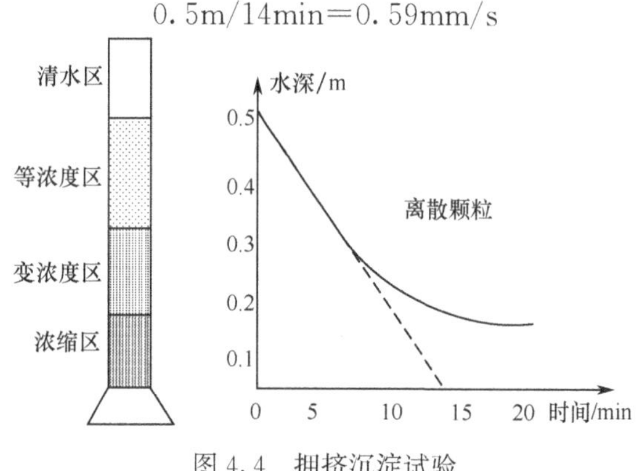

图 4.4 拥挤沉淀试验

水中凝聚性颗粒（例如矾花）达到足够浓度时，也会出现拥挤沉淀现象，澄清池中悬浮泥渣层的沉淀就是这样，因为泥渣颗粒的密度比砂粒为小，所以出现拥挤沉淀时的颗粒浓度可以小些。

二、平流式沉淀池

（一）沉淀池的工作原理

沉淀池在运行时，由于受到池身构造和外界的影响（如进口处水流惯性、出口处束流、风吹池面、水质的浓度差和温差等），池中实际水流情况以及颗粒杂质的沉降过程十分复杂，为使问题得到适当简化，先从理想沉淀池分析，再讨论实际情况。

1. 理想沉淀池原理

理想沉淀池应符合以下假定：

（1）颗粒在沉淀过程中，颗粒之间互不干扰，颗粒的大小、形状和密度不变（非凝聚性颗粒）。因此，颗粒在沉淀区的下沉速度始终不变，既颗粒处于自由沉淀状态。

（2）水流沿着水平方向流动，在沉淀区过水断面上各点的水流速度均相同。

（3）在沉淀池的进口区域，水流中的悬浮颗粒均匀分布在整个过水断面上。

（4）颗粒一经沉到池底，即认为已被去除，不再返回水流中。

按照上述假设，理想沉淀池的工作情况如图 4.5 所示。原水进入沉淀池，在进水区被均匀分配在 A-B 截面上，其水平流速为

$$v=\frac{Q}{h_0B} \tag{4.2}$$

式中：v——颗粒的水平流速（m/s）；

Q——进水流量（m^3/s）；

h_0——水流截面 A-B 的水深（m）；

B——水流截面 A-B 的宽度（m）。

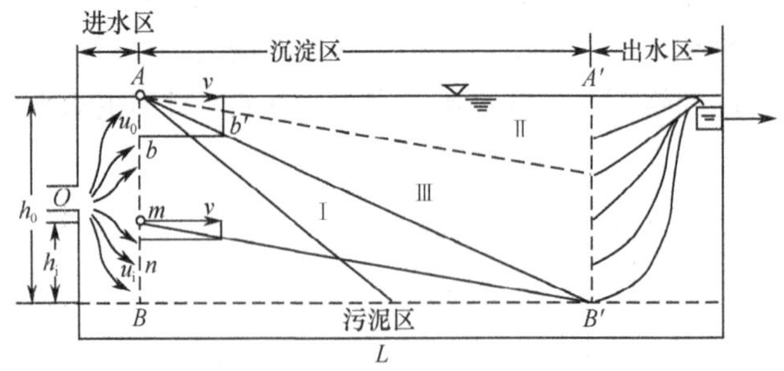

图 4.5 理想沉淀池的工作状况

如图所示，直线Ⅰ代表从池顶 A 点开始下沉而能够在池底最远处 B′点之前沉到池底的颗粒的运动轨迹；直线Ⅱ代表从池顶 A 点开始下沉而不能沉到池底的颗粒的运动轨迹；直线Ⅲ代表一种颗粒从池顶 A 开始下沉而刚好沉到池底最远处 B′点的运动轨迹。设沉淀池的水平流速为 v，按直线Ⅱ运动的颗粒的相应沉速为 u_0，于是，凡是沉速 $u\geq$

u_0 的一切颗粒都可以沿着类似直线Ⅰ的方式沉到池底；凡是沉速 $u<u_0$ 的颗粒，如从池顶 A 点开始下沉，肯定不能沉到池底而沿着类似直线Ⅱ的方式被带出池外；可以看出，直线Ⅲ所代表的颗粒沉降速度 u_0 具有特殊的意义，一般称为“截留沉速”，实际上它反映了沉淀池所能全部去除颗粒的最小沉降速度，因为凡是沉速等于或大于沉速 u_0 的颗粒能够全部下沉。

对用直线Ⅲ代表的一类颗粒而言，水平流速 v 和沉降速度 u 都与沉淀时间 t 有关：

$$t=\frac{L}{v} \tag{4.3}$$

$$t=\frac{h_0}{u_0} \tag{4.4}$$

式中：t——水在沉淀区中的停留时间（s）；

L——沉淀区的长度（m）；

h_0——沉淀区的水深（m）；

u_0——颗粒的截留沉降速度（m/s）；

v——水平流速（m/s）。

令式（4.3）和式（4.4）相等，代入式（4.2）得：

$$u_0=\frac{Q}{LB} \tag{4.5}$$

上式中 LB 是沉淀池水面的表面积 A，因此上式的右边就是沉淀池单位面积的产水量。可用下式表示：

$$u_0=\frac{Q}{A} \tag{4.6}$$

式中的 Q/A 一般称为“表面负荷”或“溢流率”，表面负荷在数值上等于截留速度 u_0，但含义不同，u_0 代表从池顶 A 点开始下沉能全部去除颗粒物的最小沉降速度。

将沉降到污泥区而被去除的颗粒与进入沉淀池的颗粒物之比定义为去除效率 E，则：

$$E=\frac{u_i}{u_0}=\frac{u_i}{Q/A} \tag{4.7}$$

式中：E——沉淀池的去除率；

u_0——颗粒的截留沉降速度（m/s）；

u_i——颗粒的沉降速度（m/s）；

Q——进水流量（m^3/s）

A——沉淀池的表面积（m^2）。

由式（4.7）可知：悬浮颗粒物在理想沉淀池中的去除率只与沉淀池的表面负荷有关，而与其他因素如水深、池长、水平流速和沉淀时间均无关。理想沉淀池中的“沉淀效率只与沉淀池的表面负荷率有关”这一结论，阐明了决定沉淀效率的主要因素反应了下列两个问题：

第一，当 E 一定时，颗粒沉速 u_i 越大，则表面负荷也越高，亦即产水量越大，或当 Q 和 A 不变时，u_i 越大，则去除率 E 越高。u_i 的大小与混凝效果有关，因此，生产上均重视絮凝工艺。

第二，颗粒沉速 u_i 一定，增加沉淀池表面积 A，则去除率 E 提高。当容积一定时，沉淀池浅些，则表面积 A 大些，沉淀效率可以高些，此即“浅池理论”，斜板、斜管沉淀池的发展即依此原理。

2. 理想沉淀池的总去除率

以上讨论的是某一种特定的“具有沉速 u_i 的颗粒”（$u_i<u_0$）的去除率。实际上，原水中沉速小于 u_0 的颗粒众多，所以能够在沉淀池中下沉的具有沉速 u_i（$u_i<u_0$）的颗粒的去除率 p 为

$$p=\int_0^{p_0}\frac{u_i}{u_0}dp_i \tag{4.8}$$

另外，沉速大于和等于 u_0 的颗粒已经全部下沉，其去除率应为（$1-p_0$），因此，理想沉淀池总的去除率 p 应为

$$p=(1-p_0)+\int_0^{p_0}\frac{u_i}{u_0}dp_i \tag{4.9}$$

式中：u_0——颗粒的截留沉降速度（m/s）；

u_i——小于截流沉速的颗粒的沉降速度（m/s）；

p——能在沉淀池去除的沉速小于 u_0 的所有颗粒重量占全部颗粒重量的百分率；

p_0——沉速小于 u_0 的颗粒重量占所有颗粒重量的百分率；

p_i——沉速小于 u_i 的颗粒重量占所有颗粒重量的百分率；

dp_i——具有沉速 u_i 的颗粒重量占所有颗粒重量的百分率。

（二）影响平流式沉淀池沉淀效果的因素

实际平流沉淀池偏离理想沉淀池条件的主要原因有：

1. 沉淀池实际水流状况对沉淀效果的影响

在理想沉淀池中，假定水流稳定，流速均匀分布。其理论停留时间 t_0 为

$$t_0=\frac{V}{Q} \tag{4.10}$$

式中：V——沉淀池容积（m^3）；

Q——沉淀区的设计流量（m^3/h）。

但是在实际沉淀池中，停留时间总是偏离理想沉淀池，表现在一部分水流通过沉淀区的时间小于 t_0，而另一部分水流通过沉淀区的时间则大于 t_0，这种现象称为短流。它是由于水流的流速和流程不同而产生的。短流产生的原因有：

（1）进水的惯性作用。

（2）出水堰产生的水流抽吸。

（3）较冷或较重的进水产生的异重流。

（4）风浪引起的短流。

（5）池内存在的导流壁和刮泥设施等。

2. 凝聚作用的影响

由于实际沉淀池的沉淀时间和水深所产生的絮凝过程均影响了沉淀效果，实际沉淀池也就偏离了理想沉淀池的假定条件。

三、斜板和斜管沉淀池

由埋想沉淀池去除率公式可知，在沉淀池有效容积一定的条件下，增加沉淀面积，可使颗粒去除率提高。根据这一原理，平流沉淀池曾被改建成多层多格的池子，以增加沉淀面积，但排泥问题无法解决，斜板（管）沉淀池解决了排泥和增加沉淀面积的问题。

斜板沉淀池是把与水平面成一定的角度（一般 60°左右）的众多斜板置于沉淀池中构成，水流可从上向下或从下向上流动，颗粒沉于斜板底部，累积到一定程度时，便自动下滑，如图 4.6 和图 4.7 所示。

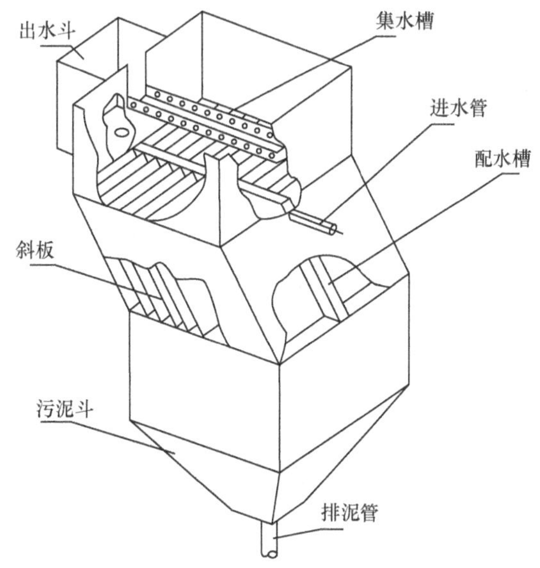

图 4.6 斜板沉淀池结构示意图

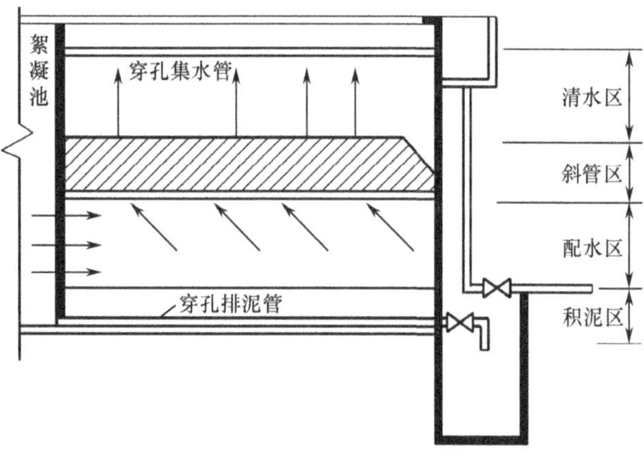

图 4.7 斜板沉淀池示意

从改善沉淀池水力条件分析，由于斜板（管）沉淀池水力半径大大减小，从而使雷诺数 Re 大大降低，而弗劳德数 Fr 则大大提高。斜管沉淀池水力半径更小。斜板（管）沉淀池满足了水流的稳定性和层流的要求。

斜板（管）沉淀池处理能力比一般沉淀池大得多（3～7 倍），过流率（表面水力负荷）可达 $36m^3/(m^2 \cdot h)$，停留时间大大缩短，节省占地面积。斜板（管）与水平面间的倾角一般采用 50°～60°。斜板（管）沉淀池大多采用异向流形式，即水流在斜板（管）内的流动方向与颗粒沉淀和滑行方向相反，也有采用同向流及横向流形式，如图 4.8所示。

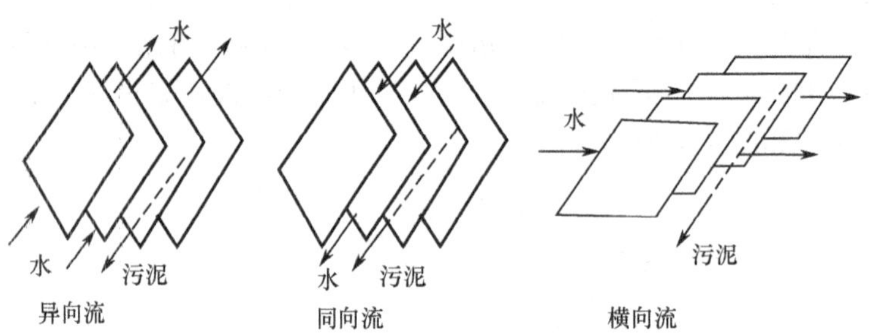

图 4.8 斜板沉淀池水流和污泥颗粒流动方向示意

斜板材料要求轻质、壁薄、坚固、无毒而价廉。斜板大多采用聚氯乙烯平板或波纹板，斜管多为黏合塑料蜂窝管，常以一种组装形式安装。

(1) 斜板（管）沉淀池的优点：大大增加了沉淀面积，因此沉降效率高，产水量大；板间距及上升流速小，废水流动呈层流状态，有利于沉淀；沉降时间短，沉池体积大大缩小，占地面积小。

(2) 斜板（管）沉淀池的缺点：在相同流量的情况下，由于斜板、斜管沉淀池的停留时间短，其抗各种不利因素的能力较弱（如抗冲击负荷能力）；斜板斜管沉淀区只占沉淀池 1/2～1/3，水流状态不稳定；维护管理较难，使用一段时间后需更换斜板（管）。

四、澄清池

（一）澄清池的特点

澄清池是将絮凝和沉淀两个过程综合于一个构筑物完成，主要依靠活性泥渣层达到澄清目的。当脱稳杂质随水流与泥渣层接触时，便被泥渣层阻留下来，使水获得澄清。泥渣可以净水的原因有以下几种：

(1) 原水遇混凝剂后，生成的泥渣有大量的未饱和活性集团，能继续吸附和黏附水中的悬浊物质。

(2) 泥渣具有疏松的结构和很大的表面积，脱稳杂质在泥渣层表面进行接触絮凝，提高了混凝效果。

(3) 悬浮泥渣层具有很高的浓度（从数百到数千 mg/L），能大大地增加泥渣之间的碰撞机会，絮凝颗粒不断增大，加速了絮凝体的沉淀。

泥渣层的形成方法，通常是在澄清池开始运转时，在原水中加入较多的絮凝剂，并适当降低负荷，经过一定时间运转后逐步形成。当原水浊度低时，为加速泥渣层的形成，也可人工投加黏土。

从泥渣充分利用的角度而言，干流式沉淀池单纯为了颗粒的沉降，池底沉泥还具有相当的接触絮凝活性未被利用。澄清池则充分利用了活性泥渣的絮凝作用。澄清池的排泥措施能不断排除多余的陈旧泥渣，其排泥量相当于新形成的活性泥渣量。故泥渣层始终处于更新状态中，泥渣层始终保持接触絮凝的活性。

（二）澄清池简介

1. 泥渣悬浮型澄清池

泥渣悬浮型澄清池又称泥渣过滤型澄清池，如图 4.9 所示。它的工作情况是加药后的原水由下而上通过悬浮状态的泥渣层时，水中脱稳杂质与高浓度的泥渣颗粒碰撞凝聚并被泥渣层拦截下来，这种作用类似过滤作用。浑水通过悬浮层即获得澄清，悬浮颗粒拦截了进水中的杂质，悬浮泥渣颗粒变大，沉速提高。

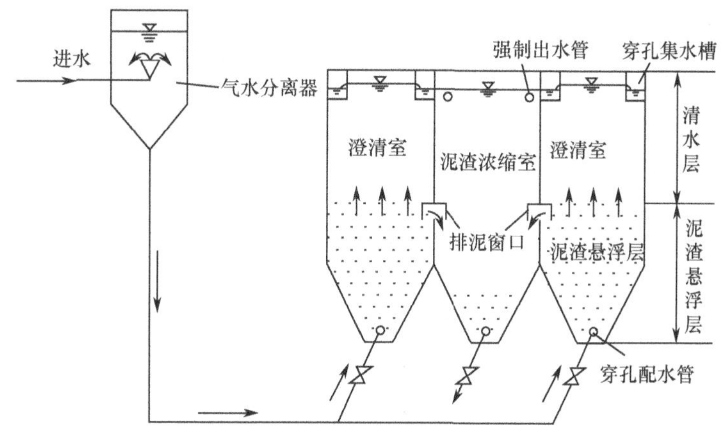

图 4.9 悬浮澄清池流程

泥渣悬浮型澄清池结构简单，多用于小水厂，当水温、水量变化时，泥渣层不稳定，运行适应性差，目前使用较少。

2. 泥渣循环型

如图 4.10 所示是机械搅拌澄清池的构造图，属于泥渣循环型澄清池，主要由第一絮凝池和第二絮凝池及分离室组成。整个池体上部是圆筒形，下部是圆锥形。加过药剂的原水在第一、第二反应室与高浓度的回流泥渣相接触，达到较好的絮凝效果，结成大而重的絮凝体，在分离室中进行分离。

泥渣的循环回流用机械抽升，故称机械加速澄清池。原水进入环型三角配水槽，通过缝隙均匀流入第一反应室，因原水中可能含有气体，汇集在三角槽顶部故应安装透气管，加药地点可在进水管、三角配水槽，也可数处同时加注药剂。

实际上，图 4.10 是机械搅拌沉清池的一种形式，还有多种形式尽管池型不同，但

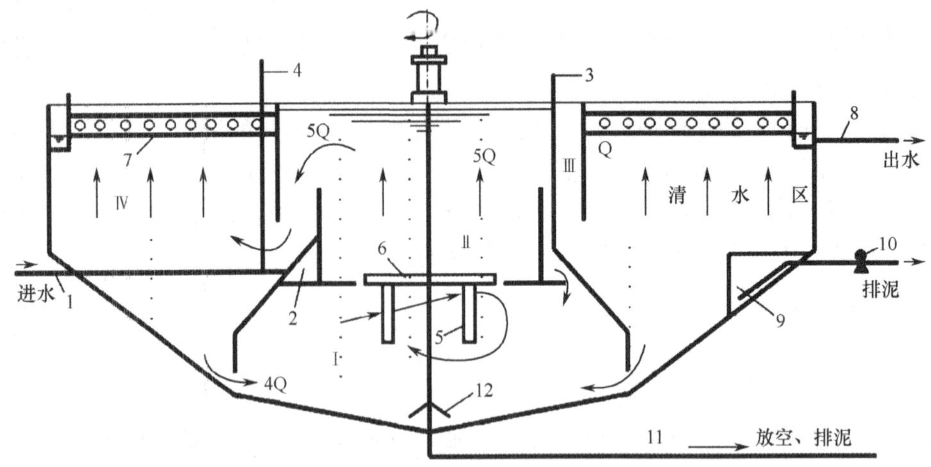

图 4.10 机械搅拌澄清池剖面示意图

1. 进水管；2. 三角配水槽；3. 透气管；4. 投药管；5. 搅拌桨；6. 提升叶轮；7. 集水槽；8. 出水管；9. 泥渣浓缩室；10. 排泥阀；11. 放空管；12. 排泥罩；Ⅰ. 第一絮凝室；Ⅱ. 第二絮凝室；Ⅲ. 导流室；Ⅳ. 分离室

基本构造和原理是相同的。原水由进水管 1 通过环形三角配水槽 2 的缝隙均匀流入第一絮凝室Ⅰ。因为原水中可能含有气体，会积在三角槽顶部，故应安装透气管 3。絮凝剂投注点按实际情况和运转经验确定，可加在水泵吸水管内，也可由投药管 4 加入澄清池进水管、三角配水槽等处，也可数处同时加注药剂。

搅拌设备由提升叶轮 6 和搅拌桨 5 组成，提升叶轮装在第一和第二絮凝室的分隔处。搅拌设备的作用是：提升叶轮将回流水从第一絮凝室提升至第二絮凝室，使回流水中的泥渣不断在池内循环；搅拌桨使第一絮凝室内的水体和进水迅速混合，泥渣随水流处于悬浮和环流状态。因此，搅拌设备使接触絮凝过程在第一、二絮凝室内得到充分发挥。回流流量为近水流量的 3～5 倍，图中表示回流量为进水流量的 4 倍。

搅拌设备宜采用无线变速电动机驱动，以便随进水水质和水量变动而调整回流量或搅拌拌强度，一般转速约在 5～7r/min 左右。

第二絮凝室设有导流板，用以消除因叶轮提升时所引起的水的旋转，使水流平稳地经导流室Ⅲ流入分离室Ⅳ。分离室中下部为泥渣层，上部为清水层，清水向上经集水槽 7 流至出水槽 8。清水层须有 1.5～2.0m 深度，以便在排泥不当而导致泥渣层厚度变比时，仍可保证出水水质。

向下沉淀的泥渣沿锥底的回流缝再进入第一絮凝室，重新参加絮凝，一部分泥渣则自动排入泥渣浓缩室 9 进行浓缩，至适当浓度后经排泥管排出。

机械搅拌澄清池为混合、絮凝和分离三种三种工艺在一个构筑物中的综合工艺设备，各部分相互牵制、相互影响，所以计算工作往往不能一次完成，必须在设计过程中作相应的调整。

3. 水力循环澄清池

图 4.11 所示多种形式中的一种水力循环澄清池剖面。原水从池底进入，先经喷嘴

高速喷入喉管，因此在喉管下部喇叭口附近造成真空而吸入回流泥渣，原水与回流泥渣在喉管中剧烈混合后，被送入第一絮凝室和第二絮凝室。从第二絮凝室流出的泥水混合液，在分离室中进行泥水分离。清水向上，泥渣一部分进入泥渣浓缩室，一部分被吸入喉管重新循环，如此周而复始，原水流量与泥渣回流量之比一般为1∶2～1∶4。

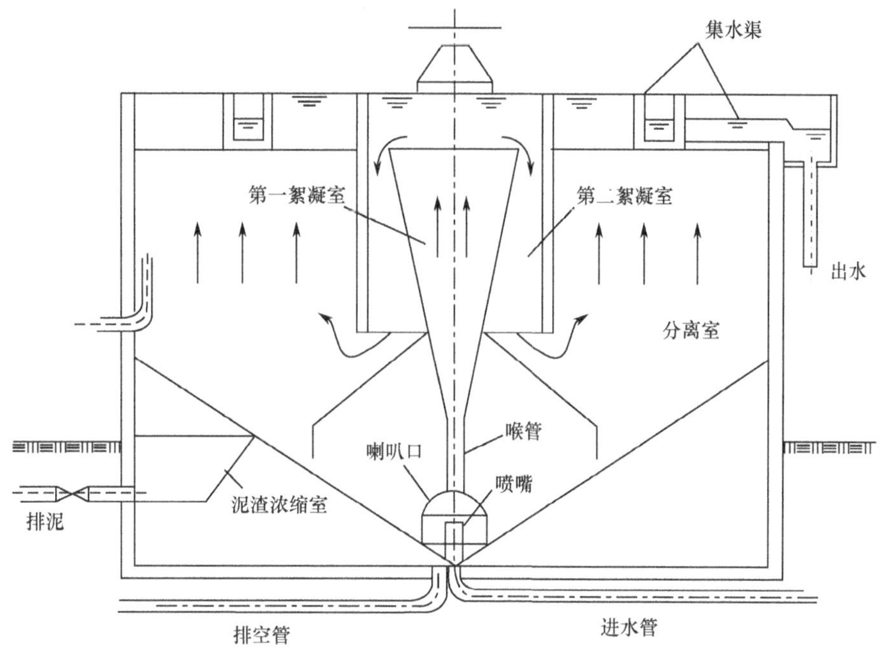

图4.11　水力循环澄清池示意图

泥渣循环型澄清池中大量高浓度的回流泥渣与加过混凝剂的原水中杂质颗粒具有更多的接触碰撞机会，且因为回流泥渣与杂质粒径相差较大，故絮凝效果好。在机械搅拌澄清池中，泥渣回流量还可按要求进行调整控制，加之泥量回流量大、浓度高，故对原水的水量、水质和水温变化的适应性较强，但需要一套机械设备并增加维修工作，结构较复杂。

水力循环澄清池结构较简单，无需机械设备，但泥渣回流量难以控制，且因絮凝室容积较小，絮凝时间较短，回流泥渣接触絮凝作用的发挥受到影响。故水力循环澄清池处理效果较机械加速澄清池差，耗药量较大，对原水水量、水质和水温的变化适应性较差。一般用于中小型水厂。

第四节　过　　滤

在常规水处理过程中，过滤一般是指以石英砂等粒状滤料层截留水平悬浮杂质，从而使水获得澄清的工艺过程。滤池通常置于沉淀池或澄清池之后。当原水浊度较低（一般在100度以下），且水质较好时，也可采用原水直接过滤。过滤不仅降低水的蚀度，而且水中有机物、细菌乃至病毒等随水的浊度降低而被部分去除，至于残留于滤后水中的细菌、病毒等在失去浑浊物的保护或依附时，后续消毒处理可将其杀灭。在饮用水的净化工艺中，过滤是不可缺少处理单元，是保证饮用水卫生安全的重要措施。

滤池有多种形式。以石英砂作为滤料的普通快滤池使用历史最久。为充分发挥滤料层截留杂质能力，出现了双层、多层及均质滤料滤池，上向流和双向流滤池等，为了减少滤池阀门，出现了虹吸滤池、无阀滤池、移动冲洗罩滤池及其他水力自动冲洗滤池等。

在冲洗方式上，有水冲洗和气水反冲洗两种。各种形式的滤池，过滤原理基本一样，基本工作过程也大致相同，即过滤和冲洗交错进行。

现以普通快滤池为例，介绍快滤池工作过程。

如图 4.12 所示，过滤时，开启进水支管 2 与清水支管 3 的阀门。关闭冲洗水支管 4 阀门与排水阀 5，浑水就经进水总管 1、支管 2 从浑水渠 6 进入滤池。经过滤料层 7、承托层 8 后，出配水系统的配水支管 9 汇集起来再经配水系统干管渠 10、清水支管、清水总管 12 流往清水池。浑水流经滤料层时，水中杂质即被截留。随着滤层中杂质截留量的逐渐增加，滤料层中水头损失也相应增加。一般情况下，当水头损失增至一定程度会导致滤池产水量减少，或当过滤水质不符合要求时，滤池便须停止过滤进行冲洗。

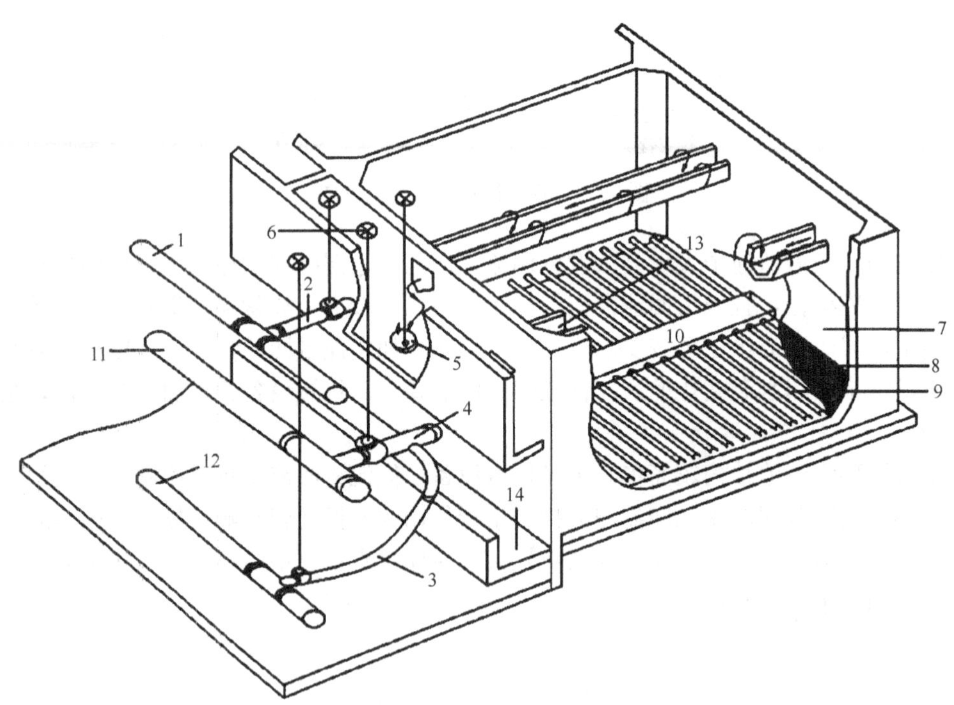

图 4.12　普通快滤池构造剖视图（箭头表示冲洗水流方向）

1. 进水总管；2. 进水支管；3. 清水支管；4. 冲洗水支管；5. 排水阀；6. 浑水渠；7. 滤料层；8. 承托层；9. 配水支管；10. 配水干管；11. 冲洗水总管；12. 清水总管；13. 冲洗排水槽；14. 废水渠

冲洗时，关闭进水支管 2 与清水支管 3 阀门。开启排水阀 5 与冲洗水支管 4 阀门。

冲洗水即出冲洗水总管 11、支管 4，经配水系统的下管、支管及支管上的许多孔眼流出，由下而上穿过承托层及滤料层，均匀地分布于整个滤池平面上。滤料层在由下而上均匀分布的水流中处于悬浮状态，滤料得到清洗。冲洗废水流入冲洗排水槽 13，再经浑水渠 6、排水管和废水渠 14 进入下水道。冲洗一直进行到滤料基本洗干净为止。冲洗结束后，过滤重新开始。从过滤开始到冲洗结束的一段时间称为快滤池工作周期，从过滤开始至过滤结束为过滤周期。

一、过滤原理

以单层砂滤池为例，其滤料粒径通常为 0.5～1.2mm，滤层厚度一般为 70cm。经反冲洗水力分选后，滤料粒径自上而下大致按由细到粗依次排列，称滤料的水力分级。滤层中孔隙尺寸也因此由上而下逐渐增大。设表层细砂粒径为 0.5mm，以球体计，滤料颗粒之间的孔隙尺寸约 80μm。但是，进入滤池的悬浮物颗粒尺寸大部分小于 30μm，仍然能被滤层截留下来，而且在滤层深处（孔隙大于 80μm）也会被截留，说明过滤显然不单是机械筛滤作用的结果。过滤主要是悬浮颗粒与滤料颗粒之间黏附作用的结果。

在过滤过程中，滤层孔隙中的水流一般属层流状态，被水流挟带的颗粒将随着水流流线运动，它之所以会脱离流线而与滤粒表面接近，一般认为由以下几种作用引起：拦截、沉淀、惯性、扩散和水动力作用等。如图 4.13 所示为上述几种迁移示意图。

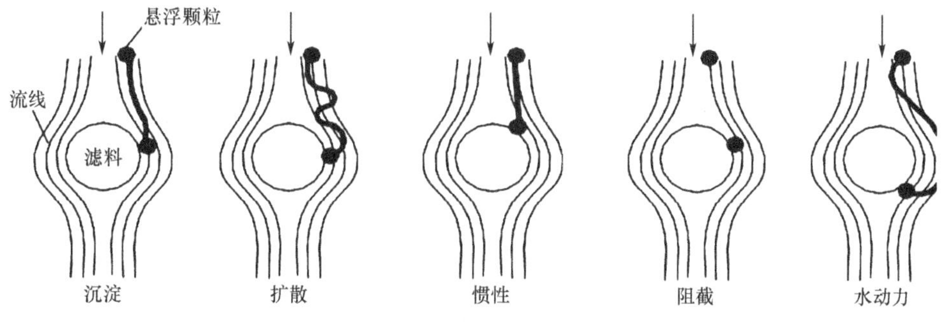

图 4.13 颗粒迁移示意图

1. 迁移机理

1）筛滤

比滤层孔隙大的颗粒被机械筛分，截留于过滤表面上，然后这些被截留的颗粒形成孔隙更小的滤饼层，使过滤水头增加，甚至发生堵塞。

2）拦截

随流线流动的小颗粒，在流线会聚处与滤料表面接触。其去除概率与颗粒直径的平方成正比，与滤料粒径的立方成反比，也是雷诺准数的函数。

3）惯性

当流线绕过滤料表面时，具有较大动量和密度的颗粒因惯性冲击而脱离流线碰撞到滤料表面上。

4）沉淀

如果悬浮物的粒径和密度较大，将存在一个沿重力方向的相对沉淀速度。在净重力作用下，颗粒偏离流线沉淀到滤料表面上。沉淀效率取决于颗粒沉速和过滤水速的相对大小和方向。此时，滤层中的每个小孔隙起着一个浅层沉淀池的作用。

5）布朗运动

对于微小悬浮颗粒（如 $d<1\mu m$），由于布朗运动而扩散到滤料表面。

6）水力作用

由于滤层中的孔隙和悬浮颗粒的形状是极不规则的，在不均匀的剪切流场中，颗粒受到不平衡力的作用不断地转动而偏离流线。

在实际过滤中，悬浮颗粒的迁移将受到上述各机理的作用，它们的相对重要性取决于水流状况、滤层孔隙形状及颗粒本身的性质（粒度、形状、密度等）。

2. 附着机理

1）接触凝聚

在原水中投加凝聚剂，压缩悬浮颗粒和滤料颗粒表面的双电层后，但尚未生成微絮凝体时，立即进行过滤。

2）静电引力

由于颗粒表面上的电荷和由此形成的双电层产生静电引力和斥力。当悬浮颗粒和滤料颗粒带异号电荷则相吸，反之，则相斥。

3）吸附

悬浮颗粒细小，具有很强的吸附趋势，吸附作用也可能通过絮凝剂的架桥作用实现。絮凝物的一端附着在滤料表面，而另一端附着在悬浮颗粒上。

4）分子引力

原子、分子间的引力在颗粒附着时起重要作用。万有引力可以叠加，其作用范围有限（通常小于 $50\mu m$），与两分子的间距的 6 次方成反比。

3. 脱落机理

普通快滤池通常用水进行反冲洗，有时先用或同时用压缩空气进行辅助表面冲洗。在反冲洗时，滤层膨胀一定高度，滤料处于流化状态。截留和附着于滤料上的悬浮物受到高速反洗水的冲刷而脱落；滤料颗粒在水流中旋转、碰撞和摩擦，也使悬浮物脱落。反冲洗效果主要取决于冲洗强度和时间。当采用同向流冲洗时，还与冲洗流速的变动有关。

二、滤池类型

1. 普通快滤池

普通快滤池通常指图 4.14 中（a）、（b）、（c）所示的具有 4 个阀门的快滤池。为减少阀门，可以用虹吸管代替进水和排水阀门，习惯上称“双阀滤池”，如图 4.14（d）所示。实际上它与 4 阀滤池构造和工艺过程完全相同，仅仅以两个虹吸管代替两个阀门而已，故仍称之为普通快滤池。

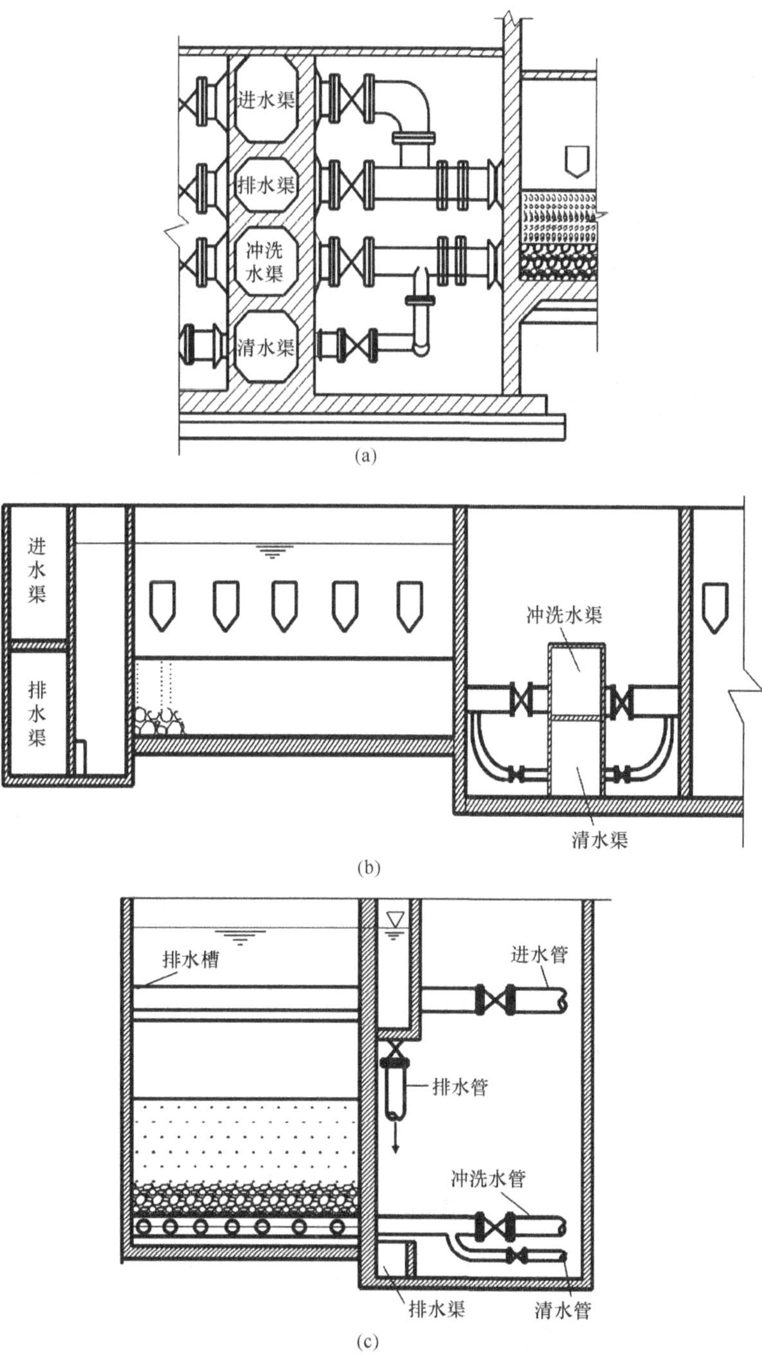

图 4.14 普通快滤池

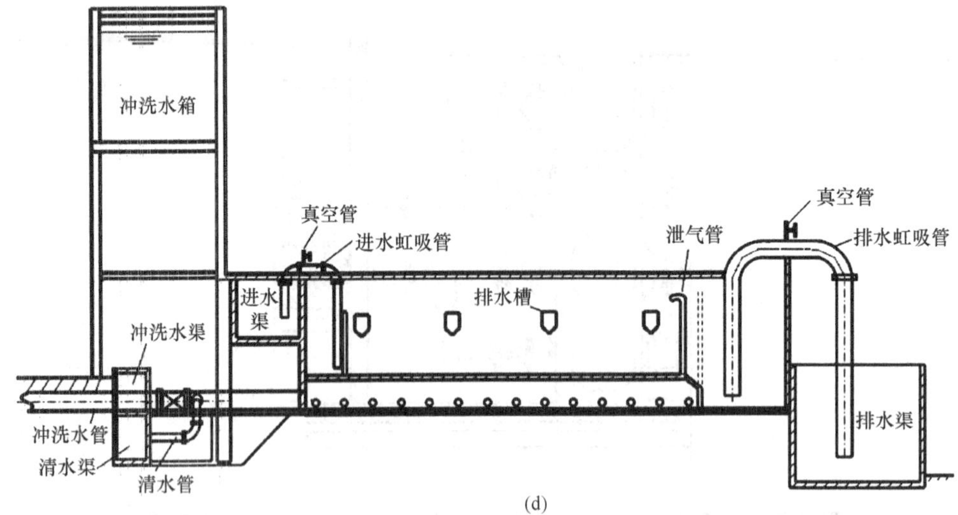

(d)

图 4.14 普通快滤池（续）

2. 无阀滤池

一般快滤池都有复杂的管道系统，并设有各种控制阀门，操作步骤相当复杂，同时也增加了建造费用。无阀滤池是利用水力学原理，通过进出水的压差自动控制虹吸产生和破坏，实现自动运行的滤池。

无阀滤池的构造如图 4.15 所示。过滤时的工作情况是：浑水经进水分配槽 1，由

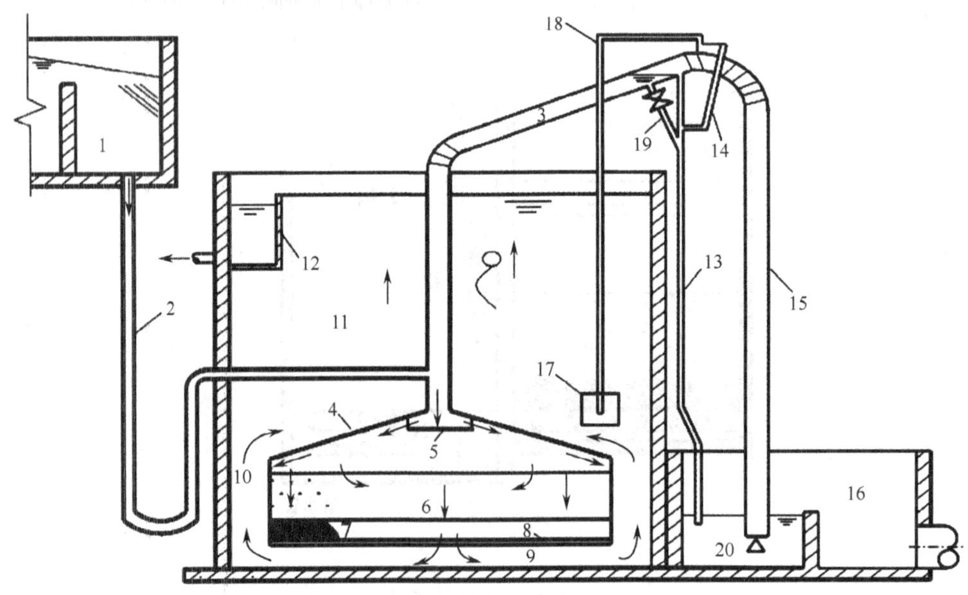

图 4.15 无阀滤池过滤过程示意图

1. 进水分配槽；2. 进水管；3. 虹吸上升管；4. 伞形顶盖；5. 挡板；6. 滤料层；7. 承托层；8. 配水系统；9. 底部配水区；10. 连通渠；11. 冲洗水箱；12. 出水渠；13. 虹吸辅助管；14. 抽气管；15. 虹吸下降管；16. 水封井；17. 虹吸破坏斗；18. 虹吸破坏管；19. 强制冲洗管；20. 冲洗强度调节器

进水管 2 进入虹吸上升管 3，再经顶盖 4 下面的挡板 5 后，均匀地分布在滤料层 6 上，通道承托层 7、小阻力配水系统 8 进入底部空间 9。滤后水从底部空间经连通渠 10 上升到冲洗水箱 11。当水箱水位达到出水渠 12 的溢流堰顶时，溢入渠内，最后流入清水池。水流方向如图中箭头所示。

开始过滤时，虹吸上升管与冲洗水箱中的水位差为过滤起始水头损失。随着过滤的进行，滤料层水头损失逐渐增加，虹吸上升管中水位相应运渐升高。管内原存空气受到压缩，一部分空气将从虹吸下降管出口端穿过水封进入大气。当水位上升到虹吸辅助管 13 的管口时，水从辅助管流下，依靠下降水流在管中形成的真空和水流的挟气作用，抽气管 14 不断将虹吸管中空气抽出，使虹吸管中真空度逐渐增大。其结果，一方面虹吸上升管中水位升高。同时，虹吸下降管 15 将排水水封井中的水吸上至一定高度。当上升管中的水越过虹吸管顶端而下落时，管中真空度急剧增加，达到一定程度时，下落水流与下降管中上升水柱汇成一股冲出管口，把管中残留空气全部带走，形成连续虹吸水流。这时，由于滤层上部压力骤降，促使冲洗水箱内的水沿过滤时的相反方向进入虹吸管，滤料层因而受到反冲洗。冲洗废水由排水水封井 16 排出。

在冲洗过程中，水箱内水位逐渐下降。当水位下降到虹吸破坏斗 17 以下时，虹吸破坏管 18 把小斗中的水吸完。管口与大气相通，虹吸破坏，冲洗结束，过滤重新开始。

从过滤开始至虹吸上升管中水位升至辅助管口这段时间，为无阀滤池过滤周期。因为当水从辅助管下流时，仅需数分钟便进入冲洗阶段。

无阀滤池不需大型阀门，通过进出水的压差自动控制虹吸产生和破坏，实现滤池冲洗，运行全部自动进行，操作方便，工作稳定可靠；在运转中滤层不会出现负水头；结构简单，材料节省，造价比普通快滤池低 30%～50%。但滤料进出困难；因冲洗水箱位于滤池上部，使滤池总高度较大；滤池冲洗时，原水也由虹吸管排出，浪费了一部分澄清的原水，且反洗污水量大。一般用于中、小型水厂。

3. 虹吸滤池

虹吸滤池一般是由 6～8 格滤池组成一个整体，通常称为“一组滤池”或“一座滤池”。根据水量大小，水厂可建一组滤池或多组滤池。一组滤池平面形状可以是圆形、矩形或多边形，平面形状常以矩形为多。因为矩形滤池施工较方便，反冲洗水力条件也比圆形或多边形好。

4. 移动罩滤池

移动罩滤池是由许多滤格为一组构成的滤池，利用一个可移动的冲洗罩轮流对各滤格进行冲洗。某一滤格的冲洗水来自本组其他滤格的滤后水，这方面吸取了虹吸滤池的优点。

移动冲洗罩的作用与无阀滤池伞形顶盖相同。冲洗时，使滤格处于封闭状态。因此，移动罩滤池具有虹吸滤池和无阀滤池的某些特点。图 4.16 为一座由 24 格组成、双行排列的虹吸式移动罩滤池示意图。为检修需要，水厂内的滤池座数不得少于 2。滤料层上部相互连通，滤池底部配水区也相互连通，故一座滤池仅有一个进口和出口。

移动罩滤池的优点是：池体结构简单；无需冲洗水箱或水塔；无大型阀门，管件少；采用泵吸式冲洗罩时，池深较浅。但移动罩滤池比其他快滤池增加了机电及控制设

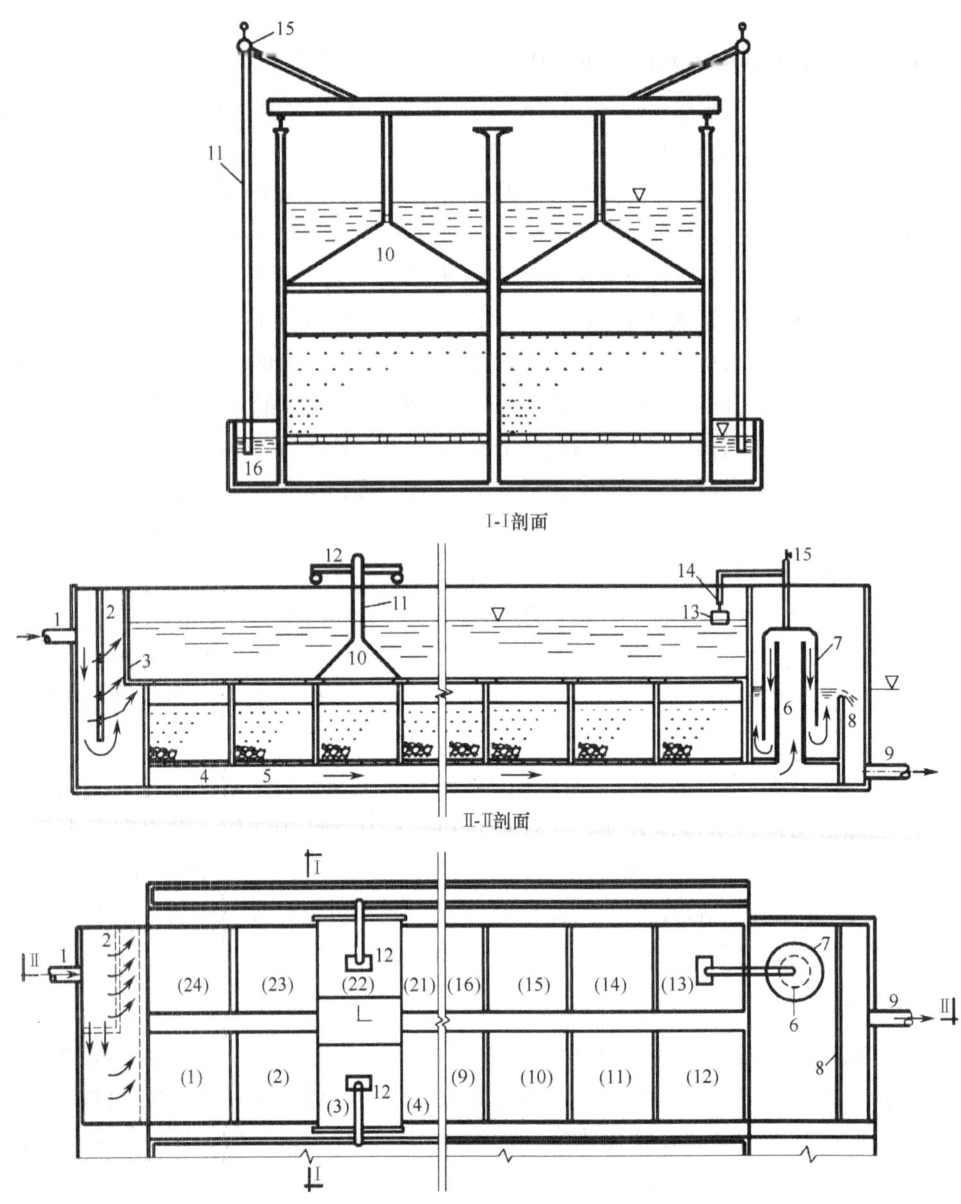

图 4.16 移动罩滤池

1. 进水管；2. 穿孔配水墙；3. 消力栅；4. 小阻力配水系统的配水孔；5. 配水系统的配水室；6. 出水虹吸中心管；7. 出水虹吸管钟罩；8. 出水堰；9. 出水管；10. 冲洗罩；11. 排水虹吸管；12. 桁车；13. 浮筒；14. 针形阀；15. 抽气管；16. 排水渠

备；自动控制和维修较复杂。移动罩滤池一般较适用于大、中型水厂，以便充分发挥冲洗罩使用效率。

5. V 型滤池

V 型滤池因两侧（或一侧）进水槽设计成 V 字形而得名。图 4.17 为一座 V 型滤池构造简图，通常一组滤池由数座滤池组成，每座滤池中间为双层中央渠道，将滤池分成

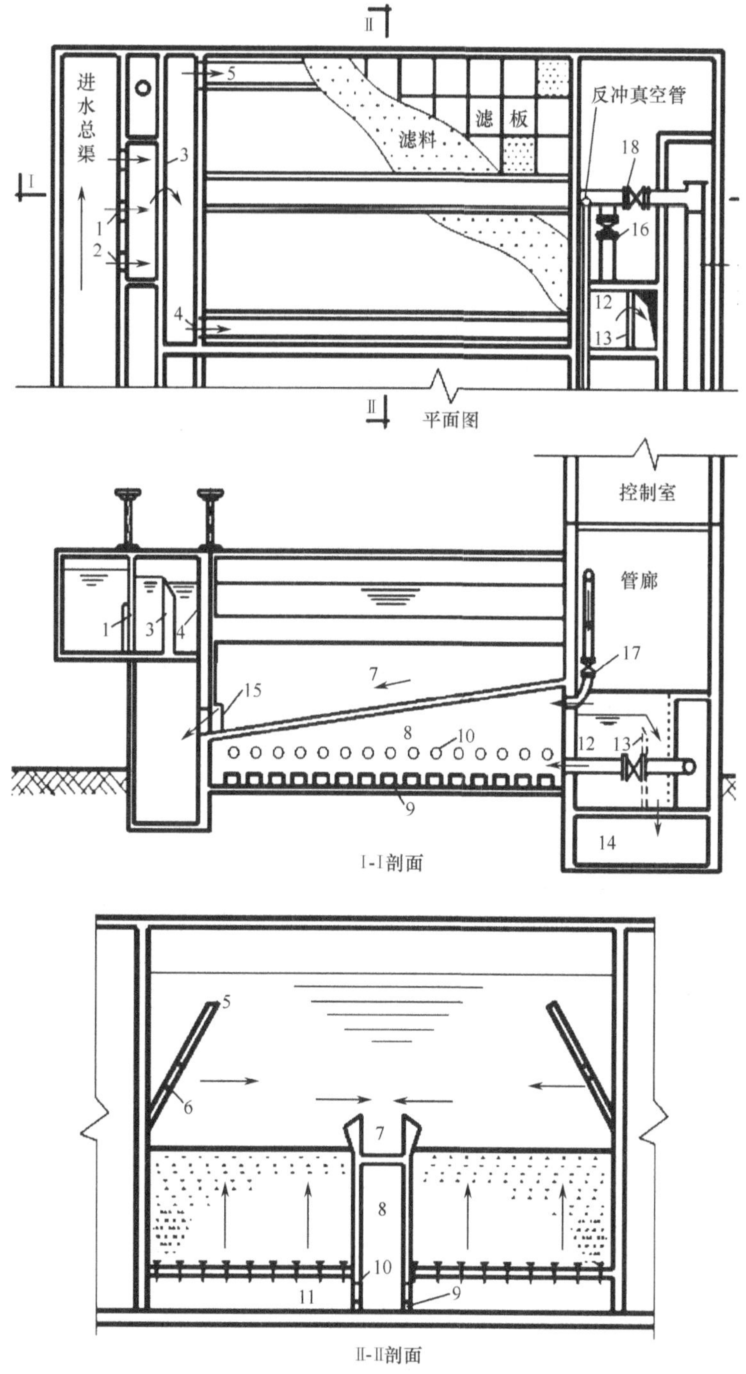

图 4.17 V型滤池构造简图

1. 进水气动隔膜阀；2. 方孔；3. 堰口；4. 侧孔；5. V型槽；6. 小孔；7. 排水渠；8. 气、水分配渠；9. 配水方孔；10. 配气方孔；11. 底部空间；12. 水封井；13. 出水堰；14. 清水渠；15. 排水阀；16. 清水阀；17. 进气阀；18. 冲洗水阀

左右两格。渠道上层是排水渠7供冲洗排污用，下层是气、水分配渠8，过滤时汇集滤后清水，冲洗时分配气和水。渠8上部设有一排配气小孔10，下部设有一排配水方孔9。V型槽底设有一排小孔6，既可作过滤时进水用，冲洗时又可供横向扫洗布水用，这是V型滤池的一个特点。滤板上均匀布置长柄滤头，$1m^2$ 约布置50～60个。滤板下部是空间11。

第五节 消　　毒

为防止通过饮用水传播疾病，在生活饮用水处理中，消毒是必不可少的。通过消毒剂或其他消毒手段，杀灭水中致病微生物的处理过程，称为消毒。水中的致病微生物包括病毒、细菌、真菌、原生动物、肠道寄生虫及其卵等。消毒并非要把水中微生物全部杀灭，仅要求杀灭致病微生物。

水中微生物往往会黏附在悬浮颗粒上，因此，给水处理中的混凝、沉淀及过滤在去除悬浮物、降低水的浊度的同时，也去除了大部分微生物（包括病原微生物）。但尽管如此，消毒仍必不可少，它是生活饮用水安全、卫生的最后保障。

水的消毒方法很多，包括物理法和化学法两大类。物理法有加热、光照及超声波等手段；化学消毒法的消毒剂包括氯、氯化物消毒及多种氧化剂（臭氧、溴、碘、高锰酸钾等）消毒，还有某些重金属离子（银、铜等）及阳离子型表面活性剂等。

饮用水消毒剂的选择应考虑杀灭病原菌的效果、控制和检测的难易、剩余消毒剂的有无、对水的感官性状的影响、副产物对健康的影响及预防或消除的可能性、经济技术上的可行性等因素。

美国安全饮水委员会通过对12种消毒剂的评价后指出：液氯、臭氧、二氧化氯、氯胺是可供公共给水选择的消毒剂，其中氯消毒经济有效，使用方便，应用历史最久也最为广泛。

一、氯消毒

1. 氯消毒原理

氯易溶于水（20℃和98kPa时，溶解度7160mg/L），当氯溶解在清水中时，下列两个反应几乎瞬时发生：

$$Cl_2 + H_2O \rightleftharpoons HOCl + HCl \tag{4.11}$$

$$HOCl \rightleftharpoons H^+ + OCl^- \tag{4.12}$$

次氯酸离解平衡常数：

$$K_i = \frac{[H^+][OCl^-]}{[HOCl]} \tag{4.13}$$

常用氯系消毒剂有氯、次氯酸钠、漂白粉等。它们的杀菌机制基本相同，主要靠水解产物次氯酸起作用。

氯消毒主要通过HOCl起作用。HOCl为很小的中性分子，能扩散到带负电的细菌表面，并通过细菌的细胞壁穿透到细菌内部。当HOCl分子到达细菌内部时，能起氧化作用破坏细菌的酶系统而使细菌死亡。OCl^- 虽亦为具有杀菌能力的有效氯，但带有负电，难于接近带负电的细菌表面，杀菌能力比 HOCl 差得多。生产实践表明，pH 越低则消毒作用越强，证明 HOCl 是消毒的主要因素。

实际上，很多地面水源中，由于有机物污染而含有一定的氨氮，氯加入水中后，产生以下分步反应：

$$NH_3 + HOC \rightleftharpoons NH_2Cl + H_2O \tag{4.14}$$

$$NH_2Cl + HOCl \rightleftharpoons NHCl_2 + H_2O \tag{4.15}$$

$$NHCl_2 + HOCl \rightleftharpoons NCl_3 + H_2O \tag{4.16}$$

上述反应表明，水中次氯酸 HOCl、一氯胺 NH_2Cl、二氯胺 $NHCl_2$、三氯胺 NCl_3 都存在，其含量取决于氯、氨的相对浓度、pH 和温度。一般而言，pH＞9.0 时，NH_2Cl 占优势；pH＝7.0，NH_2Cl 和 $NHCl_2$ 都存在，含量近似相等；pH＜6.5 时，$NHCl_2$ 占优势，而 NCl_3 只有在 pH＜4.5 时才存在。

当水中存在氯氨时，消毒作用较缓慢，需要较长的接触时间。根据实验结果，用氯消毒，5min 内可杀灭细菌达 99%以上；用氯氨消毒时，相同条件下，5min 内仅达 60%，接触时间延长到十几小时，才能达到 99%以上的灭菌效果。但就消毒效果而言，$NHCl_2$ 消毒效果胜过 NH_2Cl。低 pH 时，$NHCl_2$ 所占比例大，消毒效果好。NCl_3 作用极差，且有恶臭，一般自来水中不太可能产生。

氯胺在水中的消毒作用，实质上是依靠其水解产物 HOCl。只有当水中的 HOCl 因消毒而消耗后，氯胺才不断水解释放出 HOCl 继续起消毒作用。因此，氯胺的消毒作用比较缓慢，需要较长的接触时间和较大的投药量。但是氯胺消毒有其独特的优点：氯胺较稳定，在水中的存留期长，逐渐释放出 HOCl，消毒作用持久；能减少三卤甲烷和氯酚的产生，可使氯酚臭味减轻；防止管网中铁细菌的繁殖。

水中以氯胺（NH_2Cl、$NHCl_2$、NCl_3）形式存在的氯，称为化合性氯；把 Cl_2、HOCl、OCl^- 称为自由性氯。因此，可以将氯消毒分为自由性氯消毒和化合性氯消毒。

2. 加氯量

消毒时在水中的加氯量分为两部分，即需氯量和余氯量。需氯量直用于杀死细菌和氧化有机物等所消耗的部分；余氯量是为了抑制水中残存细菌的再度繁殖，管网中尚需维持少量剩余氯。

我国饮用水标准规定，出厂水游离性余氯在接触 30min 后不应低于 0.3mg/L，在管网末梢不低于 0.05mg/L。

以下分析加氯量和余氯量间的关系：

(1) 如水中无细菌、有机物和还原性物质时，则需氯量为 0，加氯量等于剩余氯量，该线与坐标轴成 45°角，即图 4.18 中虚线 1。

(2) 当原水已受到有机物物污染，氧化这些有机物需消耗一定的 Cl_2 量，即需氯量。加 Cl_2 量必须超过所需氯量，才能保证一定的剩余 Cl_2，即图 4.18 中实线 2。

(3) 当水中的有机物主要是氨和氮化合物时，情况比较复杂。如图 4.19 所示，曲

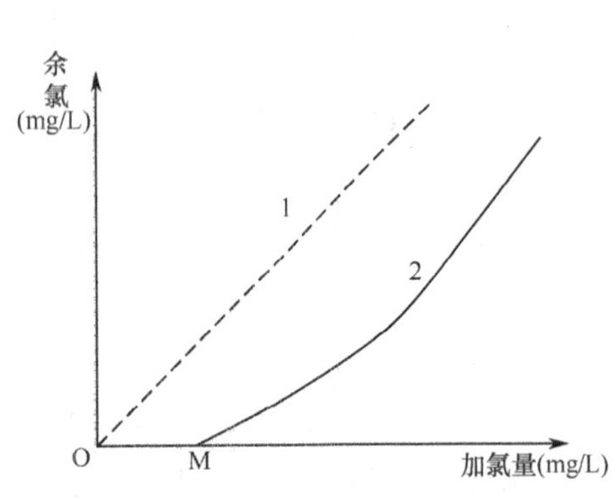

图 4.18 加氯量与余氯的关系示意图

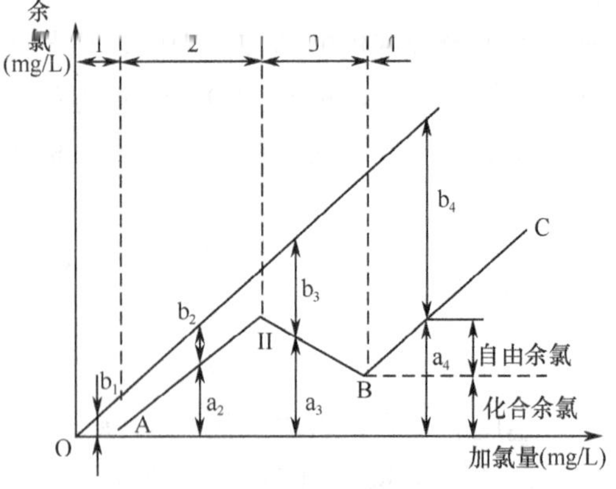

图 4.19 折点加氯示意图

线 AHBC 与斜虚线间的纵坐标 b 表示需氯量；曲线 AHBC 的纵坐标值 a 表示余氯量。曲线分为 4 个区，分述如下：

在第 1 区即 OA 段，表示水中杂质把 Cl_2 消耗，余氯量为 0，需氯量为 b，此时消毒效果不可靠。

在第 2 区即 AH 段，加氯后，氯与氨发生反应，有余氯存在，有一定的消毒效果，但余氯为化合性的氯，其主要成分是一氯胺。

在第 3 区即 HB 段，仍然产生化合性余氯。但由于加氯量增加，出现氧化反应，部分氯胺被投入的氯氧化分解为 N_2 等一些不起消毒作用的化合物，余氯反而逐渐减少了，最后到最低的折点 B。

加氯量进入第 4 区即 BC 段，杂质减少甚至消失，不再消耗 Cl_2，此时出现自由性余氯，消毒效果最好。

从整个曲线看，到达峰点 H 时，余氯最高。但这是化合性余氯而非自由性余氧。到达折点 B 时，余氯最低。如继续加氯，余氯增加，此时所增加的是自由性余氯。加氯量超过折点需要量时称为折点氯化。

上述曲线的测定，应结合生产实际进行。生产实践表明：当原水游离氨在0.3mg/L以下时，通常加氯量控制在折点后；原水游离氨在 0.5mg/L 以上时，峰点以前的化合性余氯量已够消毒，加氯量可控制在峰点前以节约氯；原水游离氨在 0.3～0.5mg/L 范围内，加氯量难以掌握，如控制在峰点前，往往化合性余氯减少，有时达不到要求；控制在折点后则浪费加氯量。

一般的地面水经混凝、沉淀和过滤后或清洁的地下水，加氯量可采用 1～1.5mg/L；一般的地面水经混凝、沉淀而未经过滤可采用 1.5～2.5mg/L。当原水受到严重污染，采用普通的混凝沉淀和过滤加上一般加氯量的消毒方法都不能解决问题时，折点加氯法可取得明显效果，它能降低水的色度，去除恶臭，降低水中有机物含量，还能提高混凝效果。

3. 加氯点

在过滤之后加氯，因消耗氯的物质已经大部分去除，所以加氯量很少。滤后消毒为饮用水处理的最后一步。

在加混凝剂时同时加氯，可氧化水中的有机物，提高混凝效果。这些氯化法称为滤前氯化或预氯化。预氯化还能防止水厂内各类构筑物中滋生青苔和延长氯胺消毒的接触时间，使加氯量维持在图 4.19 中的 AH 段，以节省加氯量。

当城市管网延伸很长，管网末梢的余氯难以保证时，需要在管网中补充加氯。这样既能保证管网末梢的余氯，又不致使水厂附近管网中的余氯过高。管网中途加氯的位置一般都设在加压泵站或水库泵站内，如图 4.20 所示。

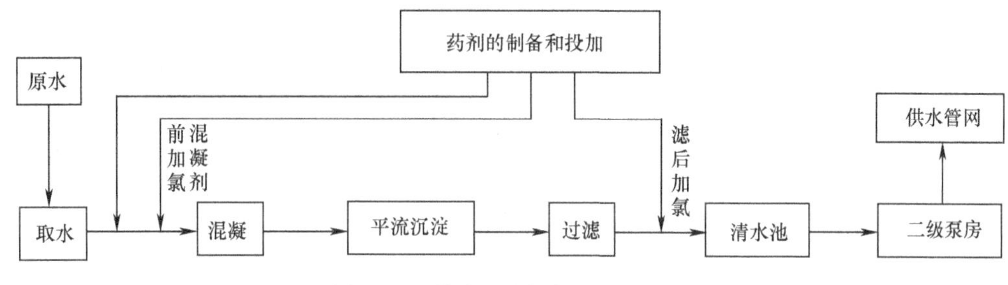

图 4.20　某水厂选择的工艺流程图

二、其他消毒法

（一）二氧化氯（ClO_2）消毒

1. ClO_2 的性质

ClO_2 气体与 Cl_2 气味相似，ClO_2 在高于 11℃时沸腾，成为一种黄绿色气体。它是一种极活泼的化合物，稍经受热，就会迅速而爆炸性分解为 Cl_2 和 O_2。ClO_2 具有比 Cl_2 更大的刺激性和毒性，毒性为 Cl_2 的 40 倍。易溶于水，溶解度比 Cl_2 高 5 倍，ClO_2 作为一种强氧化剂，同样具有和 Cl_2 相似的杀生能力。

ClO_2 极不稳定，不能像次氯酸钠那样可以运输，只有依靠现场制备。一般都是通过氯酸盐同酸的反应制备得到，以氯酸钠的成本为最低。

2. 作用机理

ClO_2 既是消毒剂又是氧化能力很强的氧化剂，ClO_2 对细菌的细胞壁具有较强的吸附和穿透能力，能有效地破坏细菌内含巯基地酶。

3. 特点

（1）ClO_2 不会与水中有机物作用生成三卤甲烷（THMS），即一氯二溴甲烷、三氯甲烷、二氯一溴甲烷、三溴甲烷等。与酚起氧化反应，不会生成氯酚。

（2）ClO_2 消毒能力比氯强，相同条件下投加量比 Cl_2 少，ClO_2 余量能在管网中保持很长的时间，即衰减速度比氯慢。

（3）由于 ClO_2 不水解，消毒受 pH 影响较小（在 pH 在 6～10 内能有效地杀灭绝大多数的微生物）。

（4）作为氧化剂，ClO_2 能去除或降低水的色、嗅及铁、锰、酚等物质。

ClO_2 对人体血红细胞有损害。有报道认为还对人的神经系统及生殖系统有损害。欧洲一些国家规定 ClO_2 和 ClO_2^- 的总量不得超过 1.0mg/L，但目前我国还没有规定。不过，作为消毒剂，一般 ClO_2 的投加量约为 1.0～2.0mg/L 时，不会产生副作用，但作为氧化剂，ClO_2 的投加量变化较大，就应该注意水中剩余的 ClO_2 和 ClO_2^- 的副作用。

（二）臭氧消毒

臭氧（O_3）由 3 个氧原子组成，在常温常压下是淡蓝色的具有强烈刺激性的气体。臭氧密度是空气的 1.7 倍，易溶于水，不稳定，在空气或水中均易分解消失。

臭氧既是消毒剂，又是极强的氧化剂。在水中投入臭氧进行消毒或氧化通称臭氧化。作为消毒剂，由于臭氧在水中不稳定，易消失，故在臭氧消毒后，往往仍需投加少量氯、二氧化氯或氯胺以维持水中剩余消毒剂。臭氧作为唯一消毒剂的很少。

臭氧的氧化作用分为直接作用和间接作用两种。臭氧直接与水中物质反应称为直接作用。直接氧化有选择性且反应较慢。间接作用是指臭氧在水中可分解产生二级氧化剂——氢氧自由基·OH，它不仅可以迅速降解矿化许多种有机物，且很快杀灭细菌、病毒等。

臭氧消毒有很明显的优点：用量少，接触时间短，pH 在 6～8.5 范围内均有效，不影响水的感官性状，不产生三卤甲烷。但也有缺点：投资大、消毒费用高；O_3 不稳定，控制和检测 O_3 均需要一定技术；不能储存，需边生产边使用；出厂水无剩余 O_3，故需使用第二消毒剂，以防止二次污染；与有机物、铁和锰反应，可产生微絮凝，使水浊度升高。

（三）紫外线消毒法

紫外线是指电磁波波长处于 200～380nm 的光波，一般分为三个区，即 UVA（315～380nm）、UVB（280～315nm）、UVC（200～280nm）。低于 200nm 的远紫外线区域称为真空紫外线，极易被水吸收，因此不能用于消毒。用于消毒的紫外线是 UVC 区，即波长为 200～280nm 的区域，特别 254nm 附近。紫外线消毒机理与前面的氧化剂不同，它是利用波长 254nm 及其附近波长区域对微生物 DNA 的破坏，阻止蛋白质合成而使细菌不能繁殖。由于紫外线对隐孢子虫的高效杀灭作用和不产生副产物，紫外线消毒在给水处理中显示了很好的市场潜力。

紫外线消毒技术在饮用水处理中的应用自 1993 年美国爆发隐孢子虫病后备受青睐，研究发现紫外线对隐孢子虫卵囊有很好的杀灭效果。而且在常规消毒剂量范围内（40mJ/cm^2）紫外线消毒不产生有害副产物。但紫外线不能在管网内维持持续的消毒效果，在大型水厂应用必须跟氯结合，目前其使用还受到一定限制。

1. 紫外线消毒的优点

（1）对致病微生物有广谱消毒效果、消毒效率高。

（2）对隐孢子虫卵囊有特效消毒作用。

(3) 不产生有毒、有害副产物。

(4) 不增加 AOC 及 BDOC 等损害管网水生物稳定性的副产物。

(5) 能降低嗅、味和降解微量有机物。

(6) 占地面积小，消毒效果受水温、pH 影响小。

2. 紫外线消毒的缺点

(1) 没有持续消毒效果，需与氯配合使用。

(2) 管壁易结垢，降低消毒效果。

(3) 消毒效果受水中 SS 和浊度影响较大。

(4) 被杀灭的细菌有可能复活。

三、影响消毒效率的因素

影响消毒效率的因素比较复杂，主要有以下几个方面：

（一）致病微生物的种类及存在状态

一般而言，病毒比细菌较难杀灭；有芽孢的细菌比无芽孢的细菌较难杀灭（废水中的致病菌多无芽孢）；单个细菌易受消毒剂的致毒作用，而成团细菌的内部菌体因受保护而难于杀死。

（二）消毒剂的种类与浓度

氯的杀菌作用很好，且能维持较为长久的杀菌作用，但对病毒的作用较差；臭氧对细菌、病毒等都有强烈的杀伤能力，但无耐久的效能；铜离子杀藻作用十分突出，但灭菌作用却不强。一般来说，消毒剂的浓度愈高，则杀菌效果愈好。

（三）水质特征

温度愈高，杀菌愈好；pH 对氯的杀菌作用影响大，而对臭氧的影响不大；悬浮物能掩蔽菌体，使之不致受消毒药剂的作用；有机物的存在，消耗氧化性的消毒剂；氨能降低氯的杀菌强度，但却能维持其持久性。

（四）接触时间

接触时间愈长，致病微生物的杀灭率愈高。

第六节　水的软化

硬度是水质的一个重要指标。生活用水与生产用水均对硬度指标有一定的要求，特别是锅炉用水中若含有硬度盐类，会在锅炉受热面上生成水垢，从而降低锅炉热效率、增大燃料消耗，甚至因金属壁面局部过热而烧损部件、引起爆炸。因此，对于低压锅炉，要进行水的软化处理，对于中、高压锅炉，则要求进行水的软化与脱盐处理。

硬度盐类包括 Ca^{2+}、Mg^{2+}、Fe^{2+}、Fe^{3+}、Al^{2+} 等易形成难溶盐类的金属阳离子。在一般天然水中，主要是 Ca^{2+} 和 Mg^{2+}，其他离子含量很少，所以通常以水中 Ca^{2+}、Mg^{2+} 的总含量称为水的总硬度 H_t。硬度又可区分为碳酸盐硬度 H_c 和非碳酸盐硬度 H_n，前者在煮沸时易沉淀析出，亦称为暂时硬度，而后者在煮沸时不沉淀析出，亦称永久硬度。

硬度单位以往习惯用毫克当量/升（meq/L）表示，也有以 10 mgCaO/L 作为 1 度（德国度），也有换算成 $mgCaCO_3/L$ 表示。他们之间的换算关系是：

$$1meq/L = 2.8 \text{德国度} = 50mgCaCO_3/L \tag{4.17}$$

目前水的软化处理主要有以下几种方式：

（1）加入某些药剂，把水中钙、镁离子转变为难溶化合物使之沉淀析出，这一方法称为水的药剂软化法或沉淀软化法。

（2）利用某些离子交换剂所具有的阳离子（Na^+ 或 H^+）与水中离子进行交换反应，达到软化的目的，称为水的离子交换软化法。

（3）此外，利用离子交换膜的选择透过性，在外加直流电场作用下，通过离子的迁移，在进行水的局部除盐的同时，达到软化的目的。

一、石灰药剂强化混凝软化法

水的药剂软化法的工艺过程，就是根据容度积原理，按需要向水中投加适当药剂，使之与 Ca^{2+}、Mg^{2+} 反应生成不溶性沉淀物为 $CaCO_3$ 和 $Mg(OH)_2$。工艺过程也要通过混合、絮凝、沉淀及过滤等工序。通常用的药剂有石灰、纯碱、苛性钠、磷酸三钠等，其中以石灰软化最为常用。

石灰经消化后，制成石灰乳投加在原水中，在高 pH 条件下与重碳酸盐产生如下反应：

$$Ca(HCO_3) + Ca(OH)_2 \longrightarrow 2CaCO_3 \downarrow + 2H_2O \tag{4.18}$$

$$Mg(HCO_3)_2 + Ca(OH)_2 \longrightarrow CaCO_3 \downarrow + MgCO_3 + 2H_2O \tag{4.19}$$

$$MgCO_3 + Ca(OH)_2 \longrightarrow Mg(OH)_2 \downarrow + CaCO_3 \downarrow \tag{4.20}$$

其中 $CaCO_3$ 和 $Mg(OH)_2$ 为沉淀物，Ca^{2+}、Mg^{2+} 形成的沉淀物在下沉过程中起到混凝剂的作用，$CaCO_3$ 具有良好的絮凝作用。使各种沉淀物在反应池中絮凝，在沉淀池和滤池中去除。对于地下水，一般水的浊度不高，不需投加其他混凝剂。其中 pH 对混凝效果好坏影响很大，各地在进行石灰软化时，应根据当地水质实际情况，通过烧杯试验观察不同 pH 下的去除效果，同时考虑投药的经济性，确定最佳 pH。在生产试验中投加 $Ca(OH)_2$ 将水溶液调整为最佳的 pH。在这种方法中，水的 pH 和药剂投加量是关键。通常在烧杯试验、模型试验和生产试验中确定。为增加混凝效果，可投加聚丙烯酰胺作为助凝剂。投加石灰后，出厂水的 pH 会较高，在出厂水中应进行酸中和，调整水的 pH 符合饮用水水质标准。许多地区的水源中，在硬度超标的同时，溶解性总固体和铁、锰也往往超标，强化混凝和石灰药剂法也能去除一定的铁、锰和溶解性总固体。

由于石灰的价格低，来源广，适用于原水的碳酸盐硬度较高、非碳酸盐硬度较低的情况。生活饮用水不要求深度软化，目前表明这种方法处理后，出水硬度指标完全符合饮用水水质标准，石灰药剂强化混凝法是经济有效的。

投加石灰能去除水中大部分碳酸盐硬度，不能去除非碳酸盐硬度，如原水非碳酸盐硬度较高，可用石灰苏打法。这一方法是在水中同时投加石灰和苏打（Na_2CO_3），此时，石灰用以降低水的碳酸盐硬度，苏打用于降低水的非碳酸盐硬度。软化水的剩余硬度可降低到 0.15～0.2 mmol/L。与 $NaCO_3$ 有关的化学反应表示如下：

$$CaSO_4 + Na_2CO_3 \longrightarrow CaCO_3 \downarrow + Na_2SO_4 \tag{4.21}$$

$$CaCl_2 + Na_2CO_3 \longrightarrow CaCO_3 \downarrow + 2NaCl \tag{4.22}$$

$$MgSO_4 + Na_2CO_3 \longrightarrow MgCO_3 + Na_2SO_4 \tag{4.23}$$

$$MgCl_2 + Na_2CO_3 \longrightarrow MgCO_3 + 2NaCl \tag{4.24}$$

$$MgCO_3 + Ca(OH)_2 \longrightarrow CaCO_3 \downarrow + Mg(OH)_2 \downarrow \tag{4.25}$$

二、离子交换软化法

离子交换法就是将水连续通过阳离子交换体，使组成水质硬度的 Ca^{2+}、Mg^{2+} 与离子交换剂中的 Na^+ 或 H^+ 进行交换，Ca^{2+}、Mg^{2+} 被 Na^+ 或 H^+ 所取代，从而获得水质软化的效果。

常用离子交换剂有阳离子交换树脂和磺化煤等。离子交换剂的工作交换容量是有限的，当其失去交换能力时，就要进行再生。离子交换树脂运行过程中原水总含盐量及其组分、树脂层高度、运行流速、水温、再生方式、再生剂品种和纯度、再生液浓度和温度、再生流速、再生剂用量等均会影响树脂的实际工作交换容量。

离子交换法会在水中产生一定的腐蚀性，会在三个方面产生影响：一是会在水中产生金属腐蚀副产物，二是会改变水的化学性质，三是会破坏供水管网的表面钝化膜，从而腐蚀管网。

三、膜软化法

一方面原水受到日益严重的污染，另一方面人们对饮用水的水质要求越来越高，随着膜分离技术的提高，膜软化工艺日益受到重视。尽管建造费和运行费比石灰软化要高，但膜软化能生产优质饮用水，即使未来的水质标准进一步提高，膜法仍能满足要求，膜软化的优势相当明显。膜软化能处理不同水质的原水，能按照人们的要求生产各种质量的饮用水。随着膜的价格降低，膜软化将得到广泛应用。

一些高硬度的水还含有高色度和高天然有机物含量，对这些原水水质较差而软化就要考虑采用膜软化，膜软化的同时对色、总有机碳、三卤甲烷的前提物（THMFP）也能有效的去除。膜软化适用在进料水质较差而软化水质要求较高的领域，膜软化具有不需再生、无污泥产生、完全去除有机物、操作简单、占地面积少等优点，是其他软化工艺所不能比拟的。常用的膜技术包括电渗析、纳滤和反渗透等。

反渗透在进行软化时，能将水中的钙镁离子基本去除，饮用完全软化的水会对人体健康不利。在采用反渗透软化时，一部分水绕过反渗透装置，另一部分进行膜处理，然后将两部分进行混合，两者的比值称为混合率。通过调节混合率，使出水硬度到达期望的值。在美国佛罗里达州的两个农村地区在对井水软化时采用反渗透膜时，采用混合法。这两个反渗透膜分离水厂主要差别在两地的井水水质和出水水质目标。A 地使用较低硬度和总溶解固体浅的含水层，且出水水质要求较低。因此允许更大的水绕过，混合率高，减少了制水成本。两水厂有相近的年运行费用，但 A 水厂有更高的产水量。还有一种情况是采用低压力的软化膜，这一软化膜足以软化水、去除消毒副产物、降低总溶解固体、去除所有的色度符合饮用水水质标准。由于更低的压力，膜的出水硬度较高，则混合率也更低。总处理费用和前两种接近。利用更低的混合率，更多的原水经过膜处理，能更好控制三卤甲烷的前提物。

电渗析在膜分离领域占有重要地位，在一些地方是饮用水的主要生产方法。在用电渗析降低水的硬度时，应重视预处理工艺，首先要加碱性药剂去除水中的部分非碳酸盐硬度，使预处理后水的硬度基本达到饮用水的要求以减少膜表面结垢。在预处理中，还要降低水的浊度和色度，满足电渗析的进水水质要求，减少膜污染，延长膜的寿命。在电渗析中，不要去除水中全部的钙镁离子，完全软化的水并不适合饮用，通常饮用水的硬度在 170 度对人体是最好的。为防止电溶析膜上结垢，电渗析可用频繁倒极的工作方式，排放的极水可用碱液加以中和处理。电渗析属深度处理技术，降低硬度的同时，也可降低水中的溶解性总固体含量。

纳滤膜属于有机高分子纳米技术，最适合饮用水的软化处理。纳滤膜具有松散的表面层结构。由于膜内氨基和羧基两种正负基团，对低浓度的盐类有很高的去除效果，可在较低的压力（0.5～1Mpa）下实现较高的水通量。纳滤膜的总盐类去除率在 50%～70%，对 Ca^{2+}、Mg^{2+} 和 SO_4^{2+} 的去除率特别高，纳滤又保留了人体所需的无害的钠钾等盐分。纳滤进水要求几乎不含浊度，一般要求进水的 SDI≤3，故比较适合用于硬度高的地下水软化处理，由于纳滤去除大部分的硬度，出水会对管网产生一定的腐蚀。在膜处理后，对后续处理要重视，要进行 Cl_2 消毒，ClO_2、H_2S 等气体的去除，控制腐蚀。

膜软化过程应根据不同进水水质、对产品水质和水量的要求等，选用不同的软化膜组件，确立操作工艺流程和参数。膜法软化的预处理要求严格，通常要经过预沉淀、粗滤、精滤等多道预处理工艺。针对高硬度造成 $CaCO_3$ 过饱和易在纳滤膜运转时形成结垢趋势，由于建造方便，全自动，管理方便，同采用石灰软化的水厂相比，膜分离水厂能提供较好的水质，膜能去除鞭毛虫、隐泡子虫、放射性核素、硫、氮、金属、大部分有机致癌物等。随着饮用水中出现的氯化消毒副产物和隐孢子虫等水传播细菌，膜软化方法更是优选的方法。膜净化水厂产水量较小，但目前膜软化的最大产水量也可达到每天几万 t。

小结

本章主要介绍了六方面的内容。第一方面是给水概论，其中包括三个问题：水源水质；水质标准；给水处理方法概述。第二方面是混凝处理，其中包括三个问题：胶体稳定性及胶体颗粒的凝聚现象；混凝剂和助凝剂；影响混凝效果的主要因素。第三方面是沉淀和澄清，其中包括四个问题：沉淀原理；平流式沉淀池；斜板和斜管沉淀池；澄清池。第四方面是过滤，其中包括两个问题：过滤原理；滤池类型。第五方面是消毒，其中包括三个问题：氯消毒；其他消毒法；影响消毒效率的因素。第六方面是水的软化，其中包括三个问题：石灰药剂强化混凝软化法；离子交换软化法；膜软化法。

复习题

1. 名词解释

电性中和　吸附架桥　卷扫作用　混凝剂　助凝剂　自由沉淀　絮凝沉淀　拥挤沉淀　折点加氯

2. 填空题

(1) 一般的地面水经混凝、沉淀和过滤后或清洁的地下水，加氯量可采用________mg/L。

(2) 加入某些药剂，把水中钙、镁离子转变为难溶化合物使之沉淀析出，这一方法称为________法。

(3) 用于消毒的紫外线是UVC区，即波长为________nm的区域。

(4) 滤池以滤料的层数可分为________层、________层、________层滤料滤池。

(5) 用三价铁盐混凝剂时，最佳pH在________之间。

3. 简答题

(1) 理想沉淀池的假定条件是什么？

(2) 影响平流式沉淀池沉淀效果的因素是什么？

(3) 混凝处理废水的作用机理是什么？

(4) 沉淀澄清的作用机理是什么？

(5) 影响混凝效果的主要因素包括哪些？怎样影响混凝效果？

(6) 紫外线消毒的优点与缺点有哪些？

第五章　水的冷却和循环冷却水质处理

岗位目标

根据劳动部或行业协会制定的相应岗位目标，掌握水的冷却和循环冷却水处理的基本原理、主要处理构筑物的基本结构、水质分析鉴别方法、综合利用的技术。

必备知识

掌握腐蚀、污垢、结垢、腐蚀率、污垢，热阻等基本概念的内涵与外沿。

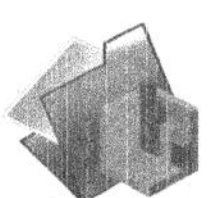

选修知识

熟悉不同企业冷却水应用的场所，以及不同循环冷却水处理的异同点。

课前思考题

(1) 在当今水资源短缺的今天，工业耗水量巨大，形成强烈反差，如何利用好工业排水以节省水资源？

(2) 循环水处理关键点是什么？

工业生产过程中，往往会产生大量热量，通常要使用水来冷却设备或产品。冷却用水水量很大，如一座年产 3500 t 聚丙烯的化工设备，冷却用水量就达 300 t/h 左右。为了重复利用吸热后的水以节约水资源，同时从经济及环境保护方面考虑，冷却水都应实现循环利用。循环利用的冷却水称为循环水。循环水在长期使用过程中，由于盐类浓缩或散失、尘土积累、微生物滋长等原因，造成设备内垢物沉积或者对金属设备产生腐蚀作用。因此，为了保证循环冷却水系统的可靠运行，必须解决两个问题：第一，要使已经升高了的水温降低（即循环水的冷却），以保持较好的冷却效果；第二，进行水质处理以控制结垢、污垢、腐蚀和淤塞（即循环水的处理）。这就是本章讨论的主要内容。

第一节　水的冷却基本知识

一、水的冷却原理

当热水表面直接与未被水蒸气所饱和的空气接触时，热水表面的水分子将不断汽化为水蒸气，在此过程中，将从热水中吸收热量，达到冷却效果。

水的蒸发可在沸点时进行，也可在小于沸点时发生。水的表面蒸发，在自然界中通常是在水温低于沸点时发生的。一般认为空气和水接触的界面上有一层极薄的饱和空气层，称为水面饱和气层。

水首先蒸发到水面饱和气层中，再扩散到空气中。如欲加快水的蒸发速度可采用下列措施：增加热水与空气之间的接触面积；提高水面空气流动的速度，使逸出的水蒸气分子迅速向空气中扩散。

除蒸发散热外，水、气接触过程中，如水的温度与空气的温度不一致，将会产生传热过程。例如，水温高于空气温度，水将热量传给空气；空气接受了热量，温度就逐渐上升，从而使水面以上空气的温度不均衡，产生对流作用，最终使空气的温度达到均衡，并且水面温度与空气温度趋于一致，这就是传导散热过程。温度差是水、气之间传导散热的推动力。传导散热所产生的热量，可以从水流向空气，也可以从空气流向水，方向取决于两者温度的高低。

在冷却过程中，虽然蒸发散热和传导散热一般同时存在，但随季节不同，冬季气温很低，水温高，传导散热量可占50%～70%；夏季气温较高，传导散热量小，蒸发散热量约占80%～90%。

二、冷却构筑物分类

冷却构筑物有多种类型，大体上有以下三大类：水面冷却池、喷水冷却池和冷却塔。水面冷却池利用天然池塘或水库，冷却过程在水面上进行，效率低；喷水冷却池是在天然或人工池塘上加装喷水设备，以增大水气间的接触面；冷却塔是人工建造的，水通过塔内的淋水装置时，可形成小水滴或水膜，以增大水和空气的接触面积，提高冷却效果。

冷却塔形式较多，构造也较复杂。按循环水供水系统中的循环水与空气是否直接接触，冷却塔又分为敞开式（湿式）、密闭式（干式）和混合式（干湿式）三种。湿式冷却塔是指热水和空气直接接触、传热和传质同时进行的敞开式循环供水系统，图5.1为敞开式循环冷却系统流程图。干式冷却塔是指水和空气不直接接触，冷却介质为空气，空气冷却在空气器中实现，所以只单纯传热，如图5.2（a）所示；干湿式冷却塔是指热水和空气进行干式冷却后再进行湿式冷却的构筑物，如图5.2（b）所示。

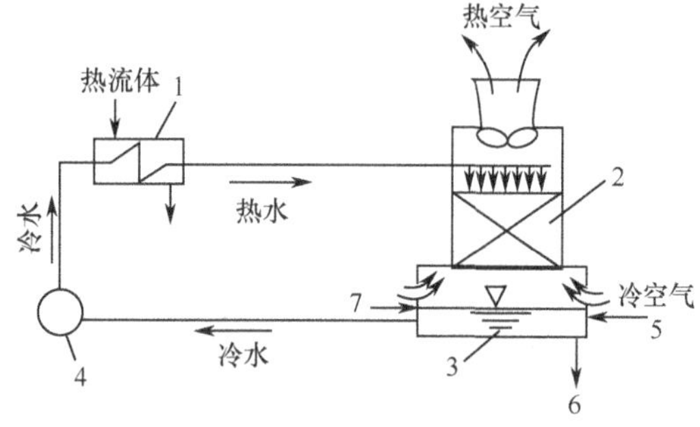

图5.1　敞开式循环冷却系统

1. 换热器；2. 冷却塔；3. 集水池；4. 循环水泵；5. 补充水；6. 排污水；7. 投加处理药剂

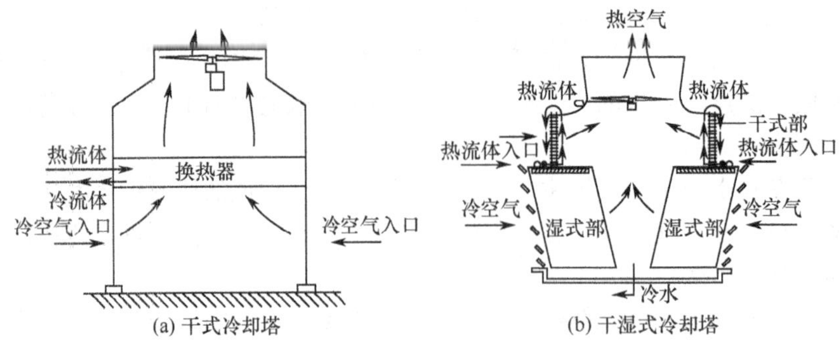

图 5.2 敞开式循环冷却系统

（一）水面冷却池

水面冷却是利用水体的自然水面，水体水面一般有两种：一是水面面积有限的水体，包括水深小于 3m 的浅水冷却池和水深大于 4m 的深水冷却池；二是水面面积很大的水体或水面面积相对于冷却水量是很大的水体，如河道、海湾等。

在图 5.3 的冷却池中，高温水由排水口排入湖内，在缓慢流向下游取水口的过程中，由于水面和空气接触，借自然对流蒸发作用使水冷却。湖中水流可分为主流区、回流区和死水区。为提高冷却效果，应扩大主流区，减小回水区，消灭死水区。

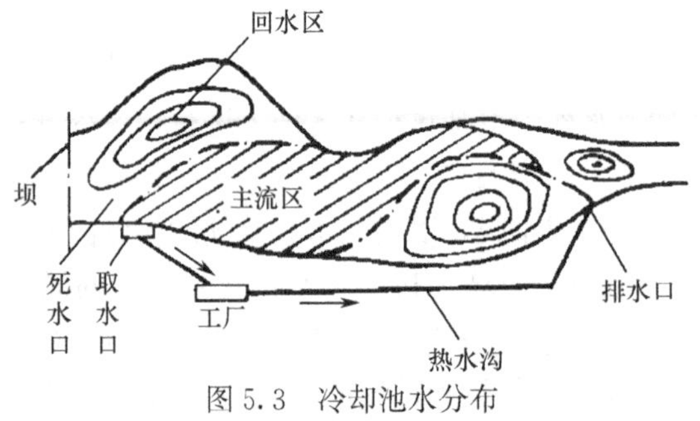

图 5.3 冷却池水分布

冷却池一般最小水深为 1.5m。水越深，冷热水分层越好（形成完好的温差异重流），有利于热水在表面散热，同时也便于取到底层冷水回用。取水口和排水口在平面、断面的布置、形式和尺寸以及水流行程历时，应根据原地实测地形进行模型试验确定，在近似估算冷却池表面积时，水力负荷为 0.01～0.1 $m^3/(d\cdot h)$。冷却池的设计计算可参考有关书籍。

（二）喷水冷却池

喷水冷却池（图 5.4）是利用喷嘴喷水进行冷却的敞开式冷却池，在池上布置配水管系统，管上装有喷嘴。压力水经喷嘴（喷嘴前压力为 49～69kPa）向上喷出，形成均匀散开的小水滴，后降落池中。在水滴向上喷射又降落的过程中，有足够的时间与周围空气接触，改善蒸发与传导的散热条件。影响喷水池冷却效果的因素主要有喷嘴形式和布置方式、水压、风速、风向、气象条件等。

喷水池配水管同距为 3～3.5 m，同一支管上喷嘴间距为 1.5～2.2 m；池水水深

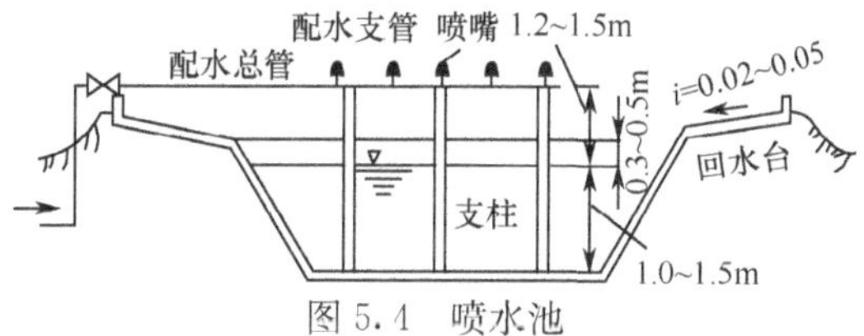

图 5.4　喷水池

1.0～1.5 m，保护高度 0.3～0.5 m，估算面积时水力负荷为 0.7～1.2 m^3/（m^2·h）。

（三）湿式冷却塔

1. 湿式冷却塔的类型

在冷却塔内，热水从上向下喷散成水滴或水膜，空气由下而上（逆流式）或水平方向（横流式）在塔内流动，在流动过程中，水与空气间进行传热和传质，水温随之下降。

2. 湿式冷却塔的构造组成

冷却塔一般由配水系统、淋水填料、通风及空气分配装置、除水器、集水池、塔体等组成。图 5.5 为抽风式逆流冷却塔的工艺构造图。热水经进水管 10 流入塔内，先流进配水管系 1，再经支管上的喷嘴均匀地喷到下部的淋水填料 2 上，水在这里以水滴或膜的形式向下运动。冷空气从下部经进风口 5 进入塔内，热水与冷空气在淋水填料中逆流条

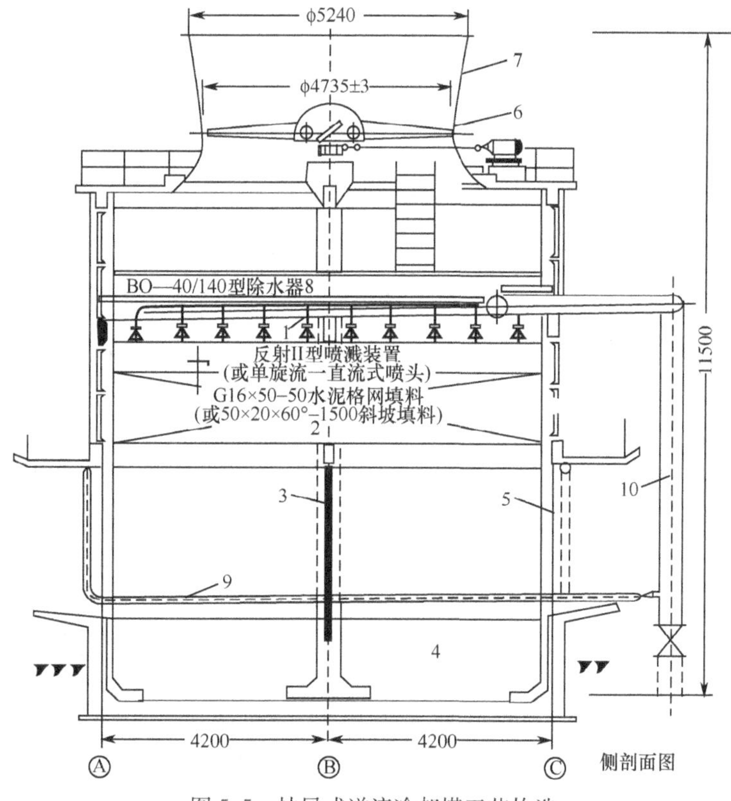

图 5.5　抽风式逆流冷却塔工艺构造

1. 配水系统；2. 淋水填料；3. 挡风墙；4. 集水池；5. 进风口；6. 风机；7. 风筒；8. 除水器；9. 化冰管；10. 进水管

件下进行传热和传质过程以降低水温，吸收了热量的湿热空气则是由风机 6 经风筒 7 抽出塔外，随气流挟带的一些小水滴经除水器 8 分离后回到塔内，冷水便流入下部集水池 4 中。

抽风式横流冷却塔的热水从上部配水系统洒下，冷空气由侧面经进风百叶窗水平流入塔内，水和空气的流动方向互相垂直。由淋水填料进行传热和传质过程，冷水则流到下部集水池中，而湿热空气经除水器流到中部空间，再由顶部风机抽出塔外。

1）配水系统

配水系统的作用是将热水均匀分配到冷却塔的整个淋水面积上，如分配不均，会使淋水装置内部水流分布不均，从而使水流密集部分通过阻力增大，空气流量减少，热负荷集中，冷效则降低；而在水量过少的部分，大量空气未充分利用而逸出塔外。降低了冷却塔的运行经济指标。配水系统应在一定水量变化范围内（80%～110%）配水均匀，对塔内气流阻力较小，并且便于维修管理。配水系统有管式、槽式和池式三种：

（1）管式配水系统又分为固定式配水系统和由旋转布水器组成的旋转管配水系统两种。水通过配水管上的小孔或喷嘴均匀喷出分布在整个淋水面积上。旋转布水器是由旋转轴和若干条配水管组成的配水装置，它利用从配水管孔口喷出的水流反作用力，推动配水管绕旋转轴旋转，达到配水均匀的目的。

（2）槽式配水系统由配水总槽、配水槽和溅水喷嘴组成。热水经总、支槽，再经反射型喷嘴溅散成分散小水滴，均匀洒在填料上。该系统维护管理方便，但槽断面大，通风阻力大，槽内易沉积污物，多用于大型塔或水质较差或供水余压较低的系统。

（3）池式配水系统，热水经流量控制阀由进水管经消能箱分布于配水池中，池底开小孔或装管嘴。该系统配水均匀，供水压力低，维护方便，但因受太阳辐射，易生藻类，适用于横流塔。

2）淋水填料

淋水填料的作用是将配水系统溅落的水滴，经多次溅散成为微细小水滴或水膜，增大水与空气的接触面积，延长接触时间，从而保证空气和水的良好热、质交换作用，水的冷却过程主要是在淋水填料中进行的，所以是冷却塔的关键部位。

淋水填料应有较大的接触表面积和较小的通风阻力，表面亲水性能好，质轻耐久，价廉易得，安装维护方便。按照其中水被淋洒成的冷却表面形式，可分为点滴式、薄膜式、点滴薄膜式三种类型。

点滴式淋水填料由水平式倾斜布置的板条组成；薄膜式淋水填料常用的包括斜交错（斜坡）形、梯形、波形和塑料折波形等几种；点滴薄膜式淋水填料常用的有水泥格网和蜂窝淋水填料。

在选择淋水填料时，应根据热力、阻力特性、塔型、负荷、材料性能、水质、造价、施工检修等因素来综合考虑。60°大中斜波、折波、梯形波填料在大、中型逆流式自然或机械通风塔中应用较广，但要防止堵塞和污垢。水泥格网填料自重大，施工较复杂，但价廉、强度高、耐久、不易堵塞、适应较差水质，在大、中型逆流钢筋混凝土塔中应用较多。大、中型横流塔多采用 30°斜波、弧波或折波等填料。小型冷却塔则采用中波斜交错或折波填料。

3）通风及空气分配装置

在风筒式自然通风冷却塔中，稳定的空气流量由高大的风筒所产生的抽力形式。机械通风冷却塔则由轴流式风机供给空气。在逆流塔中，空气分配装置包括进风和导风装置；在横流塔中仅指进风口。

4）其他装置

除水器（或收水器）的任务，是分离回收经过淋水填料层热、质交换后的湿热空气中的一部分水分，以减少水量损失，同时改善塔周围环境。

三、冷却构筑物的选择

冷却构筑物的类型很多，应考虑工厂对冷却水温的要求，当地气象条件、地形特点、补充水的水质及价格、建筑材料等因素，通过技术经济比较选择。各种构筑物的优缺点及适用条件如下：

（1）冷却池，取水方便，运行简单，可利用已有的河、湖、水库或洼地。但受太阳辐射热影响，夏季水温高，易淤积，清理较困难，会对环境带来热污染影响。冷却水量大，所在地区需有可利用的河、湖、水库或洼地，距工厂不太远。夏季对冷却水的水温要求不甚严格。

（2）喷水池，结构简单，取材方便，造价较冷却塔低，可就地取材，但占地面积较大，风吹损失大，有水雾，冬季在附近建筑物上结冰霜，要有足够大的开阔场地，冷却水量较小，需有可利用的洼地或水池。

（3）开放式冷却塔，设备简单，维护方便，造价较低，用材易得，冷却效果较喷水池高，具有冷却效果受风速、风向影响，冬季形成水雾，宽度受限制，风吹损失较大，占地面积较大的特点。适合气候干燥，具有稳定较大风速的地区。建筑场地开阔，冷却水量较小（喷水式$<100m^2/h$，点滴式$<500m^2/h$），对冷却后的水温要求不太严格。

（4）风筒式冷却塔，冷却效果稳定，冷却效果受风的影响小，风吹损失小，运行费用低。但造价高，冬季维护复杂，在高温、高湿、低气压地区以及冷幅高较小时不宜采用，适合冷却水量大、建造场地较开阔、空气湿度和温度偏高地区。

（5）机械通风冷却塔，冷却效果高，也比较稳定，布置紧凑，风吹损失小，设在厂区建筑物和泵站附近，造价较风筒式冷却塔低。但耗电多、机械设备维护较复杂，鼓风式冷却塔的冷却效果易受塔顶抽出湿热空气回流的影响，噪声较大，适合气温、湿度较高地区，对冷却后的水温及其稳定性要求严格，建筑场地狭窄。

第二节　循环冷却水水质处理

一、循环冷却水水质处理基本概念

循环冷却水在使用过程中，由于水质变化会产生不利影响，主要有三个方面：结垢、污垢和腐蚀。

（一）结垢

水中碳酸盐等溶解盐类在热交换器及管道的表面形成沉积物，叫做结垢。

（二）污垢

由补充水带来的或在循环使用过程中产生的各种微生物、其他有机物及无机杂质，在热交换器及管道沉积而形成污垢。在污垢中，由微生物繁殖所形成的污垢具有黏性，故又把微生物形成的垢称为黏垢。

结垢和污垢统称为沉积物或积垢。积垢在管道中积累，会造成堵塞，增加水的阻力，降低传热效率。

（三）腐蚀

循环水可能使热交换器等设备及管道系统腐蚀，其中包括 CO_2 腐蚀、电化学腐蚀和微生物腐蚀。腐蚀使设备的使用寿命减少，维修费用增加，甚至造成事故，影响生产。

循环水处理的任务是：防止或减轻结垢或污垢的产生或沉积；防止或减轻水对设备及系统的腐蚀。应当指出，积垢和腐蚀之间是相互影响且可以相互转化的。沉积物可以引起腐蚀，腐蚀又必然产生沉积物。因此，在循环水处理中，应综合考虑。

二、循环水基本水质要求

循环水水质标准通常将循环冷却水水质按腐蚀和沉积物控制要求作为基本水质指标，它是一种反映水质要求的间接指标。表 5.1 为敞开式系统冷却水的主要水质标准，腐蚀率和污垢热阻分别表达了对水的腐蚀性和污垢的控制指标。

表 5.1　敞开式循环冷却系统冷却水主要水质指标

项　目		要求条件	允许值
浊度	Ⅰ	年污垢热阻＜$1.4\times10^{-5}\text{m}^2\cdot\text{h}$℃/kJ 有油类黏性污染物时，年污垢热阻＜$1.4\times10^{-4}\text{m}^2\cdot\text{h}$℃/kJ 腐蚀率＜0.125mm/a	＜20
	Ⅱ	年污垢热阻＜$1.4\times10^{-5}\text{m}^2\cdot\text{h}$℃/kJ 腐蚀率＜0.2mm/a	＜50
	Ⅲ	年污垢热阻≤$1.4\times10^{-5}\text{m}^2\cdot\text{h}$℃/kJ 腐蚀率≤0.2mm/a	＜100
电导率（μs/cm）		采用缓蚀剂处理	＜3000
总碱度（mmol/L）		采用阻垢剂处理	＜7
pH		—	6.5～9.0

注：表中的总碱度指标相当于碳酸盐硬度控制指标，即极限碳酸盐硬度，以 Ca（$1/2Ca^{2+}$）计。

（一）腐蚀率

腐蚀率一般以金属每年的平均腐蚀深度表示，单位为 mm/a。腐蚀率一般可用失重法测定，即将金属材料试件挂于热交换器冷却水中一定部位，经过一段时间，由试验前、后试件重量差计算出每年平均腐蚀深度，即腐蚀率 C_L：

$$C_L = 8.76 \times \frac{P_0 - P}{\rho g F t} \tag{5.1}$$

式中：P_0、P——分别为腐蚀前、后金属重（g）；

ρ——金属密度（g/cm^3）；

g——重力加速度（m/s^2）；

F——金属与水接触面积（m^2）；

t—— 腐蚀作用时间（h）。

对于局部腐蚀，如点蚀（或坑蚀），通常以点蚀系数反映点蚀危害程度。点蚀系数是金属最大腐蚀深度与平均腐蚀程度之比，点蚀系数越大，对金属危害越大。

经水质处理后腐蚀率降低的效果称缓蚀率，以 η 表示：

$$\eta = \frac{C_0 - C_L}{C_0} \times 100\% \tag{5.2}$$

式中：C_0、C_L——分别表示冷却水未处理时及水处理后的腐蚀率。

（二）污垢热阻

热阻为传热系数的倒数。热交换器传热面由于结垢及污垢沉积使传热系数下降，从而使热阻增加的量称为污垢热阻。此处污垢热阻指由结垢和污垢沉积而引起的热阻。

热交换器的热阻在不同时刻由于垢层不同而有不同污垢热阻值。在某一时刻测得的称为即时污垢热阻，为经 t 小时后的传热系数的倒数和开始时（热交换器表面未积垢时）的传热系数的倒数之差：

$$R_t = \frac{1}{K_t} - \frac{1}{K_0} = \frac{1}{K_0}(\psi_t - 1) \tag{5.3}$$

式中：R_t——即时污垢热阻（$m^2 \cdot h \cdot ℃/kJ$）；

K_0——开始时，传热表面未结垢时测得的总传热系数［$kJ/（m^2 \cdot h \cdot ℃）$］；

K_t——循环水在传热面积垢经 t 时间后测得的总传热系数［$kJ/（m^2 \cdot h \cdot ℃）$］；

ψ_t——积垢后传热效率降低的百分数。

即时污垢热阻 R_t，在不同时间 t 有不同的值，应作出 R_t 对时间 t 的变化曲线，推算出年污垢热阻作为控制指标。

三、影响循环水水质的因素

循环水之所以产生结垢、腐蚀和污垢，其主要原因有以下几个方面。

（一）循环冷却水水质污染

首先是由补充水中的溶解盐、溶解气体、微生物及有机物等引起的。其次是在生产过程和冷却过程中由外界进入冷却构筑物的污染物，如尘土、泥砂、杂草、设备油、人工加入稳定剂、塔体腐蚀及剥落产物等，都会污染冷却水。另外是在系统内部产生的污染，主要是微生物的生长及腐蚀产物。藻类生长在冷却构筑物与水接触的露光部位，由于藻类群体的生长，影响了水和空气的流动，而且藻类脱落后便成为污垢沉淀。此外，它们的群体体积很大，妨碍了热的传递。同时有机污垢造成强烈的腐蚀，还会妨碍加入水中的腐蚀抑制剂到达金属表面，使药剂的防腐功能不能充分发挥。

（二）循环水的脱 CO_2 的作用

天然水中，重碳酸盐类和游离 CO_2，存在平衡关系，即：

$$CaH(CO_3) = CaCO_3 \downarrow + CO_2 \uparrow + H_2O \tag{5.4}$$

当它们的浓度符合上述平衡条件时，水质呈稳定状态，大气中游离 CO_2 含量很少，其分压力低。循环水在冷却时，造成 CO_2 大量丢失，破坏了上述平衡，使反应向右移动，产生了 $CaCO_3$。

（三）循环水的浓缩

循环水系统中，有四种水量损失：

$$P = P_1 + P_2 + P_3 + P_4 \tag{5.5}$$

式中：P_1、P_2、P_3、P_4 及 P——分别是蒸发损失、风吹损失、渗漏损失、排污损失及总损失，均以循环水流量的百分数计。循环水在蒸发时，水分损失了，但盐分仍留在水中。

风吹、渗漏与排污所带走的盐量为

$$S(P_2 + P_3 + P_4)$$

补充水带进的盐量为

$$S_BP = S_B(P_1 + P_2 + P_3 + P_4)$$

式中：S ——循环水含盐量；

S_B——补充水含盐量。

当系统投入运行时，系统中的水质为新鲜补充水水质，即 $S=S_1=S_B$，因此可写成：

$$S_B(P_1 + P_2 + P_3 + P_4) > S_1(P_2 + P_3 + P_4)$$

式中：S_1——则投入运行时，循环水的含盐量；

其余符号同前。

初期进入系统的盐量大于从系统排出的盐量，随着系统的运行，循环冷却水中盐量逐步提高，引起浓缩作用。如果系统中既不沉淀，又不腐蚀，也不加入引起盐量变化的药剂，则由于水量损失和补充新鲜水的结果，在系统中引起盐量的积累，使循环冷却水中含盐浓度不断增大，即 S 不断增大，也使排出的盐量相应增加。这样，式的右端在运行的最初一段时间里是不断增大，而运行了一定时间以后，当 S 由初期的 S_1 增加到某一数值 S_2 时，从系统排出的盐量即接近于进入系统的盐量，此时达到浓缩平衡，即：

$$S_B(P_1+P_2+P_3+P_4)\approx S_2(P_2+P_3+P_4)$$

这时，由于进、出盐量为一稳定值，如以 S_p 表示循环冷却水中含盐浓度，此时继续运行，盐浓度不再升高。则：

$$S_B(P_1+P_2+P_3+P_4)=S_P(P_2+P_3+P_4)$$

令 $K=\frac{S_P}{S_B}$，则：

$$K=\frac{S_P}{S_B}=\frac{P}{P-P_t}=1+\frac{P_1}{P_2+P_3+P_4}=1+\frac{P_1}{P-P_1} \tag{5.6}$$

式中：K——浓缩倍数。

$K>1$，即循环冷却水中的含盐量 S 总是大于补充新鲜水的含盐量 S_B。它是循环水的重要指标。提高 K 值、可节约排污水量，K 值的选用需看水值是否稳定。K 值在实际应用中，有时用氯离子浓度表示：

$$K=\frac{[Cl^-]_Z}{[Cl^-]_B}$$

式中：$[Cl^-]_Z$—— 循环水中氯离子的含量；

$[Cl^-]_B$—— 补充水中氯离子的含量。

（四）水温变化的影响

水在生产过程中，水温升高，钙、镁盐类的溶解度反而降低，水中 CO_2 又部分逸出，用于平衡 $CaCO_3$，所需的 CO_2 减少，提高了 CO_2 的需要量。水温升高，会使水失去稳定性而产生结垢；反之，冷却过程中，水温降低，水中平衡需要量降低，如果低于水中 CO_2 含量，则此时水具有侵蚀性、使水失去稳定性而产生腐蚀。因此，在循环水系统中，高温区产生结垢，低温区产生腐蚀。

（五）电化学腐蚀

在敞开式冷却水系统中，水与空气充分接触，因此水中溶解氧接近饱和。当碳钢与有溶解氧的水接触时，由于金属表面的不均匀性和冷却水的导电性，在碳钢表面形成许多微电池，在阴、阳极上分别发生氧化还原的共轭反应。

阳极上：

$$Fe\rightarrow Fe^{2+}+2e$$

阴极上：

$$O_2+2H_2O+4e\rightarrow 4OH^-$$

在水中：

$$Fe^{2+}+2OH^-\rightarrow Fe(OH)_2$$

$$2Fe(OH)_2+O_2+H_2O\rightarrow 2Fe(OH)_3\downarrow$$

因此，在金属设备上，阳极上不断溶解造成腐蚀，阴极上堆积腐蚀的产物，即铁锈。

（六）微生物腐蚀

微生物腐蚀可分为厌氧和好氧腐蚀。

（1）厌氧腐蚀是硫酸盐还原可把水中的硫酸根离子转换为腐蚀性硫化物 FeS。

$$8H^+ + SO_4^{2-} + 8e \rightarrow S^{2-} + 4H_2O$$

$$S^{2-} + 4Fe^{2+} \rightarrow FeS$$

（2）好氧腐蚀是铁细菌吸收水中的铁离子，分泌出 $Fe(OH)_3$，形成铁锈。一些细菌和真菌在代谢过程中，往往产生有机酸，也会引起腐蚀。

四、循环水结垢和腐蚀的判别方法

造成循环水冷却系统结垢、污垢和腐蚀的因素很多，目前仍无一种很好的方法或指数能定量地判别结垢、污垢和腐蚀。本节只介绍几种常用的水质稳定指数作为水质腐蚀和结垢的判别方法。

（一）极限碳酸盐法

为了维持水的稳定性，水中的 CO_2 含量与碳酸盐硬度之间应保持平衡关系。循环水在一定水质水温条件下，保持不结垢的碳酸盐硬度应有一定限度。这一概念指标叫做极限碳酸盐硬度，是循环水不致产生水垢的最高碳酸硬度的值，可根据相似条件下的实际运行数据确定，或根据小型试验决定。

用极限碳酸盐法可判断加阻垢剂时水温差较小时的循环冷却水的结垢性，但只能用于判断结垢与否，而不能判断腐蚀性。

（二）水质稳定性指标

水质稳定性指标在循环冷却水系统中，国内外目前比较广泛采用的是饱和指数 I_L 和已定指数 I_R。

饱和指数用以判断水是否有结垢或腐蚀的倾向：

$$I_L = pH_0 - pH_S \tag{5.7}$$

式中：pH_0——水的 pH；

pH_S——水为 $CaCO_3$ 所平衡饱和时的 pH，其值随水质而定。

pH_S 的值有多种计算方法，比较简便的是根据水的总碱度、钙硬度、总溶解固体的分析值和水温的关系，在表 5.2 中查得相应常数，按下式计算：

$$pH_S = (9.3 + N_S + N_t) - (N_h + N_a) \tag{5.8}$$

式中：N_S——溶解固体常数；

N_t——温度常数；

N_h——钙硬度常数（以 $CaCO_3$ 计）(mg/L)；

N_a——总碱度常数（以 $CaCO_3$ 计）(mg/L)。

表 5.2　计算 pH_S 值的常数

总溶解固体	N_S
50	0.07
75	0.08
100	0.10
200	0.13
300	0.14
400	0.16
600	0.18
800	0.19
1000	0.20

水温/℃	N_t
0～2	2.6
2～6	2.5
6～9	2.4
9～14	2.3
14～17	2.2
17～22	2.1
22～27	2.0
27～32	1.9
32～37	1.8
37～44	1.7
44～51	1.6
51～55	1.5
56～64	1.4
64～72	1.3
77～82	1.2

钙硬度（以 $CaCO_3$ 计）/（mg/L）	N_h	总硬度（以 $CaCO_3$ 计）/（mg/L）	N_a
10～11	0.6	10～11	1.0
12～13	0.7	12～13	1.1
14～17	0.8	14～17	1.2
18～22	0.9	18～22	1.3
23～27	1.0	23～27	1.4
28～24	1.1	28～24	1.5
35～43	1.2	35～43	1.6
44～45	1.3	44～45	1.7
56～69	1.4	56～69	1.8
70～87	1.5	70～87	1.9
88～110	1.6	88～110	2.0
111～138	1.7	111～138	2.1
139～174	1.8	139～174	2.2
175～220	1.9	175～220	2.3
230～270	2.0	230～270	2.4
280～340	2.1	280～340	2.5
350～430	2.2	350～430	2.6
440～550	2.3	440～550	2.7
560～690	2.4	560～690	2.8
700～870	2.5	700～870	2.9
880～1000	2.6	880～1000	3.0

当 $I_L=0$ 时，则水质稳定。

$I_L>0$ 时，则 $CaCO_3$ 处于过饱和，有析出水垢的倾向。

$I_L<0$ 时，则 $CaCO_3$，未饱和。而 CO_2 过量，因 CO_2 有侵蚀性，水有腐蚀倾向。

一般在使用上，如 I_L 在±（0.25～0.30）范围内，可以认为是稳定的，如超出些范围则需处理。

稳定指数 I_R 为（表 5.3）

$$I_R = 2pH_S - pH_0 \tag{5.9}$$

表 5.3　水的稳定指数

稳定指数 I_R	水的倾向	稳定指数 I_R	水的倾向
4.0～5.0	严重结垢	7.0～7.5	轻微腐蚀
5.0～6.0	轻度结垢	7.5～9.0	严重腐蚀
6.0～7.0	水质基本稳定	9.0 以上	极严重腐蚀

I_L 和 I_R 都只能判断一种倾向，而不能在水质稳定处理中提供量的计算数据。其中 I_R 是利用 I_L 改变而成的，是一个经验性指数，用 I_R 判别水的稳定性比用 I_L 更接近实际，而 I_L 只考虑水的碳酸盐系统平稳关系，未能反映其他因素，误差较大。一般情况下，同时使用 I_L 和 I_R 两个指数来判别水质稳定性，可使判断更接近实际。

（三）循环水结垢控制指数

上述判别指数是按水的碳酸盐平衡关系提出的。在循环水中，结垢成分除碳酸钙外，由于盐分浓缩，会引起别的结垢，当利用碳酸盐处理时，还会引起 $CaCO_3$ 和 $MgSiO_3$ 的结垢；当采用磷酸盐处理时，还会引起 $Ca_3(PO_4)_2$ 结垢。此外，循环水中的固体及溶解的有机物浓度高，对结垢过程有影响；换热器提高了水温影响；处理过程中尤其要控制结垢药剂的影响。由于各种因素存在，因此不可能按溶解度积理论来求得符合实际情况的通用控制参数。但是，为了对循环水结垢趋势有一个初步预测和进行运行中的结垢情况分析，仍可采用理论参数，再考虑一下运行经验，得出相应的经验控制指标（表 5.4）。

表 5.4 循环水控制结垢指标

结　垢	控制参数	控制指标
$CaCO_3$	pH_S	$pH_0<pH_S+(0.5\sim2.5)$
$CaSO_4$	溶解度	$(Ca^{2+})\times(SO_4^{2-})<500000$
$Ca_3(PO_4)_2$	pH_P	$pH_0<pH_P+1.5$
$MgSiO_3$	溶解度	$(Mg^{2+})\times(SiO_2)<3500$

表 5.4 中，pH_0 和 pH_S 分别为循环水的实际 pH 和循环水为 $CaCO_3$ 所平衡时的 pH，pH_P 为 $Ca_3(PO_4)_2$ 溶解饱和时的 pH。按平稳理论，$pH_0>pH_S$（即 $I_L>0$）时即有结垢倾向，但对循环冷却水而言，按 $pH_0>pH_S+(0.5\sim2.5)$ 才定为有结垢倾向。其中（0.5～2.5）反应了上述各种影响因素对结垢过程的干扰和控制影响。$Ca_3(PO_4)_2$ 是投加锌酸盐产生的。在理论上，$pH_0>pH_P$ 即有结垢倾向。但同样理由，指标定为 $pH_0>pH_P+1.5$ 才有结垢倾向。参照溶解度定的 $CaSO_4$ 和 $MgSiO_3$ 指数也是按上述原因制定。

第三节　循环水防水结垢的处理

循环水处理包括对结垢、污垢（含污垢）和腐蚀的控制。由于三者之间相互影响，故应采用综合处理方法。

一、防垢处理

（一）防结垢处理

1. 用排污法减小浓缩倍数

在循环水系统中，由式（5.1）知，提高排污率 P 可减小 K。即排除部分盐浓度高的循环水，补充含盐量少的新鲜水，可降低循环水中盐的浓度，使其不超过允许值。

可推出排污量为

$$P_4 = \frac{S_B P_1}{S - S_B} - (P_2 + P_3) \tag{5.10}$$

由上式可知，补充水含盐量 S_B 越大，排污量 P_4 越大。如果 P_4 太大则不经济，一般 $P_4 = 3\% \sim 5\%$。排污法适用于 S_B 远小于 S 且新鲜补充水水源充足的条件下。

2. 降低补充水碳酸盐硬度

通过水的软化法可使水的硬度降低，从而降低 S_B。此法只适用于补充水质很差或必须提高浓缩倍数的情况。

酸化法是在水中加入硫酸或盐酸，使碳酸盐硬度转化为非碳酸盐硬度：

$$Ca(HCO_3)_2 + H_2SO_4 \rightarrow CaSO_4 + 2CO_2\uparrow + 2H_2O$$

$$Ca(HCO_3)_2 + 2HCl \rightarrow CaCl_2 + 2CO_2\uparrow + 2H_2O$$

$CaSO_4$ 和 $CaCl_2$ 的溶解度远大于 $CaCO_3$，故加酸处理有助防垢，经加酸处理后应满足下列条件：

$$KH'_B \leqslant H' \tag{5.11}$$

式中：H'_B、H'——分别为酸化后的补充水碳酸盐硬度及循环水碳酸盐硬度。

酸化法适用于补充水的碳酸盐硬度较大时。采用酸化法时，应注意设备及管道的防腐。

3. 提高循环水中允许的极限碳酸盐硬度

提高循环水的极限碳酸盐硬度的常用方法是向水中投加阻垢剂，常用的阻垢剂有聚磷酸盐、聚丙烯酸盐等。

聚磷酸盐常用的有六偏磷酸钠和三聚磷酸钠，它们既有阻垢作用也有缓蚀作用。它们可以与 Ca^{2+}、Mg^{2+} 络合，将之掩蔽起来，阻止它们生成碳酸盐或非碳酸盐垢，从而提高了水中允许的极限碳酸盐硬度。另外，磷酸盐还是一种分散剂，具有表面活性，可以吸附在碳酸钙微小晶坯的表面上，使碳酸盐以微小的晶坯形式存在于水中，从而防止产生结垢。

聚丙烯酸钠是阴离子型分散剂，它可增大 $Ca_3(PO_4)_2$ 的溶解度，并且使 $CaCO_3$ 形成微小结晶核形式絮状物，容易被冷却水带走。

有机磷酸盐具有良好的热稳定性，有抗氧化性；在较高 pH 时（pH=7～8.5），仍有阻垢作用，而且还有缓蚀作用。

4. 加 CO_2

通入 CO_2 气体，使循环水中含量达到平衡的需要量。CO_2 的来源可利用废烟道气。

（二）防污垢处理及微生物控制

微生物产生黏垢，它是污垢的一种。最近研究认为，生物膜往往是腐蚀、污垢和结垢出现的原因之一，所以对微生物必须控制。循环水中的微生物与污垢的处理及防治方法是多方面的，如对补充水进行处理、冷却构筑物及其周围环境的保护、循环系统工艺及管道的完善以及循环水的处理。本节主要了解去除水中悬浮杂质和防止循环冷却水中生物滋长的方法。

1. 旁滤池

设旁滤池是防止悬浮物在循环水中积累的有效方法。循环水的一部分连续经过旁滤池过滤后返回循环系统。一般旁滤池过滤流量占循环水量的1%～5%。旁滤池的构造与常用的滤池相同。为了简化流程，可采用压力滤池。

2. 化学药剂处理

常用的化学药剂有氧化型杀菌剂、非氧化型杀菌剂及表面活性剂杀菌剂等，其作用主要防止水中微生物的滋长。氧化型杀菌剂主要采用液氯、次氯酸钠、次氯酸钙等。氯气在冷却塔中易于流失，不能持续杀菌，故可与非氧化型杀菌剂联合使用。需注意，氧化型杀菌剂不能与有机及其他还原性水处理剂同时使用。常用的非氧化型杀菌剂有硫酸铜和氯酚，硫酸铜一般不单独使用。使用时常需同时投加铜的螯合剂，以防止铜质沉淀在铁质表面形成腐蚀电池。另外，需同时投加表面活性剂，以便铜离子能渗进附着在塔体上的藻类内部。氯酚杀菌剂特别是五氯酚钠（C_6Cl_5ONa）广泛应用于工业冷却水处理，投量约为每毫升几十毫克。利用不同药剂对不同菌种杀菌效率不同的特点，可以把数种氯酚化合物组成复方杀菌剂，发挥增效作用，从而降低杀菌剂的用量。通常用氯酚和铜盐混合控制藻类，间歇投药。表面活性剂杀菌剂主要以季铵盐类为代表，带正电的季铵盐与带负电的细菌、真菌和藻类产生选择性吸附，并积聚在微生物的体表上，改变原形质膜的物理化学性质，使细胞活动异常。它的疏水基能溶解微生物体表的脂肪壁，从而杀死微生物；一部分季铵化合物透过细胞壁，进入菌体内，与构成菌体的蛋白质反应，使微生物代谢异常，导致微生物死亡。杀菌剂可以连续使用也可间歇或瞬时投加。在可能条件下，为增加药效，可以两种或两种以上药剂配合使用。另外，杀菌剂应选几种轮换使用，防止微生物逐渐适应杀菌剂而产生抗药性。

二、防腐处理

利用缓蚀剂在金属表面形成一层薄膜，将金属表面覆盖起来，与腐蚀介质隔绝，防止金属腐蚀，是防止循环水系统腐蚀的主要方法。根据缓蚀剂成膜的类型可以将其分为氯化膜、沉淀物膜和吸附膜型三种。根据缓蚀剂对电化学腐蚀的控制部位不同，可分为阳极缓蚀剂和阴极缓蚀剂。

（一）氧化膜型缓蚀剂

氧化膜型缓蚀剂形成的防蚀膜薄而致密，与基体金属黏附性强，能阻碍溶解氧的扩散，使腐蚀反应速度降低，而且当保护膜到达一定厚度时，膜的厚度几乎不再增长，因此防治效果较好。但此类缓蚀剂都是重金属含氧酸盐，易污染环境。亚硝酸盐类借助水中的溶解氧在金属表面形成氯化膜而成阳极型缓蚀剂。此类缓蚀剂在长期使用后，系统内硝化细菌繁殖，氧化亚硝酸盐为硝酸盐，防腐效果降低。

（二）水中离子沉淀膜型缓蚀剂

水中离子沉淀膜型缓蚀剂与溶解于水中的离子生成难溶盐或溶合物，在金属表面上析出沉淀。形成防腐蚀膜，多孔、较厚、较松散，且基体密合性差。同时，药剂投量过多，会导致垢层加厚，影响传热。

此类缓蚀剂有聚磷酸盐和锌盐。聚磷酸盐是生物的营养物质，必须采取措施控制微生物；锌盐由于对环境污染严重，使用上应加以限制。

（三）金属离子沉淀膜型缓蚀剂

金属离子沉淀膜型缓蚀剂是使金属活化溶解，并在金属离子浓度高的部位与缓蚀剂形成沉积，产生致密的薄膜，缓蚀效果良好，在防蚀膜形成之后，即使在缓蚀剂过剩时，薄膜也停止增厚。这种缓蚀剂如巯基苯并噻唑（简称 MBT）是铜的很好的阳极缓蚀剂，剂量仅为 1～2mg/L。因为它在铜的表面进行螯合反应，形成一层沉淀薄膜，抑制腐蚀。这类缓蚀剂还有如杂环硫醇、巯基苯并噻唑与磷酸盐共同使用等，对防止金属的点蚀有良好的效果。

（四）吸附膜型缓蚀剂

吸附膜型缓蚀剂的分子具有亲水性基和疏水性基。亲水基即极性基，能有效地吸附在洁净的金属表面上，而将疏水基团朝向水侧，阻碍水和溶解氧向金属扩散，以抑制腐蚀，防蚀效果与金属表面的洁净程度有关。这种缓蚀剂主要有胺类化合物及其他表面活性剂类有机化合物。这种缓蚀剂的缺点在于分析方法复杂，因而难于控制浓度，且价格较贵，在大量用水的冷却系统中使用还有困难。

缓蚀膜种类、性质和应用于各种冷却水系统的代表性缓蚀剂参见表 5.5、表 5.6。

表 5.5　缓蚀膜的种类及其性质

缓蚀剂类型		缓蚀剂	膜的特性
钝化膜型		铬酸盐 钼酸盐 钨酸盐 亚硝酸盐	致密，膜薄（3～30nm），与金属结合紧密
沉淀膜型	水中离子型	聚磷酸盐 锌盐	多孔，膜厚，与金属结合不太紧密
	金属离子型	苯并三氮唑 巯基苯并噻唑	较致密，膜较薄
吸附膜型		有机胺 硫醇类 表面活性剂类 木质素 葡萄糖酸盐	在非清洁面上吸附性差

表 5.6 应用于各种冷却水系统的代表性缓蚀剂

冷却水系统分类	代表性缓蚀剂
敞开式循环水系统	铬酸盐——聚磷酸盐系 铬酸盐——金属盐系（锌盐） 铬酸盐——有机物系（有机膦） 聚磷酸盐——金属盐系（锌盐） 聚磷酸盐——有机物系（有机膦） 有机物系——金属盐系（铝、钨）
密闭式循环水系统	铬酸盐系 亚硝酸盐——有机物系 可溶性油

第四节 循环冷却水的综合利用

按照分质利用的治理原则，污水处理后回用同样存在如何治理最有效、回用到何处最保险、最经济及综合效益最高等问题。也就是说，污水回用点应该综合考虑工程投资、技术成熟性及可操作性、运行成本，以及回用污水对整个水系统的长远影响等因素。同时应遵循先易后难、分质利用的原则。

通过综合分析以及大量试验，污水经深度处理后回用于循环水系统是上述几个因素的平衡点。

一、技术背景与意义

循环冷却水是工业用水中的用水大项，在石油化工、电力、钢铁、冶金等行业，循环冷却水的用量占企业用水总量的50%～90%。由于原水中有不同的含盐量，循环冷却水浓缩到一定倍数必须排出一定的浓水，并补充新水。一台30万kW冷凝机组，循环冷却水量要达到3.3万t/h左右，假定原水中含盐量为1000 mg/L，浓缩倍数为3，那么循环冷却水的浓水排放约在6‰～8‰左右，即198～264 m^3/h，同时需补充的新水等于排水及蒸发损失等，补充水量大约为循环水量的2%～2.6%，将为660～860m^3/h左右，水资源消耗与污水排放的数量是很大的。

循环冷却水由于受浓缩倍数的制约，在运行中必须要排出一定量的浓水和补充一定量的新水。使冷却水中的含盐量、pH、有机物浓度、悬浮物含量控制在一个合理的允许范围。对这部分浓水排放进行具体处理回用，具有重要的意义。它不但能提高水的重复利用率，节约水资源，而且能极大的改善循环冷却水的整体状况。

二、循环冷却水现状及存在问题

循环冷却水由泵送往冷却系统中各用户，经换热后温度升高，被送往冷却塔进行冷却。在冷却塔中热水从塔顶向下喷淋成水滴或水膜状，空气则逆向或水平交流流动，在气水接触过程中，进行热交换。水温降至符合冷却水要求时，继续循环使用。

空气由塔顶溢出时带走水蒸气，使循环水中离子含量增加，因此必须补充新鲜水，排出浓缩水，以维持含盐量在一定浓度，从而保证整个系统正常运行。补充水的量应弥补系统蒸发、风吹（包括飞溅和雾沫夹带）及排污损失的水量。循环水与补充水中含盐量之比，即为该循环水系统的浓缩倍数。在一定的循环冷却水系统中，只要改变补充水的含盐量，就可以改变循环水系统的浓缩倍数，而提高浓缩倍数是保证整个循环冷却水系统经济运行的关键。

冷却水在循环系统中不断循环使用，由于水温升高、流速变化、蒸发、各种无机离子和有机物质的浓缩，冷却塔和冷却水池在室外受到阳光照射、风吹雨淋、灰尘杂物的进入，以及设备的结构和材料等多种因素的综合作用，会产生很多问题。

1. 水垢附着

在循环冷却水系统中，碳酸氢盐的浓度随蒸发浓缩而增加。当其浓度达到过饱和状态，或经过传热表面水温升高时，会分解生成碳酸盐沉积在传热表面，形成致密的微溶性盐类水垢，其导热性能很差［≤1.16W/（m·K），钢材一般为45W/（m·K）］。因此，水垢附着轻则降低换热器传热效率，严重时会使换热器堵塞，系统阻力增大，水泵和冷却塔效率下降，生产能耗增加，产量下降，加快局部腐蚀，甚至造成非正常停产。

2. 设备腐蚀

循环冷却水系统中，大量设备是由金属制造，长期使用循环冷却水，会发生腐蚀穿孔。这是由多种因素造成的，主要有：冷却水中溶解氧引起的电化学腐蚀；有害离子（Cl^- 和 SO_4^{2-}）引起的腐蚀；微生物（厌氧菌、铁细菌）引起的腐蚀等。

设备管壁腐蚀穿孔会形成渗漏，或工艺介质泄露入冷却水中，损失物料，污染水体；或冷却水渗入工艺介质，影响产品质量，造成经济损失，影响安全生产。

3. 微生物的滋生与黏泥

在循环水中，由于养分的浓缩，水温升高和日光照射，给细菌和藻类的迅速繁殖创造了条件。细菌分泌的黏液使水中漂浮的灰尘杂质和化学沉淀物等黏附在一起，形成沉积物附着在传热表面，即生物黏泥或软垢。黏泥附着会引起腐蚀，冷却水流量减少，进而降低冷却效率；严重时会堵死管道，迫使停产清洗。

综上所述，冷却水长期循环使用后，必然会带来结垢、腐蚀和微生物滋生问题。解决好这三个问题才能稳定生产，节约资源与能源，从而减少环境污染，提高经济效益。

三、循环冷却水处理和“趋零”排放新技术

1. 技术目标

降低循环水系统运行费用，提高整体管理水平；彻底解决水垢附着、设备腐蚀以及微生物的滋生与黏泥问题。大量减少循环水系统排污水量和补充水量，提高浓缩倍数，实现“趋零”排污或少排污，节约水资源。

2. 技术关键

设计一整套低费用水处理方案，降低循环水的浊度和总溶解固体，减少系统补水

量，提高浓缩倍数，改善整体循环水的状况，降低处理费用，最后实现“趋零”排放和不使用化学药剂。

提高循环水的浓缩倍数，可降低补充水的用量，节约水资源，同时可降低排污水量，从而减少其对环境的污染，进而降低循环水处理成本。

3. 技术路线

将原有循环水系统的排污水、生活污水、污水处理厂出水、工艺过程的假定净水进行处理，去除水的浊度，降低水的硬度和盐含量，并使处理出水的硬度低于新鲜水（天然水）的硬度，二者混合后作为进入冷却水池的补充水。运行一段时间后，循环水总体的盐含量和硬度降低，系统浓缩倍数可逐步提高，循环水水质逐渐变好，新鲜水用量和排污水量不断减少，形成系统的良性循环。

在石油、化工、电力、钢铁等行业企业中，既有生产用水，也有生活用水，生产用水可分为直接一次性用水和循环水。而循环水根据以上所述，是要有一定浓水排放，还有蒸发损失、风吹损失等，所以，对循环水系统要有补充水。现在多数企业的循环水是用新鲜水补充，生活污水和循环水浓水以及污水处理厂出水都按排污水排放了。如果把生活污水、循环水浓水、污水处理厂出水、工艺过程排放的假定净水进行处理后，用做循环水的补充水，从而节约新鲜水，在技术上是可行的，经济上也是有效益的。

在电厂中，由于被循环水冷却的介质是低温蒸汽，温度只有 50℃左右，一般来说，在循环水系统中不会出现结垢现象，在实际运行中，出现较多的问题是含盐量增多、细菌滋生、灰尘等，只要将循环水排放的浓水进行脱盐处理，生活污水进行生化处理和过滤，再混入部分新鲜水作为循环水的补充水就可以了。循环水浓水经过脱盐处理后，可以全部脱去硬度，含盐量低于新鲜水，浊度小于新鲜水，处理运行费用低于当地的新鲜水价格。生活污水生化处理和过滤后作为循环水补充水的运行费用也低于当地的新鲜水价格，从而在循环水系统中，处理后能为企业取得一定的经济效益，而且随着国家对水资源价格和污水排放的控制，经济效益会越来越显著。

在炼油、化工企业中，由于被冷却的介质品种较多，有的介质温度高达 200℃以上，加之循环水在换热系统中流量分配上，不可能设计得十分合理，造成部分换热器循环水温度过高，在换热器内结垢情况严重，系统运行中、后期，往往由于严重结垢而影响换热效果，造成部分产品温度降不下来，影响正常生产。在石油化工生产中，循环水突出的问题是在部分换热器中结垢严重，另外也存在运行中含盐量增高，细菌滋生等问题。所以在石油化工生产中，循环水系统的浓水、生活污水生化处理和污水处理场达标排放废水过滤脱盐后回用，对补充的部分新鲜水也进行脱盐、除硬度后使用，使整个循环水系统浓缩倍数大大提高，并且由于循环水的硬度较低，可大大降低换热器的结垢速率。

4. 技术分析

污水回用项目关键在于流程的可靠性、出水的稳定性以及制水成本。就目前我国污水回用技术实际情况而言，对于上述污水进行深度处理以达到回用水质标准，有多种处理方法可供选择，包括离子交换、电渗析法、反渗透法、纳滤、超滤和微滤、过滤以及絮凝、氧化等。

离子交换法主要用于去除水中离子化的物质，而生化处理出水 COD 值相对较高，且大部分为非离子型有机物，污水中的有机物与树脂活性基团的固定离子结合力很大，一旦结合就很难进行再生，严重影响再生效率和交换能力；另外，树脂抗 Cl_2、O_2 等氧化剂氧化性很差，因而不宜采用。

电渗析法以离子交换膜为介质，靠离子的选择透过性来分离水溶液中的某些物质。它是在离子交换技术的基础上发展起来的一项新技术，它去除的也是一些电解质物质，但回用率很低（50%～60%）且运行成本很高，因此，电渗析法也不宜采用。

反渗透法是近 20 年来发展起来的膜技术，现已被广泛地用于水质除盐和污水治理等方面。该法专门用以分离水中的分子态和离子态溶解物质，其实质是向水溶液中施加巨大的压力，使溶剂水透过反渗透膜成为淡水，而溶质被阻留成为浓水，由此可达到两个目的，一是从含盐水中制取淡水，二是浓缩污水中的溶解态污染物质，处理后的污水可直接排放或重复利用。反渗透装置是以分子扩散膜为介质，以静压差为推动力来分离水溶液中的物质。与电渗析法相比在经济上具有显著的优越性，电能效率较高、能耗低，相同进水条件下，反渗透法生产一吨淡水的能耗为电渗析法的$\frac{1}{10}$～$\frac{1}{5}$。

超滤和微滤也属于压力推动的膜工艺系列，就分离范围而言，它补充了反渗透、纳滤和普通过滤之间的空隙。超过滤是对料液施加一定压力后，高分子物质、胶体、蛋白质、微粒等被半透膜所截留，而溶剂和低分子物质则透过膜。超过滤的分离机理主要是膜表面孔径筛分机理、膜孔阻塞的阻滞机理和膜面以及膜孔对粒子的一次吸附机理。一般来说，超滤操作的跨膜压差为 0.2～0.7MPa，远远小于反渗透等膜法装置。但超滤装置不能脱盐，实现不了污水深度处理的目的。

纳滤技术是近几年来发展起来的膜技术，采用 ESNA 系列高性能纳滤膜，膜材质为芳香族聚酰胺，可脱除污水中的有机物、细菌、病毒、盐类，操作压力 0.3～1.0MPa。

5. 经济效益、环境效益和社会效益分析

循环水系统总体水质逐步好转，杀菌剂、阻垢剂的用量、设备的清洗和腐蚀折旧费用大大减少，经济效益显著。

由于循环冷却水占工业用水的比例很大，如某些化工企业的冷却水占总用水量的 90%～95%，所以节约循环冷却水的新鲜水用量，可极大地缓解我国水资源短缺的矛盾。减少污水排放，可减轻周边环境的水体污染状况，这对保证环境经济的可持续发展，促进生态环境的良性循环，改善人居环境状况有着重要的意义。

工业用水和污水排放量的减少，可缓解企业与企业、企业与居民之间对水资源的争夺矛盾和消除企业排污对农作物、居民饮水的不良影响造成的社会矛盾，这对维护社会的安定团结，促进经济发展和居民生活质量的提高，改善人居环境状况有举足轻重的作用。

小结

本章主要从水冷却的基础知识、冷却构筑物类型、工艺构造及选择、循环水处理的基本概念和综合处理利用几个方面进行了相应的阐述，通过具体案例引入，提高全民的节水意识，节约使用新鲜水，是我国国民经济持续发展的需要，工业循环水的浓水、生活污水、污水处理厂出水、工艺过程的净水回用，是工业生产中提高水的重复利用率的必经之路，并且在废水回用中给企业带来一定的经济效益。

复习题

1. 名词解释

结垢　污垢　腐蚀　腐蚀率　污垢热阻

2. 填空题

(1) 饱和指数____零时，有水垢析出的倾向。

(2) 防止结垢处理方法有________________、________________、____________、____________。

(3) 根据缓蚀剂成膜类型可以将其分为：______、______和____________三种。

(4) 影响循环水水质因素有__________、__________、__________、__________、________、________。

3. 简答题

(1) 简要叙述循环冷却水结垢与腐蚀的机理。如何判别循环冷却水结垢与腐蚀倾向试述各种方法的优缺点?

(2) 循环水基本水质要求是什么?

(3) 循环水处理的基本任务是什么?

第六章　排水管道工程

岗位目标

掌握排水系统有关概念，掌握污水管道系统的设计计算方法，了解污水管道图纸的绘制，掌握雨水管渠系统的设计计算方法，了解合流制管渠系统的设计计算方法主要利用了水力学的知识，是水力学在排水工程中的运用，学习时要把理论讲透。

必备知识

排水体制；设计流量；变化系数；管道水力计算；暴雨强度公式；极限强度理论；雨水与污水管道设计。

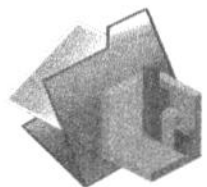

选修知识

管道水力计算要素；雨水管道计算基本方法；合流制管渠的设计计算原理。

课前思考题

(1) 排水管道系统由哪些部分组成？各个组成部分的作用是什么？

(2) 什么是排水体制？简要对排水体制进行选择说明。

第一节　排水系统概论

一、概述

城市排水系统是指人们生活、生产、市政和消防提供废水排出设施，以及城市大气降水排出系统的总称。排水系统承担着人们排除废水的收集、输送和处理，达到消除废水中污染物质对人体健康的危害和保护环境的目的。

（一）排水系统的作用

(1) 排水工程的合理建设有助于保护和改善环境，消除污水的危害，对保障人民的健康起着重要的作用。随着现代工业的发展和城市规模的扩大，污水量日益增加，污水成分也日趋复杂，城镇建设必须随时注意经济发展过程中造成的环境污染问题，并协调解决好污水的污染控制、处理及利用问题，以确保环境不受污染。

（2）排水工程作为国民经济的一个组成部分也具有重要意义。水是非常宝贵的自然资源，它在人民日常生活和工农业生产中都是不可缺少的。虽然地球表面的70%以上被水覆盖，但其中便于取用的淡水量仅为地球总水量的0.2%左右。许多河川的水都不同程度地被其上下游的城市重复使用着。如果水体受到污染，势必降低淡水水源的使用价值。排水工程正是保护水体免受污染，以充分发挥其经济效益的基本手段之一。同时，城市污水资源化后，可重复用于城市和工业，这是节约用水和解决淡水资源短缺的一种重要途径。

（3）污水的妥善处置和雨雪水的及时排除与合理利用，是保证工农业生产正常运行的必要条件之一。此外，污水利用本身也有很大的经济价值，例如有控制地利用污水灌溉农田，会提高产量，节约农肥，促进农业生产；工业废水中有价值原料的回收，不仅消除了污染，而且为国家创造了财富，降低产品成本；将含有机物的污泥发酵，不仅可以获得高效能源，而且能更好地利用污泥做农肥、建筑材料或铺路材料等。

总之，在城市建设中，排水工程对保护环境、促进工农业生产、保障人民的健康具有巨大的现实意义和深远的影响。应当充分发挥排水工程在我国经济建设中的积极作用，使经济建设、城乡建设与环境建设同步规划、同步实施、同步发展，以达到经济效益、社会效益和环境效益的统一。

（二）污水的类型

通过城市排水系统排出的废水，根据废水的性质和来源不同，废水可分为生活废水、工业废水和大气降水三类。

1. 生活废水

生活废水主要是指居民在日常生活中排出的废水，在人们的日常生活中，很多生活习惯都需要大量用水，比如沐浴、洗涤、做饭等都要用到水，用过之后就成为了污水。现代城市除了利用卫生设备排出污水，还会随污水排出粪便和一些废弃物，特别是有机废弃物。这类废水主要来自住宅、机关、学校、医院、公共建筑、生活设施和工业企业的生活区等部分。生活污水中含有大量有机物及各种细菌、病毒等致病性的微生物，也含有大量植物营养素如氮、磷、钾等。

2. 工业废水

在工业企业中，基本上任何一种工业或者企业在生产过程中都需要用到水。在总的用水量中，工业用水占有相当大的比例。这一部分废水可以大致分为两部分：一部分在生产过程中受到严重污染，其中含有大量的污染杂质，如酚、氰、砷、有机农药、各种重金属盐、放射性元素和某些相当稳定的有机物质，甚至有些废水还含有某些致癌的物质等，必须严格处理；另一部分被工业企业用作冷却和洗涤后排出，受到较轻微的水质污染或水温变化，这类废水往往经过简单处理后就可重复使用或排入水体。

3. 大气降水

城市大气降水主要指雨水和冰雪融水，也需要及时排出，否则也会积水为害，妨碍交通，甚至危及人们的生产和生活。雨水通常比较清洁，可以直接利用或排出，但是初期雨水由于淋溶大气的污染物以及冲刷城市路面带入大量污染物。特别是流经一些污染企业的雨水，其污染状况有时甚至会超过一般工业废水的污染状况。因此初期雨水也需要经过适当处理。

（三）污水的处置方式

1. 排水系统

在城市和工业企业中，应当有组织地及时收集、处理、排除上述废水和雨水，否则有可能影响或破坏环境，影响人民生活和生产，甚至威胁人民健康。排水的收集、输送、处理和排放等工程设施以一定方式组合成的总体称为排水系统。

2. 组成

排水系统通常是由管道系统（即排水管网）和污水处理系统（即污水处理厂）两大部分组成。管道系统是收集和输送废水的设施，把废水从产生处输送至污水厂或出水口，它包括排水设备、检查井、管渠、泵站等工程设施。污水处理系统是处理和利用废水的设施，它包括城市及工业企业污水处理厂（站）中的各种处理构筑物及利用设施等。

3. 排水去向

根据不同的要求，经处理后的污水最终去向主要有以下几方面。

1）排放水体

排放水体是污水的自然归宿。水体对污水有一定的稀释与净化能力，也称为水体的自净作用，这是最常用的一种处置方法。

2）灌溉农田

灌溉农田是污水利用的一种方式，也是污水处理的一种方法，称为污水的土地处理法。

3）重复利用

重复利用是最合适的污水处置方式。污水经处理达到无害化后排放并重复利用，是控制水污染、保护水资源的重要手段，也是节约用水的重要途径。城市污水重复利用的方式有以下几种：

（1）自然复用。一条河流往往既作给水水源，也受纳沿河城市排放的污水。流经河流下游城市的生活水中，总是掺杂有上游城市排入的污水。因而地面水源中的水，在其最后排入海洋之前，实际已被多次重复使用。

（2）间接复用。将城市污水注入地下，补充地下水水位下降和地面沉降。

（3）直接复用。可将城市污水直接作为城市饮用水水源、工业用水水源、杂用水水源等重复利用（也称污水回用）。城市污水经过人工处理后直接作为城市饮用水源，这对严重缺水地区来说是必要的。近年来，我国也提倡采用中水及收集利用雨水，而且已有不少工程实例。

工业废水的循序使用和循环使用也是直接复用。某工序的废水用于其他工序，某生产过程的废水用于其他生产过程，称作循序使用。某生产工序或过程的废水，经回收处理后仍作原用，称作循环使用。不断提高水的重复利用率是可持续发展的必然趋势。

二、排水系统的体制及其选择

（一）排水体制

在城镇和工业企业中通常有生活污水、工业废水和大气降水等三种废水。这些污水既可采用用一个管渠系统来排除，又可采用两个或两个以上各自独立的管渠系统来排除。污水的这种不同排除方式所形成的排水系统，称作排水系统的体制（简称排水体制）。排水系统的体制一般分为合流制和分流制两种类型。

1. 合流制排水系统

合流制排水系统是将生活污水、工业废水和雨水混合在同一个管渠内排除的系统，分为直排式和截流式。直排式合流制排水系统是将排除的混合污水不经处理直接就近排入水体，国内外很多老城市以往几乎都是采用这种合流制排水系统。但这种排除形式污水未经处理就排放，易使受纳水体遭受严重污染。现在常采用的是截流式合流制排水系统（图 6.1）。这种系统是在临河岸边建造一条截流干管，同时在合流干管与截流干管相交前或相交处设置溢流井，并在截流干管下游设置污水厂。晴天和初期降雨时所有污水都送至污水厂，经处理后排入水体，随着降雨量的增加，雨水径流也增加，当混合污水的流量超过截流干管的输水能力后，就有部分混合污水经溢流井溢出，直接排入水体。截流式合流制排水系统比直排式大大前进了一步，但仍有部分混合污水未经处理就直接排放，从而使水体遭受污染，这是它的不足之处。国内外在改造老城市的合流制排水系统时，通常采用这种方式。

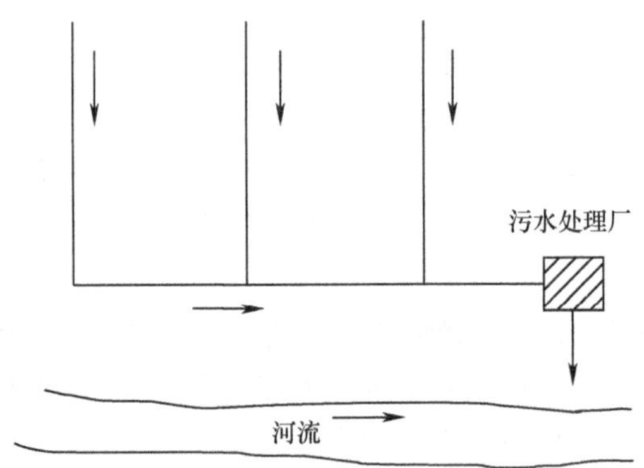

图 6.1　截流式合流制排水系统

2. 分流制排水系统

分流制排水系统是将生活污水、工业废水和雨水分别在两个或两个以上各自独立的管渠内排除的系统。排除生活污水、城市污水或工业废水的系统称为污水排水系统；排除雨水的系统称为雨水排水系统。

由于排除雨水方式的不同，分流制排水系统又分为完全分流制和不完全分流制两种排水系统（图 6.2）。在城市中，完全分流制排水系统包含污水排水系统和雨水排水系统。而不完全排水系统只有污水排水系统，未建雨水排水系统，雨水沿天然地面、街道边沟、水渠等原有渠道系统排泄，或者为了补充原有渠道系统排水能力的不足而修建部分雨水渠道，待城市进一步发展再修建雨水排水系统，使其转变成完全分流制排水系统。

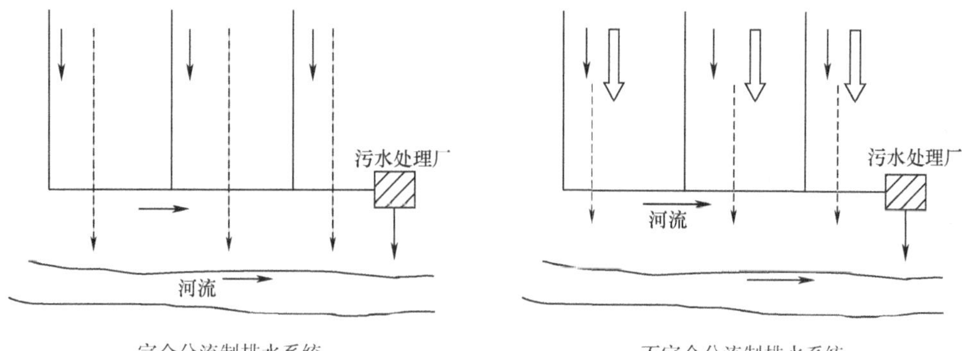

图 6.2　分流制排水系统

3. 工业企业排水系统

在工业企业中，一般采用分流制排水系统。然而，由于工业废水的成分和性质往往很复杂，不但与生活污水不宜混合，而且彼此之间也不宜混合，否则将造成污水和污泥处理复杂化，并给废水重复利用和回收有用物质造成很大困难。所以，在多数情况下，采用分质分流、清污分流的几种管道系统来分别排除。但如果生产污水的成分和性质同生活污水类似时，可将生活污水和生产污水用同一管道系统排放。生产废水可直接排入雨水道或循环重复使用。具有循环给水系统和局部处理设施的分流制排水系统，生活污水、生产污水、雨水分别设置独立的管道系统。含有特殊污染物质的有害生产污水不许与生活或生产污水直接混合排放，应在车间附近设置局部处理设施。冷却废水经冷却后在生产中循环使用。如条件允许，工业企业的生活污水和生产污水应直接排入城市污水管道，而不作单独处理。

4. 区域排水系统

在一座城市中，有时是混合制排水系统，既有分流制也有合流制的排水系统。混合制排水系统一般是在具有合流制的城市需要扩建排水系统时出现的。在大城市中，因各区域的自然条件以及修建情况可能相差较大，因地制宜在各区城采用不同的排水体制也是合理的。如美国的纽约和我国的上海等城市便是这样形成的混合制排水系统。

（二）排水体制的选择

合理地选择排水系统的体制，是城市和工业企业排水系统规划和设计的重要问题。它不仅从根本上影响排水系统的设计、施工、维护管理，而且对城市和工业企业的规划和环境保护影响深远，同时也影响排水系统工程的总投资、初期投资和维护管理费用。通常，排水系统体制的选择应满足环境保护的需要，根据当地条件，通过技术经济比较确定，而环境保护应是选择排水体制时所考虑的主要问题。

三、排水系统的主要组成部分

排水系统是指排水的收集、输送、处理和利用以及排放等设施以一定方式组合成的总体。

（一）城市污水排水系统的主要组成部分

城市污水包括排入城镇污水管道的生活污水和工业废水。将工业废水排入城市生活污水排水系统，就组成城市污水排水系统。它由以下几个主要部分组成：室内污水管道系统及设备、室外污水管道系统、污水泵站及压力管道、污水处理厂、出水口。

（二）工业废水排水系统的主要组成部分

在工业企业中用管道将厂内各车间所排出的不同性质的废水收集起来，送至废水回收利用和处理构筑物。经回收处理后的水可再利用、排入水体或排入城市排水系统。

工业废水排水系统由车间内部管道系统和设备、厂区管道系统、污水泵站及压力管道、废水处理站等几个主要部分组成。

一般来说，由于工业门类繁多，工业废水水质水量变化较大。原则上，应先从改革生产工艺和技术革新入手，尽量把有害物质消除在生产过程之中，做到不排或少排废水。同时应重视废水中有用物质的回收。

（三）雨水排水系统的主要组成部分

雨水排水系统由建筑物的雨水管道系统和设备、街坊或厂区雨水管渠系统、街道雨水管渠系统、排洪沟、出水口等几个主要部分组成。

四、排水系统的布置形式

排水系统的布置形式应结合地形、竖向规划、污水厂的位置、土壤条件、河流位置以及污水的种类和污染程度而定。在实际情况下，较少单独采用一种布置形式，通常是根据当地条件，因地制宜地采用综合布置形式。

（一）正交式

在地势适当向水体倾斜的地区，各排水流域的干管以最短距离沿与水体垂直相交的方向布置，称正交式布置［图 6.3（a)］。正交布置的干管长度短、管径小，因而较经济，污水排出也迅速。但是，由于污水未经处理就直接排放，会使水体遭受严重污染。故这种形式在现代城市中仅用于排除雨水。

（二）截流式

若沿河岸再敷设主干管，并将各干管的污水截流送至污水厂，这种布置形式称截流式布置［图 6.3（b)］，截流式是正交式发展的结果。

（三）平行式

在地势向河流方向有较大倾斜的地区，为避免因干管坡度及管内流速过大，使管道受到严重冲刷，可使干管与等高线及河道基本上平行，主干管与等高线及河道成一定角度敷设，称为平行式布置［图 6.3（c）］。

（四）分区式

在地势高差相差很大的地区，当污水不能靠重力流至污水厂时，可采用分区布置形式［图 6.3（d）］。这时，可分别在高区和低区敷设独立的管道系统。高区的污水靠重力流直接流入污水厂，而低区的污水用水泵抽送至高区干管或污水厂。这种布置只能用于个别阶梯地形或起伏很大的地区，它的优点是充分利用地形排水，节省电力，如果将高区的污水排至低区，然后再用水泵一起抽送至污水厂是不经济的。

（五）环绕式及分散式

当城市周围有河流，或城市中心部分地势高并向周围倾斜的地区，各排水流域的干管常采用辐射状分散布置［图 6.3（e）］，各排水流域具有独立的排水系统。这种布置具有干管长度短、管径小、管道埋设较浅、便于污水灌溉等优点，但污水厂和泵站（如

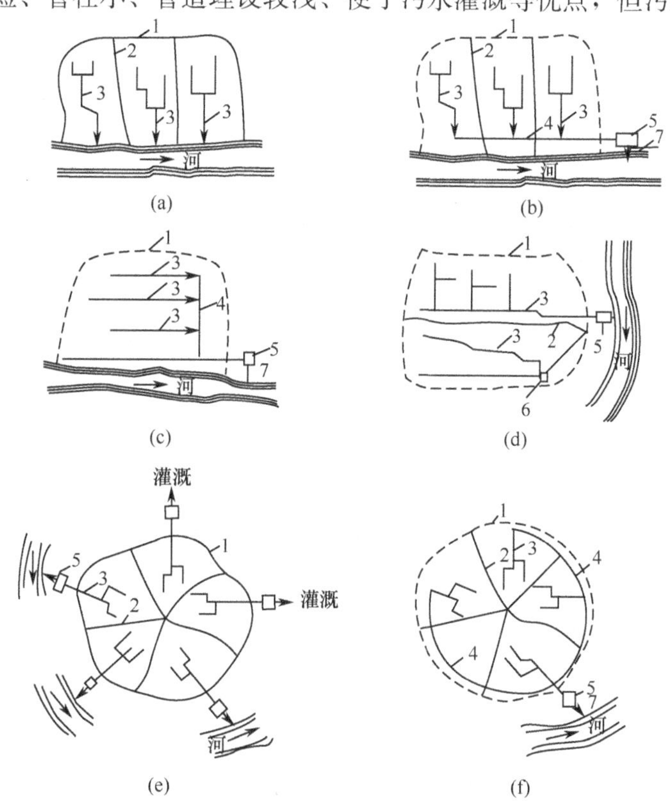

图 6.3　排水系统的布置形式

1. 城市边界；2. 排水流域分界线；3. 干管；4. 主干管；5. 污水厂；6. 污水泵站；7. 出水口

需要设置时）的数量将增多。在地形平坦的大城市，采用辐射状分散布置可能是比较有利的。但考虑到规模效益，不宜建造数量多、规模小的污水厂，而宜建造规模大的污水厂，所以由分散式发展成环绕式布置［图 6.3（f）］。这种形式是沿四周布置主干管，将各干管的污水截流送往污水厂。

（六）区域集中式

为了提高污水处理厂的规模效益，并改善其处理效果，可以把几个区域的排水系统连接合并起来，汇集输送到一个大型污水处理厂集中处理。将这种两个以上城镇地区的污水统一处理和排出的系统称作区域排水系统。

五、治理工业废水的方法和措施

在规划工业企业排水系统时，对于工业废水的治理，应首先从改革生产工艺和技术革新入手，力求把有害物质消除在生产过程之中，做到不排或少排废水。对于必须排出的废水，还应采取下列措施：采用循环利用和重复利用系统，尽量减少废水排放量；按不同水质分别回收利用废水中的有用物质，创造财富；利用本厂和厂际的废水、废气、废渣，以废治废。无废水无害生产工艺、闭合循环重复利用以及不排或少排废水，是控制污染的有效途径。

六、区域排水系统

城市污水和工业废水是造成水体污染的一个重要污染源。长期以来，对污水和废水多采用消极的单项治理方式，水体污染未能得到很好控制，有日益加重之势。实践证明，对废水进行综合治理并纳入水污染防治体系，是解决水污染的重要途径。

废水综合治理应当对废水进行全面规划和综合治理。做好这一工作是和很多因素有关的，如要求有合理的生产布局和城市规划；要合理利用水体、土壤等自然环境的自净能力；严格控制废水和污染物的排放量；做好区域性综合治理及建立区域排水系统等。

七、排水系统设计的任务和原则

（一）排水系统设计的任务

排水工程是现代化城市和工业企业不可缺少的一项重要设施，是城市和工业企业基本建设的一个重要组成部分，同时也是控制水污染、改善和保护环境的重要措施。排水工程的设计对象是需要新建、改建或扩建排水工程的城市、工业企业和工业区，它的主要任务是规划设计、收集、输送、处理和利用各种污水的一整套工程设施和构筑物，即排水管道系统和污水厂的规划与设计。

排水工程的建设和设计必须按基本建设程序进行，为了加强基本建设的管理，坚持必要的基建程序，是保证基建工作顺利进行的重要条件。基建程序可归纳分为下列几个阶段：

（1）可行性研究阶段：可行性研究是论证基建项目在经济上、技术上等方面是否可行。如果论证可行，按照项目隶属关系，由主管部门组织计划、设计，编制计划（设计）任务书。

（2）计划任务书阶段：计划任务书是确定基建项目、编制设计文件的主要依据。计划任务书按隶属关系经上级批准后，即可委托设计单位进行设计工作。

（3）设计阶段：设计单位根据上级有关部门批准的计划任务书文件进行设计工作，并编制概（预）算。

（4）组织施工阶段：建设单位采用施工招标或其他形式落实施工工作。

（5）竣工验收交付使用阶段：建设项目建成后，竣工验收交付生产使用是建筑安装施工的最后阶段。未经验收合格的工程，不能交付生产使用。

排水工程设计工作，可分为三个阶段（初步设计、技术设计和施工图设计）设计和两个阶段设计（初步设计或扩大初步设计和施工图设计）。大中型基建项目一般采用两阶段设计，重大项目和特殊项目根据需要可增加技术设计阶段。

初步（扩大）设计：应明确工程规模、建设目的、投资效益、设计原则和标准、选定设计方案、拆迁、征地范围及数量、设计中存在的问题、注意事项及建议等。设计文件应包括设计说明书图纸、主要工程数量、主要材料设备数量及工程概算。初步设计文件应能满足审批、控制工程投资和作为编制施工图设计、组织施工和生产准备的要求，对采用新工艺、新技术、新材料、新结构、引进国外新技术、新设备或采用国内科研新成果时，应在设计说明书中加以详细说明。

施工图设计：施工图应能满足施工、安装、加工及施工预算编制要求，设计文件应包括说明书、设计图纸、材料设备表、施工图预算。

上述两阶段设计的初步设计或扩大初步设计，是三阶段设计的初步设计和技术设计两个内容的综合。

（二）排水系统设计的原则

排水工程的规划与设计，应遵循下列原则：

（1）排水工程的规划应符合区域规划及城市和工业企业的总体规划，并应与城市和工业企业中其他单项工程建设密切配合，互相协调。如总体规划小的设计规模、设计期限、建筑界限、功能分区布局等是排水工程规划设计的依据，又如城市和工业企业的道路规划地下设施规划、竖向规划、人防工程规划等单项工程规划对排水工程的规划设计都有影响。要从全局观点出发，合理解决，构成有机的整体。

（2）排水工程的规划与设计要与邻近区域内的污水和污泥的处理和处置协调，一个区域的污水系统，可能影响邻近区域，特别是影响下游区域的环境质量，故在确定规划区的处理水平的处置方案时，必须在较大区域范围内综合考虑，根据排水规划，有几个区域同时或几乎同时修建时，应考虑合并起来处理和处置的可能性，即实现区域排水系统。因为它的经济效益可能更好，但施工期较长，实现较困难。

（3）排水工程规划与设计应处理好污染源治理与集中处理的关系。城市污水应以点源治理与集中处理相结合，以城市集中处理为主的原则加以实施。工业废水符合排入城市下水道标准的应直接排入城市污水排水系统，与城市污水一并处理。个别工厂或车间排放的含有毒、有害物质的应进行局部除害处理，达到排入城市下水道标准后排入城市污水排水系统。生产废水达到排放水体标准的可就近排入水体或雨水道。

(4) 城市内水是宝贵的淡水资源，在规划中要考虑污水经再生后回用的方案，城市污水回用于工业用水是缺水城市解决水资源短缺和水环境污染的可行之路。

(5) 如设计排水区域内尚需考虑给水和防洪问题时，污水排水工程应与给水工程相协调，雨水排水工程应与防洪工程协调，以节省总投资。

(6) 排水工程的设计应全面规划，按近期设计，考虑远期发展有扩建的可能。应根据使用要求和技术经济的合理性等因素，对近期工程作出分期建设的安排。排水工程的建设费用很大，分期建设可以更好地节省初期投资，并能更快地发挥工程建设的作用，分期建设应首先建设最急需的工程设施，使它能尽早地服务于最迫切需要的地区和建筑物。

(7) 对于城市和工业企业原有的排水工程在进行改建和扩建时，应从实际出发，在满足环境保护的要求下，充分利用和发挥其效能，有计划有步骤地加以改造，使其逐步达到完善和合理化。

(8) 在规划与设计排水工程时，必须认真贯彻执行国家和地方有关部门制定的现有有关标准、规范或规定。同时，也必须执行国家关于新建、改建、扩建工程。实行把防治污染设施与主体工程同时设计、同时施工、同时投产的“三同时”规定，这是控制污染发展的重要政策。

第二节　污水管道系统设计

污水管道系统是由收集和输送城市污水的管道及其附属构筑物组成的。它的设计是依据批复的当地城镇（地区）总体规划及排水工程总体规划进行的。设计的主要内容和深度应按照基本建设程序及有关的设计规定、规程确定。通常，污水管道系统的主要设计内容包括以下几方面：

(1) 设计基础数据（包括设计地区的面积、设计人口数，污水定额，防洪标准等）的确定。

(2) 污水管道系统的平面布置。

(3) 污水管道设计流量计算和水力计算。

(4) 污水管道系统上某些附属构筑物，如污水中途泵站、倒虹管、管桥等的设计计算。

(5) 污水管道在街道横断面上位置的确定。

(6) 绘制污水管道系统平面图和纵剖面图。

一、设计基础数据的确定

作好污水管道系统的规划设计必须以可靠的资料为依据。设计人员接受设计任务后，需作一系列的准备工作。一般应先了解、研究设计任务书或批准文件的内容，弄清本工程的范围和要求，然后赴现场踏勘，分析、核实、收集、补充有关的基础资料。进行排水工程（包括污水管道系统）设计时，通常需要有以下几方面的基础资料。

（一）有关明确任务的资料

凡进行城镇（地区）的排水工程新建、改建和扩建工程的设计，一般需要了解与本工程有关的城镇（地区）的总体规划以及道路、交通、给水、排水、电力、电信、防洪、环保、燃气、园林绿化等各项专业工程的规划。这样可进一步明确本工程的设计范围、设计期限、设计人口数；拟用的排水体制；污水处置方式；受纳水体的位置及防治污染的要求；各类污水量定额及其主要水质指标；现有雨水、污水管道系统的走向，排出口位置和高程；与给水、电力、电信、燃气等工程管线及其他市政设施可能的交叉；工程投资情况等。

（二）有关自然因素方面的资料

1. 地形图

进行大型排水工程设计时，在初步设计阶段要求有设计地区和周围25～30km范围的总地形图，比例尺为1∶10000～1∶25000，等高线间距1～2m。中小型工程设计，要求有设计地区总平面图，城镇可采用比例尺1∶5000～1∶10000，等高线间距1～2m；工厂可采用比例尺1∶500～1∶2000，等高线间距为0.5～2m。在施工图阶段，要求有比例尺1∶500～1∶2000的街区平面图，等高线间距0.5～1m；设置排水管道的沿线带状地形图，比例尺1∶200～1∶1000；拟建排水泵站和污水厂处，管道穿越河流、铁路等障碍物处的地形图要求更加详细，比例尺通常采用（1∶100）～（1∶500），等高线间距0.5～1m。另还需排出口附近河床横断面图。

2. 气象资料

气象资料包括设计地区的气温（平均气温、极端最高气温和最低气温）、风向和风速、降雨量资料或当地的雨量公式、日照情况、空气湿度等。

3. 水文资料

水文资料包括接纳污水的河流的流量、流速、水位记录；水面比降；洪水情况和河水水温水质分析化验资料；城市、工业取水及排污情况；河流利用情况及整治规划情况等。

4. 地质资料

地质资料主要包括设计地区的地表组成物质及其承载力；地下水分布及其水位、水质；管道沿线的地质柱状图；当地的地震烈度资料等。

（三）有关工程情况的资料

工程情况的资料包括道路的现状和规划，如道路等级，路面宽度及材料；地面建筑物和地铁、其他地下建筑的位置和高程；给水、排水、电力、电信电缆、燃气等各种地下管线的位置；本地区建筑材料、管道制品、电力供应的情况和价格；建筑、安装单位的等级和装备情况等。

污水管道系统设计所需的资料范围比较广泛，其中有些资料虽然可由建设单位提供，但往往不够完整，个别地方不够准确。为了取得准确可靠充分的设计基础资料，设计人员必须到现场进行实地调查踏勘，必要时还应去提供原始资料的气象、水文、勘测等部门查询。将收集到的资料进行整理分析，补充完善。

二、设计方案的确定

在掌握了较为完整可靠的设计基础资料后，设计人员应根据工程的要求和特点，对工程中一些原则性的、涉及面较广的问题提出不同的解决办法，这样就构成了不同的设计方案。这些方案除满足相同的工程要求外。在技术经济上是互相补充、互相对立的。因此必须对各设计方案深入分析其利弊和产生的各种影响。比如，对城镇（地区）排水工程设计方案的分析中，必然会涉及排水体制的选择问题；接纳工业废水并进行集中处理和处置的可能性问题；污水分散处理或集中处理问题；与给水、防洪等工程协调问题；污水处理程度和污水、污泥处理工艺的选择问题；污水出水口位置与形式选择问题；设计期限的划分与相互衔接的问题等，其涉及面十分广泛且政策性强。又如，对城镇污水管道系统设计方案分析中，会涉及污水管道的布局、定向、长度、断面尺寸、埋设深度、管道材料，与障碍物相交时采用的工程措施，中途泵站的数目与位置等诸多问题。为了使确定的设计方案体现国家有关方针、政策，既技术先进，又切合实际、安全适用，具有良好的环境效益、经济效益和社会效益。因此对提出的设计方案需进行技术经济比较评价。

（一）建立方案的技术经济数学模型

建立主要技术经济指标与各种技术经济参数、各种参变数之间的函数关系。也就是通常所说的目标函数及相应的约束条件方程。建模的方法普遍采用传统的数理统计法。由于我国的排水工程，尤其是城市污水处理方面的建设有关技术经济资料缺乏，加以地区差异很大，目前国内建立的技术经济数学模型多数采用标准设计法。各地在实际工作中对已建立的数学模型存在应用上的局限性与适用性。当前在缺少合适的数学模型的情况下，可以凭经验选择合适的参数。

（二）解技术经济数学模型

解技术经济数学模型的过程为优化计算的过程。从技术经济角度讲，首先必须选择有代表意义的主要技术经济指标为评价目标，其次正确选择适宜的技术经济参数，以便在最好的技术经济情况下进行优选。由于实际工程的复杂性，有时解技术经济数学模型并不一定完全依靠数学优化方法，而用各种近似计算方法，如图解法、列表法等。

（三）方案的技术经济比较

根据技术经济评价原则和方法，在同等深度下计算出各方案的工程量、投资及其他技术经济指标，然后进行各方案的技术经济比较。排水工程设计方案技术经济比较常用的方法有两两对比加权评分法等。

（四）综合评价与决策

在上述分析评价的基础上，对各设计方案的技术经济、方针政策、社会效益、环境效益等作出总的评价与决策，以确定最佳方案。综合评价的项目或指标，应根据工程项目的具体情况确定。

以上所述，进行方案比较与评价的步骤只反映了技术经济分析的一般过程，实际上各步之间有时是相互联系的，有时根据问题的性质或者受条件限制时，不一定非要依次逐步进行，而是可以适当省略或者是采取其他办法。比如，可省略建立数学模型与优化计算步骤，根据经验选择适宜的参数。

经过综合比较后所确定的最佳方案即为最终的设计方案。

三、污水流量的计算

污水管道系统的设计流量是污水管道及其附属构筑物通过的最大流量。通常以最大日最大时流量作为污水管道系统的设计流量，其单位为 L/s。污水管道系统设计的首要任务，在于正确合理的确定污水管道系统的设计流量，包括生活污水设计流量和工业废水设计流量两大部分。就生活污水而言又可分为居民生活污水、公共设施排水、工业企业内生活污水和沐浴污水的三部分。如果工业废水的水质满足（或经过处理之后满足）《污水综合排放标准》（GB18918—2002）和《污水排入城市下水道水质标准》（CJ3082—1999）的要求，则可直接就近排入城市污水管道系统，与生活污水一起输送到污水处理厂进行处理后排放或再利用。此时，可按以下方法计算污水管道系统的设计流量。

（一）居住区生活污水设计流量

$$Q_1 = \frac{nNK_z}{24 \times 3600} \tag{6.1}$$

式中：Q_1——居住区生活污水设计流量（L/s）；

n——居住区生活污水定额［L/（cap·d)]，cap 为“人”的计量单位；

N——设计人口数（cap)；

K_z——生活污水量总变化系数。

1. 居住区生活污水定额

居住区生活污水定额可参考居民生活用水定额或综合生活用水定额。

(1) 居民生活污水定额是居民每人每天日常生活中洗涤、冲厕、洗澡等产生的污水量。

(2) 综合生活污水定额是指居民生活污水和公共设施（包括娱乐场所、宾馆、浴室、商业网点、学校和机关办公室等地方）排出污水两部分的总和。

居民生活污水定额和综合生活污水定额应根据当地采用的用水定额，结合建筑内部给排水设施水平和排水系统普及程度等因素确定。在按用水定额确定污水定额时，对给排水系统完善的地区可按用水定额的 90%计，一般地区可按用水定额的 80%计。设计中可根据当地用水定额确定污水定额。若当地缺少实际用水定额资料时，可根据《室外给水设计规范》（GB 50014—2006）规定的居民生活用水定额（平均日）和综合生活用水定额（平均日），结合当地的实际情况选用。然后根据当地建筑内部给排水设施水平和给排水系统完善程度确定居民生活污水定额和综合生活污水定额。

2. 设计人口

设计人口指污水排水系统设计期限终期的规划人口数，是计算污水设计流量的基本数据。该值是由城镇（地区）的总体规则确定的。由于城镇性质或规模不同，城市工业、仓储、交通运输、生活居住用地分别占城镇总用地的比例和指标有所不同。因此，在计算污水管道服务的设计人口时，常用人口密度与服务面积相乘得到。

人口密度表示人口分布的情况指住在单位面积上的人口数，以 cap/ha 表示。若人口密度所用的地区面积包括街道、公园、运动场、水体等在内时，该人口密度称做总人口密度。若所用的面积只是街区内的建筑面积时，该人口密度称做街区人口密度。在规划或初步设计时，计算污水量是根据总人口密度计算。在技术设计成施工图设计时，一般采用街区人口密度计算。

3. 生活污水量总变化系数

由于居住区生活污水定额是平均值，因此根据设计人口和生活污水定额计算所得的是污水平均流量。而实际上流入污水管道的污水量时刻都在变化。夏季与冬季污水量不同。一日中，日间和晚间的污水量不同，日间各小时的污水量也有很大的差异。一般说来，居住区的污水量在凌晨几个小时最小，上午 6～8 时和下午 17～18 时流量较大。就是在一小时内，污水量也是有变化的，但这个变化比较小，通常恒定一小时过程中流入污水管道的污水是均匀的。这种假定，一般不致影响污水排水系统设计和运转的合理性。

污水量的变化程度通常用变化系数表示，分日、时及总变化系数。

一年中最大日污水量与平均日污水量的比值称为日变化系数（K_d）。

最大日中最大时污水量与该日平均时污水量的比值称为时变化系数（K_h）。

最大日最大时污水量与平均日平均时污水量的比值称为总变化系数（K_z）。

$$K_z = K_d \cdot K_h$$

通常，污水管道的设计断面系根据最大日最大时污水量确定，因此需要求出总变化系数。然而一般城市缺乏日变化系数和时变化系数的数据，要直接采用上式求总变化系数较困难。实际上，污水流量的变化情况随着人口数和污水定额的变化而定。若污水定额一定，流量变化幅度随人口数增加而减小；若人口数一定，则流量变化幅度随污水定额增加而减小。因此，在采用同一污水定额的地区，上游管道由于服务人口少，管道中出现的最大流量与平均流量的比值较大；而在下游管道中，服务人口多，来自各排水地区的污水由于流行时间不同，高峰流量得到削减，最大流量与平均流量的比值较小，流量变化幅度小于上游管道。

总变化系数与平均流量之间有一定的关系，平均流量越大，总变化系数越小。表 6.1是我国《室外排水设计规范》采用的居住区生活污水量总变化系数值。

表 6.1　生活污水量总变化系数值

污水平均日流量/(L/s)	5	15	40	70	100	200	500	≥1000
总变化系数 K_z	2.3	2.0	1.8	1.7	1.6	1.5	1.4	1.3

注：① 当污水平均日流量为中间数值时，总变化系数用内插法求得；
② 当居住地有实际生活污水量变化资料时，可按实际数据采用。

我国在多年观测资料的基础上，经过综合分析归纳，总结出了总变化系数与平均流量之间的关系式，即

$$K_z = \frac{2.7}{Q^{0.11}} \tag{6.2}$$

式中：Q——平均日平均时污水值量（L/s）。当 $Q<5$L/s 时，$K_z=2.3$，$Q>1000$L/s 时，$K_z=1.3$。

（二）工业企业生活污水及淋浴污水的设计流量

工业企业生活污水及淋浴污水的设计流量按下式计算：

$$Q_2 = \frac{A_1B_1K_1 + A_2B_2K_2}{3600T} + \frac{C_1D_1 + C_2D_2}{3600} \tag{6.3}$$

式中：Q_2——工业企业生活污水及淋浴污水设计流量（L/s）；
A_1——一般车间最大班职工人数（cap）；
A_2——热车间最大班职工人数（cap）；
B_1——一般车间职工生活污水定额，以 25［L/（cap·班）］计；
B_2——热车间职工生活污水定额，以 35［L/（cap·班）］计；
K_1——一般车间生活污水量时变化系数，以 3.0 计；
K_2——热车间生活污水量时变化系数，以 2.5 计；
C_1——一般车间最大班使用淋浴的职工人数（cap）；
C_2——热车间最大班使用淋浴的职工人数（cap）；
D_1——一般车间的淋浴污水定额，以 40［L/（cap·班）］计；
D_2——高温、污染严重车间的淋浴污水定额，以 60［L/（cap·班）］计；
T——每班工作时数（h）。

淋浴时间以 60min 计。

（三）工业废水设计流量

工业废水设计流量按下式计算：

$$Q_3 = \frac{mMK_z}{3600T} \tag{6.4}$$

式中：Q_3——工业废水设计流量（L/s）；
m——生产过程中每单位产品的废水量（L/单位产品）；
M——产品的平均日产量（单位产品/d）；
T——每班工作时数（h）；

K_z——总变化系数。

工业废水量定额是指生产单位产品或加工单位数量原料所排出的平均废水量。它是通过实测现有车间的废水量而求得，在设计新建工业企业的排水系统时，可参考与其生产工艺相似的已有工业企业的排水资料来确定。若工业废水量定额不易取得，则可用工业用水量定额（生产单位产品的平均用水量）为依据估计废水量定额。各工业企业的废水量标准差别较大，即使生产同一产品，若生产中采用循环给水系统，其废水量比采用直流给水系统时会明显降低。因此，工业废水量定额取决于产品种类、生产工艺、单位产品用水量和给水方式等。

在不同的工业企业中，工业废水的排出情况差别较大，有些工业废水是均匀排出的，而有些则不均匀排出，甚至个别车间的工业废水可能在短时间内一次排放。因而工业废水量的变化取决于工业企业的性质、生产工艺和其他具体情况。一般情况下，工业废水量的日变化不大，其日变化系数可取为1。而时变化系数则可通过实测废水量最大一天的各小时流量进行计算确定。

部分工业废水量的时变化系数为：冶金工业1.0～1.1，化工工业1.3～1.5，纺织工业1.5～2.0，食品工业1.5～2.0，皮革工业1.5～2.0，造纸工业1.3～1.8。设计流量时可参考使用。

（四）地下水入渗量

在地下水位较高地区，因当地土质、管道及接口材料，施工质量等因素的影响．一般均存在地下水渗入现象，设计污水管道系统时宜适当考虑地下水渗入量。地下水渗入量 Q_4 一般以单位管道延长米或单位服务面积公顷计算。一般常采用经验数据：每人每日最大污水量的10%～20%。

（五）城市污水设计总流量 Q 计算

城市污水总的设计流量是居住区生活污水、工业企业生活污水和工业废水设计流量三部分之和。在地下水位较高地区，还应加入地下水渗入量。因此，城市污水设计总流量一般为

$$Q = Q_1 + Q_2 + Q_3 + Q_4 \tag{6.5}$$

污水管道设计是采用这种简单累加法来计算流量的。但在设计污水泵站和污水厂时，如果采用各项污水最大时流量之和作为设计依据将很不经济。因为各种污水最大时流量同时发生的可能性较小，各种污水流量汇合时，可能互相调节而使流量高峰降低。因此，为了正确、合理地决定污水泵站和污水厂各处理构筑物的最大污水设计流量，就必须考虑各种污水流量的逐时变化，即知道一天中各种污水每小时的流量，然后将相同小时的各种流量相加，求出一日中流量的逐时变化，取最大时流量作为总设计流量。按这种综合流量计算法求得的最大污水量，作为污水泵站和污水厂处理构筑物的设计流量，是比较经济合理的。但往往由于缺乏污水量逐时变化资料而不能使用。

四、污水管段设计流量的计算

污水管道系统的设计总流量计算完毕后，还不能进行管道系统的水力计算。为此还需在管网平面布置图上划分设计管段，确定设计管段的起止点，进而求出各设计管段的设计流量。只有求出设计管段的设计流量，才能进行设计管段的水力计算。

（一）设计管段的划分

在污水管道系统上，为了便于管道的连接，通常在管径改变、敷设坡度改变、管道转向、支管接入、管道交汇的地方设置检查井，这些检查井在管网定线时就已设定完毕。对于两个检查井之间的连续管段，如果采用的设计流量不变，且采用同样的管径和坡度，则这样的连续管段就称为设计管段，设计管段两端的检查井称为设计管段的起止检查井。但在实际划分设计管段时，由于在直线管段上为了满足清通养护污水管道的需要，还需每隔一定的距离设置一个检查井。这样，实际在管网平面布置图上设置的检查井就很多。为了简化计算，不需要把每个检查井都作为设计管段的起止点，可能采用同样管径和坡度的连续管段，就可以化作一个设计管段。根据管道平面布置图，凡是集中流量流入，有旁侧管接入的检查井均可作为设计管段的起止点，对设计管段两端的起止检查井依次编上号码。

（二）设计管段的流量确定

每一设计管段的污水设计流量可能包括以下三种流量（图 6.4）。

1. 本段流量 q_1

本段流量是指从本管段沿线街道流来的污水量。对于某一设计管段而言，它沿管线长度是变化的，即从管段起点为 0 逐渐增加到终点达到最大。为了计算方便，通常假定本段流量是在起点检查井集中进入设计管段的，它的大小等于本管段服务面积上的全部污水量。一般用下式计算：

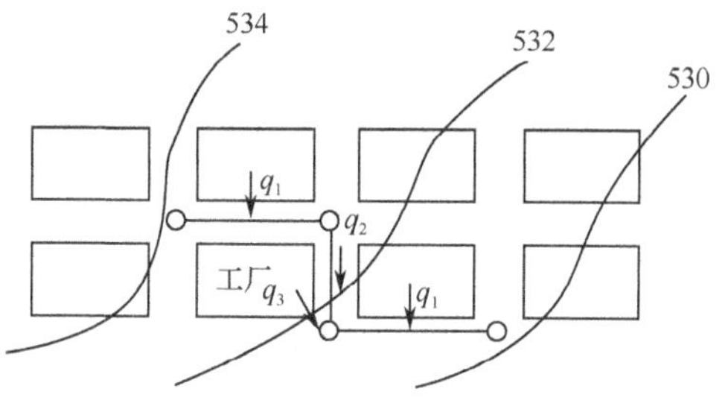

图 6.4　设计管段的设计流量

q_1. 本段流量；q_2. 转输流量；q_3. 集中流量

$$q_1 = Fq_sK_z \tag{6.6}$$

式中：q_1——设计管段的本段流量（L/s）；

F——设计管段服务的街坊面积（hm^2）；

q_s——生活污水比流量［L/（s·hm^2）］；

K_z——生活污水量总变化系数。

$$q_1 = \frac{n\rho}{24 \times 3600} \tag{6.7}$$

式中：n——生活污水定额或综合生活污水定额［L/（cap·d）］；

ρ——人口密度（cap/hm^2）。

2. 转输流量 q_2

转输流量是指从上游管段和旁侧管段流来的污水量。它对某一设计管段而言，是不发生变化的，但不同的设计管段，可能有不同的转输流量。

3. 集中流量 q_3

集中流量是指从工业企业或其他大型公共设施流来的污水量。对某一设计管段而言也不发生变化。

设计管段的设计流量是本段流量、转输流量和集中流量三者之和，实际计算时应根据具体情况而定。设计管段的流量确定是一个非常繁杂的工作，而它又是污水管道水力计算的基础，因此要认真仔细地进行此项工作。

（三）污水管道的水力计算

1. 污水管道中污水流动的特点

污水由支管流入干管，由干管流入主干管，由主干管流入污水处理厂。管道由小到大，分布类似河流，呈树枝状，与给水管网的环流贯通情况完全不同。污水在管道中一般是靠管道两端的水面高差从高处向低处流动，即靠重力流动。大多数情况下，管道内部是不承受压力的，流入污水管道的污水中含有一定数量的有机物和无机物，其中相对密度小的漂浮在水面并随污水漂流；较重的分布在水流断面上并呈悬浮状态流动；最重的沿着管底移动或淤积在管壁上。这种情况与清水的流动略有不同。但总的说来，污水中水分一般在99%以上，所含悬浮物质的比例极少，因此可假定污水的流动按照一般液体流动的规律，并假定管道内水流是均匀流。

但在污水管道中实测流速的结果表明管内的流速是有变化的。这主要是因为管道小水流流经转变、交叉、变径、跌水等地点时水流状态发生改变，流速也就不断变化，同时流量也在变化，因此污水管道内水流不是均匀流。但在直线管段上，当流量没有很大变化又无沉淀物时，管内污水的流动状态可接近均匀流。如果在设计与施工中，注意改善管道的水力条件，则可使管内水流尽可能接近均匀流。

2. 水力计算的基本公式

污水管道水力计算的目的，在于合理的经济的选择管道断面尺寸、坡度和埋深。由于这种计算是根据水力学规律，所以称做管道的水力计算。由于变速流公式计算的复杂性和污水流动的变化不定，即使采用变速流公式计算也很难保证精确。如果在设计与施工中注意改善管道的水力条件，可使管内污水的流动状态尽可能地接近均匀流，因此，为了简化计算工作，目前在排水管道的水力计算中仍采用均匀流公式。常用的均匀流基本公式有以下几种：

流量公式

$$Q = Av \tag{6.8}$$

流速公式

$$v = C \cdot \sqrt{RI} \tag{6.9}$$

式中：Q——流量（m^3/s）；

A——过水断面面积（m^2）；

v——流速（m/s）；

R——水力半径（过水断面面积与湿周的比值）（m）；

I——水力坡度（等于水面坡度，也等于管底坡度）；

C——流速系数或称谢才系数。

C 位一般按曼宁公式计算，即：

$$C = \frac{1}{n}R^{\frac{1}{6}} \tag{6.10}$$

式中：n——管壁粗糙系数。该值根据管渠材料而定，混凝土和钢筋混凝土污水管道的管壁粗糙系数一般采用 0.014。

3. 污水管道水力计算的设计数据

从水力计算公式可知，设计流量与设计流速和过水断面积有关，而流速则是管壁粗糙系数、水力半径和水力坡度的函数，为了保证污水管道的正常运行，在《室外排水设计规范》中对这些因素做了规定，在污水管道进行水力计算时应予以遵守。

1）设计充满度

在设计流量下，污水在管道中的水深 h 和管道直径 D 的比值称为设计充满度（或水深比），如图 6.5 所示。当 $h/D=1$ 时称为满流，当 $h/D<1$ 时称为不满流。

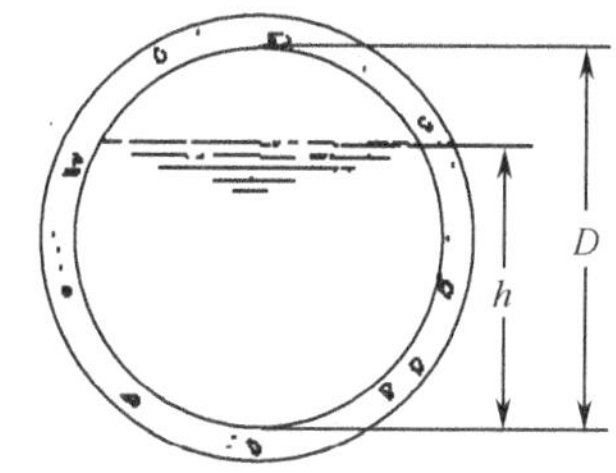

图 6.5　充满度示意图

污水管道的设计有按满流和不满流两种方法。我国按不满流进行设计，其最大设计充满度的规定如表 6.2所示。这样规定的原因是：

（1）污水流量时刻在变化，很难精确计算，而且雨水或地下水可能通过检查井盖或管道接口渗入污水管道。因此，有必要保留一部分管道断面，为未预见水量的增长留有余地，避免污水溢出妨碍环境卫生。

（2）污水管道内沉积的污泥可能分解析出一些有害气体。此外，污水中如含有汽油、苯、石油等易燃液体时，可能形成爆炸性气体。故需留出适当的空间，以利管道的通风，排除有害气体，对防止管道爆炸有良好效果。

（3）便于管道的疏通和维护管理。为了节约投资，合理地利用管道断面，选用的设计充满度也不应过小。为此，在设计过程中还应考虑最小设计充满度作为设计充满度的下限值。根据经验各种管径的最小设计充满度不宜小于 0.25，一般情况下设计充满度最好不小于 0.5，对于管径较大的管道设计充满度以接近最大限值为好。对于明渠，设计规范规定设计超高不小于 0.2m。

表 6.2 最大设计充满度

管径（D）或暗渠高（H）/mm	最大设计充满度（h/D）或（h/H）
200～300	0.60
350～450	0.70
500～900	0.75
≥1000	0.80

注：在计算污水管道充满度时，不包括淋浴或短时间内突然增加的污水量，但当管径小于或等于 300mm 时，应按满流复核。

2）设计流速

与设计流量、设计充满度相对应的水流平均速度叫设计流速。污水在管内流动缓慢时，污水中所含杂质可能下沉，产生淤积；当污水流速增大时，可能产生冲刷现象，甚至损坏管道。为了防止管道中产生淤积或冲刷，设计流速不宜过小或过大，应在最大和最小设计流速范围之间。

最小设计流速是保证管道内不致发生淤积的流速，这一最低的限值与污水中所含悬浮物的成分和粒度有关，与管道的水力半径和管壁的粗糙系数有关。从实际运行情况看，流速是防止管道中污水所含悬浮物沉淀的重要因素，但不是唯一的因素。引起污水中悬浮物沉淀的决定因素是充满度，即水深。一般管道水量变化大或水深变小时就容易产生沉淀。大管道水量大、动量大，水深变化小，不易产生沉淀。因此不需要按管径大小分别规定最小设计流速。根据国内污水管道实际运行情况的观测数据并参考国外经验，污水管道的最小设计流速定为 0.6m/s。含有金属、矿物固体或重油杂质的生产污水管道，其最小设计流速宜适当加大，要根据试验或运行经验确定。明渠的最小设计流速为 0.4m/s。

最大设计流速是保证管道不被冲刷损坏的流速，与管道材料有关。通常金属管道的最大设计流速为 10m/s，非金属管道的最大设计流速为 5m/s。

3）最小管径

一般在污水管道系统的上游部分，设计污水流量很小，若根据流量计算，则管径会很小。根据养护经验证明，管径过小极易堵塞，比如 150mm 支管的堵塞次数，有时可达到 200mm 支管堵塞次数的两倍，使养护管道的费用增加。而 200mm 与 150mm 管道在同样埋深下，施工费用相差不多。此外，因采用较大的管径，可选用较小的坡度，使管道埋深减小。因此，为了养护工作的方便，常规定一个允许的最小管径。在街区和厂区内最小管径为 200mm，在街道下为 300mm。在进行管道水力计算时，上游管段由于服务的排水面积小，因而设计流量小，按此流量计算得出的管径小于最小管径，此时就采用最小管径值。因此，一般可根据最小管径在最小设计流速和最大充满度情况下能通过的最大流量值，从而进一步估算出设计管段服务的排水面积。若设计管段服务的排水面积小于此值，即直接采用最小管径和相应的最小坡度而不再进行水力计算，这种管段称为不计算管段。在这些管段中，当有适当的冲洗水源时，可考虑设置冲洗井。

4）最小设计坡度

在污水管道系统设计时．通常埋设坡度与设计地区的地面坡度基本一致，但管道坡度造成的流速应等于或大于最小设计流速，以防止管道内产生沉淀。这一点在地势平坦或管道走向与地面坡度相反时尤为重要。因此，将相应于管内流速为最小设计流速时的管道坡度叫做最小设计坡度。

从水力计算公式可以看出，设计坡度与设计流速的平方成正比，与水力半径的 2/3 次方成反比。由于水力半径是过水断面与湿周的比值，因此不同管径的污水管道应有不同的最小坡度。管径相同的管道，因充满度不同，其最小坡度也不同。当在给定设计充满度条件下，管径越大，相应的最小设计坡度值也就越小，所以只需规定最小管径的最小设计坡度值即可。具体规定是：管径 200mm 的最小设计坡度为 0.004；管径 300mm 的最小设计坡度为 0.003。

5）污水管道的埋设深度

通常污水管网占污水工程总投资的 50%～75%，而构成污水管道造价的挖填沟槽、沟槽支撑、湿土排水、管道基础、管道铺设各部分的比重，与管道的埋没深度及开槽支撑方式有很大关系。在实际工程中，同一直径的管道，采用的管材、接口和基础型式均相同，因其埋设深度不同，管道单位长度的工程费用相差较大。因此，合理确定管道埋深对于降低工程造价是十分重要的。在土质较差、地下水位较高的地区，若能设法减小管道埋深，对于降低工程造价尤为明显。

管道埋设深度有两个意义：覆土厚度——指管道外壁顶部到地面的距离（图 6.6）；埋设深度——指管道内壁底到地面的距离。

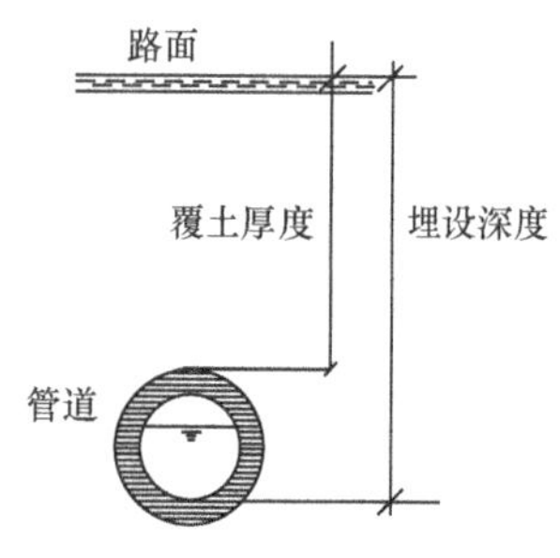

图 6.6　覆土厚度

这两个数值都能说明管道的埋设深度。为了降低造价，缩短施工期，管道埋设深度越小越好。但覆土厚度应有一个最小的限值，否则就不能满足技术上的要求，这个最小限值称为最小覆土厚度。

污水管道的最小覆土厚度一般应满足下述三个因素的要求：

（1）必须防止管道内污水冰冻和因土壤冻胀而损坏管道。我国东北、西北、华北及内蒙的部分地区气候比较寒冷，属于季节性冻土区。土壤冰冻深主要受气温和冻结期长短的影响，如海拉尔市平均最低气温 -28.5℃，土壤冰冻深达 3.2m。同一城市又会因地面覆盖的土壤种类不同，以及阳面与阴面、市区与郊区的不同，冰冻深度也会有所差别。

《室外排水设计规范》规定：无保温措施的生活污水管道或水温与生活污水接近的工业废水管道，管底可埋设在冰冻线以上 0.15m。有保温措施或水温较高的管道，管底在冰冻线以上的距离可以加大，其数值应根据该地区或条件相似地区的经验确定。

（2）必须防止管壁因地面荷载而受到破坏。埋设在地面下的污水管道承受着覆盖其上的土壤静荷载和地面上车辆运行产生的动荷载。为了防止管道因外部荷载影响而损坏，首先要注意管材质量，另外必须保证管道有一定的覆土厚度。因为车辆运行对管道产生的动荷载，其垂直压力随着深度增加而向管道两侧传递，最后只有一部分集中的轮压力传递到地下管道上。从这一因素考虑并结合各地埋管经验，车行道下污水管最小覆土厚度不宜小于0.7m。非车行道下的污水管道若能满足管道衔接的要求及无动荷载的影响，其最小覆土厚度值也可适当减小。

(3) 必须满足街区污水连接管衔接的要求。城市住宅、公共建筑内产生的污水要能顺畅排入街道污水管网，就必须保证街道污水管网起点的埋深大于或等于街区污水管终点的埋深，而街区污水管起点的埋深又必须大于或等于建筑物污水出户管的埋深。这对于确定在气候温暖又地势平坦的地区街道管网起点的最小埋深或覆土厚度是很重要的因素。从安装技术方面考虑，要使建筑物首层卫生设备的污水能顺利排出，污水出户管的最小埋深一般采用0.5～0.7m，所以街区污水管道起点最小埋深也应有0.6～0.7m。根据街区污水管道起点最小埋深值，可根据图6.7和式(6.11)计算出街道管网起点的最小埋设深度。

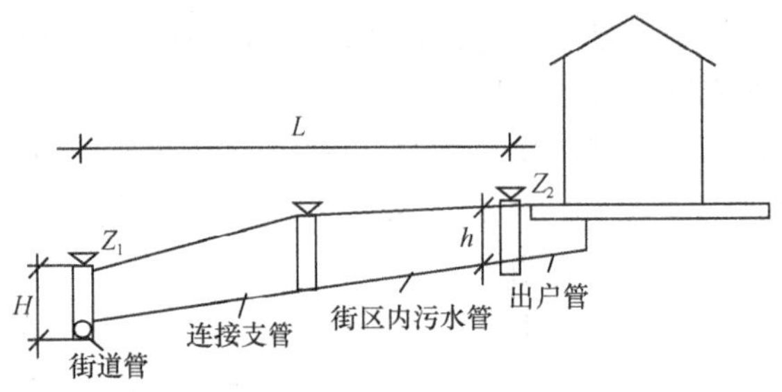

图6.7 街道污水管最小埋深示意图

$$H = h + I \cdot L + Z_1 - Z_2 + \Delta h \tag{6.11}$$

式中：H——街道污水管网起点的最小埋深(m)；

h——街区污水管起点的最小埋深(m)；

Z_1——街道污水管起点检查井处地面标高(m)；

Z_2——街区污水管起点检查井处地面标高(m)；

I——街区污水管和连接支管的坡度；

L——街区污水管和连接支管的总长度(m)；

Δh——连接支管与街道污水管的管内底高差(m)。

对每一个具体管道，从上述三个不同的因素出发，可以得到三个不同的管底埋深或管顶覆土厚度值，这三个数值中的最大一个值就是这一管道的允许最小覆土厚度或最小埋设深度。除考虑管道的最小埋深外，还应考虑最大埋深问题。污水在管道中依靠重力从高处流向低处，当管道的坡度大于地面坡度时，管道的埋深就愈来愈大，尤其在地形平坦的地区更为突出。埋深愈大，则造价愈高，施工期也愈长。管道埋深允许的最大值称为最大允许埋深。该值的确定应根据技术经济指标及施工方法而定，一般在干燥土壤中，最大埋深不超过7～8m；在多水、流砂、石灰岩地层中，一般不超过5m。当管道的埋设深度超过最大埋深时，应考虑在适当的地点设置中途提升泵站，以提高下游管道的管位，减少下游管道的埋设深度。

6）污水管道的衔接

污水管道在管径、坡度、高程、方向发生变化及支管接入的地方都需要设置检查井，在设计时必须考虑在检查井内上下游管道衔接时的高程关系问题。管道在衔接时应遵循两个原则：

(1) 尽可能提高下游管段的高程，以减少管道埋深，降低造价。

(2) 避免上游管段中形成回水而造成淤积。

管道衔接的方法，通常有水面平接和管顶平接两种，如图 6.8 所示。

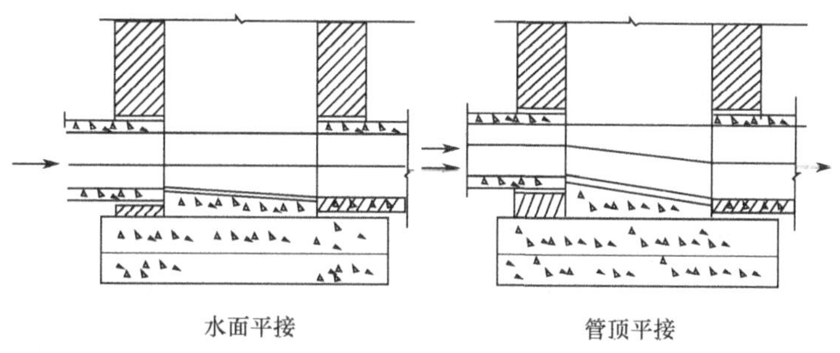

图 6.8　污水管道的衔接

水面平接是指在水力计算中，使上游管段终端和下游管段起端在衔定的设计充满度下的水面相平，即上游管段终端与下游管段起端的水面标高相同。由于上游管段小的水面变化较大，水面平接时在上游管段内的实际水面标高有可能低于下游管段的实际水面标高，因此，在上游管段中易形成回水。

管顶平接是指在水力计算中，使上游管段终端和下游管段起端的管顶标高相同。采用管顶平接时，在上述情况下就不至于在上游管段产生回水，但下游管段的埋深将增加。这对于平坦地区或设置较深的管道有时是不适宜的，为了尽可能减少埋深，可采用水面平接的方法。

无论采用哪种衔接方法，下游管段起端的水面和管底标高都不得高于上游管段终端。

在旁侧管道与干管交汇处，若旁侧管道的管底标高比干管的管底标高大很多时，为保证干管有良好的水力条件，最好在旁侧管道上先设跌水井后再与干管相接。反之，若干管的管底标高高于旁侧管道的管底标高，为了保证旁侧管能接入干管，干管在交汇处需设跌水井，以增大干管的埋深。

7）污水管道在街道上的位置

在城市道路下，有许多管线工程，如给水管、污水管、煤气管、热力管、雨水管、电力电缆、电讯电缆等。在工厂的道路下，管线工程的种类会更多。此外，在道路下还可能有地铁、地下人行横道、工业用隧道等地下设施。为了合理安排其在空间的位置，必须在各单项管线工程规划的基础上，进行综合规划，统筹安排，以利于施工和日后的维护管理。

由于污水管道为重力流管道，管道（尤其是干管和主干管）的埋设深度较其他管线大，且有很多连接支管，若管线位置安排不当，将会造成施工和维修的困难。加上污水管道难免渗漏、损坏，从而会对附近建筑物和构筑物的基础造成危害，还可能污染生活饮用水。因此污水管道与建筑物间应有一定距离，当其与生活给水管道相交时，应敷设在生活给水管道下面。

进行管线综合规划时，所有地下管线应尽量布置在人行道、非机动车道和绿带下。只有在不得已时，才考虑将埋深大、修理次数较少的污水和雨水管道布置在机动车道下。管线布置的顺序从建筑红线向道路中心线方向为：电力电缆→电信电缆→煤气管道→热力管道→给水管道→污水管道→雨水管道。若各种管线布置发生矛盾时，处理的原则是：新建让已建的；临时让永久的；小管让大管；压力管让重力流管；可弯让不可弯的；检修次数少的让检修次数多的。在地下设施拥挤的地区或车行较为繁忙的街道下，把污水管道与其他管线集中安置在隧道中是比较合适的，但雨水管道一般不设在隧道中，而是与隧道平行敷设。

为了方便用户检修，当路面宽度大于 40m 时，可在街道两边各设一条污水管道。污水管道与其他地下管线或构筑物的水平和垂直最小净距，最好由城市规划部门或工业企业内部管道综合部门根据其管线类型和数量、高程、可敷设管线的位置等因素制订管线综合设计确定。

8）污水管道的水力计算方法

在进行污水管道水力计算时，通常污水设计流量为已知值，需要确定管道的断面尺寸和敷设坡度。为使水力计算获得较为满意的结果，必须认真分析设计地区的地形等条件，并充分考虑水力计算设计数据的有关规定。所选择的管道断面尺寸，必须要在规定的设计充满度和设计流速的情况下，能够排泄设计流量。管道坡度应参照地面坡度和最小坡度的规定确定，一方面要使管道尽可能与地面坡度平行敷设，这样可不增大埋深。但同时管道坡度又不能小于最小设计坡度的规定，以免管道内流速达不到最小设计流速而产生淤积。当然也应避免若管道坡度太大而使流速大于最大设计流速，从而导致管壁受冲刷。

在具体计算中，已知设计流量 Q 及管道粗糙系数 n，需要求管径 D、水力半径 R、充满度 h/D、管道坡度 I 和流速 v。在两个方程式中，有 5 个未知数，因此必须先假定 3 个求其他 2 个，这样的数学计算极为复杂。为了简化计算，常采用水力计算图（图 6.9）。

这种将流量、管径、坡度、流速，充满度、粗糙系数各水力因素之间关系绘制成的水力计算图使用较为方便。对每一张图表而言，Q 和 n 是已知数，图上的曲线表示 Q、v、I、h/D 之间的关系（图 6.10）。这 4 个因素中，只要知道 2 个就可以查出其他 2 个。现举例说明这些图的用法。

例 6.1 已知 $n=0.014$、$D=400$mm、$I=0.004$、$Q=30$L/s，求 v 和 h/D。

解 采用 $D=300$mm 的图（图 6.11）在这张图上有 4 组线条：竖线条表示流量，横线条表示水力坡度，从左向右下倾的斜线表示流速，从右向左下倾的斜线表示充满度。每条线上的数目字代表相应数量的值。

先在纵轴上找到 0.004，从而找出代表 $I=0.004$ 的横线。从横轴上找出代表 $Q=$

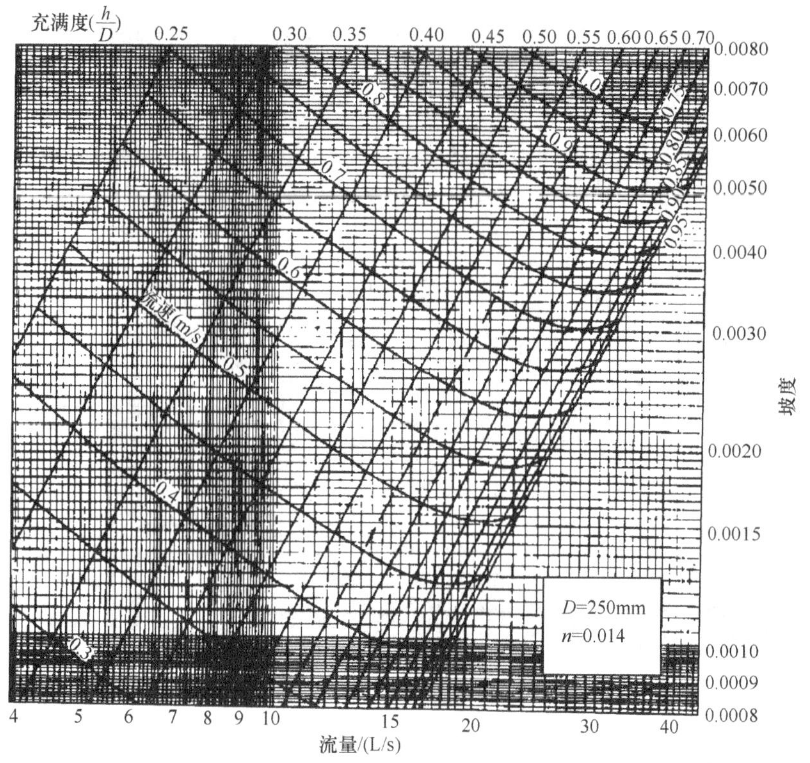

图 6.9　钢筋混凝土圆管水力计算图 1（不满流 n=0.014）

30L/s 的那条竖线，两条线相交得一点。这一点落在代表流速 v 为 0.8m/s 与 0.85m/s 两条斜线之间，计 v=0.82m/s；落在 h/D=0.5 与 0.55 两条斜线之间，估计h/D=0.52。

例 6.2　已知 n=0.014、D=400mm、Q=41L/s，v=0.9m/s，求 I 和 A/D。

解　采用 D=400mm 的图（图 6.12）。找出 Q=41L/s 的那条竖线和 v=0.9m/s 的那条斜线。这两线的交点落在代表 I=0.043 的那条横线上，I=0.043 线落在 h/D=0.35 与 0.4 两条斜线之间，估计h/D=0.39。

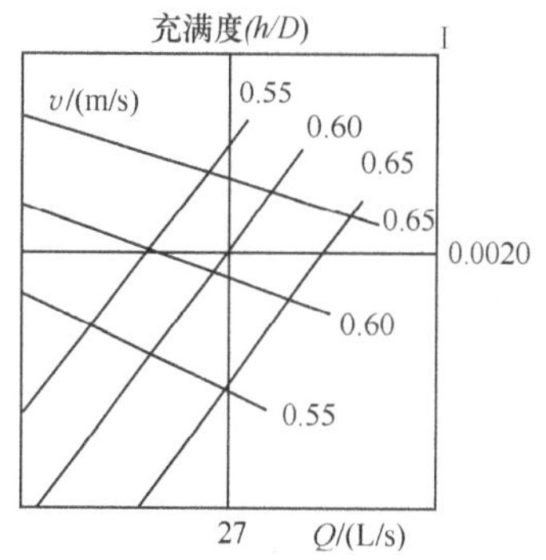

图 6.10　水力计算示意图

4. 污水管道的水力计算步骤

污水管道的设计计算过程与水力计算步骤，通过下面的实例予以介绍。

图 6.13 为某市一个小区的平面图。居住区人口密度为 350cap/hm^2，居民生活污水定额为 120L/（cap·d）。火车站和公共浴池的设计污水量分别为 3L/s 和 4L/s。工厂甲和工厂乙的工业废水设计流量分别为 25L/s 与 6L/s。生活污水及经过局部处理后的

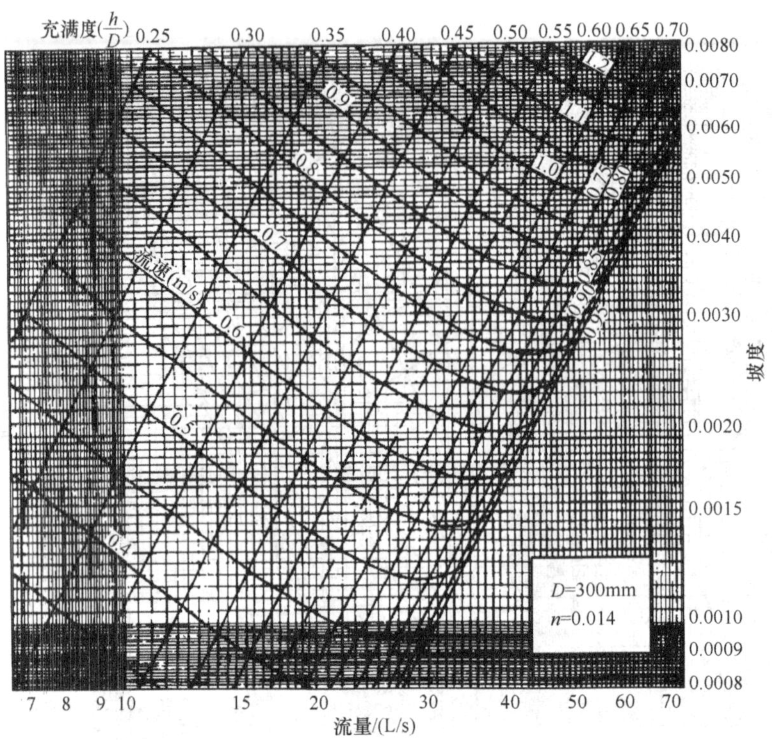

图 6.11 水力计算图 2

工业废水全部送至污水厂处理。工厂甲废水排出口的管底埋深为 2m。

设计方法与步骤如下：

1）在小区平面图上布置污水管道

从小区平面图可知该区地势由北向南倾斜，坡度较小，无明显分水线，可划分为一个排水流域。街道支管布置在街区地势较低一侧的道路下，干管基本上与等高线垂直布置，主干管则沿小区南向河岸布置，基本与等高线平行。整个管道系线呈线流式形式布置，如图 6.14 所示。

2）街区编号并计算其面积

将各街区标上号码，并按各街区的平面范围计算它们的面积，列入表 6.3 中，用箭头标出各街区污水排出的方向。

表 6.3 街区面积

街区编号	1	2	3	4	5	6	7	8	9
街区面积/hm^2	1.21	1.70	2.08	1.98	2.20	2.20	1.43	2.21	1.96
街区编号	10	11	12	13	14	15	16	17	18
街区面积/hm^2	2.04	2.40	2.40	1.21	2.28	1.45	1.70	2.00	1.80
街区编号	19	20	21	22	23	24	25	26	27
街区面积/hm^2	1.80	2.20	1.38	2.04	2.40	1.66	1.23	1.53	1.71

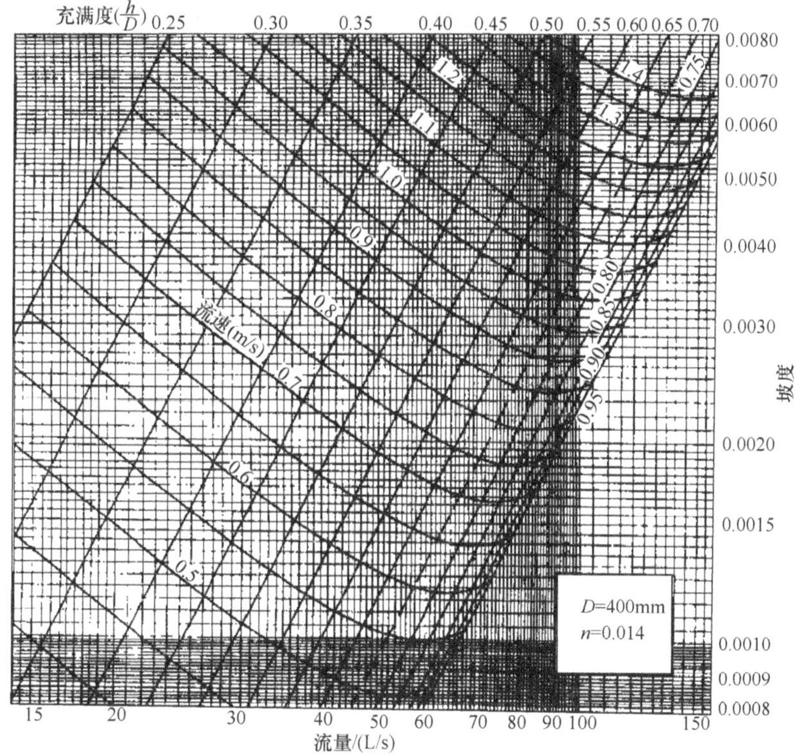

图 6.12 水力计算图 3

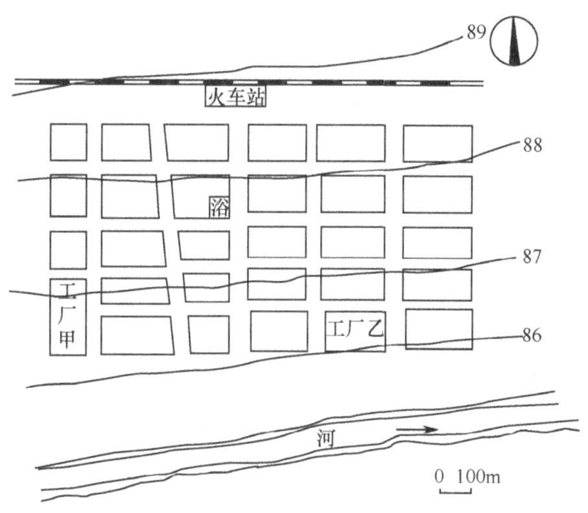

图 6.13 某市一小区平面图

3）划分设计管段，计算设计流量

根据设计管段的定义和划分方法，将各干管和主干管中有本段流量进入的点（一般

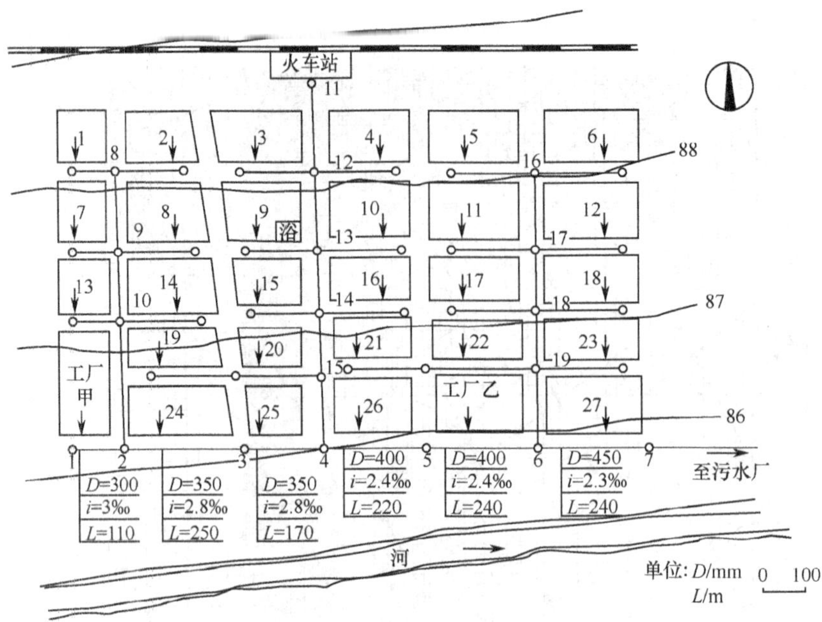

图 6.14 某小区污水管道平面布置

定为街区两端)、集中流量及旁侧支管进入的点，作为设计管段的起讫点的检查井并编上号码。

例如，本例的主干管长 1200m，根据设计流量变化的情况，可划分为 1-2、2-3、3-4、4-5、5-6、6-7 等 6 个设计管段。

各设计管段的设计流量应列表进行计算，在初步设计中只计算干管和主干管的设计流量（表 6.4）。

本例中，居住区人口密度为 350cap/hm^2，居民生活污水定额为 120L/（cap・d)，则每 hm^2 街区面积的生活污水平均流量（比流量）为

$$q_0 = \frac{350 \times 120}{86400} = 0.486[\mathrm{L/(s \cdot hm^2)}]$$

本例中有 4 个集中流量，在检查井 1、5、11、13 分别进入管道，相应的设计流量为 25、6、3、4（L/s)。

如图 6.14 和表 6.4 所示，设计管段 1-2 为主干管的起始管段，只有集中流量（工厂甲经处理后排出的工业废水）25L/s 流入，故设计流量为 25L/s。设计管段 2-3 除转输管段 1-2 的集中流量 25L/s 外，还有本段流量 q_1 和转输流量 q_2 流入。该管段接纳街区 24 的污水，其面积为 2.2hm^2（表 6.3)，故本段流量 $q_1 = q_0 \cdot F = 0.486 \times 2.2 =$ 1.07L/s；该管段的转输流量是从旁侧管段 8-9-10-2 流来的生活污水平均流量，其值为 $q_2 = q_0 \cdot F = 0.486 \times (1.21 + 1.7 + 1.43 + 2.21 + 1.21 + 2.28) = 4.88$L/s。合计平均流量 $q_1 + q_2 = 5.95$L/s，查表得 $K_z = 2.2$。该管段的生活污水设计流量 $Q_1 = 5.95 \times 2.2 =$ 13.09L/s，总计设计流量 $Q = 13.09 + 25 = 38.09$L/s。

表 6.4　污水干管设计流量计算表

1	2	3	4	5	6	7	8	9	10	11	12
管段编号	居住区生活污水量 Q_1								集中流量		设计流量/(L/s)
	本段流量				传输流量 q_2/(L/s)	合计平均流量/(L/s)	总变化系数 K_z	生活污水设计流量 Q_1/(L/s)	本段/(L/s)	转输/(L/s)	
	街区编号	街区面积/hm^2	比流量 q_0/[L/(s·hm^2)]	流量 q_1/(L/s)							
1-2	—	—	—	—	—	—	—	—	25.00	—	25.00
8-9	—	—	—	—	1.41	1.41	2.3	3.24	—	—	3.24
9-10	—	—	—	—	3.18	3.18	2.3	7.31	—	—	7.31
10-2	—	—	—	—	4.83	4.88	2.3	11.23	—	—	11.23
2-3	24	2.20	0.486	1.07	4.88	5.95	2.2	13.09	—	25.00	38.09
3-4	25	1.38	0.486	0.67	5.95	6.62	2.2	14.56	—	25.00	39.56
11-12	—	—	—	—	—	—	—	—	3.00	—	3.00
12-13	—	—	—	—	1.97	1.97	2.3	4.53	—	3.00	7.53
13-14	—	—	—	—	3.91	3.91	2.3	8.99	4.00	3.00	15.99
14-15	—	—	—	—	5.44	5.44	2.2	11.97	—	7.00	18.97
15-4	—	—	—	—	6.85	6.85	2.2	15.07	—	7.00	22.07
4-5	26	2.04	0.486	0.99	13.47	14.46	2.0	28.92	—	32.00	60.92
5-6	—	—	—	—	14.46	14.46	2.0	28.92	6.00	32.00	60.92
16-17	—	—	—	—	2.14	2.14	2.3	4.92	—	—	4.92
17-18	—	—	—	—	4.47	4.47	2.3	10.28	—	—	10.28
18-19	—	—	—	—	6.32	6.32	2.2	13.90	—	—	13.90
19-6	—	—	—	—	8.77	8.77	2.1	18.42	—	—	18.42
6-7	27	2.40	0.486	1.17	23.23	24.40	1.9	46.36	—	38.00	84.36

其余管段的设计流量计算方法相同。

4）水力计算

在确定设计流量后，便可以从上游管段开始依次进行主干管各设计管段的水力计算。一般常列表进行计算，如表 6.5 所示。水力计算步骤如下：

（1）从管道平面布置图上量出每一设计管段的长度，列入表 6.5 第 2 项。

（2）将各设计管段的设计流量列入表中第 3 项。设计管段起讫点检查井处的地面标高列入表中第 10、11 项。

（3）计算每一设计管段的地面坡度，作为确定管道坡度时参考。

（4）确定起始管段的管径以及设计流速 v、设计坡度 I、设计充满度 h/D。分别列入表 6.5 的第 4、5、6、7 项。

（5）确定其他管段的管径 D、设计流速 v、设计充满度 h/D 和管道坡度 I。通常随着设计流量的增加，下一个管段的管径一般会增大一级或两级（50mm 为一级），或者保持不变，这样便可根据流量的变化情况确定管径。然后可根据设计流速随着设计流量的增大而逐段增大或保持不变的规律设定设计流速。在水力计算中，由于 Q、v、h/D、

表 6.5 污水主干管的水力计算表

1	2	3	4	5	6	7	8	9	10	11	12	13	14	15	16	17
管段编号	管段长度 L/ m	设计流量 Q/(L/s)	管径 D/mm	坡度 I	流速 v/(m/s)	充满度 h/D	水深 h /m	降落量 $I \cdot L$/m	标高/m						埋设深度 /m	
									地面		水面		管内底			
									上端	下端	上端	下端	上端	下端	上端	下端
1-2	110	25.00	300	0.0030	0.70	0.51	0.153	0.330	86.20	86.10	84.353	84.023	84.200	83.870	2.00	2.23
2-3	250	38.09	350	0.0028	0.75	0.52	0.182	0.700	86.10	86.05	84.002	83.302	83.820	83.120	2.28	2.93
3-4	170	39.56	350	0.0028	0.75	0.53	0.186	0.476	86.05	86.00	83.302	82.826	83.116	82.640	2.93	3.36
4-5	220	60.92	400	0.0024	0.80	0.58	0.232	0.528	86.00	85.90	82.822	82.294	82.590	82.062	3.41	3.84
5-6	240	66.92	400	0.0024	0.82	0.60	0.248	0.576	85.90	85.90	82.294	81.718	82.046	81.470	3.85	4.33
6-7	240	84.36	450	0.0023	0.85	0.62	0.270	0.552	85.80	85.70	81.690	81.138	81.420	80.868	4.38	4.83

注：管内底标高计算至小数后 3 位，埋设深度计算至小数后 2 位。

I、D 各水力因素之间存在相互制约的关系，因此在查水力计算图或表时实际存在一个试算过程。

(6) 计算各管段上端、下端的水面、管底标高及其埋设深度。根据设计管段长度和管道坡度求降落量，列入表中第 9 项；根据管径和充满度求管段的水深，列入表中第 8 项；确定管网系统的控制点，本例中离污水厂最远的干管起点有 8、11、16 及工厂出水口 1 点，这些点都可能成为管道系统的控制点。8、11、16 三点的埋深可用最小覆土厚度的限值确定，因此至南地面坡度约 0.0035，可取干管坡度与地面坡度近似，因此干管埋深不会增加太多，整个管线上又无个别低洼点，故 8、11、16 三点的埋深不能控制整个主干管的埋没深度。对主干管埋深起决定作用的控制点则是 1 点。1 点是主干管的起始点，它的埋设深度受工厂排出口埋深的控制值，列入表中第 16 项。求设计管段上、下端的管内底标高，水面标高及埋设深度。1 点的管内底标高等于 1 点的地面标高减 1 点的埋深，列入表中第 14 项。2 点的管内底标高等于 1 点管内底标高减降落量，列入表中第 15 项。2 点的埋设深度等于 2 点的地面标高减 2 点的管内底标高，列入表中第 17 项。管段上下端水面标高等于相应点的管内底标高加水深。列入表中第 13 项。根据管段在检查井处采用的衔接方法，可确定下游管段的管内底标高。管径不同，采用管顶平接；管径相同，可采用水面平接。

(7) 进行管道水力计算时，应注意以下问题：

① 必须细致研究管道系统的控制点。这些控制点常位于本区的最远或最低处，它们的埋深控制该地区污水管道的最小埋深。各条管道的起点、低洼地区的个别街坊和污水出口较深的工业企业或公共建筑都是研究控制点的对象。

② 必须细致研究管道敷设坡度与管线经过地段的地面坡度之间的关系。使确定的管道坡度在保证最小设计流速的前提下，又不使管道的埋深过大，以便于支管的接入。

③ 水力计算自上游依次向下游各管段进行，一般情况下，随着设计流量逐段增加，设计流速也应相应增加。如流量保持不变，流速不应减小。只有在管道坡度由大骤然变小的情况下，设计流速才允许减小。另外，随着设计流量逐段增加，设计管径也应逐段增大。但当管道坡度骤然增大时，下游管段的管径可以减小，缩小的范围不得超过 50～100mm。

④ 在地面坡度太大的地区，为了减小管内水流速度，防止管壁被冲刷，管道坡度往往需要小于地面坡度。这就有可能使下游管段的覆土厚度无法满足最小限值的要求，甚至超出地面，因此在适当的点可设置跃水井，管段之间采用跃水连接。

⑤ 水流通过检查井时，常引起局部水头损失。为了尽量降低这项损失，检查井底部在直线管道上要严格采用直线，在管道转弯处要采用匀称的曲线。通常直线检查井可不考虑局部损失。

⑥ 在旁侧管与干管的连接点处，要考虑干管的已定埋深是否允许旁侧管接入。若连接处旁侧管的埋深大于干管埋深，则需在连接处的干管上设置跃水井，以便旁侧管能接入干管。另一方面，若连接处旁侧管的管底标高比干管的管底标高高出许多，为使干管有较好的水力条件，需在连接处前的旁侧管上设置跃水井。

第三节 雨水管道的设计计算

雨水管渠系统是由雨水口、雨水管渠、检查井、出水口等构筑物所组成的一整套工程设施。雨水管渠系统的任务就是及时汇集并排除暴雨形成的地面径流，防止城市居住区与工业企业受淹，以保证城市人民的生命安全和生活生产的正常秩序。

在雨水管渠系统设计中，管渠是主要的组成部分，所以合理而又经济地进行雨水管渠的设计具有很重要的意义。雨水管渠设计的主要内容包括：确定当地暴雨强度公式；划分排水流域；进行雨水管渠的定线；确定可能设置的调节池、泵站位置；根据当地气象与地理条件、工程要求等确定设计参数；计算设计流量和进行水力计算，确定每一设计管段的断面尺寸、坡度、管底标高及埋深；绘制管渠平面图及纵剖面图。

一、雨水量分析及暴雨强度公式

任何一场暴雨都可用自记雨量计记录中的两个基本数值（降雨量和降雨历时）表示其降雨过程。通过对降雨过程的多年（一般需 10 年以上）资料的统计和分析，找出表示暴雨特征的降雨历时、暴雨强度与降雨重现期之间的相互关系，作为雨水管渠设计的依据，这就是雨量分析的目的。

在水文学中，对雨量分析的诸要素如降雨量、降雨历时、暴雨强度、降雨面积、降雨重现期等有详细叙述，本书只着重分析这些要素之间的相互关系及其应用。

1. 降雨量

降雨量指降雨的绝对量，即降雨强度，用 H 表示，单位以 mm 计，也可用单位面积上的降雨体积（L/hm^2）表示。在研究降雨量时，很少以一场雨为研究对象，常以单位时间表示。如年平均降雨量指多年观测所得的各年降雨量的平均值；月平均降雨量指多年观测所得的各月降雨量的平均值；年最大日降雨量指多年观测所得的一年中降雨量最大一日的绝对量。

2. 降雨历时

降雨历时指连续降雨的时段，可以指一场雨全部降雨的时间，也可以指其中个别的连续时段，用 t 表示，以 min 或 h 计，可从自动雨量记录纸上读得。

3. 暴雨强度

暴雨强度指某一连续降雨时段内的平均降雨量，即单位时间的平均降雨深度，用 i(mm/min)表示：

$$i = \frac{H}{t} \tag{6.12}$$

在工程上，常用单位时间内单位面积上的降雨体积 q [$L/(s \cdot hm^2)$] 表示。q 与 i 之间的换算关系是将每分钟的降雨深度换算成每公顷面积上每秒钟的降雨体积，即：

$$q = \frac{1000 \times 1000i}{1000 \times 60} = 167i \tag{6.13}$$

就雨水管渠设计而言，有意义的是找出降雨量最大的那个时段内的降雨量。因此，暴雨强度的数值与所取的连续时间段 t 的跨度和位置有关。在城市暴雨强度推求公式中，经常采用的降雨历时为 5、10、15、20、30、45、60、90、120min 等 9 个时段，特大城市可以用到 180min。

4. 降雨面积和汇水面积

降雨面积指降雨所笼罩的地面面积，汇水面积指雨水管渠汇集雨水的面积，用 F 表示，以公顷或平方公里为单位（hm^2 或 km^2）。

5. 降雨的频率

某一大小的暴雨强度出现的可能性和水文现象中的其他特征值一样，一般不是可预知的。因此，需通过对以往大量观测资料的统计分析，计算其发生的频率去推论今后发生的可能性。某特定降雨频率是指等于或大于该值的降雨量出现经验频率。

经验频率的计算公式有很多种，常用的均值公式为

$$p_n = \frac{m}{n+1} \tag{6.14}$$

式中：n——降雨量统计样本数据总个数；

m——将所有数据按大小排序后，某个具有一定大小的数据的序号；

p_n——相应于第 m 个数据的经验频率，常用单位为%。

6. 暴雨强度的重现期

工程上常用比较容易理解的“重现期”来等效替代较为抽象的频率概念。重现期 p 的定义是指在多次的观测中，事件数据值大于或等于某个设定值重复出现的平均间隔年数，单位为年（a）。重现期与频率互为倒数关系：

$$p = \frac{1}{p_n} \tag{6.15}$$

如果在雨水排水管网设计中使用较高的设计重现期，则计算的设计排水量就较大，排水管网系统设计规模相应增大，排水顺畅，但该排水系统投资较高；反之，则投资较小，安全性较差。确定设计重现期的因素主要有排水区域的重要性、功能、淹没后果严重程度、地形特点和汇水面积大小等。在一般情况下，低洼地区采用的设计重现期大于高地；干管采用的设计重现期大于支管；工业区采用的设计重现期大于居住区；市区采用的设计重现期大于郊区。重现期的最小值不宜低于 0.33a；重要干道、重要立交路口或短期积水即能引起严重损失的地区，选用的重现期可达 10～20a。在同一雨水排水系统中可采用同一重现期或不同重现期。重现期一般选用 0.5～3a，重要干道、重要地区或短期积水即能引起较严重后果的地区，一般选用 2～5a，并应与道路设计协调统一。特别重要的地区或次要地区可根据实际情况对重现期值予以调整。

7. 暴雨强度公式

暴雨强度公式是在各地自记雨量记录分析整理的基础上，按一定的方法推求出来的。具体实例可参见《给水排水设计手册》第 5 册有关部分。暴雨强度公式是暴雨强度 i（或 q）、降雨历时（t）、重现期（p）三者间关系的数学表达式，是设计雨水管渠的依

据。我国常用的暴雨强度公式形式为

$$q=\frac{167A_1(1+c\lg p)}{(t+b)^n} \tag{6.16}$$

式中：q——设计暴雨强度［（L/s）/hm^2］；

p——设计重现期（a）；

t——降雨历时（min）；

A_1、c、b、n——地方参数（待定参数），根据统计方法进行计算确定。《给水排水设计手册》第 5 册中有我国大部分城市的暴雨强度公式，可直接选用。

二、雨水设计流量的确定

雨水设计流量是确定雨水管渠断面尺寸的重要依据。城镇和工厂中排除雨水的管渠由于汇集雨水径流的面积较小，所以可采用小汇水面积上其他排水构筑物计算设计流量的推理公式来计算雨水管渠的设计流量。

（一）雨水管渠设计流量的确定

雨水设计流量 Q(L/s) 按下式计算：

$$Q=\psi qF \tag{6.17}$$

式中：ψ——径流系数，径流量和降雨量的比值，其值小于 1；

q——设计暴雨强度［（L/s）/hm^2］；

F——汇水面积（hm^2）

城市及工业区雨水管道的汇水面积比较小，可以不考虑降雨面积的影响。关键问题在于降雨强度和降雨历时两者的关系。也就是要在较小面积内，采用降雨强度 q 和降雨历时 t 尽量大的降雨作为雨水管道的设计流量。在设计中采用的降雨历时等于汇水面积最远点雨水流到达集流点的集流时间，因此，设计暴雨强度 q、降雨历时 t、汇水面积 F 都是相应的极限值，这便是雨水管道设计的极限强度理论。根据这个理论来确定设计流量的最大值，作为雨水管道设计的依据。

极限强度法即承认降雨强度随降雨历时的增长而减小的规律性，同时认为汇水面积的增长与降雨历时成正比，而且汇水面积随降雨历时的增长较降雨强度随降雨历时增长而减小的速度更快。因此，如果降雨历时小于流域的集流时间时，显然只有一部分面积参与径流，根据面积增长较降雨强度减小的速度更快，因而得出的雨水径流量小于最大径流量。如果降雨历时大于集流时间，流域全部面积已参与汇流，面积不能再增长，而降雨强度则随降雨历时的增长而减小，径流量也随之由最大逐渐减小。因此只有当降雨历时等于集流时间时，全面积参与径流产生最大径流量。所以雨水管渠的设计流量可用全部汇水面积乘以流域的集流时间时的暴雨强度 q 及地面平均径流系数 ψ（假定全流域汇水面积采用同一径流系数）得到。根据以上的分析，雨水管道设计的极限强度理论包括两部分内容：当汇水面积最远点的雨水流达集流点时，全面积产生汇流，雨水管道的设计流量最大；当降雨历时等于汇水面积最远的雨水流达集流点的集流时间时，雨水管道需要排除的雨水量最大。

（二）雨水管段设计流量的计算

在图 6.13 中，A、B、C 为 3 块互相毗连的区域，设面积 $F_A=F_B=F_C$，雨水从各块面积的最远点分别流入设计断面 1、2、3 所需的集水时间均为 τ_1（min）。并假设：汇水面积随降雨历时的增加而均匀的增加；降雨历时等于或大于汇水面积最远点的雨水流达设计断面的集水时间 τ；径流系数 ψ 为确定值，为讨论方便假定其值等于 1。

1. 管段 1-2 的雨水设计流量

该管段是收集汇水面积 F_A 的雨水，当降雨开始时，只有邻近雨水口 a 面积雨水能流入雨水口进入 1 断面；降雨继续不停，就有越来越大的 F_A 面积上的雨水逐渐流达 1 断面，管段 1-2 内流量逐渐增加，这时 Q 将随 F_A 的增加而增大，直到 $t=\tau_1$ 时，F_A 全部面积的雨水均已流到 1 断面，这时管段 1-2 内流量达最大值。管段 1-2 的设计流量应为

$$Q_{1-2}=F_A\cdot q_1$$

式中：q_1——管段 1-2 的设计暴雨强度，即相应于降雨历时 $t=\tau_1$ 的暴雨强度［(L/s)/hm^2］。

2. 管段 2-3 的雨水设计流量

同上所述，当 $t=\tau_1$ 时，全部 F_B 面积和部分 F_A 面积上的雨水流达 2 断面，管段 2-3 的雨水流量不是最大。只有当 $t=\tau_1+t_{1-2}$时，这时 F_A 和 F_B 全部面积上的雨水均流到 2 断面，管段 2-3 的流量达最大值。即：

$$Q_{2-3}=(F_A+F_B)\cdot q_2$$

式中：q_2——管段 2-3 的设计暴雨强度，即相应于 $t=\tau_1+t_{1-2}$的暴雨强度；

t_{1-2}——管段 1-2 的管内雨水流行时间（min）。

3. 管段 3-4 的雨水设计流量

同理得到：

$$Q_{3-4}=(F_A+F_B+F_C)\cdot q_3$$

式中：q_3——管段 3-4 的设计暴雨强度，即相应于 $t=\tau_1+t_{1-2}+t_{2-3}$的暴雨强度；

t_{2-3}——管段 2-3 的管内雨水流行时间（min）。

由上可知，各设计管段的雨水设计流量等于该管段承担的全部汇水面积和设计暴雨强度的乘积；而各管段的设计暴雨强度则是相应于该管段设计断面的集水时间的暴雨强度，由于各管段的集水时间不同，所以各管段的设计暴雨强度亦不同（图 6.15）。

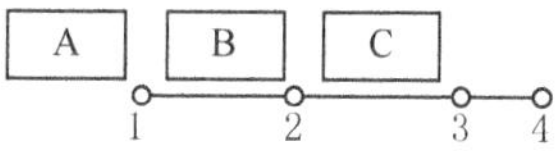

A B C
1 2 3 4

图 6.15 雨水管道设计流量计算示意图

（三）雨水管道设计数据的确定

1. 径流系数的确定

降落在地面上的雨水一部分被植物和地面的洼地截留，一部分渗入土壤，余下的一

部分沿地面流入雨水管渠，这部分进入雨水管渠的雨水量称做径流量。径流量与降雨量的比值称径流系数 ψ，其值常小于1。径流系数的值因汇水面积的地面覆盖情况、地面坡度、地貌、建筑密度的分布、路面铺砌等情况的不同而异。如屋面为不透水材料覆盖，则 ψ 值大；沥青路面的 ψ 值也大；而非铺砌的土路面 ψ 值就较小。地形坡度大，雨水流动较快，其 ψ 值也大；种植植物的庭园，由于植物本身能截留一部分雨水，其 ψ 值就小。但影响 ψ 值的主要因素为地面覆盖种类的透水性。此外，ψ 值还与降雨历时、暴雨强度及暴雨雨型有关。如降雨历时较长，地面渗透损失减少，ψ 就大些；暴雨强度大，其 ψ 值也大；最大强度发生在降雨前期的雨型，前期雨大时，ψ 值也大。由于影响因素很多，要精确求 ψ 值是很困难的。目前在雨水管渠设计中，径流系数通常采用按地面覆盖种类确定的经验数值（表6.6）。

通常汇水面积是由各种性质的地面覆盖所组成，随着它们占有的面积比例变化，ψ 值也各异，所以整个汇水面积上的平均径流系数 ψ_{av} 值是按各类地面面积用加权平均法计算而得到，即：

$$\psi_{av} = \frac{\sum F_i \cdot \psi_i}{F} \tag{6.18}$$

式中：F_i——汇水面积上各类地面的面积（hm^2）；

ψ_i——相应于各类地面的径流系数；

F——全部汇水面积（hm^2）。

表 6.6 径流系数 ψ 值

地面种类	ψ 值
各种屋面、混凝土和沥青路面	0.85～0.95
大块石铺砌路面，沥青表面处理的碎石路面	0.55～0.65
级配碎石路面	0.40～0.50
干砌砖石和碎石路面	0.35～0.45
非铺砌土路面	0.25～0.35
公园和绿地	0.10～0.20

在实践中，计算平均径流系数时要分别确定总汇水面积上的地面种类及相应的地面面积，计算工作量较大，甚至有时得不到准确数据。因此，在设计中可采用区域综合径流系数。一般城市市区综合径流系数采用 $\psi = 0.5 \sim 0.8$，城市郊区综合径流系数采用 $\psi = 0.4 \sim 0.6$。

2. 集水时间 t 的确定

前面已经说明，只有当降雨历时等于集水时间时，雨水流量为最大。因此，计算雨水设计流量时，通常用汇水面积最远点的雨水流达设计断面的时间 τ 作为设计降雨历时 t，为了与设计降雨历时的表示符号 t 相一致，故在下面叙述中集水时间的符号亦用 t 表示。

对管道的某一设计断面来说，集水时间 t 由地面集水时间 t_1 和管内雨水流行时间 t_2

两部分组成，可用公式表述如下：

$$t = t_1 + mt_2 \tag{6.19}$$

式中：m——折减系数，管道采用 2，明渠采用 1.2，陡坡地区管道采用 1.2～2。

1）地面集水时间 t_1 的确定

地面集水时间是指雨水从汇水面积上最远点流到第 1 个雨水口的时间，地面集水时间受地形坡度、地面铺砌、地面种植情况、水流路程、道路纵坡和宽度等因素的影响，这些因素直接决定着水流沿地面或边沟的速度。此外，也与暴雨强度有关，因为暴雨强度大，水流时间就短。但在上述各因素中，地面集水时间主要取决于雨水流行距离的长短和地面坡度。

为了寻求地面集水时间 t_1 的通用计算方法，不少学者作了大量的研究工作，其研究成果也在有关刊物发表。但在实际的设计工作中，要精确计算 t_1 值是困难的，故一般不进行计算，而采用经验数值。根据《室外排水设计规范》规定：地面集水时间视距离长短和地形坡度及地面覆盖情况而定，一般采用 t_1＝5～15min。这一经验值是根据国内外的资料确定的。按照经验，一般对在建筑密度较大、地形较陡、雨水口分布较密的地区或街区内设置的雨水暗管，宜采用较小的 t_1 值，可取 t_1＝5～8min 左右。而在建筑密度较小、汇水面积较大、地形较平坦、雨水口布置较稀疏的地区，宜采用较大值，一般可取 t_1＝10～15min。起点井上游地面流行距离以不超过 120～150m 为宜。在设计工作中，应结合具体条件恰当地选定。如 t_1 选用过大，将会造成排水不畅，以致管道上游地面经常积水；选用过小，又将使雨水管渠尺寸加大而增加工程造价。

2）管渠内雨水流行时间 t_2 的确定

t_2 是指雨水在管渠内的流行时间，即：

$$t_2 = \sum \frac{L}{60v} \tag{6.20}$$

式中：L——各管段的长度（m）；

v——各管段满流时的水流速度（m/s）；

60——单位换算系数，1min＝60s。

3）折减系数 m 值的确定

根据我国对雨水管道空隙容量的理论研究成果提出的数据，雨水管渠按满流进行设计，但计算雨水设计流量公式的极限强度法原理指出，当降雨历时等于集水时间时，设计断面的雨水流量才达到最大值。因此，雨水管渠中的水流并非一开始就达到设计状况，而是随着降雨历时的增长才能逐渐形成满流，其流速也是逐渐增大到设计流速的。这样就出现了按满流时的设计流速计算所得的雨水流行时间小于管渠内实际的雨水流行时间的情况。通过对雨水管渠的观测资料进行分析，发现大多数雨水管渠中雨水流行时间比按最大流量计算的流行时间大 20％。建议用大于 1（1.2）的系数乘以用满流时的流速算出的管内雨水流行时间 t_2，这一系数也称苏林系数。

此外，雨水管渠内各管段的设计流量是按照相应于该管段的集水时间的设计暴雨强度来计算的，所以在一般情况下，各管段的最大流量就不大可能在同一时间内发生。当任一管段发生设计流量时，其他管段都不是满流（特别是上游管段），所以可设想利用此上游管段存在的空隙容积，使一部分水量暂时贮存在此空间内，从而起到调蓄管段内最大流量的作用，可以削减其高峰流量，减小管渠断面尺寸，降低工程造价。

然而，这种调蓄作用只有在当该管段内水流处于压力流条件下才可能实现。因为只有处于压力流的管段的水位高于其下游管段未满流时的水位足够大时，才能在此水位差作用下形成回水，迫使水流逐渐向上游管段空隙处流动而充满其空隙。由于这种水流回水造成的滞流状态，使管道内实际流速低于设计流速，也就是使管内的实际水流时间 t_2 增大。为了利用这一因素产生的管道调蓄能力，可用大于 1 的系数乘以用满流时流速算得的管内流行时间 t_2。根据实测资料计算，该系数为 1.7 左右。

上述两点充分说明按极限强度法计算的重力流雨水管道存在空隙容量，为了利用此容量起调节作用，缩小管道通水的能力，达到减少投资的目的。m 值的含义即为：因缩小了管道排水的断面尺寸使上游蓄水，就必然会增长泄水时间。因而采用增长管道中流行时间的办法，适当折减设计流量，进而缩小管道断面尺寸。因此，折减系数 m 实际是苏林系数与管道调蓄利用系数两者的乘积。为了计算简便，我国《室外排水设计规范》建议折减系数：暗管 $m=2$，明渠 $m=1.2$。在陡坡地区，不能利用空隙容量，暗管的 $m=1.2\sim2$。

4）雨水管渠水力计算设计参数

为避免发生淤积和冲刷，保证雨水管渠的正常工作，《室外排水设计规范》对雨水管渠水力计算的基本参数作了如下规定：

（1）由于雨水较污水清洁，对水体及环境污染较小。因暴雨时径流量大，相应较高设计重现期的降雨历时一般不会很长。允许雨水管渠溢流，以减少工程投资。因此，雨水管渠按满流来设计，即充满度 $h/D=1$。对于明渠，超高不得小于 0.2m。街道边沟，超高应大于等于 0.3m。

（2）因为雨水管渠内的沉淀物一般是泥沙、煤屑等，为防止雨水中所夹带的泥沙等无机物在管渠内淤积而堵塞管道，《室外排水设计规范》中规定，雨水管渠的最小设计流速为 0.75m/s。由于明渠内发生淤积后易于清理，疏通，所以可采用较低的设计流速，一般明渠内最小设计流速为 0.4m/s。

为防止管壁及渠壁因冲刷而损坏，雨水管道最大设计流速为：金属管道为 10m/s，非金属管道为 4m/s。明渠最大设计流速则根据其内壁材料的抗冲刷性质，按设计规范选用（表 6.7）。为了不被淤积和冲刷，雨水管渠的设计流速应在最小流速与最大流速范围内选取。

表 6.7　明渠最大设计流速

明渠类别	最大设计流速/（m/s）	明渠类别	最大设计流速/（m/s）
粗砂或低塑性粉质黏土	0.8	草皮护面	1.6
粉质黏土	1.0	干砌石块	2.0
黏土	1.2	浆砌石块或浆砌砖	3.0
石灰岩或中砂岩	4.0	混凝土	4.0

注：①表中数据适用于明渠水深为 $h=0.4\sim1.0$m 的范围内；

② 如 h 在 0.4～1.0m 范围以外时，表中所列的流速应乘以下系数：$h<0.4$m，系数 0.85；$1.0<h<2.0$m，系数 1.25；$h\geq2.0$m，系数 1.40。

(3)《室外排水设计规范》中规定，在街道下的雨水管道，最小管径为300mm，雨水口连接管最小管径为200mm。

(4) 最小埋深与最大埋深，具体规定与污水管道相同。

(5) 雨水管道的设计坡度，直接影响管道的埋深和工程造价。设计时应慎重考虑，在保证管道不淤积的前提下，尽可能采用小坡度。此外，在设计中，要力求使管道的设计坡度和地面坡度平行或一致，以尽量减少土方量，降低工程造价。在地势平坦，土质又较差的地区尤为重要。关于雨水管道最小设计管径和最小坡度的规定如表6.8所示。

表6.8 雨水管道最小管径和最小坡度

管道类别	最小管径/mm	最小设计坡度
雨水管道和合流管道	300	0.003
雨水口连接管道	200	0.01

(6) 雨水管渠一般采用圆形断面，当直径超过2000mm时也可采用矩形、半椭圆或马蹄形断面，明渠一般采用梯形断面。

三、雨水管渠系统的设计和计算

雨水管渠系统设计的基本要求是能通畅、及时排走城镇或工厂汇水面积内的暴雨径流量。为防止暴雨径流的危害，设计人员应深入现场进行调查研究和踏勘地形，了解排水走向，搜集当地的设计基础资料，作为选择设计方案和设计计算的可靠依据。

(一) 雨水管渠平面布置的特点

1. 充分利用地形，就近排入水体

雨水管渠应尽量利用自然地形坡度以最短的距离靠重力流排入附近的池塘、河流、湖泊等水体中。当管道排入池塘或小河时，由于出水门的构造比较简单，造价不高，因此雨水干管的平面布置宜采用分散出水口式的管道布置形式，且就近排放，管线较短，管径也较小，这在技术上、经济上都是合理的。但当河流的水位变化很大，管道出口离常水位较远时，出水口的构造比较复杂，造价较高，就不宜采用过多的出水口，这时宜采用集中出水口式的管道布置形式。当地形平坦，且地面平均标高低于河流常年的洪水位标高时，需将管道出口适当集中，在山水门前设雨水泵站，暴雨期间雨水经抽升后排入水体。这时，应尽可能使通过雨水泵站的流量减少到最小，以节省泵站的工程造价和日常运转费用。

2. 根据城市规划布置雨水管道

通常应根据建筑物的分布、道路布置及街区内部的地形等布置雨水管道，使街区内绝大部分雨水以最短距离排入街道低侧的雨水管道。雨水管道应平行道路布设，且宜布置在人行道或草地带下，而不宜布置在快车道下，以免积水时影响交通或维修管道时破坏路面。若道路宽度大于40m时，可考虑在道路两侧分别设置雨水管道。

3. 合理布置雨水口保证路面雨水排除通畅

雨水口布置应根据地形及汇水面积确定，一般在道路交叉口的汇水点和低洼地段均应设置雨水口。以便及时收集地面径流，避免因排水不畅形成积水和雨水漫过路口面影响行人安全。

4. 雨水管道采用明渠或暗管应结合具体条件确定

在城市市区或工厂内，由于建筑密度较高，交通量较大，雨水管道一般应采用暗管。在地形平坦地区，埋设深度或出水口深度受限制地区，可采用盖板渠排除雨水。

5. 设置排洪沟排除设计地区以外的雨洪径流

许多工厂或居住区傍山建设，雨季时设计地区外大量雨洪径流直接威胁工厂和居住区的安全，应设置排洪沟排除设计地区以外的雨洪径流。

（二）雨水管道水力计算方法

雨水管渠水力计算仍按均匀流考虑，其水力计算公式与污水管道相同，按满流即 $h/D=1$ 计算。在实际计算中，通常采用根据公式制成的水力计算图或水力计算表。

在工程设计中，通常在选定管材之后，n 即为已知数值，而设计流量 Q 也是经计算后求得的已知数，所以剩下的只有 3 个未知数 D、v 及 I。

这样，在实际应用中，就可以参照地面坡度，假定管底坡度 I，从水力计算图或表中求得 D 及 v 值，并使所求得的 D、v、I 各值符合水力计算基本数据的技术规定。下面举例说明其运用：

例 6.3 已知 $n=0013$，设计流量经计算为 $Q=200\text{L/s}$，该管段地面坡度为 $I=0.004$，试计算该管段的管径 D、管底坡度 I 及流速 v。

解 设计采用 $n=0.013$ 的水力计算图（图 6.16）。

先在横坐标轴上找到 $Q=200\text{L/s}$ 值，作竖线；在纵坐标轴上找到 $I=0.004$ 值，作横线将此两线相交于 A 点，找出该点所在的 v 及 D 值，得到 $v=1.17\text{m/s}$。符合水力计算的设计数据的规定，而 D 值则界于 400～500mm 两斜线之间，显然不符合管材统一规格的规定，因此管径 D 必需进行调整。

设采用 $D=400\text{mm}$ 时，则将 $Q=200\text{L/s}$ 的竖线与 $D=400\text{mm}$ 的斜线相交于 B 点，从图中得出交点处的 $I=0.0092$ 及 $v=1.60\text{m/s}$。此结果 v 符合要求，而 I 与原地面坡度相差很大，势必增大管道的埋深，不宜采用。

若采用 $D=500\text{mm}$ 时，则将 $Q=200\text{L/s}$ 的竖线与 $D=500\text{mm}$ 的斜线相交于 C 点，从图中得出交点处的 $I=0.0028$ 及 $v=1.02\text{m/s}$。此结果合适，故决定采用。

雨水管道常用的断面形式大多为圆形，但当断面尺寸较大时，宜采用矩形、马蹄形或其他形式。明渠和盖板渠的底宽不宜小于 0.3m。无铺砌的明渠边坡，应根据不同的地质按表 6.9 选用，用砖石或混凝土块铺砌的明渠可采用 1∶（0.75～1）的边坡。

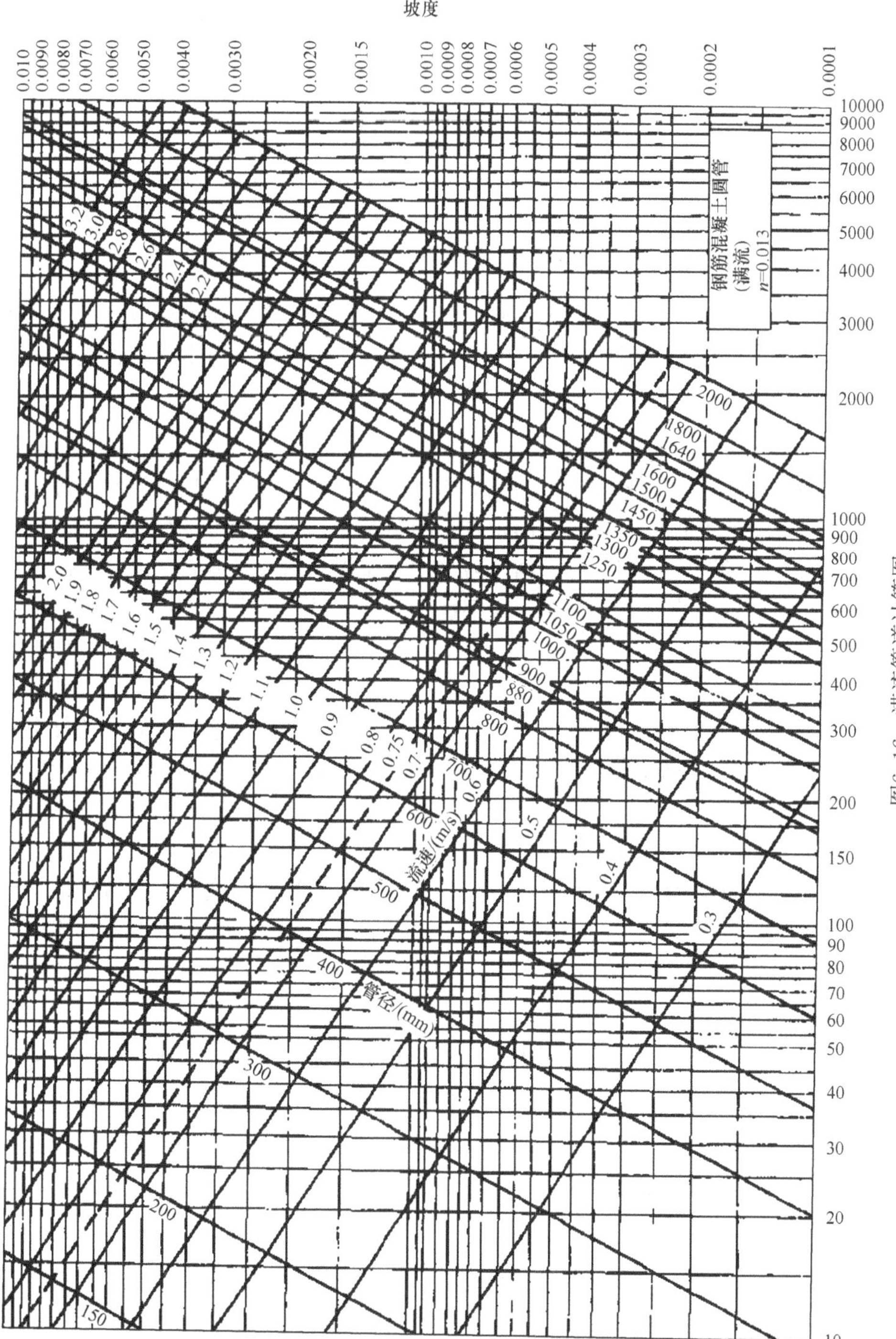

图6.16 满流管道计算图

表 6.9 明渠边坡

地质	边坡	地质	边坡
粉砂	1∶3～1∶3.5	半岩性土	1∶0.5～1∶1
松散的细砂、中砂和粗砂	1∶2～1∶2.5	风化岩石	1∶0.25～1∶0.5
密实的细砂、中砂、粗砂或黏质粉土	1∶1.5～1∶2	岩石	1∶0.1～1∶0.25
粉质黏土或黏土砾石或卵石	1∶1.25～1∶1.5	—	—

（三）雨水管梁系统的设计步骤和水力计算

首先要收集和整理设计地区的各种原始资料，包括地形图、城市或工业区的总体规划、水文、地质、暴雨等资料作为基本的设计数据。然后根据具体情况进行设计，一般雨水管道设计按下列步骤进行：

1. 划分排水流域进行雨水管道定线

应根据城市的总体规划图或工厂的总平面图，根据地形分水线划分排水流域，当地形平坦无明显分水线的地区，可按对雨水管渠的布置有影响的地方，如铁路、公路、河道或城市主要街道的汇水面积划分，结合城市的总体规划图或工业企业的总平面图布置划分排水流域，在每一个排水流域内，应根据雨水管渠系统的布置特点及原则，确定其布置形式，并确定排水流向。如图 6.17 所示，按实际地形划分排水流域——某沿江城市被一条自西向东南流动的河流分为南、北两区。南区可见一明显的分水线，其余地方地形起伏不大，沿河两岸地势最低，故排水流域的划分基本按雨水干管服务的排水面积大小确定。根据该地暴雨量较大的特点，每条干管承担面积不宜太大，故划为 12 个流域。

由于地形对排除雨水有利，采用分散出口的雨水管道布置形式。雨水干管基本垂直于等高线，布置在排水流域地势较低一侧，这样雨水能以最短距离靠重力流分散就近排入水体。为了充分利用街道边沟的排水能力，每条干管起端 100m 左右可视具体情况不设雨水暗管。雨水支管一般设在街区较低侧的道路下。

2. 划分设计管段

根据管道的具体位置，在管道转弯处、管径或坡度改变处，在有支管接入处或两条以上管道交汇处，以及超过一定距离的直线管段上都应设置检查井。把两个检查井之间流量没有变化且预计管径和坡度也没有变化的管段定为设计管段。检查井从管段上游往下游按顺序进行检查井的编号（图 6.18）。

3. 划分并计算各设计管段的汇水面积

各设计管段汇水面积的划分应结合地形坡度、汇水面积的大小以及雨水管道布置等情况而划定。地形较平坦时，可按就近排入附近雨水管道的原则划分汇水面积；地形坡度较大时，应按地面雨水径流的水流方向划分汇水面积。并将每块面积进行编号，计算其面积的数值注明在图 6.14 中。汇水面积除街区外，还包括街道、绿地。

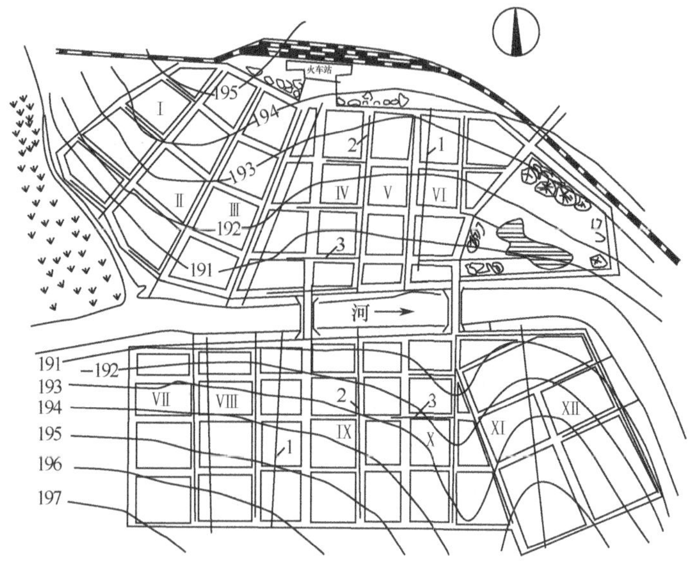

图 6.17　某地雨水管道平面布置

1. 流域分界线；2. 雨水干管；3. 雨水支管

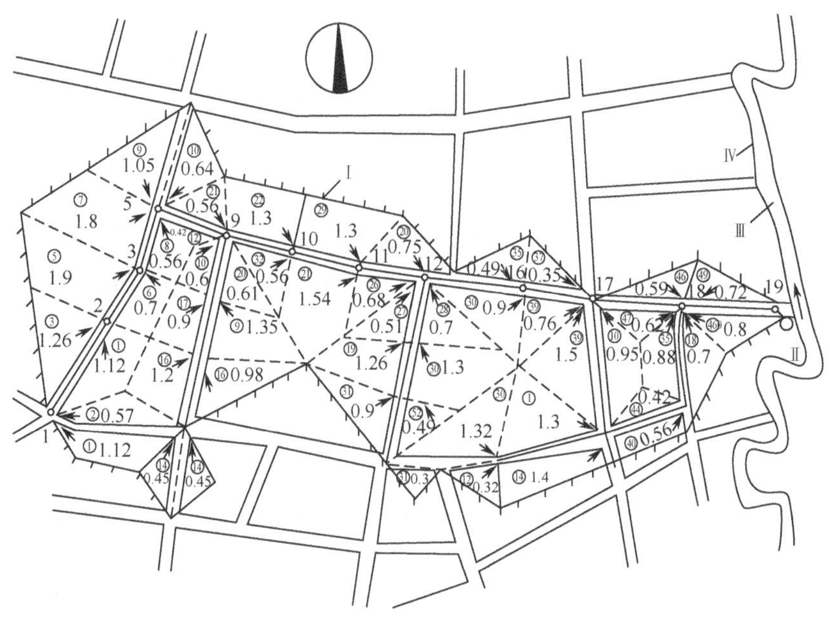

图 6.18　雨水管布置图

Ⅰ. 排水分界线；Ⅱ. 雨水泵站；Ⅲ. 河流；Ⅳ. 河堤岸

图中圆圈内的数字为汇水面积编号，其旁数字为面积，以 hm^2 计

4. 确定各排水流域的平均径流系数值

通常根据排水流域内各类地面的面积数或所占比例，计算出该排水流域的平均径流系数。也可根据规划的地区类别，采用区域综合径流系数。

5. 确定设计重现期 P、地面集水时间 t_1

前面已叙述过确定雨水管渠设计重现期的有关原则和规定。设计时应结合该地区的地形特点、汇水面积的地区建设性质和气象特点选择设计重现期。各个排水流域雨水管道的设计重现期应选用同一值，也可选用不同的值。根据该地建筑密度情况、地形坡度和地面覆盖种类，以及街区内有无设置雨水暗管等因素，确定雨水管道的地面集水时间。

6. 求单位面积径流量 q_0

q_0 是暴雨强度 q 与径流系数 ψ 的乘积，称单位面积径流量。计算公式如下：

$$q_0 = q \cdot \psi = \frac{167A_1(1 + C\lg P) \cdot \psi}{(t + b)^n} = \frac{167A_1(1 + C\lg P) \cdot \psi}{(t_1 + mt_2 + b)^n} \tag{6.21}$$

显然，对于具体的雨水管道工程来说，式中的 P、t_1、ψ、m、A_1、b、c 均为已知值，因此 q_0 只是 t_2 的函数。只要求得各管段的管内流行时间 t_2 就可求出相应于该管段的 q_0 值。

7. 列表进行雨水干管的设计流量和水力计算

求得各管段的设计流量，及确定各管段的管径、坡度、流速、管底标高和管道埋深值等，计算时需先定管道起点的埋深或是管底标高。

8. 绘制雨水管道平面图及纵剖面图。

根据以上步骤求得数据，绘制雨水管平面图和纵剖面图。

（四）雨水管渠设计计算举例

图 6.17 为某居住区部分平面图。地形西高东低，东面有一自南向北流的天然河流，河流常年洪水位为 14m，常水位 12m。要求布置雨水管道并进行干管的水力计算。该城市的暴雨强度公式为

$$q = \frac{500(1 + 1.38\lg P)}{t^{0.65}}$$

从居住区平面图和资料可知该地区地形平坦，无明显分水线，故排水流域按城市主要街道的汇水面积划分，流域分界线见图 6.17。河流的位置确定了雨水出水口的位置，雨水出水口位于河岸边，故雨水干管的走向为自西向东。考虑到河流的洪水位高于该地区地面平均标高，造成雨水在河流洪水位甚至常水位时不能靠重力排入河流，因此在干管的终端设置雨水泵站。根据管道的具体位置，划分设计管段，将设计管段的检查井依次编上号码，各检查井的地面标高见表 6.10。每一设计管段的长度在 200m 以内为宜，各设计管段的长度见表 6.11。

每一设计管段所承担的汇水面积可按就近排入附近雨水管道的原则划分。将每块汇水面积的编号、面积数、雨水流向标注在图中（图 6.18）。表 6.12 为各设计管段的汇水面积计算。由于市区内建筑分布情况差异不大，可采用统一的平均径流系数值，经计算 $\psi = 0.50$。

本例中地形平均，建筑密度较稀，地面集水时间采用 $t_1 = 10\text{min}$。设计重现期选用

P=1a。管道起点埋深根据支管的接入标高等条件，采用1.30m。列表进行干管的水力计算（表6.13）。

表6.10　地面标高表

检查井编号	地面标高/m	检查井编号	地面标高/m
1	14.03	11	13.60
2	14.06	12	13.60
3	14.06	16	13.58
5	14.04	17	13.57
9	13.60	18	13.57
10	13.60	19（泵站前）	13.55

表6.11　管道长度表

管段编号	管道长度/m	管段编号	管道长度/m
1-2	150	11-12	120
2-3	100	12-16	150
3-5	100	16-17	120
5-9	140	17-18	150
9-10	100	18-19	150
10-11	100	19-泵站	—

表6.12　汇水面积计算表

设计管段编号	本段汇水面积编号	本段汇水面积/hm^2	转输汇水面积/hm^2	总汇水面积/hm^2
1-2	1、2	1.69	0	1.69
2-3	3、4	2.38	1.69	4.07
3-5	5、6	2.60	4.07	6.67
5-9	7-10	4.05	6.67	10.72
9-10	11-20	7.52	10.72	18.24
10-11	21、22	1.86	18.24	20.10
11-12	23、24	2.84	20.10	22.94
12-16	25-32、34	6.89	22.94	29.83
16-17	35、36	1.39	29.83	31.22
17-18	33、37-42a	7.90	31.22	39.12
18-19	43-50	5.19	39.12	44.31

水力计算说明：

（1）表6.13中第1项为需要计算的设计管段，从上游至下游依次写出。第2、3、13、14项从表6.10、6.11、6.12中取得，其余各项经计算后得到。

(2) 计算中假定管段的设计流量均从管段的起点进入，即各管段的起点为设计断面。因此，各管段的设计流量是按该管段起点，即上游管段终点的设计降雨历时（集水时间）进行计算的。也就是说在计算各设计管段的暴雨强度时，用的 t_2 值应按上游各管段的管内雨水流行时间之和求得。如管段 1-2 是起始管段，故 $\sum t_2 = 0$，将此值列入表 6.13 中第 4 项。

也有采用管段终点为设计断面进行计算的。但这种方法是用管段终点的集水时间对应的暴雨强度来计算雨水设计流量，而在未进行水力计算之前，未求出管段满流时的设计流速，也就无法求出管段起点至终点的雨水管内流行时间 t_2。因此，必须先要预设管内流速，算出管内流行时间，进而算出单位面积径流量 q_0、设计流量 Q，再由 Q 确定管段的管径 D、坡度 I、流速 v 及管底标高等。最后检查计算得出的流速与预设的流速是否相近，如果相差较大需重新预设再算。这种方法计算出的管径虽比以管段起点为设计断面的方法算出的管径小一些，但计算较繁琐，且折减系数只能采用 $m=1.0$，因此在实际工程中使用不多。

(3) 根据确定的设计参数，求单位面积径流量 q_0。

$$q_0 = \psi \cdot q = 0.5 \times \frac{500(1 + 1.38\lg P)}{\left(10 + 2\sum t_2\right)^{0.65}} = \frac{250}{\left(10 + 2\sum t_2\right)^{0.65}}$$

将 q_0 列入表 6.13 中第 6 项。

(4) 用各设计管段的单位面积径流量乘以该管段的总汇水面积得设计流量。列入表 6.13中第 7 项。

(5) 在求得设计流量后，即可进行水力计算，求管径、管道坡度和流速。在查水力计算图或表时，Q、v、I、D 这 4 个水力因素可以相互适当调整，使计算结果既符合水力计算设计数据的规定，又经济合理。本例地面坡度较小，甚至地面坡向与管道坡向正好相反，为不使管道埋深增加过多，管道坡度宜取小值。但所取坡度应能使管内水流速度不小于最小设计流速。计算采用钢筋混凝土圆管（满流水 $n=0.013$）水力计算表。

将确定的管径、坡度、流速各值列入表中第 8、9、10 项。第 11 项管道的输水能力 Q' 是指在水力计算中管段在确定的管径、坡度、流速的条件下实际通过的流量。该值等于或略大于设计流量 Q。

(6) 根据设计管段的设计流速求本管段的管内雨水流行时间 t_2，将该值列入表 6.13中第 5 项，此值便是下一管段 $\sum t_2$ 值。

(7) 管段长度乘以管道坡度得到该管段起点与终点之间的高差，即降落量。将该值列入表 6.13 中第 12 项。

(8) 根据冰冻情况、雨水管道衔接要求及承受荷载的要求，确定管道起点的埋深或管底标高。本例起点埋深定为 1.3m，将该值列入表 6.13 中第 17 项。用起点地面标高减去该点管道埋深得到该点管底标高，列入表 6.13 第 15 项。用该值减去管道两端两点的降落量得到终点的管底标高，列入表 6.13 第 16 项。用对应点的地面标高减去该点的管底标高得该点的埋没深度，列入表 6.13 中第 18 项。

表 6.13 雨水干管水力计算表

1	2	3	4	5	6	7	8	9	10	11	12	13	14	15	16	17	18
设计管段编号	管长 L/m	汇水面积 F /hm^2	管内流行时间/min		单位面积径流量 q_0 /[L/(s·hm^2)]	设计流量 Q/(L/s)	管径 D /mm	坡度 I/‰	流速 v/(m/s)	输水能力 Q' /(L/s)	坡降 $I \cdot L$ /m	设计地面标高/m		设计管内底标高/m		埋深/m	
			$\sum t_2 = \sum \frac{L}{v}$	$t_2 = \frac{L}{v}$								起点	终点	起点	终点	起点	终点
1-2	150	1.69	0	3.29	55.98	94.58	400	2.1	0.76	96.00	0.315	14.030	14.060	12.730	12.415	1.30	1.65
2-3	100	4.07	3.29	1.98	40.29	163.98	500	1.9	0.84	165.00	0.190	14.060	14.060	12.315	12.125	1.75	1.94
3-5	100	6.67	5.27	1.98	35.05	233.78	600	1.5	0.84	240.00	0.150	14.060	14.060	12.025	11.875	2.04	2.27
5-9	140	10.72	7.25	2.59	31.25	335.00	700	1.4	0.90	350.00	0.196	14.040	13.600	11.775	11.579	2.37	2.02
9-10	100	18.24	9.84	1.63	27.60	503.42	800	1.5	1.02	520.00	0.150	13.600	13.600	11.479	11.329	2.12	2.27
10-11	100	20.10	11.47	1.59	25.79	518.38	800	1.6	1.05	530.00	0.160	13.600	13.600	11.329	11.169	2.27	2.43
11-12	120	22.94	13.06	1.79	24.29	557.21	800	1.8	1.12	560.00	0.216	13.600	13.600	11.169	10.953	2.43	2.65
12-16	150	29.83	14.85	2.27	22.84	681.32	900	1.5	1.10	700.00	0.225	13.600	13.580	10.853	10.637	2.75	2.94
16-17	120	31.22	17.12	1.82	21.28	(664.36) 681.32	900	1.5	1.11	700.00	0.180	13.580	13.570	10.637	10.457	2.97	3.11
17-18	150	39.12	18.94	1.97	20.23	791.40	900	2.0	1.29	810.00	0.300	13.570	13.570	10.457	10.157	3.11	3.41
18-19	150	44.31	20.81	1.82	19.26	853.41	900	2.3	1.37	870.00	0.345	13.570	13.550	10.157	9.812	3.41	3.74

雨水管道各设计管段在高程上采用管顶平接。

(9) 在划分各设计管段的汇水面积时，应尽可能使各设计管段的汇水面积均匀增加，否则会出现下游管段的设计流量小于上一管段设计流量的情况。如管段 16-17 的设计流量小于 12-16 的设计流量。这是因为下游管段的集水时间大于上一管段的集水时间，故下游管段的设计暴雨强度小于上一管段的暴雨强度，而总汇水面积只有很小增加的缘故。若出现了这种情况，应取上一管段的设计流量作为下游管段的设计流量。

(10) 本例只进行了干管的水力计算，实际上在设计中，干管与支管是同时进行计算的；在支管与干管相接的检查井处，必然会有两个 $\sum t_2$ 值和两个管底标高值。再继续计算相交后的下一个管段时，应采用大的 $\sum t_2$ 值和小的管底标高值。

(11) 绘制雨水干管平面图及纵剖面图。

四、立体交叉道路排水

随着国民经济的飞速发展，全国各地修建的公路、铁路立交工程逐日增多。立交工程多设在交通繁忙的主要干道上，车辆多、速度快。而立交工程中位于下边的道路的最低点，往往比周围干道约低 2～3m，形成盆地，加以纵坡很大，立交范围内的雨水径流很快就汇集至立交最低点，极易造成严重的积水。若不及时排除雨水，便会影响交通，甚至造成事故。

立交道路排水主要解决降雨在汇水面积内形成的地面径流和必要排除的地下水。雨水设计流量的计算公式同一般雨水管渠，但设计时与一般道路排水相比具有不同的特点。

（一）要尽量缩小汇水面积以减少设计流量

立交工程的类别和型式较多，每座立交的组成部分也不完全相同。但汇水面积一般应包括引道、坡道、匝道、路线桥、绿地以及建筑红线以内的适当面积。在划分汇水面积时，如果条件许可，应尽量将属于立交范围的一部分面积划归附近另外的排水系统。或采取分散排放的原则，将地面高的水接入较高的排水系统自流排出；地面低的雨水接入另一较低的排水系统，若不能自流排出，应设置排水泵站提升。这样可避免所有雨水都汇集到最低点，造成排泄不及而积水。同时还应有防止地面高的水进入低水系统的拦截措施。

（二）注意地下水的排除

当立交工程最低点低于地下水位时，为保证路基经常处于干燥状态，使其具有足够的强度和稳定性，需要采取必要的措施排除地下水。通常可埋设渗渠或花管，以吸收、汇集地下水，使其自流入附近排水干管或河湖。若高程不允许自流排出时，则设泵站抽升。

（三）排水设计标准高于一般道路

由于立交道路在交通上的特殊性，为保证交通不受影响，畅通无阻，排水设计标准应高于一般道路。根据各地经验，暴雨强度的设计重现期一般采用 1～5a。交通繁忙、汇水面积大的取高限，反之取低限。同一立交工程的不同部位可采用不同的重现期。地面集水时间宜取 5～10min。由于地面坡度大，管内流行时间不宜乘以折减系数 2。径流系数 ψ 值根据地面种类分别计算，一般取 0.8～1.0。

（四）雨水口市设的位置要便于拦截径流

立交的雨水口一般沿坡道两侧对称布置，越接近最低点，雨水口布置越密集，并往往从单箅或双箅增加到 8 箅或 10 箅。面积较大的立交除坡道外，在引道、匝道、绿地中都应在适当距离和位置设置一些雨水口。位于最高点的跨线桥，为不便雨水径流距离过长，通常由泄水孔将雨水排入立管，再引入下层的雨水门或检查井中。

（五）管道布置及断面选择

立交排水管道的布置应与其他市政管道综合考虑，并应避开立交桥基础。若无法避开时，应从结构上加固，或加设柔性接口、改用铸铁管材等，以解决承载力和不均匀下沉问题。此外，立交工程的交通量大，排水管道的维护管理较困难。一般可将管道断面适当加大，起点断面最小管径不小于 400mm，以下各段的设计断面均应加大一级。

（六）低于地下水位的处理

对于立交地道工程最低点位于地下水位以下时，应采取排水或降低地下水位的措施。宜设置独立的排水系统并保证系统出水口畅通，排水泵站不能停电。

第四节 合流制管渠系统设计

一、合流制管渠系统的使用条件和布置特点

合流制管渠系统是在同一管渠内排除生活污水、工业废水及雨水的管渠系统。常用截流式合流制管渠系统，它在临河的截流管上设置溢流井。晴天时，截流管以非满流将生活污水和工业废水送往污水厂处理；雨天时，随着雨水量的增加，截流管以满流将生活污水、工业废水和雨水的混合污水送往污水厂处理。当雨水径流量继续增加到混合污水量超过截流管的设计输水能力时，开始溢流，并随雨水径流量的增加，溢流量增大。当降雨时间继续延长时，由于降雨强度的减弱，雨水溢流井处的流量减少，溢流量减小。最后，混合污水量又重新等于或小于截流管的设计输水能力，溢流停止。

（一）合流制管渠系统的使用条件

合流制管渠系统因在同一管渠内排除所有的污水，所以管线单一，管渠的总长度减少。但合流制截流管、提升泵站和污水厂都较分流制大，截流管的埋深也因为同时排除生活污水和工业废水而要求比单设的雨水管渠埋深大。在暴雨天，有一部分带有生活污水和工业废水的混合污水溢入水体，使水体受到一定程度的污染。我国及其他一些国

家，由于合流制排水管渠的过水断面很大，晴天流量很小，流速很低，往往在管底造成淤积，降雨时雨水将沉积在管底的大量污物冲刷起来带入水体，形成污染。因此，排水体制的选择应根据城镇和工业企业的规划、环境保护要求、污水利用情况、原有排水设施、水质、水量、地形、气候和水体等条件，从全局出发，通过经济技术比较，综合考虑确定。一般在下述情形下可考虑采用合流制：

（1）排水区域内有一处或多处水源充沛的水体，其流量和流速都足够大，一定量的混合污水排入后对水体造成的污染危害程度在允许的范围以内。

（2）街区和街道的建设比较完善，必须采用暗管渠排除雨水，而街道横断面又较窄，管渠的设置位置受到限制时，则考虑选用合流制。

（3）地面有一定的坡度倾向水体，当水体高水位时，岸边不受淹没，污水在中途不需要泵汲。

显然，上述条件的第一条是主要的，也就是说，在采用合流制管渠系统时，首先应满足环境保护的要求，即保证水体所受的污染程度在允许的范围内，只有在这种情况下才可根据当地城市建设及地形条件合理选用合流制管渠系统。

（二）合流制管渠系统的布置特点

当合流制管渠系统采用截流式时，其布置特点是：

（1）管渠的布置应使所有服务面积上的生活污水、工业废水和雨水都能合理地排入管渠，并能以可能的最短距离坡向水体。

（2）沿水体岸边布置与水体平行的截流干管，在截流干管的适当位置上设置溢流井，使越过截流干管设计输水能力的那部分混合污水能顺利地通过溢流井就近排入水体。

（3）必须合理确定溢流井的数目和位置，以便尽可能减少对水体的污染，减小截流干管的尺寸和缩短排放渠道的长度。从对水体的污染情况看，合流制管渠系统中的初雨水虽被截留处理，但溢流的混合污水总比一般雨水脏。为改善水体卫生，保护环境，溢流井的数目宜少，且其位置应尽可能设置在水体的下游。从经济上讲，为了减小截流干管的尺寸，溢流井的数目多一点好，这可使混合污水及早排入水体，降低截流干管下游的设计流量。但是，溢流井过多会增加溢流井和排放渠道的造价，特别在溢流井离水体较远、施工条件困难时，更是如此。当溢流井的溢流堰标高低于水体最高水位时，需在排放渠道上设置防潮门、闸门或排涝泵站，为减少泵站造价和便于管理，溢流井应适当集中，不宜过多。

（4）在合流制管渠系统的上游排水区域内，如果雨水可沿地面的街道边沟排泄，则该区域可只设置污水管道。只有当雨水不能沿地面排泄时，才考虑布置合流管渠，

目前，我国许多城市的旧市区多采用合流制，而在新建区和工矿区则一般多采用分流制，特别是当生产污水中含有毒物质，其浓度又超过允许的卫生标准时，则必须采用分流制。或者必须预先对这种污水单独进行处理到符合要求后，再排入合流制管渠系统。

二、合流制排水管渠的设计流量

截流与合流制排水管渠的设计流量，在溢流井上游和下游是不同的。

（一）第一个溢流井上游管渠的设计流量

如图 6.19 所示，第一个溢流井上游管渠（1-2 管段）的设计流量为生活污水设计流量（Q_s）、工业废水设计流量（Q_i）与雨水设计流量（Q_r）之和：

$$Q = Q_s + Q_i + Q_r \tag{6.22}$$

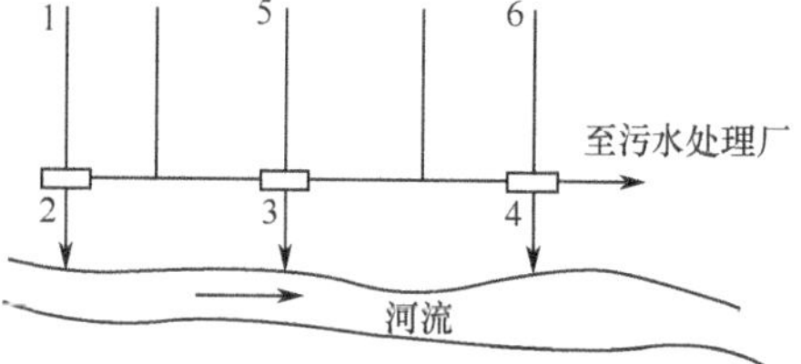

图 6.19　设有溢流井的合流制管渠

在实际进行水力计算中，当生活污水与工业废水量之和比雨水设计流量小得很多（例如生活污水量与工业废水量之和小于雨水设计流量的 5%时），其流量一般可以忽略不计，即使生活污水量和工业废水量较大，也没有必要把三部分设计流量之和作为合流管渠的设计流量，因为这三部分设计流量同时发生的可能性很小。所以，一般以雨水的设计流量（Q_r）、生活污水的平均流量（Q_s）、工业废水最大的平均流量（Q_i）之和作为合流管渠的设计流量：

$$Q = Q_s + Q_i + Q_r \tag{6.23}$$

这里，生活污水的平均流量是指对于居住区而言，总变化系数采用 1，对于工业企业内生活污水量和淋浴污水量而言，采用最大班的平均秒流量，即时变化系数采用 1。

在式（6.23）中，$Q_s + Q_i$ 为晴天的设计流量，它有时称旱流流量 Q_f，由于 Q_f 相对较小，因此按该式 Q 计算所得的管径、坡度和流速，应用晴天的旱流流量 Q_f 进行校核，检查管道在输送旱流流量时是否满足不淤的最小流速要求。

（二）溢流井下游管渠的设计流量

合流制排水管渠在截流干管上设置了溢流井后，对截流干管的水流情况影响很大。不从溢流井泄出的雨水量，通常按旱流流量 Q_f 的指定倍数计算，该指定倍数称为截流倍数 n_0。如果流到溢流井的雨水流虽超过 n_0Q_f，则超过的水量由溢流井溢出，并经排放渠道泄入水体。这样，溢流井下游管渠的雨水设计流量即为

$$Q_r = n_0(Q_S + Q_i) + Q_1 \tag{6.24}$$

式中：Q_1——溢流井下游排水面积上的雨水设计流量，按相当于此排水面积的集水时间计算而得。

溢流井下游管渠的设计流量是上述雨水设计流量与生活污水平均流量及工业废水最大班平均流量之和，即：

$$Q = n_0(Q_S + Q_i) + Q_1 + Q_S + Q_i + Q_2 = n_0Q_f + Q_1 + Q_2 \tag{6.25}$$

式中：Q_2——溢流井下游排水面积上的生活污水平均流量与工业废水最大班平均流量之和。

为节约投资和减少水体的污染点，往往不在每条合流管渠与截流干管的交汇点处都设置溢流井。

（三）合流制排水管渠的水力计算要点

合流制排水管渠一般按满流设计。水力计算的设计数据包括设计流速、最小坡度和最小管径等，基本上和雨水管渠的设计相同。合流制排水管渠的水力计算内容包括：

（1）溢流井上游合流管渠的计算。

（2）截流干管和溢流井的计算。

（3）晴天旱流情况校核。

溢流井上游合流管渠的计算与雨水管渠的计算基本相同，只是它的设计流量要包括雨水、生活污水和工业废水。合流管渠的雨水设计重现期一般应比同一情况下雨水管渠的设计重现期适当提高，有人认为可提高10%～25%，因为虽然合流管渠中混合废水从检查井溢出街道的可能性不大，但合流管渠泛滥时溢出的混合污水比雨水管渠泛滥时溢出的雨水所造成的损失要大些，为了防止出现这种可能情况，合流管渠的设计重现期和允许的积水程度一般都需从严掌握。

对于截流干管和溢流井的计算，主要是要合理确定所采用的截流倍数 n_0，截流干管的设计流量和通过溢流井泄入水体的流量，然后即可进行截流干管和溢流井的水力计算。从环境保护的角度出发，为使水体少受污染，应采用较大的截流倍数。但从经济上考虑，截流倍数过大，会大大增加截流干管、提升泵站和污水厂的造价，同时造成进入污水厂的污水水质和水量在晴天和雨天的差别过大，给运转管理带来相当大的困难。为使整个合流管渠排水系统的造价合理和便于运转管理，不宜采用过大的截流倍数。通常，截流倍数 n_0 应根据旱流污水的水质和水量、总变化系数、水体的卫生要求、水文和气象条件等因素确定。我国《室外排水设计规范》规定采用1～5，并规定，采用的截流倍数必须经当地卫生主管部门的同意。在工作实践中，我国多数城市一般都采用截流倍数 $n_0=3$。美国、日本及西欧各国，多采用截流倍数 $n_0=3\sim5$；前苏联则按排放条件的不同来规定 n_0 值，如表6.14所示。目前，由于人们越来越关心水体的保护，采用的 n_0 值有逐渐增大的趋势，例如美国对于供游泳和游览的河段，采用的 n_0 值甚至高达30以上。

表6.14 不同排放条件下的 n_0 值

排放条件	n_0
在居住区排入大河流	1～2
在居住区排入小河流	3～5
在区域泵站和总泵站前及排水总管的端部，根据居住区水体的不同特性	0.5～2
在处理构筑物前根据不同的处理方法与不同构筑物的组成	0.5～1
工厂区	1～3

关于晴天旱流流量的校核，应使旱流时的流速能满足污水管渠最小流速的要求。当不能满足这一要求时，可修改设计管段的管径和坡度。应当指出，由于合流管渠中旱流

流量相对较小，特别是在上游管段，旱流校核时往往不易满足最小流速的要求，此时可在管渠底设低流槽以保证旱流时的流速，或者加强养护管理，利用雨天流量刷洗管渠，以防淤塞。

（四）城市旧合流制排水管渠系统的改造

城市排水管渠系统一般随城市的发展而相应地发展。最初，城市往往用合流明渠直接排除雨水和少量污水至附近水体。随着工业的发展和人口的增加与集中，为保证市区的卫生条件，便把明渠改为暗管渠，污水仍基本上直接排入附近水体，也就是说，大多数的大城市，旧的排水管渠系统一般都采用直排式的合流制排水管渠系统。据有关资料介绍，日本有70%左右、英国有67%左右的城市采用合流制排水管渠系统，我国绝大多数的大城市也采用这种系统。但随着工业与城市的进一步发展，直接排入水体的污水量迅速增加，势必造成水体的严重污染。为保护水体，提出了对城市已建旧合流制排水管渠系统的改造问题。目前，对城市旧合流制排水管渠系统的改造，通常有如下几种途径：

1. 改合流制为分流制

将合流制改为分流制可以充全杜绝溢流混合污水对水体的污染，因而是一个比较彻底的改造方法。这种方法由于雨、污水分流，需处理的污水量将相对减少，污水在成分上的变化也相对较小，所以污水厂的运转管理较易控制。通常，在具有下列条件时，可考虑将合流制改造为分流制：

（1）住房内部有完善的卫生设备，便于将生活污水与雨水分流。

（2）工厂内部可清浊分流，便于将符合要求的生产污水接入城市污水管道系统，将生产废水接入城市雨水管渠系统，或可将其循环使用。

（3）城市街道的横断面有足够的位置，允许设置由于改成分流制而增建的污水管道，并且不致对城市的交通造成过大的影响。一般地说，住房内部的卫生设备已日趋完善，将生活污水与雨水分流比较易于做到。但工厂内的清浊分流，因已建车间内工艺设备的平面位置与竖向布置比较固定而不太容易做到。至于城市街道横断间的大小，则往往由于旧城市（区）的街道比较窄，加之年代已久，地下管线较多，交通也较频繁，改建工程的施工极为困难。例如，美国芝加哥市区若将合流制全部改为分流制，约需投资22亿美元，为重修因新建污水管道所破坏的道路需延续几年到十几年。

2. 保留合流制，修建合流管渠截流管

由于将合流制改为分流制往往因投资大、施工困难等原因而较难在短期内做到，所以目前旧合流制排水管渠系统的改造多采用保留合流制，修建合流管渠截流干管，即改造成截流式合流制排水管渠系统。但是，截流式合流制排水管渠系统并没有杜绝污水对水体的污染，溢流的混合污水不仅含有部分旱流污水，而且夹带着晴天沉积在管底的污物。可见，溢流混合污水的污染程度仍然是相当严重的，它足以对水体造成局部或整体污染。

3. 对溢流的混合污水进行适当处理

由于从截流式合流制排水管渠系统溢流的混合污水直接排入水体仍会造成污染，其污染程度随工业与城市的进一步发展而日益严重，为了保护水体，可对溢流的混合污水进行适当的处理，处理措施包括细筛滤、沉淀等，有时还通过投氯消毒后再排入水体。也可增设蓄水池或地下人工水库，将溢流的混合污水储存起来，待暴雨过后再将它抽送入截流干管进污水厂处理后排放。这样做，能较彻底解决溢流混合污水对水体的污染。

4. 对溢流的混合污水量进行控制

为减少溢流的混合污水对水体的污染，在土壤有足够渗透性且地下水位较低（至少低于排水管底标高）的地区，可采用提高地表持水能力和地表渗透能力的措施来减少暴雨径流，从而降低溢流的混合污水量。例如，可采用透水性路面或没有细料的沥青混合料路面。据美国的研究结果，这样可削减高峰径流量的83%，且载重运输工具或冰冻不会破坏透水性路面的完整结构，但需定期清理路面以防阻塞。也可采用屋面、街道、停车场或公园限制暴雨进入管道的暂时连续蓄水塘等表面蓄水措施，还可将这些表面的蓄水引入干井或渗透沟来削减高峰径流量。

应当指出，城市旧合流制排水管渠系统的改造是一项极复杂的工作。对于我国来说，不仅是因为城市排水管渠系统在随城市发展而进行修建的过程中，管渠材料和技术条件等先后都有差别，而且因为解放前半封建半殖民地社会的性质造成了排水管渠系统的不合理性。在我国某些城市中，根据各自的需要和条件修建排水管渠，给城市旧排水管渠系统的改造更增加了不少困难。因此，城市旧排水管渠系统的改造必须根据当地的具体情况，与城市规划相结合，在确保水体免受污染的条件下，尽量发挥原有管渠系统的作用，使改造方案既有利于保护环境，又经济合理地切实可行。

一个城市根据不同的情况可能采用不同的排水体制，也就可能有分流制与合流制并存的情况，在这种情况下，存在两种管渠系统的连接方式问题。当合流制排水管渠系统中雨天的混合污水能全部经污水厂进行二级处理时，这两种管渠系统的连接方式比较灵活。当合流管渠中雨天的混合污水不能全部经污水厂进行二级处理时，也就是当污水厂的二级处理设备的能力有限，或者合流管渠系统中没有储存雨天混合汇水的设施，而在雨天必须从污水厂二级处理设备之前溢流部分混合污水入水体时，两种管渠系统之间就必须是合流管渠中的混合污水先溢流，然后再与分流制的污水管道系统连接。两种管渠系统一经汇流后，汇流的全部污水都将通过污水厂二级处理后再行排放。另一种连接方式则是在管道上，或是在初次沉淀池中，两种管渠系统先汇流，然后再从管道上或从初次沉淀池后溢流部分混合污水入水体。这无疑会造成溢流混合污水更大程度的污染，因为在合流管渠中已被生活污水和工业废水污染了的混合污水，又进一步受到分流制排水管渠系统中生活污水和工业废水的污染。为了保护水体，这样的连接方式是不允许的。

小结

本章主要介绍了排水管网的基本概念，排水系统的体制及其选择；城市污水排水系统、工业废水排水系统、雨水排水系统的主要组成部分；通过介绍污水管道的水力计算方法，详细说明了如何进行污水管道的设计计算方法及其涉及的有关设计术语与设计参数。通过介绍雨水管渠的设计计算，详细说明了暴雨强度公式、雨水管渠系统平面布置的特点、雨水管渠水力计算的设计数据、雨水管渠水力计算的方法、雨水管渠系统的设计步骤和水力计算、雨水管渠设计计算、立体交叉道路排水等基本内容。通过合流制管渠的设计计算说明了合流制管渠系统的使用条件和布置特点、合流制排水管渠的设计流量、城市旧合流制排水管渠系统的改造等一些内容。通过本章的学习主要要求掌握排水管网的设计计算方法。

复习题

1. 名词解释

日变化系数　时变化系数　总变化系数　城市排水系统　覆土厚度　埋设深度　暴雨强度　降雨量　降雨的频率　排水系统

2. 填空题

(1)"三同时"是指______、______和________。

(2) 城市污水重复利用的方式有__________、__________、________三种。

(3) 废水可分为______、______、______三类。

(4) 排水系统的体制，一般分为______和________等两种类型。

(5) 污水管道的最小设计流速定为______m/s。

(6) 雨水管渠水力计算仍按均匀流考虑，其水力计算公式与污水管道相同，但按满流即 $h/D=$______计算。

3. 简答题

(1) 如何计算城市污水的设计流量，有何优缺点?

(2) 污水管道水力计算时，对设计充满度，设计流速等水力参数是如何规定的? 原因是什么?

(3) 进行管道衔接时应遵循的原则，如何进行管道衔接?

(4) 什么是污水管道系统的控制点? 如何选择控制点?

(5) 如何进行污水管道设计管段的划分? 每一设计管段的设计流量如何确定?

(6) 如何进行雨水口的布置? 其基本要求是什么?

(7) 简述雨水管渠设计流量的计算方法。

(8) 为什么在进行雨水管道设计流量计算时要考虑折减系数?

(9) 合流制管渠截留倍数的确定方法有哪些?

(10) 为什么雨水管渠与合流制管渠按满流进行设计?

4. 计算题

(1) 某肉类联合加工厂每天宰杀活牲畜 258t，废水量定额 8.2m^3/t 活畜，总变化系数 1.8，三班制生产，每班 8h。最大班职工人数 560 人，其中在高温及污染严重车间工作的职工占总数的 50%，使用淋浴人数按 85%计，其余 50%的职工在一般车间工作，使用淋浴人数按 40%计。工厂居住区面积 $95hm^2$，人口密度 $580cap/hm^2$，生活污水定额 160L/（cap·d），各种污水由管道汇集送至污水处理站，试计算该厂的最大时污水设计流量。

（2）下图为某工厂工业废水干管平面图。图上注明各废水排出口的位置，设计流量以及各设计管段的长度和检查井处地面标高。排出口 1 的管底标高为 218.9m，其余各排出口的埋深均不得小于 1.6m，该地区土壤无冰冻。要求列表进行干管的水力计算，并将计算结果标在平面图上。

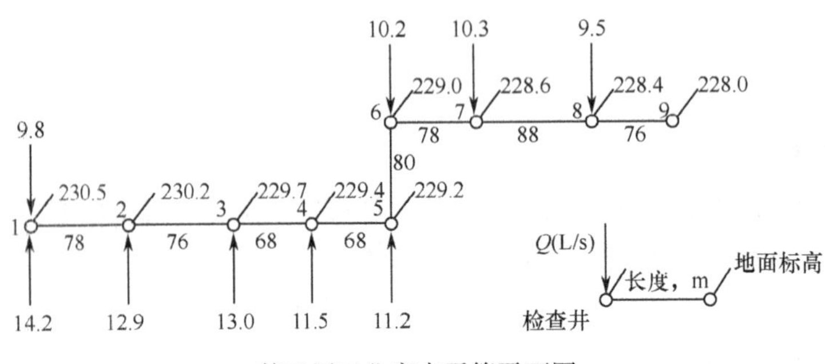

某工厂工业废水干管平面图

（3）某小区面积共 $22hm^2$，其中屋面面积占该区总面积的 30%，沥青道路面积占 16%。级配碎石路面的面积占 12%，非铺砌土路面占 4%，绿地面积占 38%。试计算该区的平均径流系数。当采用设计重现期为 P=5a、2a、1a 及 0.5a 时，试计算：设计降雨历时 t=20min 时的雨水设计流量各是多少？

暴雨强度公式为：$q=\dfrac{5075(1+0.61\lg P)}{(t+19)^{0.92}}$

第七章　排水管网附件和构筑物

岗位目标

（1）了解排水管渠的断面材料、接口及管渠基础的要求。

（2）熟悉排水管渠系统的构筑物雨水口、连接暗井、溢流井、检查井、跌水井、水封井、倒虹管、冲洗井、防潮井、出水口的结构及施工。

（3）掌握排水管渠的管理，能够对排水管道进行清理与维护。

必备知识

倒虹管内的阻力损失值计算公式：$H_1 = iL + \sum \xi \frac{v^2}{2g}$。

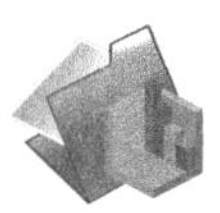

选修知识

（1）排水管渠断面形式有圆形、半椭圆形、马蹄形、矩形、梯形和蛋形等。

（2）常用排水管渠有混凝土管、钢筋混凝土管、陶土管、金属管、浆砌砖、石或钢筋混凝土大型管渠等。

（3）排水管道的接口方法有水泥砂浆抹带接口、钢丝网水泥砂浆抹带接口、石棉沥青卷材接口、橡胶圈接口、预制套环石棉水泥（或沥青砂）接口、顶管施工常用的接口形式。

（4）排水管道的基础一般由地基、基础和管座组成。目前常用的管道基础有三种：砂土基础、混凝土枕基和混凝土带形基础。

（5）为了排除污水，除管渠本身外，还需在管渠系统上设置某些附属构筑物，这些构筑物包括雨水口、连接暗井、溢流井、检查井、跌水井、水封井、倒虹管、冲洗井、防潮门、出水口等。

（6）排水管渠在建成通水后，为保证其正常工作，必须经常进行养护和管理。排水管渠内常见的故障有：污物淤塞管道；过重的外荷载、地基不均匀沉陷或污水的侵蚀作用，使管渠损坏、裂缝或腐蚀等。

课前思考题

（1）排水管渠为什么常采用圆形断面？

（2）对排水管渠的材料有何要求？通常采用的排水管渠有哪几种？

(3) 对排水管渠的接口、基础有什么要求？常用的接口和基础类型有哪几种？其适用范围的情况如何？

(4) 排水管渠上为什么设置雨水口、连接暗井和溢流井？

(5) 排水管渠应该如何养护？

第一节　排水管渠的材料、接口及基础

一、排水管渠的断面及材料

1. 管渠的断面形式

排水管渠的断面形式除必须满足静力学、水力学方面的要求外，还应经济和便于养护。在静力学方面，管道必须有较大的稳定性，在承受各种荷载时是稳定和坚固的。在水力学方面，管道断面应具有最大的排水能力，并在一定的流速下不产生沉淀物。在经济方面，管道单长造价应该是最低的。在养护方面，管道断面应便于冲洗和清通淤积。

最常用的管渠断面形式是圆形，半椭圆形、马蹄形、矩形、梯形和蛋形等也较常见，如图 7.1 所示。

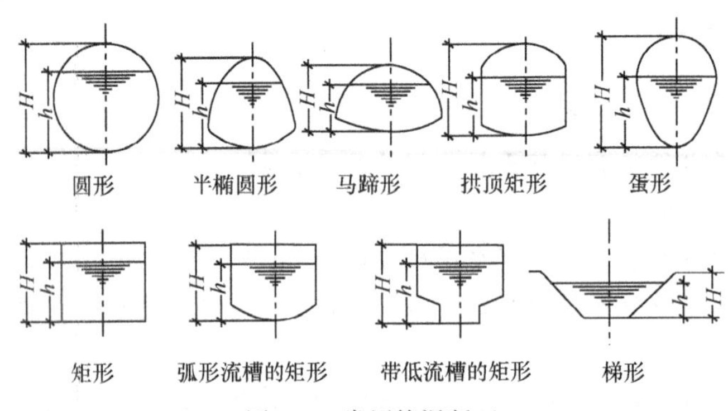

图 7.1　常用管渠断面

(1) 圆形断面有较好的水力性能，在一定的坡度下，指定的断面面积具有最大的水力半径，因此流速大，流量也大。此外，圆形管便于预制，使用材料经济，对外压力的抵抗力较强，若挖土的形式与管道相称时，能获得较高的稳定性，在运输和施工养护方面也较方便。因此是最常用的一种断面形式。

(2) 半椭圆形断面在土压力和活荷载较大时，可以更好地分配管壁压力，因而可减小管壁厚度。在污水流量无大变化及管渠直径大于 2m 时，采用此种形式的断面较为合适。

(3) 马蹄形断面高度小于宽度。在地质条件较差或地形平坦，受受纳水体水位限制时，需要尽量减少管道埋深以降低造价，可采用此种形式的断面。又由于马蹄形断面的下部较大，对于排除流量无大变化的大流量污水较为适宜。但马蹄形管的稳定性需依靠还土的坚实度，要求还土坚实稳定度大，若土质松软，两侧底部的管壁易产生裂缝。

(4) 蛋形断面底部较小，从理论上看，在小流量时可以维持较大的流速，因而可减少淤积，适用于污水流量变化较大的情况。但实际养护经验证明，这种断面的冲洗和清通工作比较困难。加以制作和施工较复杂，现已很少使用。

（5）矩形断面可以就地浇制或砌筑，并按需要将深度增加，以增大排水量。某些工业企业的污水管道、路面狭窄地区的排水管道以及排洪沟道常采用这种断面形式。不少地区在矩形断面的基础上，将渠道底部用细石混凝土或水泥砂浆做成弧形流槽，以改善水力条件。也可在矩形渠道内做低流槽。这种组合的矩形断面是为合流制管道设计的，晴天时污水在小矩形槽内流动，以保持一定的充满度和流速，使之能够免除或减轻淤积程度。

（6）梯形断面适用于明渠，它的边坡决定于土壤性质和铺砌材料。

2. 对管渠材料的要求

排水管渠必须具有足够的强度，以承受外部的荷载和内部的水压，外部荷载包括土壤的重量——静荷载，以及由于车辆运行所造成的动荷载。压力管及倒虹管一般要考虑内部水压。自流管道发生淤塞时或雨水管渠系统的检查井内充水时，也可能引起内部水压。此外，为了保证排水管道在运输和施工中不致破裂，也必须使管道具有足够的强度。

排水管渠应具有能抵抗污水中杂质的冲刷和磨损的作用，也应该具有抗腐蚀的性能，以免在污水或地下水的侵蚀作用（酸、碱等）下很快损坏。

因为污水从管渠渗出至土壤，将污染地下水或邻近水体，或者破坏管道及附近房屋的基础。而地下水渗入管渠，不但降低管渠的排水能力，而且将增大污水泵站及处理构筑物的负荷。因此排水管渠必须不透水，以防止污水渗出或地下水渗入。

排水管渠的内壁应整齐光滑，使水流阻力尽量减小。应就地取材，并考虑到预制管件及快速施工的可能，以尽量降低管渠的造价及运输和施工的费用。

3. 常用排水管渠

1）混凝土管和钢筋混凝土管

混凝土管和钢筋混凝土管适用于排除雨水、污水，可在专门的工厂预制，也可在现场浇制。主要分混凝土管、轻型钢筋混凝土管、重型钢筋混凝土管三种。管口通常为承插式、企口式和平口式，如图 7.2 所示。

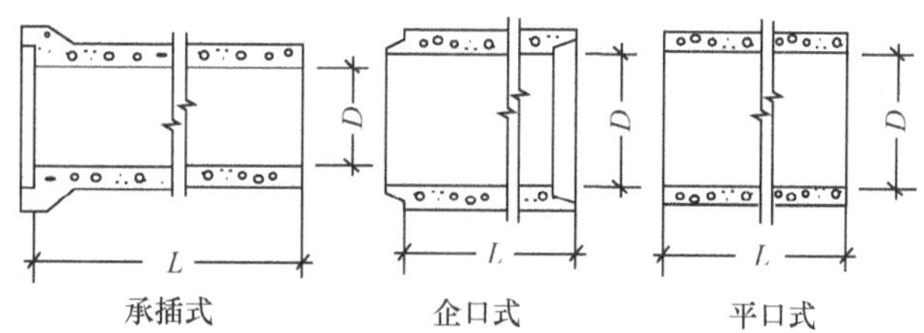

图 7.2 混凝土管和钢筋混凝土管

混凝土管的管径一般小于 450mm，长度多为 1m，适用于管径较小的无压管。当管道埋深较大或敷设在土质条件不良地段，为抗外压，当管径大于 400mm 时通常都采用钢筋混凝土管。混凝土、轻型钢筋混凝土、重型钢筋混凝土排水管的技术条件及标准规格分别参见表 7.1～表 7.3。

表 7.1 混凝土排水管技术条件及标准规格（JG130—67）

公称内径/mm	管体尺寸		外压试验	
	最小管长/mm	最小踏厚/mm	安全荷载/（kg/m）	破坏荷载/（kg/m）
75	1000	25	2000	2400
100	1000	25	1600	1900
150	1000	25	1200	1400
200	1000	27	1000	1200
250	1000	33	1200	1500
300	1000	40	1500	1800
350	1000	50	1900	2200
400	1000	60	2300	2700
450	1000	67	2700	3200

表 7.2 轻型钢筋混凝土排水管技术条件及标准规格

公称内径/mm	管体尺寸		套　环			外压试验		
	最小管长/mm	最小壁厚/mm	填缝宽度/mm	最小壁厚/mm	最小管长/mm	安全荷载/(kg/m)	裂缝荷载/(kg/m)	破坏荷载/(kg/m)
100	2000	25	15	25	150	1900	2300	2700
150	2000	25	15	25	150	1400	1700	2200
200	2000	27	15	27	150	1200	1500	2000
250	2000	28	15	28	150	1100	1300	1800
300	2000	30	15	30	150	1100	1400	1800
350	2000	33	15	33	150	1100	1500	2100
400	2000	35	15	35	150	1100	1800	2400
450	2000	40	15	40	200	1200	1900	2500
500	2000	42	15	42	200	1200	2000	2900
600	2000	50	15	50	200	1500	2100	3200
700	2000	55	15	55	200	1500	2300	3800
800	2000	65	15	65	200	1800	2700	4400
900	2000	70	15	70	200	1900	2900	4800
1000	2000	75	18	75	250	2000	3300	5900
1100	2000	85	18	85	250	2300	3500	6300
1200	2000	90	18	90	250	2400	3800	6900
1350	2000	100	18	100	250	2600	4400	8000
1500	2000	115	22	115	250	3100	4900	9000
1650	2000	125	22	125	250	3300	5400	9900
1800	2000	140	22	140	250	3800	6100	11100

表 7.3 重型钢筋混凝土排水管技术条件及标准规格（JG130—67）

公称内径/mm	管体尺寸/mm		套环/mm			外压试验/(kg/m)		
	最小管长	最小壁厚	填缝宽度	最小壁厚	最小管长	安全荷载	裂缝荷载	破坏荷载
300	2000	58	15	58	150	3400	3600	4000
350	2000	60	15	60	150	3400	3600	4400
400	2000	65	15	65	150	3400	3800	4900
450	2000	67	15	67	200	3400	4000	5200
550	2000	75	15	75	200	3400	4200	6100
650	2000	80	15	80	200	3400	4300	6300
750	2000	90	15	90	200	3600	5000	8200
850	2000	95	15	95	200	3600	5500	9100
950	2000	100	18	100	250	3600	6100	11200
1050	2000	110	18	110	250	4000	6600	12100
1300	2000	125	18	125	250	4100	8400	13200
1550	2000	175	18	175	250	6700	10400	18700

混凝土管和钢筋混凝土管便于就地取材，制造方便。而且可根据抗压的不同要求，制成无压管、低压管、预应力管等，所以在排水管道系统中得到普遍应用。混凝土管和钢筋混凝土管除用作一般自流排水管道外，钢筋混凝土管及预应力钢筋混凝土管也可用作泵站的压力管及倒虹管。它们的主要缺点是抵抗酸、碱侵蚀及抗渗性能较差、管节短、接头多、施工复杂。在地震强度大于 8 度的地区及饱和松砂、淤泥和淤泥土质、冲填土、杂填土的地区不宜敷设。另外大管径管的自重大，搬运不便。

2）陶土管

陶土管是由塑性黏土制成的。为了防止在焙烧过程中产生裂缝，通常加入耐火黏土及石英砂（按一定比例），经过研细、调和、制坯、烘干、焙烧等过程制成。根据需要可制成无釉、单面釉、双面釉的陶土管。若采用耐酸黏土和耐酸填充物，还可以制成特种耐酸陶土管。

陶土管一般制成圆形断面，有承插式和平口式两种形式，如图 7.3 所示。

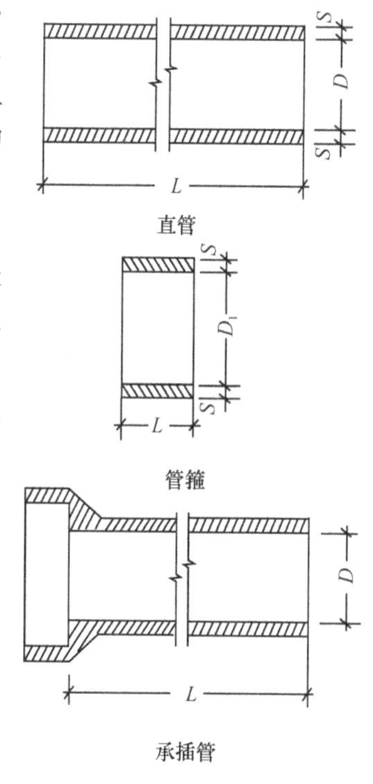

图 7.3 陶土管

普通陶土排水管（缸瓦管）最大公称直径可到 300mm，有效长度 800mm，适用于居民区室外排水管。耐酸陶瓷管最大公称直径国内可做到 800mm，一般在 400mm 以内，管节长度有 300、500、700、1000mm 几种，适用于排除酸性废水。

带釉的陶土管内外壁光滑，水流阻力小，不透水性好，耐磨损，抗腐蚀。但陶土管质脆易碎，不宜远运，不能受内压。抗弯抗拉强度低，不宜敷设在松土中或埋深较大的地方。此外，陶土管管节短，需要较多的接口，增加施工麻烦和费用。由于陶土管耐酸抗腐蚀性好，适用于排除酸性废水，或管外有侵蚀性地下水的污水管道。

3）金属管

常用的金属管有铸铁管及钢管。室外重力流排水管道一般很少采用金属管，只有当排水管道承受高内压、高外压或对渗漏要求特别高的地方（如排水泵站的进出水管、穿越铁路、河道的倒虹管或靠近给水管道和房屋基础）才采用金属管。在地震烈度大于8度或地下水位高、流砂严重的地区也采用金属管。

金属管质地坚固，抗压、抗震、抗渗性能好；内壁光滑，水流阻力小；管子每节长度大，接头少。但价格昂贵，抵抗酸碱腐蚀及地下水侵蚀的能力差。因此，在采用钢管时必须涂刷耐腐蚀的涂料并注意绝缘。

4）浆砌砖、石或钢筋混凝土大型管渠

排水管道的预制管管径一般小于2m，实际上当管道设计断面大于1.5m时，通常就在现场建造大型排水渠道。建造大型排水渠道常用的建筑材料有砖、石、陶土块、混凝土块、钢筋混凝土块和钢筋混凝土等。采用钢筋混凝土时，要在施工现场支模浇制，采用其他几种材料时，在施工现场主要是铺砌或安装。在多数情况下，建造大型排水渠道，常采用两种以上材料。

渠道的上部称做渠顶，下部称做渠底，常和基础作在一起，两壁称做渠身。图7.4为矩形大型排水渠道，由混凝土和砖两种材料建成。基础用C15混凝土浇筑，渠身用M7.5水泥砂浆砌Mu10砖，渠顶采用钢筋混凝土盖板，内壁用1∶3水泥砂浆抹面20mm厚。这种渠道的跨度可达3m，施工也较方便。

砖砌渠道在国内外排水工程中应用较早，目前在我国仍普遍使用。常用的断面形式有圆形、矩形、半椭圆形等，可用普通砖或特制的楔形砖砌筑。当砖的质地良好时，砖砌渠道能抵抗污水或地下水的腐蚀作用，很耐久，因此能用于排泄有腐蚀性的废水。

在石料丰富的地区，常采用条石、方石或毛石砌筑渠道。通常将渠顶砌成拱形，渠底和渠身扁光、勾缝，以使水力性能良好。图7.5为某地用条石砌筑的合流制排水渠道，图7.6及图7.7为沈阳、西安两市采用的预制混凝土装配式渠道。装配式渠道预制

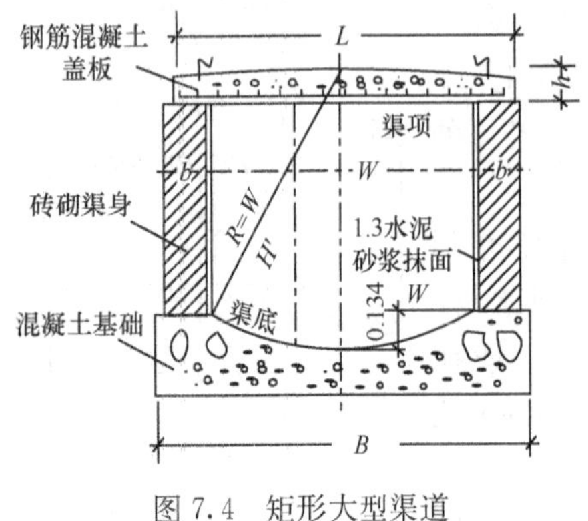

图7.4　矩形大型渠道

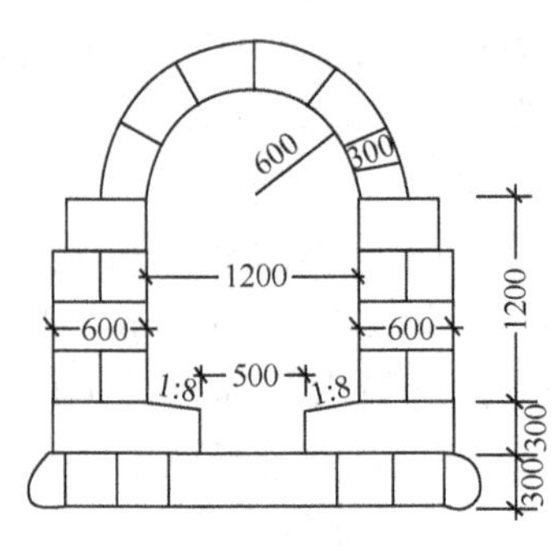

图7.5　条石砌渠道

块材料一般用混凝土或钢筋混凝土，也可用砖砌。为了增强渠道结构的整体性、减少渗漏的可能性和加快施工进度，在设备条件许可的情况下应尽量加大预制块的尺寸。渠道的底部是在施工现场用混凝土浇制的。

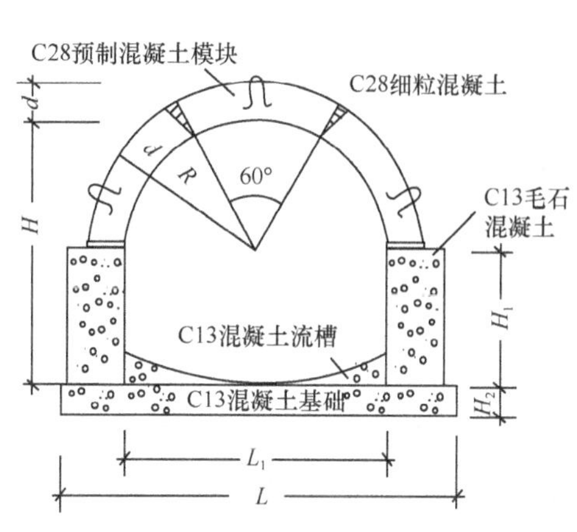

图 7.6　预制混凝土块拱形渠道（沈阳）

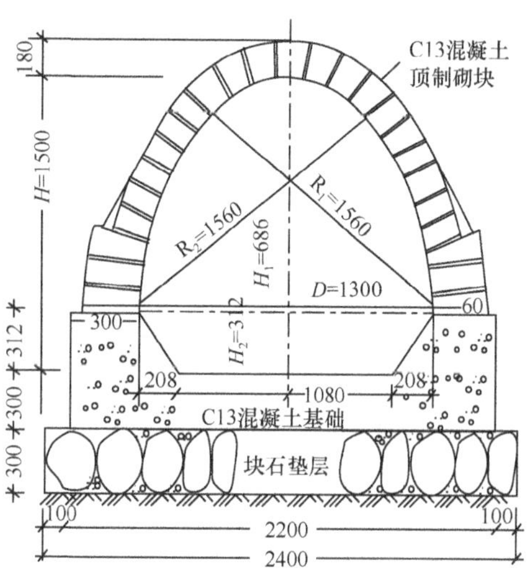

图 7.7　预制混凝土块污水渠道（西安）

5）其他管材

随着新型建筑材料的不断研制，用于制作排水管道的材料也日益增多。比如，在英国已正式生产玻璃纤维筋混凝土管（在强度上优于普通混凝土管）。美国除采用聚氯乙烯、丁二烯、苯乙烯，空隙填充珍珠岩水泥的“构架管”外，还采用一种加筋的热固性树脂管。这种管由环绕耐腐蚀衬里的玻璃纤维和微型玻璃球构成，重量轻，不漏水，抗腐蚀性好。日本的排水管材除离心混凝土管外，强化塑料管、聚氯乙烯管和玻璃纤维筋离心混凝土管近年来也大量使用。硬聚氯乙烯管用作排水管道在国内也日益普遍，目前还仅限于小口径管道。

4. 管渠材料的选择

合理选择管渠材料对降低排水系统的造价影响很大。选择排水管渠材料时，应综合考虑技术、经济及其他方面的因素。

根据排除的污水性质，当排除生活污水及中性或弱碱性（pH＝8～10）的工业废水时，上述各种管材都能使用。当生活污水管道和合流污水管道采用混凝土或钢筋混凝土管时，由于管道运行时沉积的污泥会析出硫化氢，而使管道可能受到腐蚀。为减轻腐蚀损害，可以在管道内加专门的衬层。这种衬层大多由沥青、煤焦油或环氧树脂涂制而成。排除碱性（pH＞10）的工业废水时可用铸铁管或砖渠，也可在钢筋混凝土渠内涂塑料衬层。排除弱酸性（pH＝5～6）的工业废水可用陶土管或砖渠。排除强酸性（pH＜5）的工业废水时可用耐酸陶土管及耐酸水泥砌筑的砖渠，也可用内壁涂有塑料或环氧树脂衬层的钢筋混凝土管、渠。排除雨水时通常都采用钢筋混凝土管、渠或用浆砌砖、石大型渠道。

根据管道受压、管道埋设地点及土质条件，压力管段（泵站压力管、倒虹管）一般都可采用金属管、钢筋混凝土管或预应力钢筋混凝土管。在地震区、施工条件较差的地区（地下水位高、有流砂等）或穿越铁路等，也可采用金属管。而在一般地区的重力流管道常采用陶土管、混凝土管、钢筋混凝土管等。

总之，选择管渠材料时，在满足技术要求的前提下，应尽可能就地取材，采用当地易于自制、便于供应和运输方便的材料，以使运输及施工总费用降至最低。

二、排水管道的接口

排水管道的不透水性和耐久性，在很大程度上取决于敷设管道时接口的质量。管道接口应具有足够的强度、不透水、能抵抗污水或地下水的侵蚀并有一定的弹性。根据接口的弹性，一般分为柔性、刚性和半柔半刚性三种接口形式。

柔性接口允许管道纵向轴线交错 3～5mm 或交错一个较小的角度，而不致引起渗漏。常用的柔性接口有沥青卷材和橡皮圈接口。沥青卷材接口用在无地下水、地基软硬不一、沿管道轴向沉陷不均匀的无压管道上。橡胶圈接口使用范围更加广泛，特别是在地震区，对管道抗震有显著作用。柔性接口施工复杂，造价较高，在地震区采用有它独特的优越性。

刚性接口不允许管道有轴向的交错。但比柔性接口施工简单，造价较低，因此采用较广泛。常用的刚性接口有水泥砂浆抹带接口和钢丝网水泥砂浆抹带接口。刚性接口抗震性能差，用在地基比较良好、有带形基础的无压管道上。

半柔半刚性接口介于上述两种接口形式之间，使用条件与柔性接口类似，常用的是预制套环石棉水泥接口。

1. 水泥砂浆抹带接口（图 7.8）。

在管子接口处用 1∶（2.5～3）水泥砂浆抹成半椭圆形或其他形状的砂浆带，带宽 120～150mm。属于刚性接口。一般适用于地基土质较好的雨水管道，或用于地下水位以上的污水支线上。企口管、平口管、承插管均可采用此种接口。

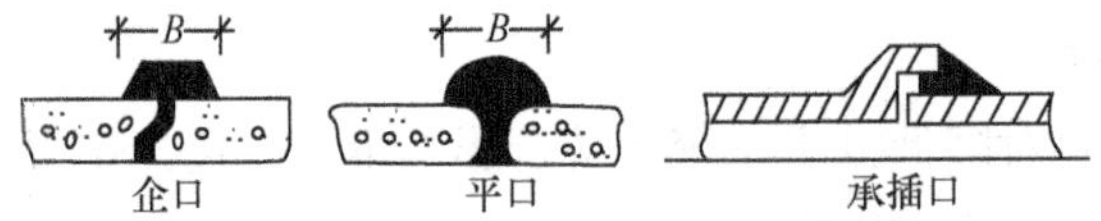

图 7.8　水泥砂浆抹带接口

2. 钢丝网水泥砂浆抹带接口（图 7.9）

属于刚性接口，将抹带范围的管外壁凿毛，抹 1∶2.5 水泥砂浆一层厚 15mm，中间采用 20 号 10×10 钢丝网一层，两端插入基础混凝土中，上面再抹一层厚 10mm 的砂浆。适用于地基土质较好的具有带形基础的雨水、污水管道上。

3. 石棉沥青卷材接口（图 7.10）

属于柔性接口，石棉沥青卷材为工厂加工，沥青玛蹄重量配比为沥青∶石棉∶细砂＝7.5∶1∶1.5。先将接口处管壁刷净烤干，涂上冷底子油一层，再刷沥青玛蹄脂厚

3mm，再包上石棉沥青卷材，再涂 3mm 厚的沥青砂玛蹄脂，这叫“三层做法”。若再加卷材和沥青砂玛蹄脂各一层，便叫“五层做法”。一般适用于地基沿管道轴向沉陷不均匀地区。

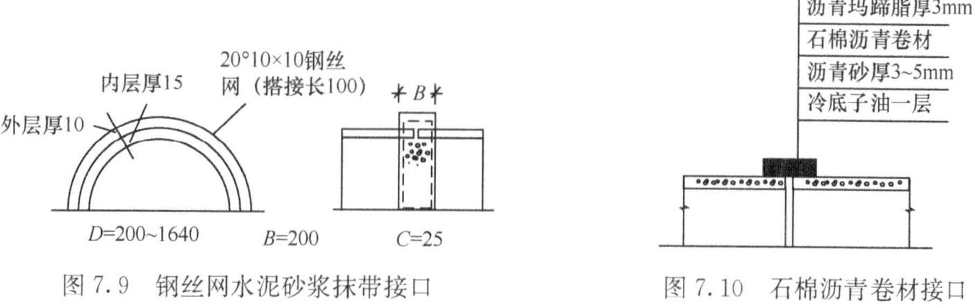

图 7.9　钢丝网水泥砂浆抹带接口

图 7.10　石棉沥青卷材接口

4. 橡胶圈接口（图 7.11）

属柔性接口。接口结构简单，施工方便，适用于施工地段土质较差、地基硬度不均匀的地区，或地震地区。

5. 预制套环石棉水泥（或沥青砂）接口（图 7.12）

属于半刚半柔接口。石棉水泥重量比为水∶石棉∶水泥＝1∶3∶7（沥青砂配比为沥青∶石棉∶砂＝1∶0.67∶0.67）。适用于地基不均匀地段，或地基经过处理后管道可能产生不均匀沉陷且位于地下水位以下、内压低于 10m 的管道上。

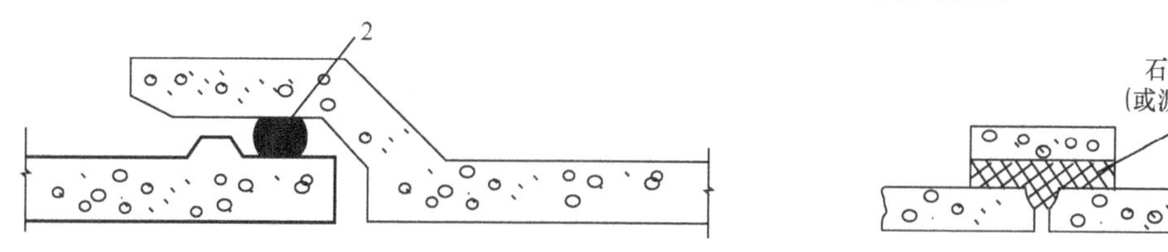

图 7.11　橡胶圈接口

1. 橡胶圈；2. 管壁棉水泥（沥青砂）接口

图 7.12　预制套环石棉水泥接口

6. 顶管施工常用的接口形式

(1) 混凝土（或铸铁）内套环石棉水泥接口，如图 7.13 所示，一般只用于污水管道。

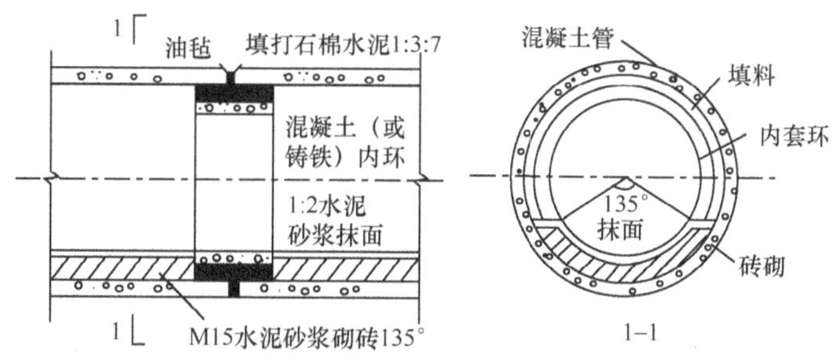

图 7.13　混凝土（或铸铁）内套环石棉水泥接口

(2) 沥青油毡、石棉水泥接口，如图 7.14 所示。麻辫（或塑料圈）石棉水泥接口，如图 7.15 所示。一般只用于雨水管道。

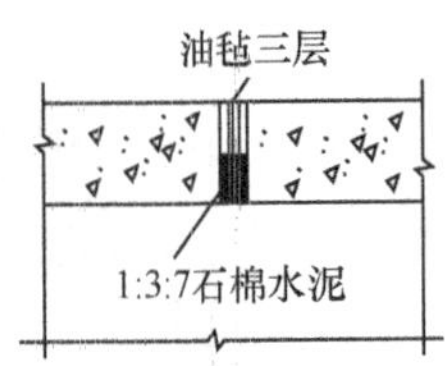

图 7.14 沥青油毡、石棉水泥接口

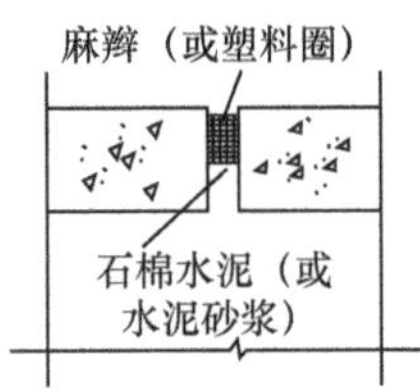

图 7.15 麻辫（或塑料圈）石棉水泥接口

采用铸铁管的排水管道，接口做法与给水管道相同。常用的有承插式铸铁管油麻石棉水泥接口，如图 7.16 所示。

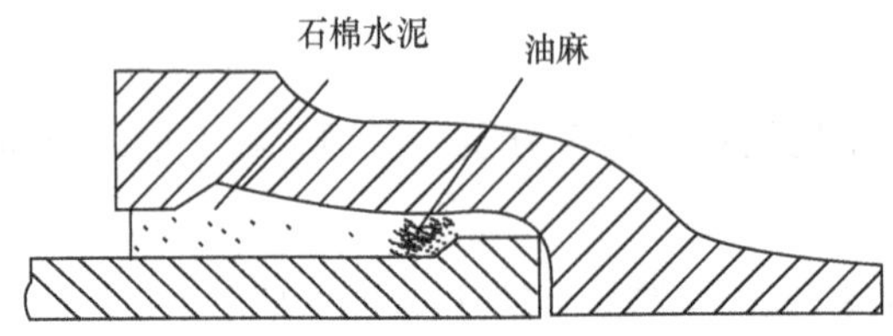

图 7.16 承插式铸铁管油麻石棉水泥接口

除上述常用的管道接口外，在化工、石油、冶金等工业的酸性废水管道上，需要采用耐酸的接口材料。目前有些单位研制了防腐蚀接口材料——环氧树脂浸石棉绳，使用效果良好。也有试用玻璃布和煤焦油、高分子材料配制的柔性接口材料等，这些接口材料尚未广泛采用。国外目前主要采用承插口加橡皮圈及高分子材料的柔性接口。

三、排水管道的基础

排水管道的基础一般由地基、基础和管座三个部分组成，如图 7.17 所示。地基是指沟槽底的土壤部分。它承受管子和基础的重量、管内水重、管上土压力和地面上的荷载。基础是指管子与地基间经人工处理过的或专门建造的设施，其作用是将管道较为集中的荷载均匀分布，以减少对地基单位面积的压力，或由于土的特殊性质的需要，为使管道安全稳定的运行而采取的一种技术措施，如原土夯实、混凝土基础等。管座是管子下侧与基础之间的部分，设置管座的目的在于它使管子与基础连成一个整体，以减少对地基的压力和对管子的反力。管座包角的中心角愈大，基础所受的单位面积的压力和地基对管子作用的单位面积的反力愈小（图 7.17）。

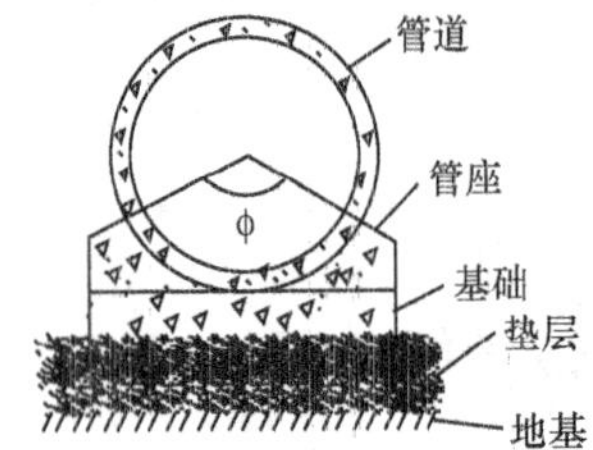

图 7.17 管道基础断面

为保证排水管道系统能安全正常运行，除管道工艺本身设计施工应正确外，管道的地基与基础要有足够的承受荷载的能力和可靠的稳定性。否则排水管道可能产生不均匀沉陷，造成管道错口、断裂、渗漏等现象，导致对附近地下水的污染，甚至影响附近建筑物的基础。一般应根据管道本身情况及其外部荷载的情况、覆土的厚度、土壤的性质合理地选择管道基础。目前常用的管道基础有三种：沙土、混凝土和混凝土带形基础。

1. 沙土基础

沙土基础包括弧形素土基础及沙垫层基础，如图 7.18 所示。

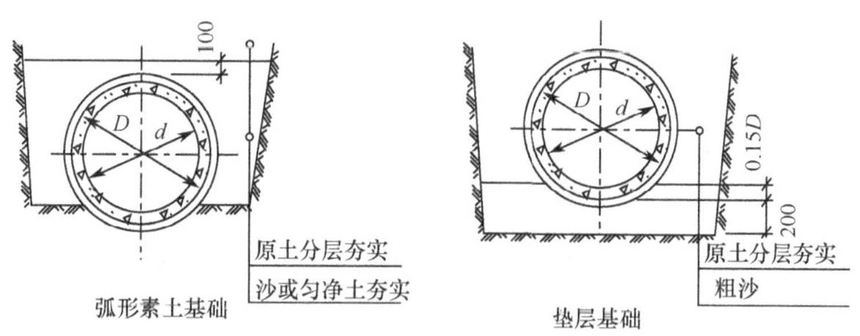

图 7.18　砂土基础

弧形素土基础是在原土上挖一弧形管槽（通常采用 90°弧形），管子落在弧形管槽里。这种基础适用于无地下水、原土能挖成弧形的干燥土壤和管道直径小于 600mm 的混凝土管、钢筋混凝土管、陶土管；管顶覆土厚度在 0.7～2.0m 之间的街区污水管道；不在车行道下的次要管道及临时性管道。

沙垫层基础是在挖好的弧形管槽上，用带棱角的粗沙填 10～15cm 厚的沙垫层。这种基础适用于无地下水，岩石或多石土壤，管道直径小于 600mm 的混凝土管、钢筋混凝土管及陶土管，管顶覆土厚度 0.7～2m 的排水管道。

2. 混凝土枕基

混凝土枕基是只在管道接口处才设置的管道局部基础，如图 7.19 所示。

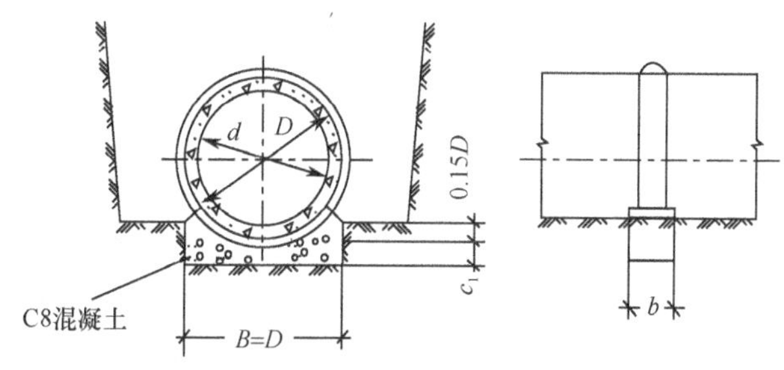

图 7.19　混凝土枕基

通常在管道接口下用 C8 混凝土做成枕状垫块。此种基础适用于干燥土壤中的雨水管道及不太重要的污水支管，常与素土基础或砂填层基础同时使用。

3. 混凝土带形基础

混凝土带形基础是沿管道全长铺设的基础。按管座的形式不同可分为 90°、135°、180°三种管座基础，如图 7.20 所示。这种基础适用于各种潮湿土壤，以及地基软硬不均匀的排水管道，管径为 200～2000mm，无地下水时在槽底老土上直接浇混凝土基础。

有地下水时常在槽底铺 10～15cm 厚的卵石或碎石垫层，然后才在上面浇混凝土基础，一般采用强度等级为 C8 的混凝土。当管顶覆土厚度在 0.7～2.5m 时采用 90°管座基础。管顶覆土厚度为 2.6～4m 时用 135°基础。覆土厚度在 4.1～6m 时采用 180°基础。在地震区，土质特别松软，不均匀沉陷严重地段，最好采用钢筋混凝土带形基础。

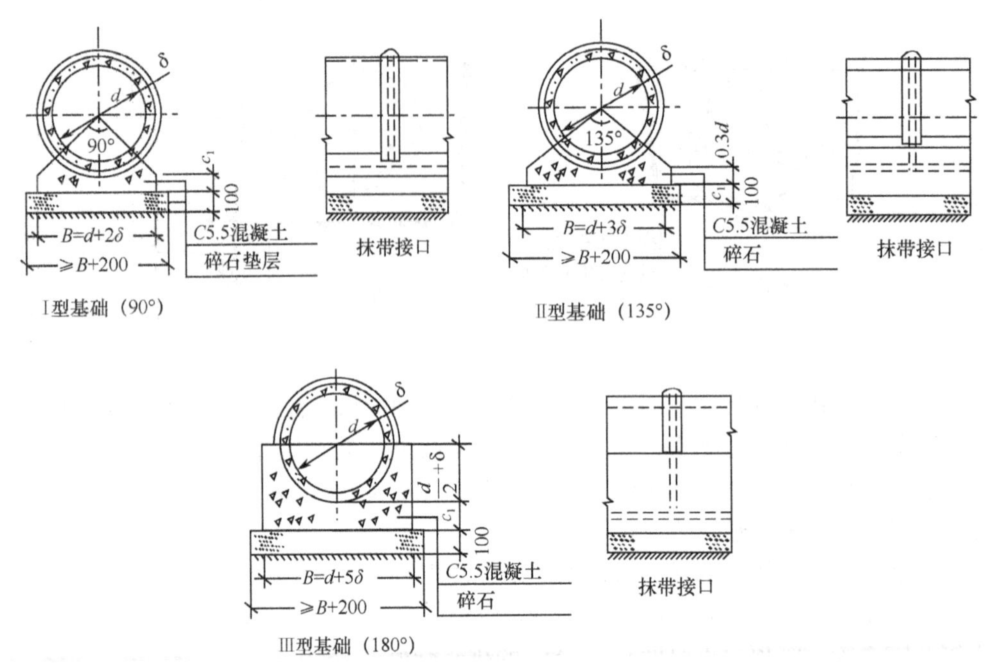

图 7.20 混凝土带形基础

对地基松软或不均匀沉降地段，为增强管道强度，保证使用效果，北京、天津等地的施工经验是对管道基础或地基采取加固措施，接口采用柔性接口。

第二节 排水管渠系统上的构筑物

为了排除污水，除管渠本身外，还需在管渠系统上设置某些附属构筑物，这些构筑物包括雨水口、连接暗井、溢流井、检查井、跌水井、水封井、倒虹管、冲洗井、防潮门、出水口等。管渠系统上的构筑物有些数量很多，它们在管渠系统的总造价中占有相当的比例。例如，为便于管渠的维护管理，通常都应设置检查井，对于污水管道，一般每 50m 左右设置一个，这样，每千米污水管道上的检查井就有 20 个之多。因此，如何使这些构筑物建造得合理，并能充分发挥其最大作用，是排水管渠系统设计和施工中的重要课题。

一、雨水口、连接暗井及溢流井

雨水口是在雨水管渠或合流管渠上收集雨水的构筑物。街道路面上的雨水首先经雨水口通过连接管流入排水管渠。

雨水口的设置位置应能保证迅速有效地收集地面雨水。一般应在交叉路口、路侧边沟的一定距离处及没有道路边石的低洼地方设置，以防止雨水漫过道路或造成道路及低洼地区积水而妨碍交通。雨水口的形式和数量通常应按汇水面积所产生的径流量和雨水口的泄水能力确定。一般一个平箅雨水口可排泄 15～20L/s 的地面径流量。在路侧边沟上及路边低洼地点，雨水口的设置间距还要考虑道路的纵坡和路边石的高度。道路上雨水口的间距一般为 25～50m（视汇水面积大小而定），在低洼和易积水的地段，应根据需要适当增加雨水口的数量。

雨水口的构造包括进水箅、井筒和连接管三部分，如图 7.21 所示。

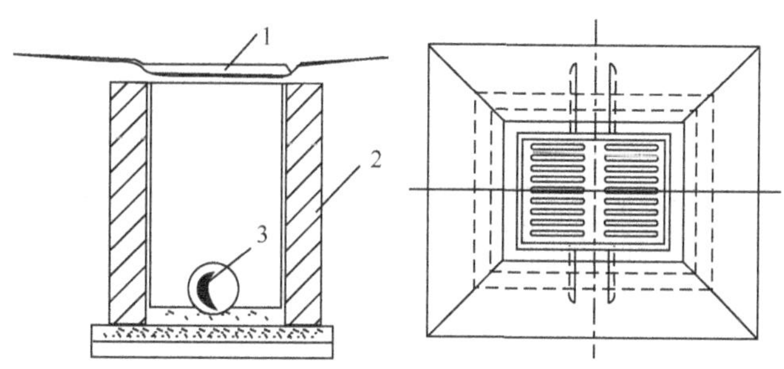

图 7.21　平箅雨水口

1. 进水箅；2. 井筒；3. 连接管

雨水口的进水箅可用铸铁或钢筋混凝土、石料制成。采用钢筋混凝土或石料进水箅可节约钢材，但其进水能力远不如铸铁进水箅，有些城市为加强钢筋混凝土或石料进水箅的进水能力，把雨水口处的边沟沟底下降数厘米，但给交通造成不便，甚至可能引起交通事故。进水箅条的方向与进水能力也有很大关系，箅条与水流方向平行比垂直的进水效果好，因此有些地方将进水箅设计成纵横交错的形式（图 7.22），以便排泄路面上从不同方向流来的雨水。雨水口按进水箅在街道上的设置位置可分为：

(1) 边沟雨水口，进水箅稍低于边沟底水平放置(图 7.21)。

(2) 边石雨水口，进水箅嵌入边石垂直放置。

(3) 联合式雨水口，在边沟底和边石侧面都安放进水箅，如图 7.23 所示。为提高雨水口的进水能力，目前我国许多城市已采用双箅联合式或三箅联合式雨水口，由于扩大了进水箅的进水面积，进水效果良好。

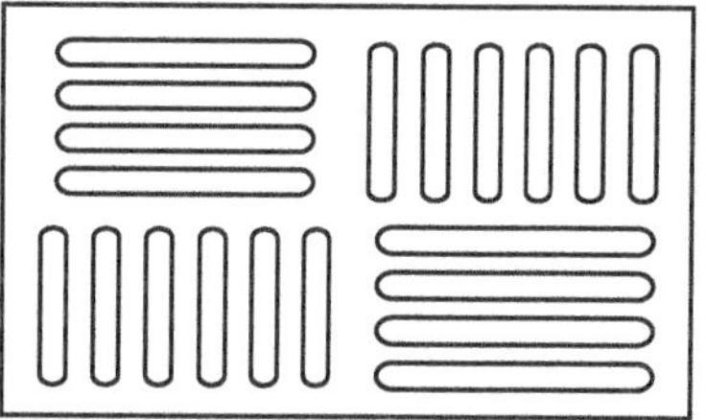

图 7.22　箅条交错排列的进水箅

雨水口的井筒可用砖砌或用钢筋混凝土预制，也可采用预制的混凝土管。雨水口的深度一般不宜大于 1m，在有冻胀影响的地区，雨水口的深度可根据经验适当加大。雨水口的底部可根据需要做成有沉泥井（也称截留井）或无沉泥井的形式，图 7.24 所示为有沉泥井的雨水口，它可截留雨水所夹带的沙砾，免使它们进入管道造成淤塞。但是沉泥井往往积水，孳生蚊蝇，散发臭气，影响环境卫生。因此需要经常清除，增加了养护工作量。通常仅在路面较差、地面上积秽很多的街道或菜市场等地方，才考虑设置有沉泥井的雨水口。

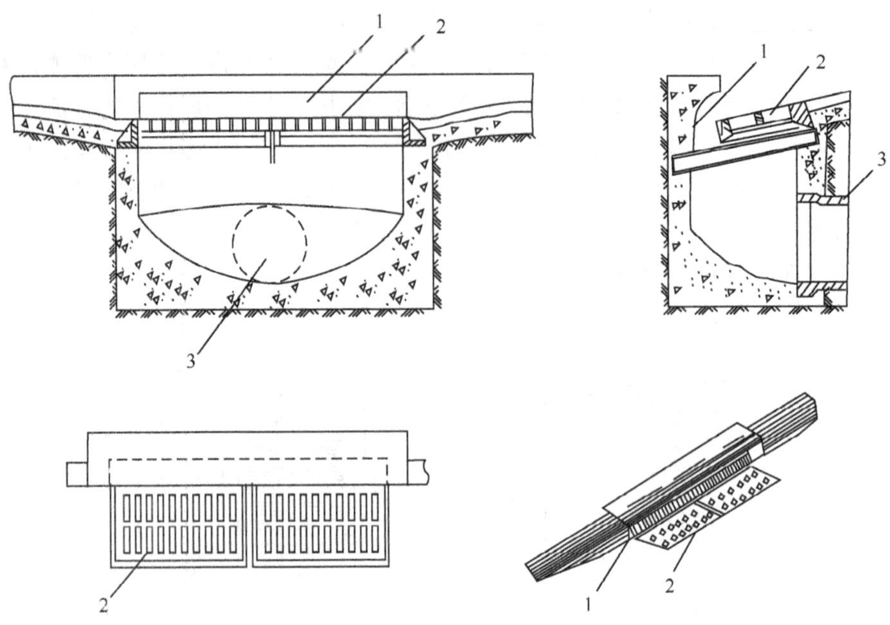

图 7.23 双箅联合式雨水口

1. 边石进水箅；2. 边沟进水箅；3. 连接管

雨水口以连接管与街道排水管渠的检查井相连。当排水管直径大于 800mm 时，也可在连接管与排水管连接处不另设检查井，而设连接暗井，如图 7.25 所示。连接管的最小管径为 200mm，坡度一般为 0.01，长度不宜超过 25m，接在同一连接管上的雨水口一般不宜超过 3 个。

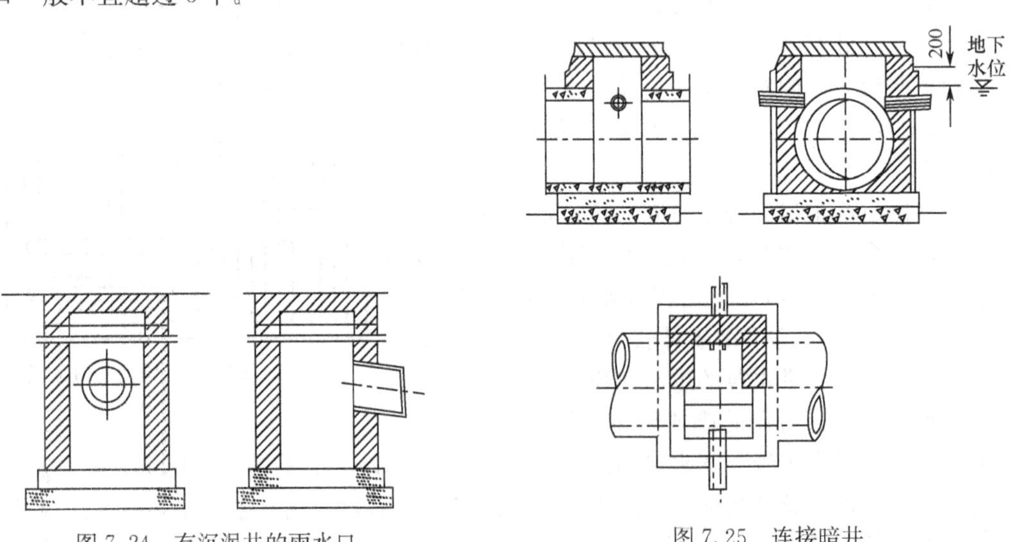

图 7.24 有沉泥井的雨水口

图 7.25 连接暗井

在截流式合流制管渠系统中，通常在合流管渠与截流干管的交汇处设置溢流井。

二、检查井、跌水井、水封井及换气井

为便于对管渠系统作定期检查和清通，必须设置检查井。当检查井内衔接的上下游管渠的管底标高跌落差大于1m时，为消减水流速度，防止冲刷，在检查井内应有消能措施，这种检查井称跌水井。当检查井内具有水封设施，以便隔绝易爆、易燃气体进入排水管渠，使排水管渠在进入可能遇火的场地时不致引起爆炸或火灾，这样的检查井称为水封井。后两种检查井属于特殊形式的检查井，或称为特种检查井。

（一）检查井

检查井通常设在管渠交汇、转弯、管渠尺寸或坡度改变、跌水等处以及相隔一定距离的直线管渠段上。检查井在直线管渠段上的最大间距，一般可按表7.4采用。

表7.4　检查井的最大间距

管径或暗渠净高/mm	最大间距/m	
	污水管道	雨水（合流）管道
200～400	30	40
500～700	50	60
800～1000	70	80
1100～1500	90	100
>1500，且≤2000	100	120
>2000	可适当增大	

检查井一般采用圆形，由井底（包括基础）、井身和井盖（包括盖底）三部分组成（图7.26）。

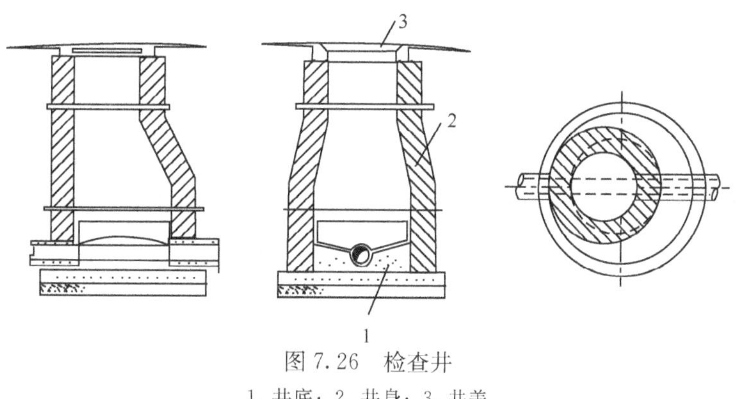

图7.26　检查井

1. 井底；2. 井身；3. 井盖

检查井井底材料一般采用低标号混凝土，基础采用碎石、卵石、碎砖夯实或低标号混凝土。为使水流流过检查井时阻力较小，井底宜设半圆形或弧形流槽。流槽直壁向上升展。污水管道的检查井流槽顶与上、下游管道的管顶相平，或与0.85倍大管管径处相平，雨水管渠和合流管渠的检查井流槽顶可与0.5倍大管管径处相平。流槽两侧至检查井壁间的底板（称沟肩）应有一定宽度，一般应不小于20cm，以便养护人员下井时

立足，并应有 0.02～0.05 的坡度坡向流槽，以防检查井积水时淤泥沉积。在管渠转弯或几条管渠交汇处，为使水流通顺，流槽中心线的弯曲半径应按转角大小和管径大小确定，但不得小于大管的管径。

检查井底各种流槽的平面形式如图 7.27 所示。某些城市的管渠养护经验说明，每隔一定距离（200m 左右），检查井井底做成落底 0.5～1.0m 的沉泥槽，对管渠的清淤是有利的。

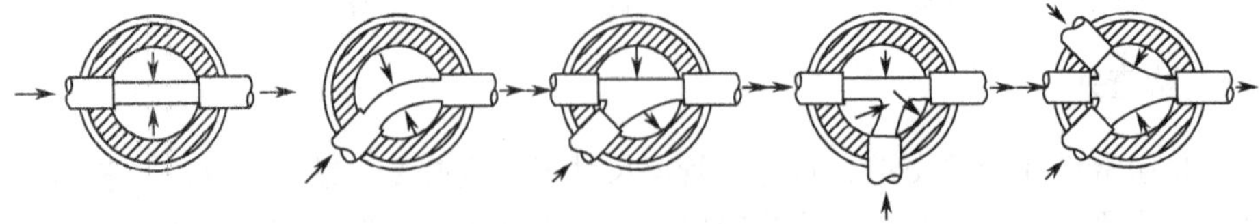

图 7.27　检查井底流槽的形式

检查井井身的材料可采用砖、石、混凝土或钢筋混凝土。国外多采用钢筋混凝土预制，近年来，美国已开始采用聚合物混凝土预制检查井，我国目前则多采用砖砌，以水泥砂浆抹面。井身的平面形状一般为圆形，但在大直径管道的连接处或交汇处，可做成方形、矩形或其他各种不同的形状，图 7.28 为大管道上改向的扇形检查井平面图。

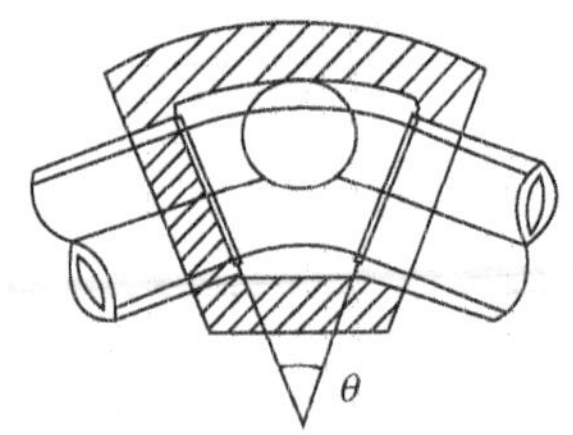

图 7.28　扇形检查井

井身的构造与是否需要工人下井有密切关系。不需要下人的浅井，构造很简单，一般为直壁圆筒形；需要下人的井在构造上可分为工作室、渐缩部和井筒三部分，如图 7.26 所示。工作室是养护人员养护时下井进行临时操作的地方，不应过分狭小，其直径不能小于 1m，其高度在埋深许可时一般采用 1.8m。为降低检查井造价，缩小井盖尺寸，井筒直径一般比工作室小，但为了工人检修出入安全与方便，其直径不应小于 0.7m。井筒与工作室之间可采用锥形渐缩部连接，渐缩部高度一般为 0.6～0.8m，也可以在工作室顶偏向出水管渠一边加钢筋混凝土盖板梁，井筒则砌筑在盖板梁上。为便于上下，井身在偏向进水管渠的一边应保持一壁直立。

检查井井盖可采用铸铁或钢筋混凝土材料，在车行道上一般采用铸铁。为防止雨水流入，盖顶略高出地面。盖座采用铸铁、钢筋混凝土或混凝土材料制作。图 7.29 所示为铸铁井盖及盖座，图 7.30 为钢筋混凝土井盖及盖座。

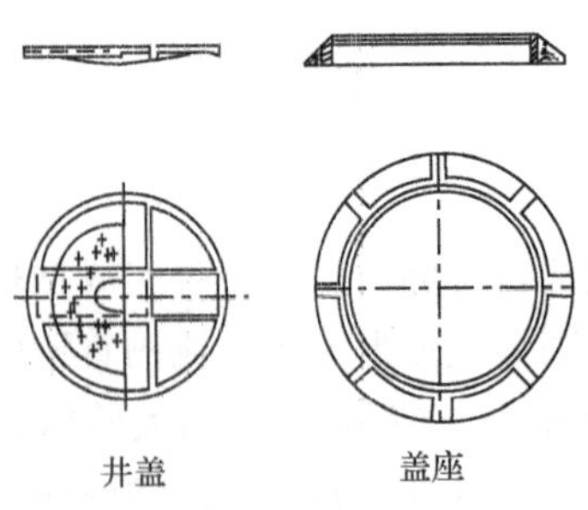

图 7.29　轻型铸铁井盖及盖座

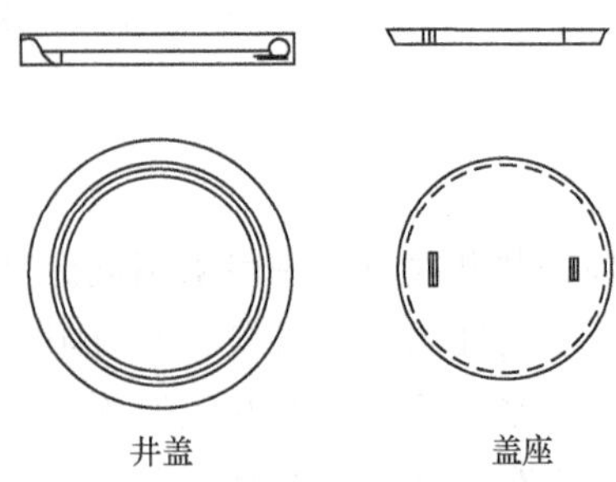

图 7.30　轻型钢筋混凝土井盖及盖座

（二）跌水井

跌水井是设有消能设施的检查井。目前常用的跌水井有两种型式：竖管式（或矩形竖槽式）和溢流堰式。前者适用于直径等于或小于 400mm 的管道，后者适用于 400mm 以上的管道。当上、下游管底标高落差小于 1m 时，一般只将检查井底部做成斜坡，不采取专门的跌水措施。

竖管式跌水井的构造见图 7.31。这种跌水井一般不作水力计算。当管径不大于 200mm 时，一次落差不宜超过 6m。当管径为 300～400mm 时，一次落差不宜超过 4m。

溢流堰式跌水井见图 7.32。它的主要尺寸（包括井长、跌水水头高度）及跌水方式等均应通过水力计算求得，这种跌水井也可用阶梯形跌水方式代替。

（三）水封井

当生产污水能产生引起爆炸或火灾的气体时，其废水管道系统中必须设水封井。水封井的位置应设在产生上述废水的生产装置、贮罐区、原料贮运场地、成品仓库、容器洗涤车间等的废水排出口处以及适当距离的干管上。水封井不宜设在车行道和行人众多的地段，并应适当远离产生明火的场地。水封深度一般采用 0.25m。井上宜设通风管，井底宜设沉泥槽。图 7.33 所示为水封井的构造。

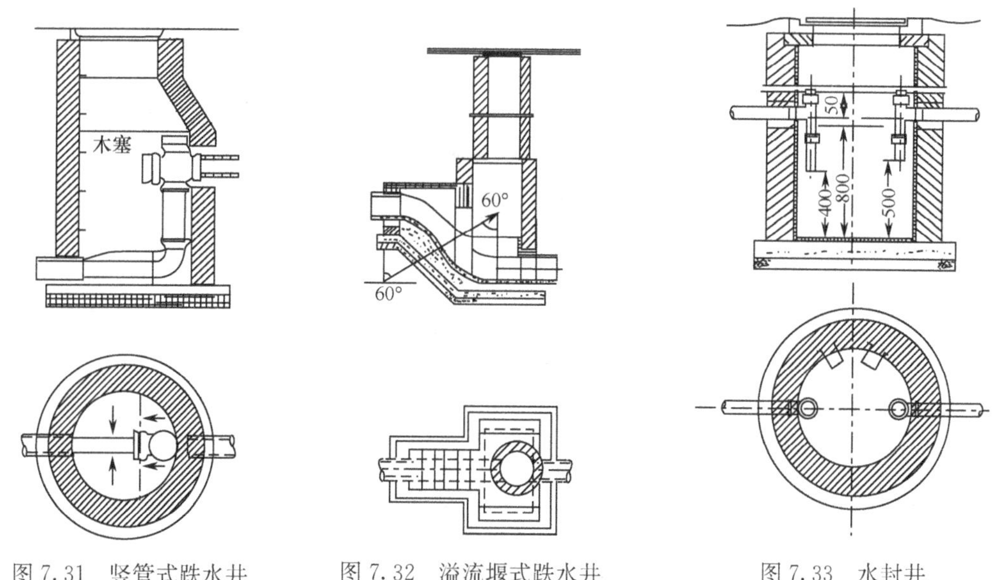

图 7.31　竖管式跌水井　　图 7.32　溢流堰式跌水井　　图 7.33　水封井

（四）换气井

污水中的有机物常在管渠中沉积而厌气发酵，发酵分解产生的甲烷、硫化氢、二氧化碳等气体，如与一定体积的空气混合，在点火条件下将产生爆炸，甚至引起火灾。为防止此类偶然事故发生，同时也为保证在检修排水管渠时工作人员能较安全地进行操作，有时在街道排水管的检查井上设置通风管，使此类有害气体在住宅竖管的抽风作用下，随同空气沿庭院管道、出户管及竖管排入大气中，这种设有通风管的检查井称换气井，图 7.34 所示为换气井的形式之一。

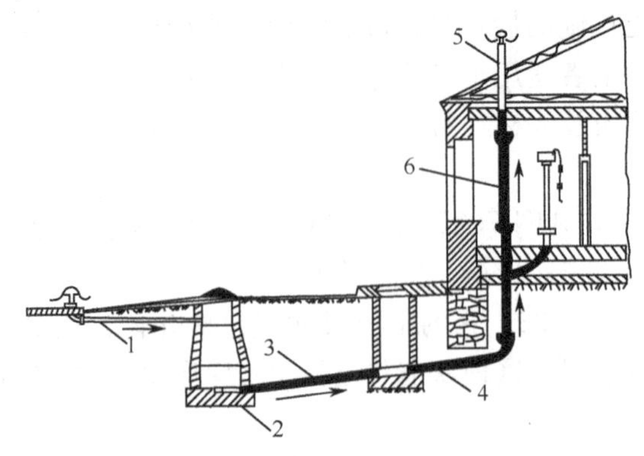

图 7.34 换气井

1. 通风管；2. 街道排水管；3. 庭院管；4. 出户管；5. 透气管；6. 竖管

三、倒虹管

排水管渠遇到河流、山涧、洼地或地下构筑物等障碍物时，不能按原有的坡度埋设，而是按下凹的折线方式从障碍物下通过，这种管道称为倒虹管。倒虹管由进水井、下行管、平行管、上行管和出水井等组成，如图 7.35 所示。

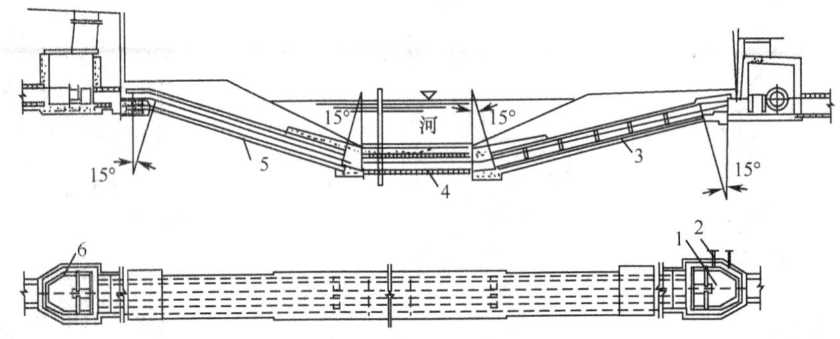

图 7.35 倒虹管

1. 进水井；2. 事故排出口；3. 下行管；4. 平行管；5. 上行管；6. 出水井

确定倒虹管的路线时，应尽可能与障碍物正交通过，以缩短倒虹管的长度，并应选择在河床和河岸较稳定不易被水冲刷的地段及埋深较小的部位敷设。

穿过河道的倒虹管管顶与河床的垂直距离一般不小于 0.5m，其工作管线一般不少于两条。当排水量不大，不能达到设计流量时，其中一条可作为备用。如倒虹管穿过旱沟、小河和谷地时，也可单线敷设。通过构筑物的倒虹管，应符合与该构筑物相交的有关规定。

由于倒虹管的清通比一般管道困难得多，因此必须采取各种措施来防止倒虹管内污泥的淤积。在设计时，可采取以下措施：

(1) 提高倒虹管内的流速，一般采用 1.2～1.5m/s，在条件困难时可适当降低，但不宜小于 0.9m/s，且不得小于上游管渠中的流速。当管内流速达不到 0.9m/s 时，应加定期冲洗措施，冲洗流速不得小于 1.2m/s。

（2）最小管径采用 200mm。

（3）在进水井中设置可利用河水冲洗的设施。

（4）在进水井或靠近进水井的上游管渠的检查井中，在取得当地卫生主管部门同意的条件下，设置事故排出口。当需要检修倒虹管时，可以让上游污水通过事故排出口直接泄入河道。

（5）在上游管渠靠近进水井的检查井底部做沉泥槽。

（6）倒虹管的上下行管与水平线夹角应不大于 30°。

（7）为了调节流量和便于检修，在进水井中应设置闸门或闸槽，有时也用溢流堰来代替。进、出水井应设置井口和井盖。

（8）在虹吸管内设置防沉装置。例如一种新式的空气垫虹吸管，它是在虹吸管中借助于一个体积可以变化的空气垫，使之在流量小的条件下达到必要的流速，以避免在虹吸管中产生沉淀。

污水在倒虹管内的流动是依靠上下游管道中的水面高差（进、出水井的水面高差）H 进行的，该高差用以克服污水通过倒虹管时的阻力损失。倒虹管内的阻力损失值可按下式计算：

$$H_1 = iL + \sum \xi \frac{v^2}{2g}$$

式中：i——倒虹管每 m 长度的阻力损失；

L——倒虹管的总长度（m）；

ξ——局部阻力系数（包括进口、出口、转弯处）；

v——倒虹管内污水流速（m/s）；

g——重力加速度。

进口、出口及转弯的局部阻力损失值应分项进行计算。初步估算时，一般可按沿程阻力损失值的 5%～10%考虑：当倒虹管长度大于 60m 时，采用 5%；等于或小于 60m 时，采用 10%。

计算倒虹管时，必须计算倒虹管的管径和全部阻力损失值，要求进水井和出水井间的水位高差 H 稍大于全部阻力损失值 H_1，其差值一般可考虑采用 0.05～0.10m。

当采用倒虹管跨过大河（例如长江）时，进水井水位与平行管高差很大，可能达 50m 以上，此时应特别注意下行管的消能与上行管的防淤设计，必要时应进行水力学模型试验，以便确定设计参数和应采取的措施。

例 7.1　已知最大流量为 340L/s，最小流量为 120L/s，倒虹管长为 60m，共 4 只 15°弯头，倒虹管上游管流速 1.0m/s，下游管流速 1.24m/s。求：倒虹管管径和倒虹管的全部水头损失。

解　（1）考虑采用两条管径相同而平行敷设的倒虹管线，每条倒虹管的最大流量为 340/2=170L/s，查水力计算表得倒虹管管径 D=400mm。水力坡度 i=0.0065。流速 v = 1.37m/s，此流速大于允许的最小流速 0.9m/s，也大于上游沟管流速 1.0m/s。在最小流量 120 L/s 时，只用一条倒虹管工作，此时查表得流速为 1.0m/s>0.9m/s。

（2）倒虹管沿程水力损失值：

$$iL = 0.0065 \times 60 = 0.39(\mathrm{m})$$

（3）倒虹管全部水力损失值：

$$H_1 = 1.1 \times 0.39 = 0.429(\mathrm{m})$$

（4）倒虹管进、出水井水位差值：

$$H = H_1 + 0.10 = 0.429 + 0.10 = 0.529(\mathrm{m})$$

四、冲洗井、防潮门

（一）冲洗井

当污水管内的流速不能保证自清时，为防止淤塞，可设置冲洗井。冲洗井有两种做法：人工冲洗和自动冲洗。自动冲洗井一般采用虹吸式，其构造复杂，造价很高，目前已很少采用。

人工冲洗井的构造比较简单，是一个具有一定容积的普通检查井。冲洗井出流管道上设有闸门，井内设有溢流管以防止井中水深过大。冲洗水可利用上游来的污水或自来水，用自来水时，供水管的出口必须高于溢流管管顶，以免污染自来水。冲洗井一般适用于小于 400mm 管径的较小管道上，冲洗管道的长度一般为 250m 左右。

（二）防潮门

临海城市的排水管渠往往受潮汐的影响，为防止涨潮时潮水倒灌，在排水管渠出水口上游的适当位置上应设置装有防潮门（或平板闸门）的检查井，如图 7.36 所示。临河城市的排水管渠，为防止高水位时河水倒灌，有时也采用防潮门。防潮门一般用铁制，其座子口部略带倾斜，倾斜度一般为 1∶10～1∶20。当排水管渠中无水时，防潮

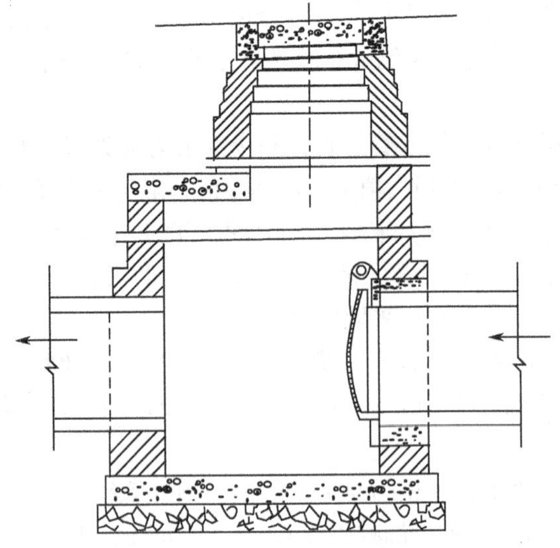

图 7.36 装有防潮门的检查井

门靠自重密闭。当上游排水管渠来水时，水流顶开防潮门排入水体。涨潮时，防潮门靠下游潮水压力密闭，使潮水不会倒灌入排水管渠。

设置了防潮门的检查井井口应高出最高潮水位或最高河水位，或者井口用螺栓和盖板密封，以免潮水或河水从井口倒灌至市区。为使防潮门工作可靠有效，必须加强维护管理，经常清除防潮门座口上的杂物。

五、出水口

排水管渠排入水体的出水口的位置和形式，应根据污水水质、下游用水情况、水体的水位变化幅度、水流方向、波浪情况、地形变迁和主导风向等因素确定。出水口与水体岸边连接处应采取防冲、加固等措施，一般用浆砌块石做护墙和铺底，在受冻胀影响的地区，出水口应考虑用耐冻胀材料砌筑，其基础必须设置于冰冻线以下。

为使污水与水体水混合较好，排水管渠出水口一般采用淹没式，其位置除考虑上述因素外，还应取得当地卫生主管部门的同意。如果需要污水与水体水流充分混合，则出水口可长距离伸入水体分散出口，此时应设置标志，并取得航运管理部门的同意。雨水管渠出水口可以采用非淹没式，其底标高最好在水体最高水位以上，一般在常水位以上，以免水体水倒灌。当出口标高比水体水面高出太多时，应考虑设置单级或多级跌水。

图 7.37～图 7.40 分别为淹没式出水口、江心分散式出水口、一字式出水口和八字式出水口。应当说明，对于污水排海的出水口，必须根据实际情况进行研究，以满足污水排海的特定要求。图 7.41 系某市污水排海出水口示意图。

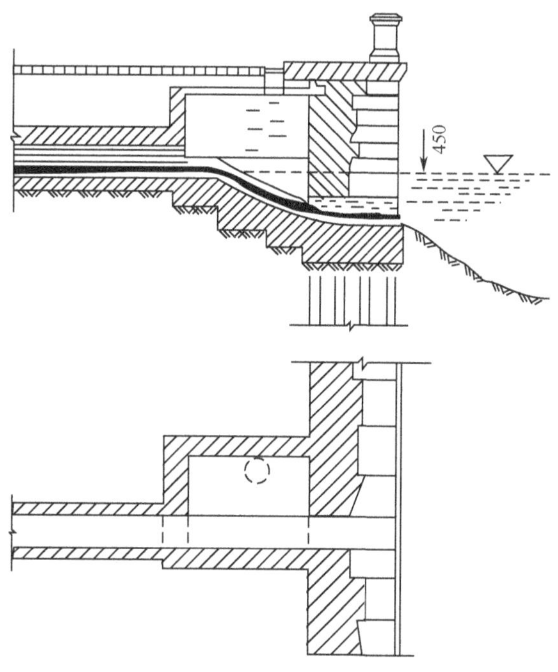

图 7.37　淹没式出水口

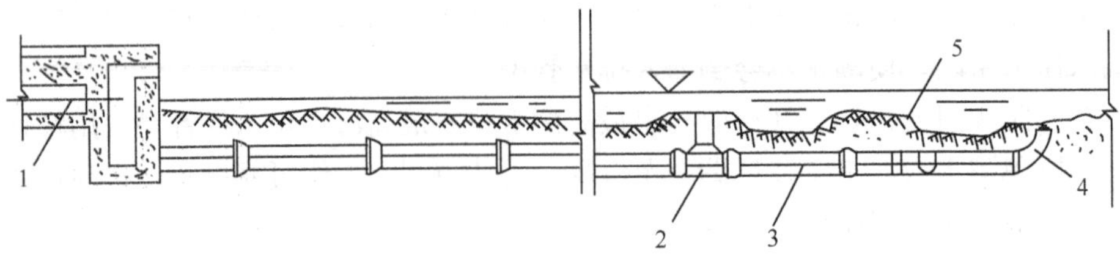

图 7.38 江心分散式出水口

1. 进水管渠；2. T形管；3. 渐缩管；4. 弯头；5. 石堆

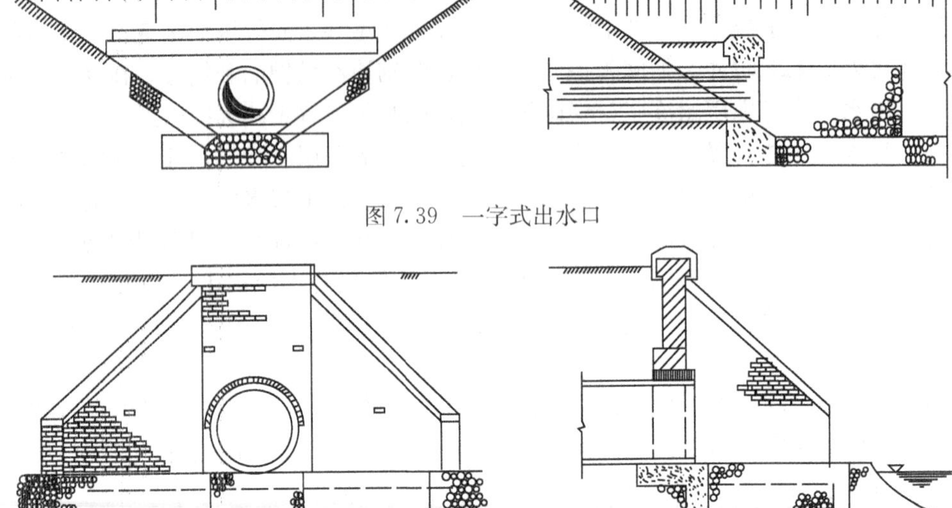

图 7.39 一字式出水口

图 7.40 八字式出水口

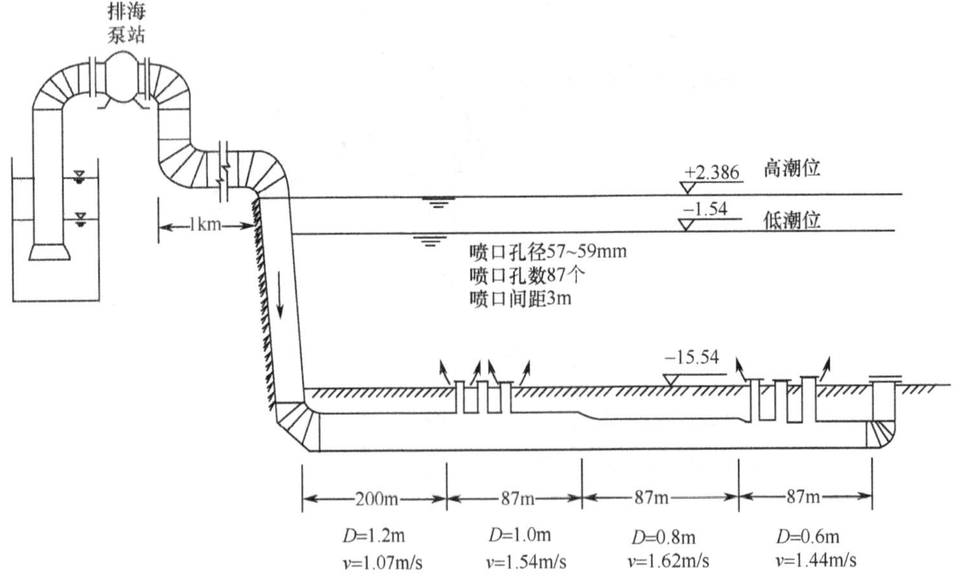

图 7.41 某市污水排海出水口

第三节　排水管渠系统的管理和养护

一、管理和养护的任务

排水管渠在建成通水后，为保证其正常工作，必须经常进行养护和管理。排水管渠内常见的故障有：污物淤塞管道，过重的外荷载、地基不均匀沉陷或污水的侵蚀作用，使管渠损坏、裂缝或腐蚀等。管理养护的任务是：验收排水管渠；监督排水管渠使用规则的执行；经常检查、冲洗或清通排水管渠，以维持其通水能力；修理管渠及其构筑物，并处理意外事故等。

排水管渠系统的管理养护工作，一般由城市建设机关专设部门（如养护工程管理处）领导，按行政区划设养护管理所，下设若干养护工程队（班），分片负责。整个城市排水系统的管理养护组织一般可分为管渠系统、排水泵站和污水厂三部分。工厂内的排水系统一般由工厂自行负责管理和养护。在实际工作中，管渠系统的管理养护应实行岗位责任制，分片包干，以充分发挥养护人员的社会主义积极性。同时，可根据管渠中沉积污物可能性的大小，划分成若干养护等级，以便对其中水力条件较差、排入管渠的脏物较多、易于淤塞的管渠段，给予重点养护。实践证明，这样可大大提高养护工作的效率，是保证排水管渠系统全线正常工作的行之有效的办法。

二、排水管渠的清通

管渠系统管理养护经常性的和大量的工作是清通排水管渠。在排水管渠中，往往由于水量不足、坡度较小、污水中污物较多或施工质量不良等原因而发生沉淀、淤积，淤积过多将影响管渠的通水能力，甚至使管渠堵塞。因此，必须定期清通，清通的方法主要有水力方法和机械方法两种。

（一）水力清通

水力清通方法是用水对管道进行冲洗。可以利用管道内污水自冲，也可利用自来水或河水。用管道内污水自冲时，管道本身必须具有一定的流量，同时管内淤泥不宜过多（20%左右）。用自来水冲洗时，通常从消防龙头或街道集中给水栓取水，或用水车将水送到冲洗现场，一般在街区内的污水支管，每冲洗一次需水约2000～3000kg。

图7.42所示为水力清通方法操作示意图。首先用一个一端由钢丝绳系在绞车上的橡皮气塞或木桶橡皮刷堵住检查井下游管段的进口，使检查井上游管段充水。待上游管中充满，并在检查井中水位抬高至1m左右以后，突然放走气塞中部分空气，使气塞缩小，气塞便在水流的推动下往下游浮动而刮走污泥，同时水流在上游较大水压作用下，以较大的流速从气塞底部冲向下游管段。这样，沉积在管底的淤泥便在气塞和水流的冲刷作用下排向下游检查井，管道本身则得到清洗。

污泥排入下游检查井后，可用吸泥车抽汲运走。吸泥车的型式有：装有隔膜泵的罱泥车、装有真空泵的真空吸泥车和装有射流泵的射流泵式吸泥车。因为污泥含水率非常高，它实际上是一种含泥水，为了回收其中的水用于下游管段的清通，同时减少污泥的

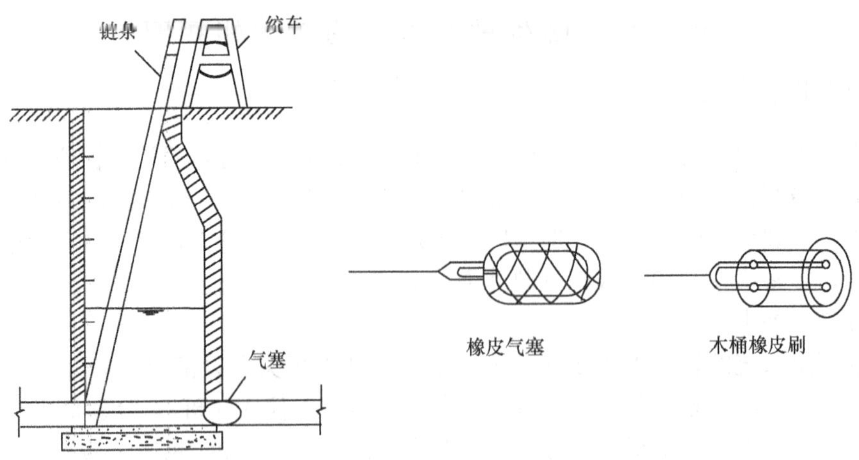

图 7.42 水力清通操作示意图

运输量，我国一些城市已采用泥水分离吸泥车。采用泥水分离吸泥车时，污泥被安装在卡车上的真空泵从检查井吸上来后，以切线方向旋流进入储泥罐，储泥罐内装有由旁置筛板和工业滤布组成的脱水装置，污泥在这里连续真空吸滤脱水。脱水后的污泥储存在罐内，而吸滤出的水则经车上的储水箱排至下游检查井内，以备下游管段的清通之用。目前，生产中使用的泥水分离吸泥车的储泥罐容量为 1.8m^3，过滤面积为 0.4 m^3，整个操作过程均由液压控制系统自动控制。

近年来，有些城市采用水力冲洗车进行管道的清通。这种冲洗车由半拖挂式的大型水罐、机动卷管器、消防水泵、高压胶管、射水喷头和冲洗工具箱等部分组成。它的操作过程系由汽车引擎供给动力，驱动消防泵，将从水罐抽出的水加压到 11～12kg/cm^2（日本加压到 50～80 kg/cm^2）；高压水沿高压胶管流到放置在待清通管道管口的流线型喷头（图 7.43），喷头尾部设有 2～6 个射水喷嘴（有些喷头头部开有一小喷射孔，以备冲洗堵塞严重的管道时使用），水流从喷嘴强力喷出，推动喷嘴向反方向运动，同时带动胶管在排水管道内前进。强力喷出的水柱也冲刷管道内的沉积物，使之成为泥浆并随水流流至下游检查井。当喷头到达下游检查井时，减小水的喷射压力，由卷管器自动将胶管抽回，抽回胶管时仍继续从喷嘴喷射出低压水，以便将残留在管内的污物全部冲刷到下游检查井，然后由吸泥车吸出。对于表面锈蚀严重的金属排水管道，可采用在喷射高压水中加入硅砂的喷枪冲洗，枪口与被冲物的有效距离为 0.3～0.5m，这样洗净效果更佳。

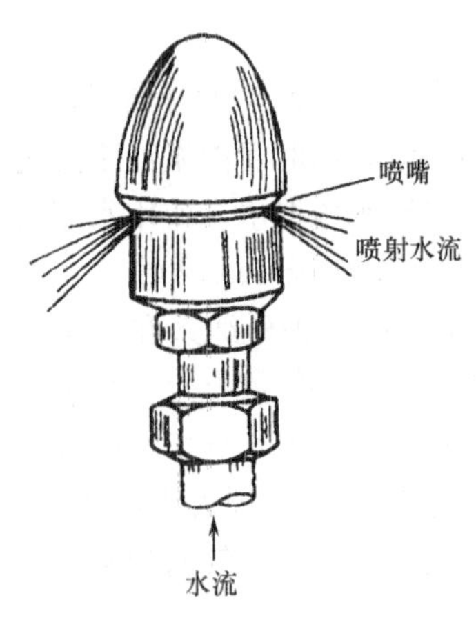

图 7.43 水力冲洗车喷头外形图

目前，生产中使用的水力冲洗车的水罐容量为 1.2～8.0m^3，高压胶管直径为 25～32mm；喷头喷嘴有 1.5～8.0mm 等多种规格，射水方向与喷头前进方向相反，喷射角为 15°、30°或 35°；消耗的喷射水量为 200～500L/min。

水力清通方法操作简便，工效较高，工作人员操作条件较好，目前已得到广泛采用。根据我国一些城市的经验，水力清通不仅能清除下游管道 250m 以内的淤泥，而且在 150m 左右上游管道中的淤泥也能得到相当程度的刷清。当检查井的水位升高到 1.20m 时，突然松塞放水，不仅可清除污泥，而且可冲刷出沉在管道中的碎砖石。但在管渠系统脉脉相通的地方，当一处用上了气塞后，虽然此处的管渠被堵塞了，由于上游的污水可以流向别的管段，无法在该管渠中积存，气塞也就无法向下游移动，此时只能采用水力冲洗车或从别的地方运水来冲洗，消耗的水量较大。

（二）机械清通

当管渠淤塞严重，淤泥已粘结密实，水力清通的效果不好时，需要采用机械清通方法。图 7.44 所示为机械清通的操作情况。它首先用竹片穿过需要清通的管渠段，竹片一端系上钢丝绳，绳上系住清通工具的一端。在清通管渠段两端检查井上各设一架绞车，当竹片穿过管渠段后将钢丝绳系在一架绞车上，清通工具的另一端通过钢丝绳系在另一架绞车上。然后利用绞车往复绞动钢丝绳，带动清通工具将淤泥刮至下游检查井内，使管渠得以清通。绞车的动力可以是手动，也可以是机动，例如以汽车引擎为动力。

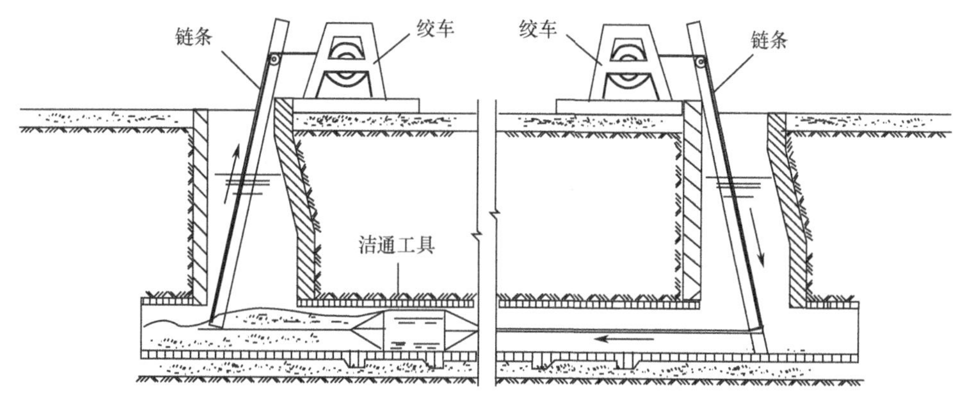

图 7.44 机械清通操作示意

机械清通工具的种类繁多，按其作用分有耙松淤泥的骨骼形松土器（图 7.45）；有清除树根及破布等沉淀物的弹簧刀和锚式清通工具（图 7.46）和用于刮泥的清通工具，如胶皮刷、铁簸箕（图 7.47）、钢丝刷、铁牛（图 7.48）等。清通工具的大小应与管道管径相适应，当淤泥数量较多时，可先用小号清通工具，待淤泥清除到一定程度后再用与管径相适应的清通工具。清通大管道时，由于检查井井口尺寸的限制，清通工具可分成数块，在检查井内拼合后再使用。

近年来，国外开始采用气动式通沟机与钻杆通沟机清通管渠。气动式通沟机借压缩空气把清泥器从一个检查井送到另一个检查井，然后用绞车通过该机尾部的钢丝绳向后拉，清泥器的翼片即行张开，把管内淤泥刮到检查井底部。钻杆通沟机是通过汽油机或汽车引擎带动一机头旋转，把带有钻头的钻杆通过机头中心由检查井通入管道内，机头

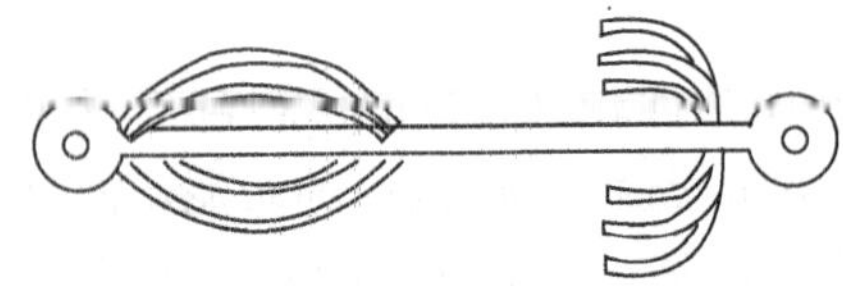

图 7.45 骨骼形松土器

带动钻杆转动，使钻头向前钻进，同时将管内的淤积物清扫到另一个检查井中。

排水管渠的养护工作必须注意安全。管渠中的污水通常能析出 H_2S、CH_4、CO 等气体，某些生产污水能析出石油、汽油或苯等易挥发物质，这些气体与空气中的 O_2 混合能形成爆炸性气体。煤气管道失修、渗漏也能导致煤气逸入管

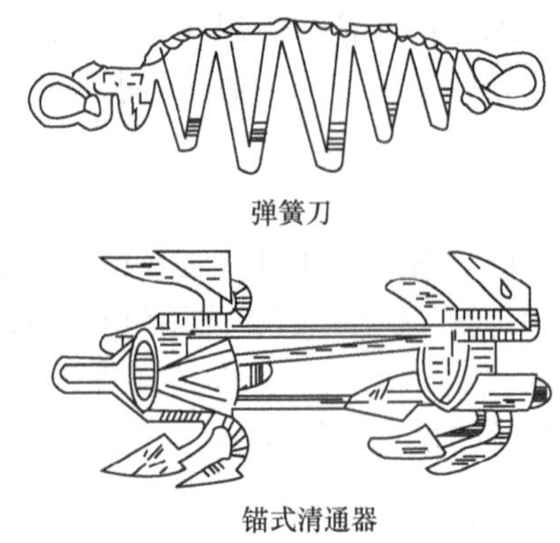

弹簧刀

锚式清通器

图 7.46 弹簧刀及锚式清通器

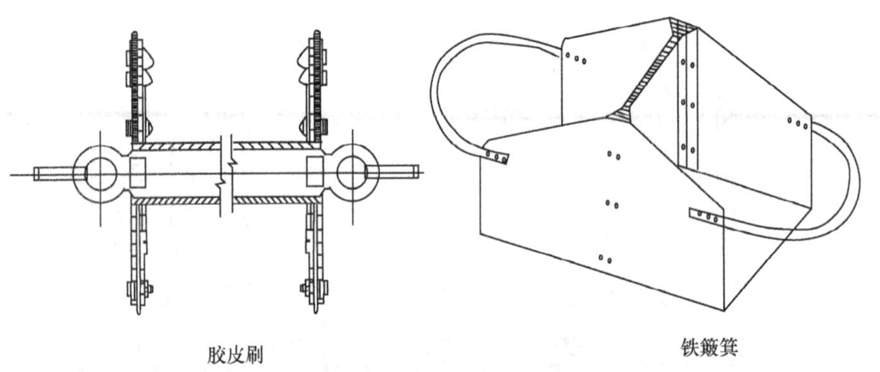

胶皮刷

铁簸箕

图 7.47 胶皮刷及铁簸箕

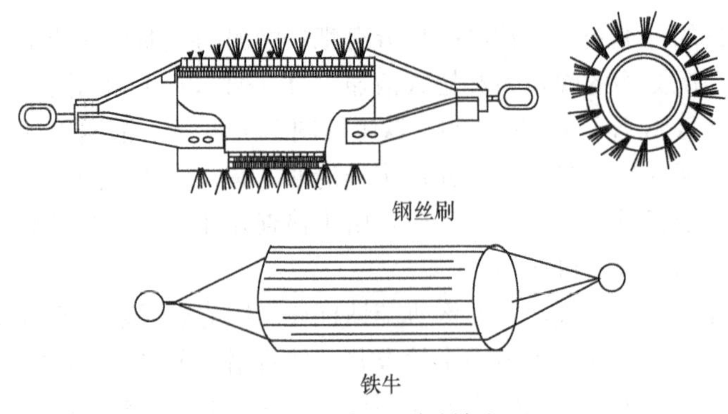

钢丝刷

铁牛

图 7.48 钢丝刷及铁牛

渠中造成危险。如果养护人员要下井，除应有必要的劳保用具外，下井前必须先将安全灯放入井内，如存在有害气体，由于缺氧，灯将熄灭；如有爆炸性气体，灯在熄灭前会发出闪光。在发现管渠中存在有害气体时，必须采取有效措施排除，例如将相邻两检查井的井盖打开一段时间，或者用抽风机吸出气体。排气后要进行复查。即使确认有害气体已被排除，养护人员下井时仍应有适当的预防措施，例如在井内不得携带有明火的灯，不得点火或抽烟，必要时可戴上附有气带的防毒面具，穿上系有绳子的防护腰带，井上留人，以备随时给予井下人员以必要的援助。

三、排水管渠的修理

系统检查管渠的淤塞及损坏情况，有计划地安排管渠的修理，是养护工作的重要内容之一。当发现管渠系统有损坏时，应及时修理，以防损坏处扩大而造成事故。管渠的修理有大修与小修之分，应根据各地的经济条件来划分。修理内容包括检查井、雨水口顶盖等的修理与更换；井内踏步的更换，砖块脱落后的修理；局部管渠段损坏后的修补；由于出户管的增加需要添建的检查井及管渠；或由于管渠本身损坏严重、淤塞严重，无法清通时所需的整段开挖翻修。

当进行检查井的改建、添建或整段管渠翻修时，常常需要断绝污水的流通，应采取措施，例如安装临时水泵将污水从上游检查井抽送到下游检查井，或者临时将污水引入雨水管渠中。修理项目应尽可能在短时间内完成，如能在夜间进行更好。在需时较长时，应与有关交通部门取得联系，设置路障，夜间应挂红灯。

小结

本章主要讲述了管渠的断面形状及材料、管道接口形式、管道的基础等内容，介绍了排水管渠系统的构筑物上的雨水口、连接暗井、溢流井、检查井、跌水井、水封井、倒虹管、冲洗井、防潮井、出水口等构筑物的结构及它们的管理与维护等内容。重点为排水管渠系统上的构筑物的结构与其管理维护。

复习题

1. 填空题

（1）管渠的断面______面适用于明渠。

（2）排水管渠可分为混凝土管、______管、重型钢筋混凝土管三种。

（3）根据排水管道接口的弹性，一般分为______、刚性和半柔半刚性三种接口形式。

（4）排水管道的基础一般由地基、______和管座三个部分组成。

（5）常用的管道基础有砂土基础、______和混凝土带形基础三种。

（6）倒虹管由进水井、下行管、______、上行管和出水井等组成。

（7）排水管渠清通的方法主要有水力方法和______方法两种。

2. 选择题

(1) 最常用的管渠断面形式是（　　）形。

A. 圆；　B. 半椭圆；　C. 马蹄；　D. 矩。

(2) 管渠材料的要求（　　）。

A. 足够的强度；　B. 抗冲刷和耐磨损；

C. 内壁光滑、不透水；　D. 造价低。

(3) 合理地选择管渠材料，对降低排水系统的造价影响很大，选择排水管渠材料时，应综合考虑（　　）方面的因素。

A. 技术；　B. 经济；　C. 环境；　D. 社会。

(4) 橡胶圈接口形式为（　　）接口。

A. 柔性；　B. 刚性；　C. 半柔半刚性；D. 任意。

(5) 跌水井当管径不大于200mm时，一次落差不宜超过（　　）m。

A. 2；　B. 4；　C. 6；　D. 8。

(6) 排水管渠管理养护的任务是（　　）。

A. 验收排水管渠；

B. 监督排水管渠使用规则的执行；

C. 经常检查、冲洗或清通排水管渠，以维持其通水能力；

D. 修理管渠及其构筑物，并处理意外事故。

第八章　工业废水的特种处理

岗位目标

根据劳动部或行业协会制定的相应岗位目标，掌握工业废水处理的基本原理及在相关处理中的具体应用。

必备知识

工业废水处理方法主要通过工业废水的性质，合理运用相关废水处理机理加以处理达到水质循环利用，防治二次污染发生。

选修知识

熟悉工业废水的排放标准。结合具体工业废水，运用合理的废水处理方法，使废水处理达到相应的排放标准。

课前思考题

（1）工业废水的主要危害有哪些？

（2）处理工业废水主要方法有哪些？

工业废水处理的目的就是以某种方法将废水中的污染物分离出来，或者将其分解转化为无害稳定物质，从而使污水得到净化。废水处理相当复杂，处理方法的选择必须根据废水的水质和数量，以及接纳水体或处理水的用途来考虑。同时还要考虑水处理过程所产生的污泥、残渣的处理利用和可能产生的二次污染问题，以及絮凝剂的回收利用等。废水处理方法的选择取决于废水中污染物的性质、组成、状态及对水质的要求。物理处理法、化学处理法经常被用在工业废水的处理上。

第一节　物理处理法

工业废水都含有大量的漂浮物与悬浮物质，其中包括无机性和有机性两类。由于污水来源广泛，所以悬浮物质含量变化幅度很大，从几十到几千 mg/L，甚至达数万 mg/L。

物理处理法是利用物理作用分离废水中呈悬浮状态的固体污染物质。污水物理处理法的去除对象是漂浮物、悬浮物质。采用的处理方法与设备主要有：筛滤截留法——筛网、格栅、微滤机等；重力分离法——沉砂池、沉淀池、隔油池与气浮油等；离心分离法——离心机与旋流分离器等。具体方法有筛滤法、沉淀法、气浮法、过滤法和反渗透法等。应用沉淀法可除去水中相对密度大于 1 的悬浮颗粒，同时回收这些颗粒物；上浮法（或气浮法）可除去乳状油滴或相对密度近于 1 的悬浮物；过滤法可除去水中的悬浮颗粒；蒸发法用于浓缩废水中不挥发的可溶性物质等。

一、均和调节

由于某些行业采用分批生产工艺和周期性生产的方法，许多工业废水的排放在流量或污染物负荷上是随时间而波动的。所以要用均衡调节的方法来缓和这些波动以维持处理工艺的稳定运行。一般均化调节池是完全混合的，并能以定池容（变出水量）模式或以变池容（定出水量模式）进行操作。如果废水流量能在季节上保持恒定，则定池容模式均化调节池可在负荷上提供充分的均化调节。如果企业采用分批生产工艺，废水在流量上和污染物负荷两方面都存在迅速的变化，则应该是用变池容模式均化调节池，这类调节池具有恒定的出水流量。

二、筛网过滤

筛网用来去除粗粒的悬浮固体。筛网的孔眼尺寸由它的用途来决定，截留的污物可用人工清理也可用机械清理，一般采用填埋、焚烧或厌气消化等方法处置。筛网分为粗细两大类。细筛的孔眼直径为 5mm 或更小些，通常用钢网或穿孔钢板制成，主要用于去除纤维状污染物。粗筛（也可制成栅条状）的孔眼直径 35～75mm，它被用作保护装置。这样，大的悬浮固体就不会损坏泵及其他设备。粗筛截留物可用破碎机破碎，在沉淀池中去除。

三、除油

在石化炼油废水中，常见的高含油量应该在活性污泥处理之前采用油水分离器或波纹斜板沉淀池进行重力分离。在许多情况下，还应在重力分离后增加溶气气浮装置，将出水含油浓度减少到在此范围内的所有浓度，可以满足生物处理工艺和二次澄清过程的需要。

四、气浮

气浮处理法就是在废水中产生大量的微小气泡作为载体，使废水中微细的疏水性的悬浮颗粒（固态颗粒或液态颗粒）黏附在气泡上，随气泡浮升到水面形成泡沫层，然后用机械方法撇除，使污染物得以从废水中分离的一种处理方法。

在废水处理中气浮常应用于下列目的：从废水中分离出脂肪、油类、纤维和其他低密度固体，浓缩剩余活性污泥和化学混凝污泥等。

疏水性的物质易气浮，而亲水性的物质不易气浮，为了使亲水性的污染物也能气浮除去，需投加浮选剂改变污染物的表面特性，使某些亲水性物质转变为疏水性物质，然后气浮除去，这种方法称为浮选。气浮时气泡的分散度高、量多，有利于提高气浮的效果。泡沫层的稳定性要适当，既便于浮渣稳定在水面上，又不影响浮渣的运送和脱水。

产生气泡的方法有两种：

（1）机械法，使空气通过微孔管、微孔板、带孔转盘等生成微小气泡。

（2）压力溶气法，将空气在一定压力下溶于水中，并达到饱和状态，然后突然减压，过饱和的空气量便以微小气泡的形式从水中逸出。目前，污水处理中的气浮工艺多采用压力溶气法。该法有两种典型系统：无回流系统和有回流系统。溶气罐多为圆形，容积按废水停留时间为 2.5～3min 计算。罐中装设隔板、瓷环之类，也有用空罐的。空气注入量约为废水量的 6%～11%。

五、粒状介质过滤

废水通过粒状滤料（如石英砂）床层时，其中的悬浮物就被截留在滤料的表面和内部空隙中，这种通过粒状介质层分离不溶性污染物的方法称为粒状介质过滤。粒状介质过滤处理废水的作用，可概括为以下三个方面：

（1）阻力截留。当废水自上而下流过粒状滤料层时，粒径较大的悬浮颗粒首先被截留在表层滤料的空隙中，从而使此层滤料的空隙越来越小，截污能力随之变得越来越高，结果逐渐形成一层主要由被截留的固体颗粒构成的滤膜，并由它起主要的过滤作用。这种作用属于阻力截留或筛滤作用。

（2）重力沉降废水通过滤料层时，众多的滤料表面提供了巨大的沉降面积。据估计，$1m^3$粒径为 0.5mm 的滤料中就拥有 $400m^2$可供悬浮物沉降的有效面积，形成不受水力冲刷的无数的小“沉淀池”，悬浮物极易在此沉降下来。

（3）接触絮凝由于滤料具有巨大的表面积，它与悬浮物之间有明显的物理吸附作用。此外，砂粒在水中常带有表面负电荷，能吸附带正电荷的铁、铝等胶体，从而在滤料表面形成带正电荷的薄膜，并进而吸附带负电荷的黏土和多种有机物等胶体，在砂粒上发生接触絮凝。

在实际过滤过程中，上述三种作用往往同时存在，只是依条件不同而有主次之分。过滤工艺包括过滤和反洗两个基本阶段。过滤即截留污染物，反洗即把污染物从滤料层中洗去，使之恢复过滤能力。

粒状介质滤池的类型很多。就过滤速度分类，有慢滤池［滤速为 $0.04 \sim 0.4m^3/(m^2 \cdot h)$］、快滤池［滤速为 $4 \sim 8m^3/(m^2 \cdot h)$］和高速滤池［滤速为 $10 \sim 16m^3/(m^2 \cdot h)$］三种。按作用水头分，有重力式滤池（作用水头 4～5m）和压力式滤池（15～20m）两类。按滤层结构，滤池有单层滤池、双层滤池和多层滤池三种。

第二节　化学及物理化学处理法

利用化学反应或物理化学的作用，可分离回收污水中处于各种形态的悬浮的、溶解的、胶体的污染物质。主要方法有中和、混凝、电解、氧化还原、汽提、萃取、吸附、离子交换和电渗析等。中和法用于中和酸性或碱性废水；萃取法利用可溶性废物在两相中溶解度不同，回收酚类、重金属等；氧化还原法用来除去废水中还原性或氧化性污染物，杀灭天然水体中的病原菌等；化学及物理化学处理法多用于处理生产污水。

一、吸附法

吸附法是使废水与固体吸附剂接触，使污染物吸附于吸附剂上，然后分离废水与吸附剂，使污染物被分离出去。

（一）吸附的类型

在相界面上，物质的浓度自动发生累积或浓集的现象称为吸附。吸附作用虽然可发生在各种不同的相界面上，但在废水处理中，主要利用固体物质表面对废水中物质的吸附作用。本书只讨论固体表面的吸附作用。吸附法就是利用多孔性的固体物质，使废水中的一种或多种物质被吸附在固体表面而去除的方法。具有吸附能力的多孔性固体物质称为吸附剂，而废水中被吸附的物质则称为吸附质。

根据固体表面吸附力的不同，吸附可分为物理吸附和化学吸附两种类型。

（1）物理吸附。吸附剂和吸附质之间通过分子间产生的吸附作为物理吸附。物理吸附是一种常见的吸附现象。由于吸附是由分子力引起的，所以吸附热较小，一般在41.9 kJ /mol 以内。物理吸附因不发生化学作用，所以低温时就能进行，被吸附的分子由于热运动还会离开吸附剂表面，这种现象称为解吸，它是吸附的逆过程。物理吸附可形成单分子吸附层或多分子吸附层。由于分子间力是普遍存在的，所以一种吸附剂可吸附多种吸附质。但由于吸附剂和吸附质的极性强弱不同，某一种吸附剂对各种吸附质的吸附量是不同的。

（2）化学吸附。化学吸附是吸附剂和吸附质之间发生的化学作用，是由于化学键力而引起的。化学吸附一般在较高温度下进行，吸附热较大，相当于化学反应热，一般为83.7～418.7kJ/mol 以内。一种吸附剂只能对某种或几种吸附质发生化学吸附。因此，化学吸附具有选择性。由于化学吸附是靠吸附剂和吸附质之间的化学键力进行的，所以吸附只能形成单分子吸附层。

当化学键力大时，化学吸附是不可逆的。物理吸附和化学吸附并不是孤立的，往往相伴发生。在水处理中，大部分的吸附往往是几种吸附综合作用的结果。由于吸附质、吸附剂及其他因素的影响，可能某种吸附是主要的。例如有的吸附在低温时主要是物理吸附，在高温时主要是化学吸附。

（二）吸附剂

从广义而言，一切固体表面都有吸附作用，但实际上，只有多孔物质或磨的很细的物质，由于具有很大的表面积，所以才有明显的吸附能力。废水处理中常用的吸附剂有活性炭、磺化煤、活化煤、沸石、活性白土、硅藻土、腐殖质酸、焦炭、木炭、木屑等。本书着重介绍在水处理中应用较广的活性炭。

1. 活性炭吸附法的优势

由于活性炭对有机物吸附能力较大，所以在废水深度处理中得到广泛的应用。它具有以下特点：

（1）处理程度高。据有关资料介绍，城市污水用活性炭深度处理后，BOD 可去除99%，TOC 可降到1～3 mg/L。

(2) 应用范围广。对废水中绝大多数有机物都有效，包括微生物难于降解的有机物。

(3) 适应性强。对水量及有机物负荷的变动具有较强的适应性能，可得到稳定的处理效果。

(4) 粒状炭可进行再生重复使用。被吸附的有机物在再生过程中被烧掉，不产生污泥。

(5) 可回收有用物质。例如用活性炭处理含酚废水，用碱再生吸附饱和的活性炭，可以回收酚钠盐。

(6) 设备紧凑，管理方便。

活性炭对无机物的吸附虽然研究得还比较少，但实践已证实，它对某些金属及其化合物有很强的吸附能力。据报道，活性炭对锑、锡、汞、钴、铅、镍、六价铬等都有良好的吸附能力。

2. 活性炭的表面化学性质

活性炭的吸附特性不仅与细孔构造和分布情况有关，而且还与活性炭的表面化学性质有关。活性炭是由形状扁平的石墨型微晶体构成的，处于微晶体边缘的碳原子，由于共价键不饱和而易与其他元素（如氧、氢等）结合形成各种含氧官能团，使活性炭具有一些极性。

（三）吸附剂的再生

吸附饱和的吸附剂经再生后可重复使用。所谓再生，就是在吸附剂本身结构不发生或极少发生变化的情况下，用某种方法将被吸附的物质从吸附剂的细孔中除去，以达到能够重复使用的目的。活性炭的再生主要有以下几种方法：

1. 加热再生法

加热再生法分低温和高温两种方法。前者适于吸附浓度较高的简单低分子量的碳氢化合物和芳香族有机物的活性炭的再生。由于沸点较低，一般加热到200℃即可脱附，多采用水蒸气再生，再生可直接在塔内进行，被吸附有机物脱附后可利用。后者适于水处理粒状炭的再生。高温加热再生过程分五步进行：

(1) 脱水。使活性炭和输送液体进行分离。

(2) 干燥。加温到100～150℃，将吸附在活性炭细孔中的水分蒸发出来，同时部分低沸点的有机物也能够挥发出来。

(3) 炭化。加热到300～700℃，高沸点的有机物由于热分解，一部分成为低沸点的有机物进行挥发；另一部分被炭化，留在活性炭的细孔中。

(4) 活化。将炭化留在活性炭细孔中的残留炭，用活化气体（如水蒸气、二氧化碳及氧）进行气化，达到重新造孔的目的。

(5) 冷却。活化后的活性炭用水急剧冷却，防止氧化。

高温再生法的优点：几乎所有有机物都可以采用这种方法；再生炭质量均匀，再生性能恢复率高，一般在95%以上；再生时间短，粉状炭需要几秒钟，粒状炭30～60min；不产生有机再生废液。缺点：再生损失率高，再生一次活性炭损失率达3%～10%；需在高温下进行，再生炉内内衬材料的耗量大；需严格控制温度和气体条件；再生设备造价高。

活性炭再生炉形式有立式多段炉、转炉、盘式炉、立式移动床炉、流化床炉及电加热炉等。

2. 药剂再生法

药剂再生法可分为无机药剂再生法和有机溶剂再生法两类。

(1) 无机药剂再生法。用无机酸（H_2SO_4、HCl）或碱（NaOH）等无机药剂使吸附在活性炭上的污染物脱附。例如，吸附高浓度酚的饱和炭，用 NaOH 再生，脱附下来的酚为酚钠盐，可回收利用。

(2) 有机溶剂再生法。用苯、丙酮及甲醇等有机溶剂萃取吸附在活性炭上的有机物。例如吸附含二硝基氯苯的染料废水饱和活性炭，用有机溶剂氯苯脱附后，再用热蒸汽吹扫氯苯，脱附率可达 93%。药剂再生可在吸附塔内进行，设备和操作管理简单，但药剂再生，一般随再生次数的增加吸附性能明显降低，需要补充新炭，废弃一部分饱和炭。

3. 化学氧化法

化学氧化法主要有下列几种方法：

(1) 湿式氧化法。为了提高曝气池的处理能力，可向曝气池投加粉状炭，吸附饱和的粉状炭可采用湿式氧化法进行再生。饱和炭用高压泵经换热器和水蒸气加热器送入氧化反应塔。在塔内被活性炭吸附的有机物与空气中的氧反应，进行氧化分解，使活性炭得到再生。再生后的炭经热交换器冷却后，再送入再生贮槽。积集在反应器底的无机物（灰分）定期排出。

(2) 电解氧化法。将碳作阳极进行水的电解，在活性炭表面产生的氧气把吸附质氧化分解。

(3) 臭氧氧化法。利用强氧化剂臭氧将吸附在活性炭上的有机物加以分解。

4. 生物法

生物法就是利用微生物的作用，将被活性炭吸附的有机物加以氧化分解。

（四）影响吸附的因素

了解影响吸附因素的目的是为了选择合适的吸附剂和控制合适的操作条件。影响吸附的因素很多，其中主要有吸附剂的性质、吸附质的性质和吸附过程的操作条件等。

1. 吸附剂的性质

由于吸附现象发生在吸附剂表面，所以吸附剂的比表面积越大，吸附能力就越强。吸附剂的种类不同，吸附效果也就不同。一般是极性分子（或离子）型的吸附剂易吸附极性分子（或离子）型的吸附质，非极性分子型的吸附剂易于吸附非极性的吸附质。另外，吸附剂的颗粒大小，细孔的构造和分布情况以及表面化学性质等对吸附也有很大影响。

2. 吸附质的性质

(1) 溶解度。吸附质在废水中的溶解度对吸附有较大的影响，一般吸附质的溶解度越低，越容易被吸附。

（2）表面自由能。能够使液体表面自由能降低越多的吸附质，也越容易被吸附。例如活性炭在水溶液中吸附脂肪酸，由于含炭越多的脂肪酸分子可使炭液界面自由能降低越多，所以吸附量也越大。

（3）极性。极性的吸附剂易吸附极性的吸附质，非极性的吸附剂则易于吸附非极性的吸附质。例如活性炭是一种非极性的吸附剂，或称疏水性吸附剂，所以可从溶液中有选择地吸附非极性或极性很低的物质。硅胶和活性氧化铝为极性吸附剂或称亲水性吸附剂，它们可从溶液中有选择地吸附极性分子（包括水分子）。填充硅胶的吸附柱先向吸附柱通苯达到吸附饱和后再向吸附柱通苯和水的混合液，则原先被吸附的苯逐渐为水所置换而被解吸出来，这是因为硅胶为极性吸附剂，它对极性的水分子的吸附能力比非极性的苯分子为大，故优先吸附水。又如填充活性炭的吸附柱先通水使之达到吸附饱和，再通苯和水的混合液，则原先被活性炭吸附的水逐渐为苯所置换而解吸出来，这是因为活性炭为非极性吸附剂、它对非极性的苯的吸附能力比对极性的水为大，故优先吸附苯。

（4）吸附质分子的大小和不饱和度对吸附也有影响。例如活性炭与沸石相比，前者易吸附分子直径较大的饱和化合物，而合成沸石易吸附分子直径小的不饱和的化合物。应该指出的是，活性炭对同族有机化合物的吸附能力虽然随有机化合物的分子量的增大而增加，但分子量过大会影响扩散速度。所以当有机物分子量超过 1000 时，需进行预处理，将其分解为小分子量后再用活性炭进行处理。

（5）吸附质的浓度对吸附也有影响。浓度比较低时，由于吸附剂表面大部分是空着的。因此，提高吸附质浓度会增加吸附量，但浓度提高到一定程度后，再提高浓度时，吸附量虽仍有增加，但速度减慢，这说明吸附表面已大部分被吸附质所占据。当全部吸附表面被吸附质占据时，吸附量就达到极限状态，以后吸附量就不再随吸附质的浓度的提高而增加了。

3. 废水的 pH

废水的 pH 对吸附剂及吸附质的性质有关。活性炭一般在酸性溶液中比在碱性溶液中有较高的吸附率。另外，pH 对吸附质在水中存在的状态（分子、离子、络合物等）及溶解度有时也有影响，从而对吸附效果也有影响。

4. 共存物质

物理吸附的吸附剂可吸附多种吸附质，一般共存多种吸附质时，吸附剂对某种吸附质的吸附能力比只含该种吸附质时的吸附能力差。

5. 温度

因为物理吸附过程是放热过程，温度升高吸附量减少，反之吸附量增加。温度对气相吸附影响较大，但对液相吸附影响较小。

6. 接触时间

在进行吸附时，应保证吸附质与吸附剂有一定的接触时间，使吸附接近平衡，充分利用吸附能力。吸附平衡所需时间取决于吸附速度。吸附速度越快，达到吸附平衡所需的时间就越短。

二、离子交换法

废水与固体离子交换剂接触时，离子态污染物能与交换剂上的同号离子等当量地相互交换，从而使废水中的有害离子被分离出来。待交换剂失效后，经过再生，废水中的离子可以得到浓集，交换剂可以重新使用。借助离子交换树脂的离子置换作用，除去废水中有害离子的处理方法，叫做离子交换法。离子交换法可用来去除废水中不希望有的阴离子和阳离子。

（一）离子交换剂

水处理用的离子交换剂有离子交换树脂和磺化煤两类。离子交换树脂的种类很多，按其结构特征，可分为凝胶型、大孔型、等孔型；根据其单体种类，可分为苯乙烯系、酚醛系和丙烯酸系等；根据其活性基团（亦称交换基或官能团）性质，又可分为强酸性、弱酸性、强碱性和弱碱性，前两种带有酸性活性基团，称为阳离子交换树脂，后两种带有碱性活性基团，称为阴离子交换树脂。磺化煤为兼有强酸性和弱酸性两种活性基团的阳离子交换剂。阳离子交换树脂或磺化煤可用于水的软化或脱碱软化，阴、阳离子交换树脂配合一起则用于水的除盐。

离子交换树脂是由空间网状结构骨架（即母体）与附属在骨架上的许多活性基团所构成的不溶性高分子化合物。活性基团遇水电离，分成两部分：固定部分仍与骨架牢固结合，不能自由移动，构成所谓固定离子；活动部分能在一定空间内自由移动，并与其周围溶液中的其他同性离子进行交换反应，称为可交换离子或反离子。以强酸性阳离子交换树脂为例，可写成 $R—SO_3^- H^+$，其中 R 代表树脂母体即网状结构部分，$—SO_3^-$ 为活性基团的固定离子，H^+ 为活性基团的可交换离子。有时更简写成 $R—H^+$，此时 R—表示树脂母体及牢固结合在其上面的固定离子。因此，离子交换的实质是不溶性的电解质（树脂）与溶液中的另一种电解质所进行的化学反应。这一化学反应可以是中和反应、中性盐分解反应或复分解反应。

$$R—SO_3H^+ + NaOH \longrightarrow R—SO_3Na + H_2O \text{（中和反应）}$$

$$R—SO_3H^+ + NaCl \longrightarrow R—SO_3Na + HCl \text{（中性盐分解反应）}$$

$$2R—SO_3Na + CaCl_2 \longrightarrow (R—SO_3)_2Ca + 2NaCl \text{（复分解反应）}$$

1. 离子交换树脂的命名与型号

离子交换树脂的全名称由分类名称、骨架（或基因）名称、基本名称排列组成，例如强酸性苯乙烯系阳离子交换树脂。为了区别同一类树脂的不同品种，在全名称前冠以三位阿拉伯数字组成的型号。第一位数字代表产品分类名称（表 8.1），第二位数字为骨架名称（表 8.2），第三位数字为顺序号。在联接符号之后的阿拉伯数字表示交联度。例如上述树脂的型号有 001×7。对于大孔型离子交换树脂，可在型号前加“D”表示。国内离子交换树脂产品的型号及其技术参数详见有关手册。

表 8.1　分类代号（第一位数字）

代号	0	1	2	3	4	5	6
分类名称	强酸性	弱酸性	强碱性	弱碱性	螯合性	两性	氧化还原

表 8.2　骨架代号（第二位数字）

代号	0	1	2	3	4	5	6
骨架名称	苯乙烯系	丙烯酸系	酚醛系	环氧系	乙烯吡啶系	脲醛系	氯乙烯系

2. 离子交换树脂的基本性能

（1）外观。离子交换树脂外观呈不透明或半透明球状颗粒，颜色有乳白、淡黄或棕褐色等数种，粒径一般为 0.3～12 mm。

（2）交联度。树脂结构骨架的交联程度取决于制造过程。工业上常用的凝胶型树脂含有2%～12 %的二乙烯苯作为苯乙烯的交联剂。苯乙烯系树脂的交联度指二乙烯苯的质量占苯乙烯和二乙烯苯总量的百分率，交联度对树脂的许多性能具有决定性的影响。交联度的改变将引起树脂交换容量、含水率、溶胀度、机械强度等性能的改变。水处理用的离子交换树脂，交联度以 7%～10%为宜。此时，树脂网架中的平均孔隙亦即孔道宽度约为 2～4 nm。

（3）含水率。树脂含水率一般以每克湿树脂（在水中充分膨胀）所含水分的百分比表示（约 50%），并且相应地反映了树脂网架中的孔隙率。树脂交联度越小，孔隙率越大，含水率也越大。

（4）溶胀性。干树脂浸泡水中时，体积胀大成为湿树脂。湿树脂转型时，例如阳树脂由钠型转换为氢型，体积也有变化，这种体积变化的现象称为溶胀。前一种所发生的体积变化率，称为绝对溶胀度；后一种所发生的体积变化率，称为相对溶胀度。溶胀是由于活性基团因遇水而电离出的离子起水合作用生成水合离子，从而使交联网孔胀大所致。又由于水合离子半径随不同离子而异，因而溶胀后体积亦随之不同。树脂交联度越小或活性基团越易电离或水合离子半径越大，则溶胀度越大。例如强酸性阳离子交换树脂由 Na^+ 型转换成 H^+ 型，强碱性阴离子交换树脂由 Cl^- 型转换成 OH^- 型，相对溶胀度变化约为 +5%，因而其湿真密度亦相应减小。

（5）密度。通常所谓树脂真密度和视密度是指湿真密度和湿视密度。湿真密度指树脂溶胀后的质量与其本身所占体积（不包含树脂颗粒之间的空隙）之比：

$$湿真密度=\frac{湿树脂质量}{树脂颗粒本身所占体积\ (g/mL)\ 苯乙烯系强酸树脂}$$

湿真密度约为 1.3g/mL，强碱树脂约为 1.1 g/mL。

湿视密度指树脂溶胀后的质量与其堆积体积（包括树脂颗粒之间的空隙）之比，也称为堆密度：

$$湿视密度=\frac{湿树脂质量}{树脂堆积体积\ (g/mL)}$$

该值一般为 0.60～0.85 g/mL。

上述两项指标在生产上均有实用意义。树脂的湿真密度与树脂层的反洗强度、膨胀率以及混合床和双层床的树脂分层有关。而树脂的湿视密度则用来计算离子交换器所需装填湿树脂的数量。

（6）交换容量。交换容量是树脂最重要的性能，它定量表示树脂交换能力的大小。交换容量又可区分为全交换容量与工作交换容量。前者指一定量树脂所具有的活性基团或可交换离子的总数量，后者指树脂在给定工作条件实际上利用的交换能力。

树脂全交换容量可由滴定法测定。在理论上也可从树脂单元结构式加以计算，树脂工作交换容量与实际运行条件有关，诸如再生方式、原水含盐石及其组成、树脂层高度、水流速度等，再生剂用量等均对之有所影响。在其他条件一定的情况下，选择逆流（对流）再生方式，一般可获得较高的工作交换容量。在实际中，树脂工作交换容量可由模拟试验确定，也可对参考有关数据选用。树脂的交换容量耗尽到交换床出流的离子浓度超过规定值，称为穿透。此时，必须将树脂再生。再生前，应对交换床进行反冲洗以去除固体沉积物。阳离子交换树脂采用盐溶液（氯化钠）或酸溶液（通常为硫酸或盐酸）再生。

（7）有效 pH 范围。由于树脂活性基团分为强酸、强碱、弱酸、弱碱性，水的 pH 势必对其交换容量产生影响。强酸、强碱树脂的活性基团电离能力强，其交换容量基本上与 pH 无关。弱酸树脂在水的 pH 低时不电离或部分电离，同时只能在碱性溶液中才会有较高的交换能力。弱碱树脂则相反，在水的 pH 高时不电离或仅部分电离，只是在酸性溶液中才会有较高的能力。各种类型树脂的使用有效 pH 范围见表 8.3。

表 8.3　各种类型树脂的使用有效 pH 范围

树脂类型	强酸性	弱酸性	强碱性	弱碱性
有效 pH 范围	1～14	5～14	1～12	0～7

此外，树脂还应具有一定的耐磨性、耐热性及抗氧化性能。上面介绍的有关阳离子交换树脂基本性能，对磺化煤也是适用的。磺化煤价格较便宜，但交换容量低，机械强度差，且性能随着煤质不同而变化，现已逐渐为树脂所替代。

3. 离子交换树脂的选择性

废水处理中使用的离子交换剂分无机交换剂和有机离子交换剂两大类。无机离子交换剂有天然沸石和合成沸石等。有机离子交换树脂的种类繁多，主要有强酸阳离子交换树脂、弱酸阳离子交换树脂、强酸阳离子交换树脂、弱碱阴离子交换树脂、螯合树脂和有机吸附树脂等。其中，螯合树脂是为了吸附水中微量金属而研制的，有机物吸附树脂的交换容量比普通的离子交换树脂小，但它对有机物有较高的吸附能力。由于在废水处理中离子交换树脂比无机离子交换剂采用的较为广泛，所以本节只介绍离子交换树脂在废水中的应用。采用离子交换法处理废水时必须考虑树脂的选择性。树脂对各种离子的交换能力是不同的。交换能力的大小，主要取决于各种离子对该种树脂亲和力（又称选择性）的大小。

（二）废水水质对离子交换树脂交换能力的影响

(1) 悬浮物和油脂。废水中的悬浮物会堵塞树脂孔隙，油脂会包住树脂颗粒，它们都会使交换能力下降。因此，这些物质含量较多时应进行预处理。预处理方法有沉淀、过滤、吸附等。

(2) 有机物。废水中某些高分子有机物与树脂活性基团的固定离子结合力很强，一旦结合就很难再生，结果降低树脂的再生率和交换能力。例如高分子有机酸与强碱性季胺基团的结合力就很大，难于洗脱。为了减少树脂的有机污染，可选用低交联度的树脂或者废水进行交换处理前的预处理。

(3) 高价金属离子。废水中 Fe^{3+}、Al^{3+}、Cr^{3+} 等高价金属离子可能导致树脂中毒。当树脂受铁离子中毒时，会使树脂的颜色变深。因树脂具有选择性，高价金属离子易为树脂吸附，再生时难于把它洗脱下来，结果会降低树脂的交换能力。为了恢复树脂的交换能力可用高浓度酸液长时间浸泡。

(4) pH。离子交换树脂是由网状结构的高分子固体与附在母体上许多活性基团构成的不溶性高分子电解质。强酸和强碱树脂的活性基团的电离能力很强，交换能力基本上与 pH 无关，但弱酸树脂在低 pH 时不电离或部分电离。因此，在碱性条件下才能得到较大的交换能力。弱碱性树脂在酸性溶液中才能得到较大的交换能力。螯合树脂对金属的结合与 pH 有很大关系，对每种金属都有适宜的 pH。另外，有的杂质在废水中存在的状态与 pH 有关。例如含铬废水中，$Cr_2O_7^{2-}$ 与 CrO_4^{2-} 两种离子的比例与 pH 有关。用阴离子树脂去除废水中的六价铬，其交换能力在酸性条件下比在碱性条件下高，因为同样交换一个二价阴离子 $Cr_2O_7^{2-}$ 比 CrO_4^{2-} 多一个铬。

(5) 水温。水温高虽可加速离子交换的扩散，但各种离子交换树脂都有一定的允许使用温度范围。如国产 732# 阳树脂允许使用温度小于 110℃，而 717# 阴树脂允许使用湿度小于 60℃。水温超过允许温度时，会使树脂交换基团被分解破坏，从而降低树脂的交换能力，所以温度太高时，应进行降温处理。

(6) 氧化剂。废水中如果含有氧化剂（如 Cl_2、O_2、H_2、$Cr_2O_7^{2-}$ 等）时，会使树脂氧化分解。强碱阴树脂容易被氧化剂氧化，使交换基因变成非碱性物质，可能完全丧失交换能力。氧化作用也会影响交换树脂的母体，使树脂加速老化，结果交换能力下降。为了减轻氧化剂对树脂的影响，可选用交联度大的树脂或加入适当的还原剂。另外，用离子交换树脂处理高浓度电解质废水时，由于渗透压的作用也会使树脂发生破碎现象。处理这种废水，一般可选交联度大的树脂。采用离子交换法处理含铬、含镍、含铜及含金废水在电镀行业得到广泛应用。

三、电渗析法

（一）膜分离法概述

利用隔膜使溶剂（通常是水）同溶质或微粒分离的方法称为膜分离法。用隔膜分离溶液时，使溶质通过膜的方法称为渗析，使溶剂通过膜的方法称为渗透。

根据溶质或溶剂透过膜的推动力不同，膜分离法可分为三类：以电动势为推动力的方法有电渗析和电渗透；以浓度差为推动力的方法有扩散渗析和自然渗透；以压力差为推动力的方法有压渗析和反渗透、超滤、微孔过滤。其中最常用的是电渗析、反渗透和超滤，其次是扩散渗析和微孔过滤。

膜分离法的特点：

（1）在膜分离过程中，不发生相变化，能量的转化效率高。

（2）一般不需要投加其他物质，可节省原材料和化学药品。

（3）膜分离过程中，分离和浓缩同时进行，这样能回收有价值的物质。

（4）根据膜的选择透过性和膜孔径的大小，可将不同粒径的物质分开，使物质得到纯化而又不改变其原有的属性。

（5）膜分离过程不会破坏对热敏感和对热不稳定的物质，可在常温下得到分离。

（6）膜分离法适应性强，操作及维护方便，易于实现自动化控制。膜分离方法可在室温、无相变条件下进行，具有广泛的适用性。各种膜分离法的推动力与分离对象如表 8.4所示。

表 8.4 各种膜分离方法

方法	推动力	分离对象
渗析	浓度差	离子、小分子
电渗析	电位差	离子
超滤	压力差	大分子、微粒
反渗透	压力差	离子、小分子

（二）电渗析原理及过程

电渗析法是在外加直流电场作用下，利用离子交换膜的选择透过性（即阳膜只允许离子透过，阴离子只允许阴离子透过），使水中阴、阳离子作定向迁移，从而达到离子从水中分离的一种物理化学过程。离子交换树脂的作用机理是树脂与溶液中的离子之间的交换反应，而离子交换膜的作用机理则是对溶液中的离子具有选择透过的特性。因此，后者确切说应称之为离子选择透过膜。图 8.1 为电渗析原理示意图，在阴极和阳极之间，将阳膜与阴膜交替排列，并用特制的隔板将这两种膜隔开，隔板内有水流的通道。进入淡室的含盐水，在两端电极接通流电源后，即开始了电渗析过程，水中阳离子不断透过阳膜向阴极方向迁移，阴离子不断透过阴膜向阳极方向迁移，结果是含盐水逐渐变成淡化水。

而进入浓室的含盐水，由于阳离子在向阴极方向迁移中不能透过阴膜，阴离子在向阳极方向迁移中不能透过阳膜，含盐水因不断增加由邻近淡水迁移透过的离子而变成浓盐水。这样，在电渗析器中，组成了淡水和浓水两个系统。与此同时，在电极和溶液的界面上，通过氧化、还原反应，发生电子与离子之间的转换，即电极反应。以食盐水溶液为例，阴极还原反应为

$$H_2O \longrightarrow H^+ + OH^-$$

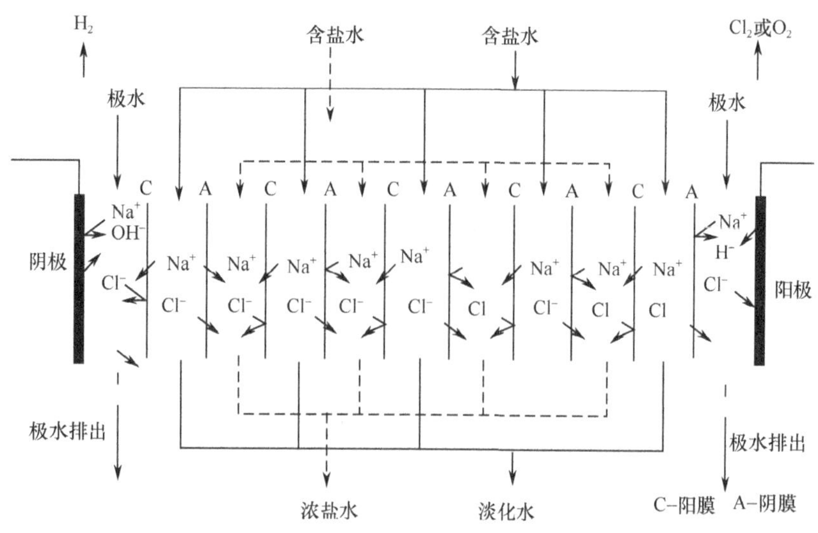

图 8.1 电渗析原理示意图

$$2H^{+}+2e \longrightarrow H^{2}\uparrow$$

阳极氧化反应为

$$H_2O \longrightarrow H^{+}+OH^{-}$$

$$4OH^{-} \longrightarrow O_2\uparrow+2H_2O+4e$$

或

$$2Cl^{-} \longrightarrow Cl_2\uparrow+2e$$

所以，在阴极不断排出 H_2，在阳极则不断有 O_2 或 Cl_2 放出。此时，阴极室溶液呈碱性，当水中有 Ca^{2+}、Mg^{2+}、HCO_3^- 等离子时，会生成 $CaCO_3$ 和 $Mg(OH)_2$ 水垢，集结在阴极上，而阳极室溶液则呈酸性，对电极造成强烈的腐蚀。在电渗析过程中，电能的消耗主要用来克服电流通过溶液、膜时所受到的阻力和进行电极反应。运行时，进水分别地不断流经浓室、淡室和极室。淡室出水即为淡化水，浓室出水即为浓盐水，极室出水不断排除电极过程的反应物质，以保证电渗析的正常进行。

（三）电渗析器的构造

电渗析器结构包括压板、电极托板、电极、极框、阴膜、阳膜、浓水隔板、淡水隔板等部件。将这些部件按一定顺序组装并压紧，组成一定形式的电渗析器。整个结构可分为膜堆、极区、紧固装置等三部分。

1. 膜堆

一对阴、阳膜和一对浓、淡水隔板交替排列，组成最基本的脱盐单元，称为膜对。电极（包括共电极）之间由若干组膜对堆叠一起即为膜堆。用于隔开阴、阳膜的隔板上有配水孔、布水槽、流水道以及搅动水流用的隔网。浓、淡水隔板由于连接配水孔与流水道的布水槽的位置有所不同而区分为隔板甲和隔板乙，并分别构成相应的浓室和淡室。隔板材料有聚氯乙烯、聚丙烯、合成橡胶等。常用隔网有鱼鳞网、编织网、冲膜式网等。隔板流水道分为有回路式和无回路式两种，有回路式隔板流程长、流速高、电流效率高、一次除盐效果好，适用于流量较小而除盐率要求较高的场合。无回路式隔板流程短、流速低，要求隔网搅动作用强，水流分布均匀，适用于流量较大的除盐系统。

2. 极区

电渗析器两端的电极区连接直流电源，还设有原水进口、淡水和浓水出口以及极室水的通路。电极区由电极、极框、电极托板、橡胶垫板等组成。板框较隔板为厚，放置在电极与阳膜（紧靠阴、阳电极的膜均用抗腐蚀性较强的阳膜）之间，以防止膜贴到电极上，保证极室水流通畅，及时排除电极反应产物。常用电极材料有石墨、钛涂钌、铅、不锈钢等。

3. 紧固装置

紧固装置用来把整个极区与膜堆均匀夹紧，使电渗析器在压力下运行时不致漏水。压板由槽钢加强的钢板制成，紧固时四周用螺杆拧紧。电渗析器的配套设备还包括整流器、水泵、转子流量计等。

4. 电渗析器的组装

电渗析器组装方式常用“级”和“段”来说明。一对电极之间的膜堆称为一级，具有同向水流的并联膜堆称为一段。增加段数就等于增加脱盐流程，即提高脱盐效率。增加膜对数，则可提高水处理量。一台电渗析器的组装方式有一级一段、多级一段、一级多段和多级多段等。一级一段是电渗析器的基本组装方式，可采用多台并联来增加产水量，也可采用多台串联以提高除盐率。为了降低一级一段组装方式的操作电压，在膜堆中增设中间电极（共电极），即成为二级一段组装方式。对于小水量，可采用一级多段组装方式。

（四）电渗析在废水处理中的应用特点

用电渗析法处理工业废水和城市污水，由于处理目的和要求不同，与给水处理相比较，有以下特点：

（1）在给水处理中，电渗析用于水的淡化，要求获得淡水，排掉浓水。在废水处理中，根据废水组成和处理目的的不同，需要的是淡水或浓水，或者浓、淡水都需要。例如用电渗析处理含镍废水，浓水回用于镀槽，淡水回用于清洗镀件；处理放射性废水，浓水进行掩埋处理，淡水排放等。

（2）在给水处理中，膜室采用3室布置，即浓缩—淡化—浓缩，进入浓、淡室的是同一原水。在工业废水处理中，电渗析除3室外，还可以按2室和4室布置，进入各室的水流可以是同一原水，也可以不是。2室布置利用的是电极反应，4室布置可用于复分解反应。

（3）电渗析的关键部件是离子交换膜，它的性能对电渗析效果影响很大。工业废水的成分相当复杂，所含有的酸、碱、氧化物等物质对膜都有侵害作用，所以膜应当具有能够抵抗这种作用的性能。例如处理含铬废水的膜应当能够抵抗 Cr^{6+} 离子的氧化，而回收酸、碱的膜则应能耐强酸、强碱的腐蚀等。

（4）工业废水及城市污水通常含有大量悬浮物、有机物、胶体等杂质。这些杂质能够影响电渗析器的工作和膜的均能，必须将其除去。在废水处理中，电渗析多用于深度处理。经过生化处理的废水进入电渗析设备前需要通过过滤和活性炭吸附处理，以除去其中残留的悬浮物和有机物。

（5）在给水处理中只采用阳膜和阴膜，而在废水处理中，针对不同的目的和要求，还可以采用其他的组合方式。例如以两张阳膜、一张阴膜和一张中性膜的组合形式可以用于亚硫酸盐法制浆废水的处理，阳膜和中性膜的组合形式（称为迁移枯竭法）主要用于解决阴膜受有机污染问题；阴膜和复合膜（膜的一面为阳膜、一面为阴膜）的组合系统可以用于回收酸等。

（6）给水处理中，电渗析主要注重在膜室中进行反应，电极反应不是主要的，通常不予考虑。但是在废水处理中，在某些情况下常常是利用电极反应来达到废水处理和回收有用物质的目的。因此，一般常采用的是单膜（阳膜或阴膜）的两室布置或双膜（阳、阴膜、双阳膜或双阴膜）的 3 室布置。这种装置与隔膜电解相似，通常用以制造酸、碱或其他特殊用途。

目前，电渗析法主要用于去除废水中的盐分。对铁、锰或高分子有机酸等物质，即使为离子状态，但由于易沉积在膜上，造成膜性能的劣化。因此，需要进行预处理将其去除。

四、反渗透法

（一）渗透现象与渗透压

半透膜只能让水分子透过，而不允许溶质透过。因此用半透膜将纯水和盐水分开，则水分子将从纯水一侧通过膜向盐水一侧透过，结果会使盐水一侧的液面上升，直至到达某一高度，这个过程就是渗透过程，如图 8.2（a）所示。

渗透过程是一种自发过程，但要有半透膜才能表现出来。渗透现象如同其他自发过程（例如水从高处流向低处，热从高温对流到低温等），水的化学位的大小决定着质量传递的方向。当渗透达到动平衡状态时，半透膜两侧存在着一定的水位差或压力差，如图 8.2（b）所示，此即为在指定温度下的溶液（或水）的渗透压。

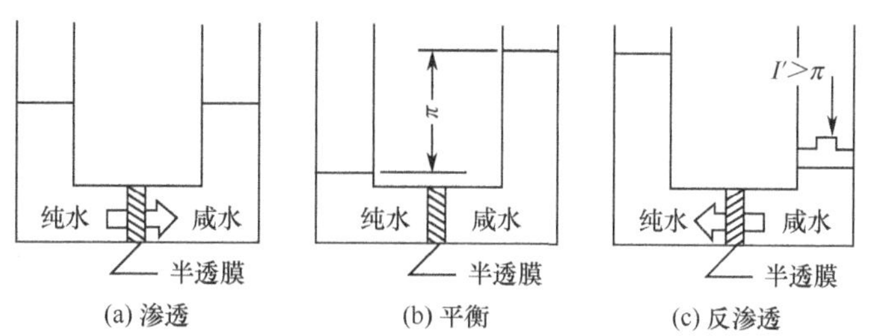

图 8.2　渗透与反渗透现象

（二）反渗透（逆渗透）

如图 8.2（c）所示，当咸水一侧施加的压力 p 大于该溶液的渗透压 π，可迫使渗透反向，实现反渗透过程。此时，在高于渗透压的压力作用下，咸水中纯水的化学位升高并超过咸水的化学位，水分子从咸水一侧反向地通过膜透过到碱水一侧，海水淡化就是基于此原理。

（三）反渗透膜及其透过机理

目前用于水的淡化除盐的反渗透膜主要有醋酸纤维素（CA）膜和芳香族聚酰胺膜两大类。CA 膜具有不对称结构，其表皮层结构致密，孔径 0.8～1.0nm，厚约 0.25nm，起脱盐的关键作用。表皮层下面为结构疏松、孔径 100～400nm 的多孔支撑层，在其间还夹有一层孔径约 20nm 的过渡层。膜总厚度约为 100nm，含水率占 60%左右。

反渗透膜的透过机理目前尚未见有一致公认的解释，其中以选择性吸着—毛细管流机理常被引用。该理论以吉布斯吸附式为依据，认为膜表面由于亲水性原因，能选择吸附水分子而排斥盐分，因而在固—液界面上形成厚度为两个水分子（1nm）的纯水层。在施加压力作用下，纯水层中的水分子便不断通过毛细管流过反渗透膜。膜表皮层具有大小不同的极细孔隙，当其中的孔隙为纯水层厚度的一倍（2nm）时，称为膜的临界孔径，可达到理想的脱盐效果。当孔隙大于临界孔径，透水性增大，但盐分容易从孔隙中透过，导致脱盐率下降。反之，若孔隙小于临界孔径，脱盐率增大，而透水性则下降。

CA 膜反渗透装置适用于含盐量在 10000mg/L 以下的苦咸水的淡化。进水含盐量超过 10000mg/L，可采用复合膜反渗透装置。如出水水质要求达到除盐水或纯水的水平，应采用反渗透—离子交换联合除盐系统。在此情况下，反渗透主要用于去除水中胶体、微粒、二氧化硅、高分子有机物以及大部分溶解盐类，以减轻离子交换负荷，延长其运行周期，并降低酸、碱耗量。

五、中和

按废水的 pH 高低，将 pH<7 的废水称为酸性废水。酸性废水具有腐蚀性，会腐蚀管道，毁坏农作物，危害渔业生产，破坏生物处理系统的正常运行。pH>7 的称为碱性废水。它的危害程度较小，主要造成设备结垢。因此，对高浓度的酸、碱废水，例如达 3%～5%以上时，必须考虑回用和综合利用。当必须排放时，采用酸和碱作用生成盐和水的中和反应，将 pH 调至允许排放范围（如 6.5～8.5）。酸性废水的中和处理一般有以下 4 种方法。

（一）投药中和法

最常采用的是投加碱性药剂石灰，它价格便宜、原料普遍，可制成乳液投加；采用苛性钠、碳酸钠和氨水为碱性药剂，组成均匀，易于储存和投加，反应迅速，易溶于水且溶解度高等优点，但价格较高。

（二）过滤中和法

中和滤池用耐酸材料制成，内装碱性滤料。主要碱性滤料有石灰石、大理石和白云石等。酸性废水由上而下或由下而上流经滤料层得以中和处理。中和硝酸、盐酸时所得的钙盐有较大溶解度，因而三种碱性滤料均可采用；而中和硫酸时所得的硫酸钙溶解度小，会覆盖在石灰石滤料表面，阻止中和反应的进行，使滤床失效。因此，中和含硫酸废水以白云石（$CaCO_3 MgCO_3$）为佳，因一部分反应产物 $MgSO_4$ 的溶解度大，不易结壳。但是，白云石的来源少、成本高、反应速度慢，如能正确控制硫酸浓度，使中和产物（$CaSO_4$）的生成量不超过其溶解度，也可以采用石灰石或大理石来处理硫酸废水。

（三）利用碱性废水及废渣的中和处理法

在同时存在酸性废水和碱性废水情况下，可以废治废，互相中和。利用碱性废渣中和酸性废水也有一定的现实意义。例如，锅炉灰中含有 2%～20%的 CaO，电石渣中也含有一定量的 $Ca(OH)_2$，用其中和酸性废水均可获得一定效果。

（四）利用天然水体中碱度的中和法

天然水体中含有的重碳酸盐可用来中和酸性废水，如：

$$Ca(HCO_3)_2 + H_2SO_4 \longrightarrow CaSO_4 + 2H_2O + 2CO_2\uparrow$$

碱性废水要用酸性物质进行中和，通常采用的酸性物质有：废弃的无机酸（如硫酸、盐酸）、酸性废气（如 CO_2 和烟道气）和酸性废水。

六、化学氧化（氯化和臭氧氧化）

（一）废水的氯化

气态或液态的氯加入水中后，发生下列反应：

$$Cl_2 + H_2O \longrightarrow HClO + HCl$$

$$HClO \longrightarrow H^+ + ClO^-$$

形成的 HClO 是强氧化剂，可氧化废水中的许多污染物。其主要用途如下：

（1）消毒。氯有很强的氧化能力，是主要的消毒剂，可杀灭或抑制细菌和藻类的生长。

（2）降低 BOD。氯可氧化废水中的 BOD。

（3）消除或减少色度和气味。氯可氧化废水中产生色度和气味的物质。食品、乳制品造纸、纺织等企业常用氯控制气味和色度。

（4）氧化金属离子。用氯可氧化还原态的金属离子（如将 Fe^{2+} 氧化成 Fe^{3+}，Mn^{2+} 氧化成 Mn^{4+}）。

（5）氧化氰化物为无毒产物。在 pH>8.5 的碱性介质中进行氧化：

$$CN^- + 2OH^- + Cl_2 \longrightarrow CNO^- + 2Cl^- + H_2O$$

$$2CNO^- + 4OH^- + 3Cl_2 \longrightarrow 2CO_2 + N_2 + 6Cl^- + 2H_2O$$

Cl_2 与 CN^- 的理论化学计算量比值 $Cl_2/CN^- = 2.5$。而实际上用量却大大超过此比值，即 1 份 CN^- 大约需 7.5 份 Cl_2。废水用氯氧化非常普遍，但成本较高。

（二）废水的臭氧（O_3）氧化

O_3 是 O_2 的同素异构体，它的分子由 3 个氧原子组成。在室温下为无色气体，具有一种特殊的气味。在标准状态下，容重为 2.144 g/L。臭氧是一种强氧化剂，它的氧化能力在天然元素中仅次于氟。臭氧在水处理中可用于除臭、脱色、杀菌、除铁、除锰、除氰化物、除有机物等。很多有机物，例如蛋白质、氨基酸、有机氨、不饱和脂肪烃、芳香烃和杂环化合物、本质素、腐殖质等都易与臭氧发生反应。影响臭氧氧化的因素主要有废水中杂质的性质及浓度、废水的 pH 及温度、臭氧的浓度和用量、臭氧的投加方式和反应时间等，实际投量应通过试验确定。臭氧氧化的主要优点是：对除臭、脱色、杀菌、去除有机物和无机物都有显著效果；废水经处理后剩余在水中的臭氧易分解，一般不产生二次污染，且能增加水中的溶解氧；制备臭氧用的空气不必储存和运输，操作管理也较方便。这种方法存在的主要问题是：臭氧发生器耗电量大，臭氧化气中臭氧的浓度不高，一般仅为 3%。

七、化学还原法

向废水中投加还原剂，使废水中的有毒有害物质转化为无毒的或毒性小的新物质的方法称为还原法。

（一）含铬废水的还原法处理

根据使用的还原剂不同，含铬废水还原处理法可分为硫酸亚铁石灰法、亚硫酸氢钠法、焦亚硫酸盐法、二氧化硫法、铁屑法等。本节只介绍亚硫酸氢钠法。含铬废水多来源于电镀厂、制革厂和某些化工厂。电镀含铬废水主要来自镀铬漂洗水、各种铬钝化漂洗水、塑料电镀粗化工艺漂洗水等。在酸性条件下，向废水中投加 $NaHSO_3$，将废水中的 Cr^{6+} 还原为 Cr^{3+}，然后投加石灰或 NaOH，生成 Cr（$OH)_3$ 沉淀物，此沉淀物从废水中分离出来，达到处理的目的，其化学反应如下：

$$2H_2Cr_2O_7+6NaHSO_3+3H_2SO_4 \longrightarrow 2Cr_2(SO_4)_3+3Na_2SO_4+8H_2O$$

$$Cr_2(SO_4)_3+3Ca(OH)_2 \longrightarrow 2Cr(OH)_2+3CaSO_4$$

$$Cr_2(SO_4)_3+6NaOH \longrightarrow Cr(OH)_3+3Na_2SO_4$$

当 $pH<3$ 时，重铬酸的还原反应速度很快，但为生成 $Cr(OH)_3$ 沉淀，pH 应控制在 7.5～9.0 之间。

（二）金属还原法处理含汞废水

使废水与还原剂金属相接触，废水中的汞离子被还原为金属汞而析出，金属本身被氧化为离子而进入水中。可用于还原汞的金属有铁粉、锌粉、铜粉和铝粉等。以铁屑为例，发生的化学反应如下：

$$Fe+Hg^{2+} \longrightarrow Fe^{2+}+Hg\downarrow$$

$$2Fe+3Hg^{2+} \longrightarrow 2Fe^{3+}+3Hg\downarrow$$

铁屑还原的效果主要与废水的 pH 有关。当 pH 低时，由于铁的电极电位比氢的低，所以废水中的氢离子也被还原为 H_2 而逸出。结果使铁屑耗量增大，析出的 H_2 会包围在铁屑表面而影响反应的进行。因此，pH 较低时，处理前应先调整 pH。反应温度一般控制在 20～30℃的范围内。铁屑还原产生的汞渣可用熔烧炉加热回收金属汞。

八、化学沉淀

化学沉淀法是指向废水中投加某些化学药剂，使之与废水中污染物发生直接的化学反应，形成难溶的固体生成物（沉淀物），然后进行固液分离，从而除去水中的污染物的一种处理方法。它一般用以处理含金属离子的工业废水。通常把投加的化学药剂称之为沉淀剂。根据使用的沉淀剂的不同，化学沉淀法可分为氢氧化物法、硫化物法等。

（一）氢氧化物沉淀法

除了碱金属和部分碱土金属外，其他金属的氢氧化物大都是难溶的。因此，可用氢氧化物沉淀法去除废水中的重金属离子。常用的沉淀剂有石灰、碳酸钠、苛性钠、石灰石、白云石等。

因石灰沉淀法具有经济、简便、药剂来源广等优点。因此，在处理重金属废水时应用最广。但是，此法在实践中还存在不少问题和困难，主要是劳动卫生条件差，石灰品级不稳定，管道易结垢堵塞（$CaSO_4$、CaF_2）与腐蚀，沉渣体积庞大，脱水困难。其中沉渣问题最为突出，因为氢氧化物沉渣多为胶体状态，含水率高达 95%～98%，给脱水造成了极大困难。

（二）硫化物沉淀法

金属硫化物的溶解度一般比其氢氧化物的溶解度还小得多。因此，可用硫化物沉淀法比较完全地去除废水中的重金属离子。硫化物沉淀法常用的沉淀剂有 H_2S、Na_2S、NaHS、CaS_x及 $(NH_4)_2S$、MnS、FeS 等。H_2S 有恶臭，又是一种无色而有剧毒的气体。因此，使用时必须十分注意安全，在空气中的允许浓度不得超过 0.01mg/L。硫化物沉淀法处理重金属废水，去除率高，可分步沉淀，泥湾中金属品位高，便于回收利用，适应 pH 范围大等。可处理含 Hg^{2+}、Cu^{2+}、Zn^{2+}、Cd^{2+}、Pb^{2+}、AsO^{2-} 等废水，在生产上均得到应用。但是 S^{2-} 可使水体中 COD 增加；当水体酸性增加，可产生 H_2S 气体，污染大气，并且沉淀剂来源受限制，价格也不低，因此限制了它的应用。除此之外，化学沉淀法还有钡盐沉淀法除铬；碳酸盐沉淀法除铅、锌、铜、镍、镉；卤化物沉淀法除银；铁氧体沉淀法处理含铬废水、汞废水等。

（三）钡盐沉淀法

钡盐沉淀法主要用于处理含 Cr^{6+} 的废水，采用的沉淀剂有 $BaCO_3$、$BaCl_2$、Ba $(NO_3)_2$、Ba $(OH)_2$ 等。以碳酸钡为例，它与废水中的铬酸根进行反应，生成难溶盐铬酸钡沉淀：

$$BaCO_3 + CrO_4^{2-} \longrightarrow BaCrO_4 \downarrow + CO_3^{2-}$$

$BaCO_3$ 钡是一种难溶盐，它的溶度积（$L_{BaCO_3} = 8.0 \times 10^{-9}$）比铬酸钡的溶度积

($L_{BaCrO_4}=2.3\times10^{-10}$) 要大。在碳酸钡的饱和溶液中，钡离子的浓度比铬酸钡饱和溶液中的钡离子的浓度约大 6 倍。这就说，对于 $BaCO_3$ 为饱和溶液的钡离子浓度对于 $BaCrO_4$ 溶液已成为过饱和了。因此，向含有 CrO_4^{2-} 离子的废水中投加 $BaCO_3$ 就会和 CrO_4^{2-} 生成 $BaCrO_4$ 沉淀，从而使 $[Ba^{2+}]$ 和 $[CrO_4^{2-}]$ 下降，$BaCO_3$ 溶液未被饱和，$BaCO_3$ 就会逐渐溶解，这样直到 CrO_4^{2-} 离子完全沉淀。这种由一种沉淀转化为另一种沉淀的过程称为沉淀的转化。为了提高除铬效果，应投加过量的 $CaCO_3$，反应时间应保持 25～30min。投加过量的 $BaCO_3$ 会使出水中含有一定数量的残钡。在把这种水回用前，需要去除其中的残钡，可用石膏法去除：

$$CaSO_4 + Ba^{2+} \longrightarrow BaSO_4\downarrow + Ca^{2+}$$

小结

工业废水是在工业生产过程中所排出的废水，其成分主要决定于生产过程中采集的原料以及所应用的生产工艺。工艺废水又可分为生产污水和生产废水。所谓的生产废水是指较为清洁、不经处理即可排放或回用的工业废水（例如冷却水），而那些污染比较严重，必须经过处理后方可排放的工业废水就称为生产污水。

由于工业的迅速发展，工业废水的水量及水质污染量很大。工业废水的特点是量大、成分复杂、难处理、不易降解和净化，危害性较大。工业废水是水体污染的最根本来源，与生活污水显著不同。本章从物理方法和物理化学两大类方法入手，阐述了工业废水不同处理技术。

复习题

1. 选择题

(1) 下列说法正确的是（　　）。

A. 物理吸附是多层吸附，不可逆，化学吸附是单层吸附，可逆；
B. 物理吸附是多层吸附，可逆，化学吸附是单层吸附，不可逆；
C. 物理吸附是单层吸附，可逆，化学吸附是多层吸附，不可逆；
D. 物理吸附是单层吸附，不可逆，化学吸附是多层吸附，可逆。

(2) 在常温低浓度下，离子交换势在溶液中最大的是（　　）。

A. Ca^{2+}；　B. Fe^{3+}；　C. Na^{+}；　D. H^{+}。

(3) 强酸性阳离子交换树脂的适用范围是（　　）。

A. 0～7；　B. 7；　C. 5～10；　D. 0～14。

(4) 弱酸性阳离子交换树脂的适用范围是（　　）。

A. 0～7；　B. 7；　C. 7～10；　D. 0～14。

(5) 弱碱性离子交换树脂的适用范围是（　　）。

A. 0～9；　B. 7；　C. 7～10；　D. 0～14。

(6) K_{80} 接近为（　　）时滤料均匀，过滤与反冲洗效果较好。

A. 2；　　B. 1　　C. 1.5　　D. 3。

2. 简答题

（1）废水处理的方法有哪几类？

（2）试述三种沉淀分离悬浮固体方法的原理与使用范围。

（3）试述气浮法处理废水的原理，此方法有哪几种类型？哪些性质的废水宜采用气浮法？

（4）吸附法处理废水的原理是什么？分为哪几类？影响吸附的因素有哪些？活性炭吸附法的优势有哪些？

（5）何谓吸附剂再生？活性炭再生有哪些方法？

（6）试述离子交换法处理工业废水的原理。

（7）电渗析在废水处理中的应用特点有哪些？

第九章 污水处理厂的规划与设计

岗位目标

根据劳动部或行业协会制定的相应岗位目标，掌握给（废）水处理的基本政策；污水处理厂的设计基础资料与设计文件；厂址选择；处理的工艺流程选择；处理厂平面及高程布置；验收、运行管理；污水处理厂的配水、计量与水质监测；水质监测与自动控制等基础知识。

必备知识

掌握污水处理各处理单元构筑物的基本组成、原理、参数选择、能达到的处理效果和运行管理相关要求。

选修知识

熟悉水质监测基本方法和PLC控制基本原理。

课前思考题

（1）城市现代化中城市合理规划显得格外重要，如何进行污水处理厂的布置和规划，助推城市现代化？

（2）如何能让现代化技术体现在污水运行管理上？

第一节 水污染的综合防治

一、水污染综合防治主要内容

水污染综合防治包括凡为保护水环境免受污染而采取的一切技术、经济和行政的措施都属于水污染综合防治之列，涉及各行各业、各地区、各部门。水体受到污染，主要是由于生活污水和工业废水任意排放所造成的。因此，为了有效控制并进一步消除水的污染，环境保护和市政工程等部门必须从控制污水的排放入手，将“防、管、治、用”四方面结合起来对水污染进行综合防治。

(1) 防：以改革生产工艺、回收废水中有用产品和提高废水在厂内的再使用率等入手，减少工业废水的排放量和污染浓度。“清洁生产”的潜力很大，办法很多，只要认真去做就能收到显著的效果。对生活污水，同样也应提倡节约用水，以减少污水排放量。

(2) 管：主要是加强对工业废水、生活污水和雨水有组织排放的管理，包括城市排水管道系统的改善与管理，特别要解决好工业废水排放的管理。同时要加强对污染源水量、水质及水体的监测与管理，包括对污水处理厂、站运行情况的监测与管理。各国的经验说明，经常的监测和科学的管理，可以使水体污染的防治工作有目标有方向地进行，并收到良好效果。

(3) 治：妥善处理生活与工业废水，以确保水体少受甚至不受污染，达到不影响水体卫生性状和经济价值的目的。

(4) 用：主要应解决好处理后污水与污泥的利用和出路问题。应尽量使污水资源化，把处理过的城市污水开辟为新水源，供工业、农业、渔业和城市建设等各方面的需用。

二、水污染综合防治的方法

把环境问题作为一个整体，做到预防为先和综合治理非常重要。

(一) 解决生产污水的处理

解决生产污水处理的途径大致有以下几种：工厂独立地进行无害化处理后直接排放；全部工业废水都排入城市排水管道，送往城市污水处理厂合并处理；一般性的工业废水直接排入城市排水管道，而特殊工业废水则经无害化处理后直接排放或先经预处理后再送往城市污水厂合并处理。除了大型、集中的工业或工业区采用独立的污水处理设备外，对于大量的中、小型工业企业的废水，大多采用（或预处理后）与城市的生活污水共同处理的方式，由市政部门设统一的城市污水处理厂。这样做的优点是：

(1) 建设费用和运行费用较低。据统计资料，日处理量在 1 万 m^3 以下的厂，比日处理量在 1 万～10 万 m^3 的厂，其造价指标约提高 20%～30%。

(2) 处理效果好。共同处理时，水量、水质因城市污水而得到均衡，有毒物质的影响也因受到稀释而减弱，城市污水处理厂只要管理得当，处理效果是能够得到保证的。

(3) 占地面积小，不影响环境卫生。

(4) 易于管理，节省管理人员。对比资料表明，日处理量为 2 万～6 万 m^3 的城市污水处理厂的管理人员，仅是平均日处理量为 2000 m^3 的处理站达到相同处理量管理人数的$\frac{1}{20}$～$\frac{1}{3}$。

(二) 工业废水的处理

为了保证处理厂的正常运行，排入城市排水管网的工业废水必须满足下列要求：

(1) 不得含有能够破坏城市排水管道的成分，如呈酸性或可燃易爆的污水不得排入。

(2) 所含污染物质的大部分必须是能为微生物所降解，污水中不得含有会对微生物代谢活动产生抑制的物质。

(3) 不得含有在数量上能够影响污泥肥料价值的物质，如重金属等。因重金属不能为微生物所降解，而且在达到一定浓度后，还能够抑制微生物的代谢活动。

(4) 污染物质的浓度必须适宜，不至过分增加污水处理厂的负荷，不得含有能够堵塞管道的物质，也不得含有会伤害养护工作人员的物质。

(5) 水温不得高于 40℃。

(6) 对可能含有病原菌的医院、疗养院污水必须进行严格消毒处理。

不符合上述各项要求的工业废水和污水，必须在厂(院)内进行局部处理，达到要求后才能排入城市排水管网。

(三) 处理后污水利用

处理后污水的出路包括：直接排放水体，灌溉农田和重复使用。根据各国经验，城市污水重复利用的领域（除农业外）包括以下三个方面。

1. 回用于工业

处理后污水在工业上的用途一般为：

(1) 冷却水（大多为间接冷却），这是主要的用途。由于处理后污水含有氨氮、磷、盐类等物质，会引起结垢、污垢和腐蚀，故在不少情况下尚需进行补充处理。

(2) 生产工艺用水和洗涤水。水常需经三级处理后方可利用。

(3) 锅炉用水。要去除硬度和溶解固体等。

(4) 其他用水，如油井注水和矿石加工用水等。能够使用处理后污水的工业部门大致有：冶金、电力（火力发电）、石油炼制、石油化工、采矿、金属加工、机械制造、化学工业和某些轻工业（制革、造纸）及纺织工业等。

2. 回用于城市

处理后污水回用于城市主要用途有：

(1) 用于城市饮用水水源。这在国外已有实例，如南非的温得和克市，但各国对此评价不一。

(2) 用作城市的杂用水，即水质要求低于生活饮用水的城市用水，如水厕冲洗水、洗车用水、喷水池用水、冲洗街道用水、浇灌公园用水，消防用水等。有的国家为此特置专门的管道系统，如在日本称它为中水道，以区别于上水道（给水）、下水道（排水），中水道的处理水也可用于工业。

(3) 在经过一定的补充处理后，排放于供作旅游、体育用途的水域，以供钓鱼、划船，甚至游泳之用。

3. 水源补充

水源补充是将经深度处理后的污水回灌入地下，使污水在地下得到完全的净化，然后取用这种地下水用于灌溉和城市用水。回灌方式有渗滤与井灌两种。一般认为，这是一种经济的补充地下水的方法，但可能会对地下水构成污染，需慎重对待。

第二节　污水处理厂的设计基础资料与设计文件

给水厂和污水处理厂（站）的设计一般包括扩大初步设计和施工图设计两个阶段。较大规模的工程，在设计开始之前，需要先进行环境影响评价和工程可行性研究，由专家和主管部门论证和审批后才能开始设计。

在可行性研究和设计开始之前，必须认真、全面地调查研究，收集所需的原始资料。在采用新的处理工艺时，应进行小型和中型试验，取得可靠的设计参数，才能使设计建立在适用、经济、安全的基础之上。

一、有关设计任务的资料

（1）设计范围和设计题目。

（2）城市（或工业企业）现状和总体发展规划的资料，如人口、建筑居住标准、道路、河流、输电网、工业分布与生产规模、农业、渔业等。

（3）近、远期的处理规模与处理标准。城市或工业的发展过程对投资也有一定限制，因此，设计时需要考虑近、远期的分期建设，远期可适当提高处理规模与处理标准。

二、有关水源、水质的资料

（1）设计给水厂时，首先要确定采用哪一种水源，其供水保证率如何，它决定着水源的取舍；还要看水质是否良好，它关系到处理的难易及费用。

（2）设计废水处理厂时，应着重调查工业污染源，了解企业的性质、规模、生产工艺、原料、产品及排出的废水量、水质、水温情况及其变化规律，研究有无可能通过改革生产工艺或重复利用废水，以减少排水量并降低其排放的污染物数量。如该企业尚未投产，可到同类型的企业进行调查。

三、有关自然条件的资料

（1）气象资料：包括历年最热月与最冷月的平均气温、多年土壤最大冰冻深度、多年平均风向玫瑰图和雨量资料等。

（2）水文资料：包括当地河流百年一遇的最大洪水量、洪水位；枯水期95%保证率的月平均最小流量、最低水位；各特征水位时的流速；水体水质及污染情况；水体在城镇给水、灌溉、渔业、景观及娱乐等方面的使用资料等。

（3）水文地质资料：包括地下水的最高水位、最低水位、流动方向、运动状态及其综合利用资料等。

（4）地质资料：包括处理厂区的地质钻孔柱状图、地基的承载力、有无流沙、地震等级等。

（5）地形资料：包括处理厂区附近1∶5000的地形图，厂址和废水排放或取水口附近的1∶200或1∶500的地形图。

四、有关编制预算和施工图方面的资料

（1）当地建筑材料、设备的供应情况和价格。

（2）施工力量（技术水平、设备、劳动力）的资料。

（3）编制概算的定额资料，包括地区差价、运转费等。

（4）租地、买地、征税、青苗补偿、拆迁补偿等规章和费用。

第三节　厂址选择

处理厂厂址的选择应结合城市或工厂的总体规划、地形、管网布置、环保要求等因素综合考虑，设计人员必须进行现场踏勘，进行多方案的技术经济比较。一般应考虑以下几个问题：

（1）在地形及地质条件方面有利于处理构筑物的平面与高程的布置和施工，不受洪水威胁，应考虑防洪，且地基好，地下水位低，岩石较少。

（2）少占和尽可能不占良田。

（3）考虑周围环境卫生条件，给水厂应布置在城镇上游，并满足“生活饮用水水质标准”中的卫生防护要求；污水处理厂（站）应布置在城镇给水水源的下游，距城镇或生活区300m以上，并考虑处理后的污水用于农田灌溉的可能性，污水处理厂（站）尽可能设在夏季主导风向下方，并要求与生活区有一定宽度的绿化隔离带。

（4）使管网的基建费用最省。当取水地点距用水区较近时，给水厂一般设置在取水构筑物附近；当距用水区较远时，给水厂选址通过技术经济比较后确定；对于高浊度水有时也可将预沉池与取水构筑物合建，而水厂其余部分设置在主要用水区附近；污水处理厂如果是为几个流域或几个区服务，则厂址应结合管网布置进行优化设计，使总投资最省。

（5）考虑发展扩建余地。厂址选择应结合城市或企业现状和规划，考虑近远期发展的可能，选择在有扩建条件的地方，为今后发展留有余地（表9.1）。

表9.1　给水及污水处理厂占地面积

给水厂		污水处理厂			
规模/(10^4m^3/d)	占地/(亩/10^4m^3)	规模/(10^4m^3/d)	一级处理	二级处理	
				生物滤池	曝气池或高负荷滤池
>100	1.2	0.5	15～20	60～90	30～37
>50	1.5	1	12～18	60～90	22～30
>30	2.5	2	9～13	60～90	17～23
>20	3.5	5	8～12	60～90	15～22
>10	4.5	7.5	7.5～10	60～90	15～20
>5	5	10	7.5～10	60～90	15～19

注：1亩≈667m^2。

（6）应与城市污水管道系统布局统一考虑。

（7）要充分利用地形，应选择有适当坡度的地区，以满足污水处理构筑物高程布置需要，减少土方工程量。若有可能，以采用污水不经水泵提升而自流进入处理构筑物的方案，以节省动力费用，降低处理成本。

第四节　处理的工艺流程选择

水处理工艺流程和方法的选择应根据原水水质、用水水质要求（或污水排放要求）等因素，通过调查研究及技术经济比较后确定。

一、给水处理

（一）不同的原水水质

如取用地下水，由于水质较好，通常不需任何处理，仅经消毒即可。若含铁、氟量超过生活饮用水标准，则应采取除铁、除氟措施。如取用地面水，一般经过混凝—沉淀—过滤—消毒，水质即可达到生活饮用水标准。当原水浊度较低（如150mg/L以下），可考虑省略沉淀构筑物，原水加药后直接经双层滤料接触过滤。如取用湖水，水中含藻类较多，可考虑采用气浮代替沉淀或用微滤机预处理及多点加氯，以延长滤池工作周期。如取用高浊度水，为了达到预期混凝沉淀效果，减少混凝剂用量，应增设预沉池。

（二）各种用水对象的不同用水水质要求

热电站冷却水要求浊度在1000mg/L以下，由一次沉淀池处理供给；化工厂冷却水要求浊度为20～50mg/L，由混凝沉淀供给；生活饮用水由过滤消毒水供给；软化水由用水单位用过滤消毒水自行软化。

二、污水处理

污水处理工艺流程是在一定出水水质要求条件下，所采用的污水处理技术单元的有机组合。但同时还应考虑各单元构筑物的形式，两者互为制约，互相影响。污水处理工艺流程选定，主要考虑以下四种因素。

（一）不同污水水质

生活污水水质比较固定，一般处理包括格栅、沉砂、生物处理、消毒、污泥消化等。工业废水水质千差万别，甚至同一企业中排出多种类型的废水，是分流还是合流，应视废水的水质与废水重复利用或处理的要求来考虑。分散处理的几种情况如下：

（1）废水在本工序循环利用，分散处理可避免水质的复杂性，且高浓度便于回收利用。

（2）废水中含有剧毒物质，尽管稀释后不影响处理，但可能在食物链中富集，造成危害。

（3）废水中含有妨碍集中处理的污染物，如酸、碱、硫化物等，可先经脱硫塔氧化处理或中和酸碱处理，因此，工厂中往往有几种排水管道系统。

（二）工业废水与城市污水的关系

应充分认识两者共同处理的好处，同时注意共同处理可能引起的问题，一般的方法是：先分别由工厂解决各自的特殊污染物问题，使废水水质与城市污水水质基本一致，不致损坏城市排水管道，不会破坏生物处理过程，不致影响污泥肥效等，然后流入城市排水管网，由城市污水处理厂集中处理。

（三）处理程度

污水的处理程度应结合其出路考虑。出路不同，处理程度或所需去除的污染物质也会变化。当处理水排放水体时，水体的稀释自净能力应合理利用，并注意留有余地。处理程度对水体的影响还应考虑整个城市以及河流上、下游的城市或工业废水排入的影响，应根据政府环保部门水污染总量控制规划确定。对处理污水的回用，一般宜经过二级处理及其他无害化处理后才能进行，并不造成二次污染。

（四）污水水质、水量的变化及事故排水

水质、水量变化较大的污水，应考虑设调节池或事故贮水池，或选用承受冲击负荷能较强的处理工艺，如完全混合式曝气池等。某些工艺（如塔式生物滤池和竖流式沉淀池）只适用于水量不大的小型污水处理厂。

另外，当地的具体条件，如电力、地形、地质、场地面积等都影响处理工艺流程及处理构筑物类型的选择。如地下水位高、地质条件较差的地方，不宜选用深度大、施工难度高的处理构筑物。

总之，设计者应在调研、试验基础上进行详细的技术经济比较，以确定最佳工艺流程。

第五节　处理厂平面及高程布置

一、处理厂（站）平面布置

（一）处理厂平面布置

处理厂的基本组成包括生产构筑物和辅助构筑物。生产性构筑物包括处理构筑物、泵房、风机房、加药间、消毒间、变电所等；辅助建筑物包括化验室、修理车间、仓库、车库、办公室、浴室、食堂、厕所等，所需面积可参考表9.2。当各构筑物的座数和面积确定后，根据工艺流程和功能要求，综合考虑生产管线、厂区内给排水、供暖、供电系统及道路、绿化等，并结合厂内地形和地质条件，进行平面布置。一般要考虑下列几点要求：

（1）布置紧凑，减少占地和连接管长度，并应考虑工人施工和操作运行的方便。

（2）各处理构筑物之间连接管渠简捷，应尽量避免立体交叉。

表 9.2　辅助建筑物使用面积

序号	建筑物名称	水厂规模/($10^4 m^3/d$)		
		0.5～2	55～65	65～85
1	化验室（理化、细菌）	45～55m^2	2～5m^2	5～10m^2
2	修理部门（机修、电修、仪表等）	65～100m^2	100～135m^2	135～170m^2
3	仓库（不包括药剂仓库）	60～100m^2	100～150m^2	150～200m^2
4	值班宿舍	按值班人员数确定		
5	车库	按车辆型号数确定		

（3）充分利用地形，以节省挖、填土方工程量，使处理水或排放水能自流输送。

（4）考虑构筑物的放空超越，以便检修，最好做到自流放空，在污水处理厂内，如构筑物较深，可将放空管连接到提升泵房集水间内。

（5）考虑环境卫生及安全，氯库、锅炉应布置在主导风向下风向，化验室、办公室应远离风机房、泵房、晒泥场，沼气罐、隔油室的贮油罐与其他构筑物的间距要符合防爆、防火规定，较大处理厂最好是将生产区与生活区隔离，以确保生产安全。

（6）考虑扩建的可能性，应留有适当的扩建余地。

（7）一种处理构筑物有多座池子时，要注意配水均匀性，在平面布置时，常为每组构筑物设置配水井。

（8）在适当位置上设置水、污泥和气体等的计量设备。

（9）厂内布置道路和停车场地，车行道路面宽 3～4m，转弯半径 6m，人行道宽 1.5～2m。

处理厂平面图可根据处理规模采用（1∶200）～(1∶500）比例尺绘制。

（二）水处理站房在厂区内的布置及站房设备布置

水处理站房应考虑交通和运输方便，注意防火距离、卫生防护距离和环保措施，重视处理站废水的排放。给水处理站房还应靠近主要用水点，远离污染源（大气、粉尘噪声等）。

水处理站房内的设备布置一般按水处理流程的先后次序，按设备的不同性质分门别类进行布置，使整个站房分区明确。设备布置整齐合理，操作维修方便，考虑留有适当通道及不同设备的吊装、组装净空和净距。水泵机组应尽可能集中布置，以便于管理维护和采取隔声、减振措施。酸、碱、盐等的贮存和制备设备也应集中布置，并考虑贮药间的防水、防腐、通风、除尘、冲洗、装卸、运输等。考虑地面排水明渠布置，保证运行场地干燥、整洁。

二、处理厂高程布置

处理厂高程布置的目的是确定各处理构筑物和泵房标高，确定处理构筑物之间连接管渠的尺寸及其标高，计算确定各部位的水面标高，使水能按处理流程在处理构筑物之间靠重力自流，确定提升水泵扬程，以降低运行和维护管理费用。各种处理构筑物的水头损失值参见表9.3的估算。连接管渠的水头损失包括沿程及局部损失，给水按经济流速计算，污水按自净流速计算。经过沉淀后的自净流速≥0.5m/s，滤池反冲洗排水1～1.2m/s，计量设备水头损失按所选类型计算。

表9.3 处理构筑物的水头损失

构筑物名称	水头损失/m	构筑物名称	水头损失/m
格栅	0.1～0.25	接触滤池	0.1～0.25
絮凝池	0.1～0.25	压力滤池	0.1～0.25
沉淀池	0.1～0.25	曝气池	0.1～0.25
澄清池	0.1～0.25	生物滤池（装旋转布水器、其工作高度为H）	0.1～0.25
沉砂池			
普通快滤池	0.1～0.25	接触池	0.1～0.25
无阀滤池	0.1～0.25	污泥干化场	0.1～0.25

各构筑物的相对高差确定后，只要选定了某一构筑物的绝对高程，系统中各构筑物绝对高程也就确定了。高程布置时要综合地形、地基、排水、放空等条件考虑，避免最低的构筑物埋深过大，最高的构筑物架高过高，并且力求使厂内土方平衡。污水处理厂一般以受纳水体的最高水位或下游用水的水位要求作为起点，逆污水处理流程向上倒推计算，使处理后污（废）水在洪水季节也能自流排出。

如果下游水位较高，应抬高全处理厂的运行水位，使水泵扬程加大或在最后排出口设置泵提升排水，应进行充分的经济技术比较确定。当排水水位不受限制时，应以处理构筑物埋深限制来确定标高（全厂的土方平衡）。

对于水处理站房的高程布置，为了充分利用水泵的扬程并节省占地面积，可考虑多层结构布置。而工业废水的处理系统，一般需在处理工艺流程前端设置调节池调节水质、水量，废水必须经过水泵提升才能从稳定的水位进入处理系统。如果废水靠自流由车间排入处理站的调节池内，水位较低。

污泥及泥水数量较处理水水量小很多，如做不到重力自流，可用泵抽升。进行高程布置水力计算时，要选择一条距离最长、损失最大的流程，并按远期最大流量进行计算。水力计算需考虑某个构筑物故障检修时，另一构筑物及连接管渠能通过全部流量。

为了确定处理厂的高程布置，绘制总的平面图的同时，必须绘制工艺流程的纵断面图。纵断面图上应该绘出构筑物和管渠的水面高程、尺寸和各节点底部高程，以及原地面和设计地面高程。纵断面图的比例尺一般采用纵向（1∶50）～（1∶100），甚至1∶10，横向（1∶500）～（1∶1000），最好与总平面图比例尺相同。

第六节 污水处理厂的配水、计量与水质监测

一、配水设备

水处理厂中，同类型的处理构筑物一般都应建两座或两座以上，应尽可能使水在同

类型构筑物中的分配均匀，否则，其中某个构筑物将超负荷，而另一构筑物又未能充分发挥其效能。为实现均匀配水，要设置合适的配水设备。各种形式的配水设备，可按具体条件选用。中管式配水井和倒虹吸管式配水井常用作四个为一组的圆型处理构筑物的配水。挡板式配水槽可服务于更多同类型的处理构筑物。

二、量水设备

流量计量对水厂的经济运行、优化调度、节能降耗、减少漏损等都有重要作用。

20 世纪 80 年代以前，主要采用的流量计有文丘里管、均速管、毕托管、孔板等压差式流量计，也有不安装流量仪表，而是根据水泵扬程或依据水泵特性曲线估计流量。

20 世纪 80 年代以后，计量工作有较大发展，一些水头损失较大的压差式流量计逐渐被水头损失小、安装方便、功能强的流量计所代替，大量使用了插入式涡轮流量计、电磁流量计、超声波流量计、涡街流量计等。

选用流量计的原则如下：

(1) 必须是经国家认可的产品。

(2) 量程范围应满足被测管道内的最高和最低流速变化。

(3) 精确度等级不低于 2.5 级（包括 2.5 级）。

(4) 长期运行稳定，计量准确，数据采集方便，具有标准输出信号。

(5) 安装现场满足流量计对直管段的要求，以保证应有的精确度。

(6) 水头损失不宜过大，本身耗能越小越好。

(7) 价格适宜，经久耐用。

(8) 选用的流量计类型不应过多，尽可能一致，以便维修，对中小型水处理厂更是如此。流量计可参照表 9.4，按管径大小选型。

表 9.4 流量计按管径大小选型

公称管径/mm	选用的流量计
100～500	电磁流量计，水平螺翼式水表，插入式涡轮流量计，涡街流量计等
500～1000	插入式涡轮流量计，插入式均速管流量计，电磁流量计等
1000 以上	插入式均速管流量计，超声波流量计，电磁流量计等

各种量水设备的特点见表 9.5。

表 9.5 各种量水设备的特点

类型	特点
电磁流量计	(1) 可适用于测定浊度高的液体，包括污泥的流量，最低电导率必须>5μs/cm； (2) 精度高，量程较大，无水头损失； (3) 价格随管径增大而成倍增加； (4) 仪表前后的直管段要求短

续表

类　型	特　点
插入式涡轮流量计	(1) 只能测定管内各点的流速，由仪表系数求出平均流速； (2) 安装维修时可不断水； (3) 价格较低； (4) 现在普遍使用的是切向式涡轮头
超声波流量计	(1) 适用于测定可导声波液体的流量； (2) 精度高，量程大，无水头损失，安装方便； (3) 价格随管径增大雨增加较小，特别适用于大口径管道
涡街流量计	(1) 无可动部件和感压孔，不易受水中杂质影响，不易磨损，故障不易发生； (2) 所安装的水管中流速不宜过低
巴式计量槽	(1) 水头损失小，无淤积，但对施工安装要求高； (2) 一般设在沉砂池与初沉池之间渠道上或总出水渠道上
三角堰或矩形薄壁堰	(1) 工作稳定； (2) 为防堰口前积泥，宜设在处理构筑物后
孔板、喷嘴、文丘里流量计	(1) 水头损失较大，不利于节能，有逐渐被取代的趋势； (2) 文丘里流量计稳定性一般较好，准确度能满足要求，水头损失相对较小

注：插入式涡轮流量计、涡街流量计、压差流量计（孔板、文丘里等）不适用于含杂质水的计量。

第七节　验收、运行管理、水质监测与自动控制

一、水处理构筑物的验收

对竣工后的水处理构筑物，应由运行管理单位组织有关人员认真而全面地依照施工验收规范进行验收。验收工作应包括土建工程方面的验收和安装工程方面的验收。

验收时，应查对竣工构筑物是否和施工图纸相符合，核对其尺寸，检查其管道、孔洞位置，注意其施工质量（如混凝土池壁是否有蜂窝或其他隐患），将构筑物注满水，检查其是否漏水，检查沉淀池的堰口是否水平、光洁等。应注意各构筑物的细部、重力流管渠等的相对标高是否符合要求，可使水沿各构筑物流动。还应有地下管线和其他隐蔽工程的竣工图和验收合格证明。

对安装工程的验收，除一般的管道及设备安装质量检查外，对受压容器（如压缩空气罐、沼气罐等）应作压力试验。对各种运动机按设备及所有仪表，均应检查其是否能正常运行。

二、水处理厂的试运行

验收工作结束后，即可进行水处理构筑物的试运行。试运行对采用生物处理法的污水处理厂是必不可少的阶段，其主要工作：一是对某些设备的性能进行测定工作，二是驯化活性污泥（对活性污泥法）或进行所谓“挂膜”工作（对生物膜法）。

在有条件时，最好能对水处理厂的主要构筑物及其设备的性能进行测定。设备（如曝气叶轮、布气器等）的充氧能力或氧的利用率等的测定是近年来各处理厂投产前常进行的测定项目。在单池试运行基础上应进行全厂性联动试运行。

三、水处理厂的运行管理

必须认真做好水处理厂的运行管理工作。水处理厂的设计即使非常合理，若运行管理不善，也不能使其运行正常并充分发挥其净化功能。不断提高水处理厂操作工人的水处理基本知识和技能是提高技术管理水平的基本条件。

对水处理厂的运行切实做好控制、观察、记录与分析检验工作是提高技术管理水平的重要而又必需的手段，对提高我国水处理厂的设计、运行管理水平也有积极的现实意义。控制与观察记录的主要内容为：

（1）处理的水量。

（2）污泥产量或污泥处理量及消化气产量。

（3）空气、蒸汽（或热水）、药剂耗用量。

（4）生产耗电量。

（5）各处理构筑物及整个水处理厂的处理效率，必须对进水和出水定期地作水质分析或自动连续记录，分析项目要能反映处理效率和水质对运行的影响。

每一处理构筑物都必须有值班记录本，逐日记录其运行情况、处理效率、事故、设备的检修等事项。上述运行记录和分析检验数据，处理厂应设立技术档案妥善保管。

定时对处理系统进行巡视并做好处理构筑物的清洁保养工作，是提高技术管理水平的重要措施。应订出合理的切实可行的巡视路线，定时巡视观察，以便能及时发现运行中的不正常情况而采取相应措施，应每天认真做好处理构筑物的清洁保养工作。

四、水处理厂的水质监测

水处理厂应尽量设置自动化仪表对水质与运行情况进行监测，特别是水中微量或超量污染物，往往只能借助于仪器分析才能获得精确结果。在城市污水处理中，鉴于城市污水中的工业废水往往占有较大的比例，因此，对水质的监测极为重要。监测参数视具体情况而定，例如水温、pH、导电率、溶解氧、COD、BOD、TOD、TOC、氨氮、混合液浓度 MLSS 等。水质综合监测设备指示、记录的内容有水温、pH、导电率、浊度、溶解氧、COD、氰、酚等，水质出现异常值时有报警装置发出信号，以便及时采取必要措施。

目前正在努力发展红外、紫外、激光、微波等技术，使水污染监测仪器向自动化、多参数监测和遥测、遥控方向发展。同时也不断提高分析实验室的自动化、电子计算机化，使工作效率提高几倍以至几十倍，以便进行大量的水质监测分析，并以高速度的综合分析获得结果。

五、水处理厂的自动控制

在工业现代化建设中，为了提高劳动生产率和经济效益，改善劳动条件及保证产品质量，随着科学技术的发展和生产规模的扩大，要求工业生产的工艺设备必须具有越来越完善的自动化功能。自动控制是指在没有人直接参与的情况下，利用自动控制装置使被控制对象按照预定的规律工作。

自动控制装置由四部分组成：信号装置、控制设备、执行装置和信号传输电缆。根据控制目的通常区分为温度控制、压力控制、液位控制、除渣控制、流量控制、含氧量控制等，根据控制规律通常区分为断续式控制、连续式控制及其他各种复杂控制。

信号装置通常是指各种传感器，例如温度计、压力计、液位计、压差计、流量计、含氧量表等，它们不仅能按要求的精确度测量出现场工艺设备里的各类物理量，而且提供断续的或连续的与被测量相应的电信号，用以通知控制设备。

控制设备通常是指输入信号的接收和转换装置、控制逻辑运算装置、输出信号的转换和发送装置。最早的控制设备采用继电器逻辑电路进行逻辑运算，属于电气设备，也称为电气控制设备。随着计算机技术的发展，采用工业生产控制用的可编程序控制器（即 PLC）进行逻辑运算，用控制器取代了继电器逻辑电路，PLC 成了控制设备中的核心器件，但控制设备的前后连接和保护器件还都属电气设备，所以仍称为电器控制设备或称电控柜。

执行装置通常是直接到控制设备指令信号按控制规律要求进行动作的设备，执行装置由电动机、液缸、气缸、泵、阀门等机械、液压、气动等设备组成。

控制规律是根据控制要求决定的，不同要求采用不同的控制规律。断续式控制和连续式控制是最简单的，也是工业生产过程中最常用的两种规律。通常把断续式控制称做开关量控制，把连续式控制称做模拟量控制。例如，用泵输送自动流体物料到液槽的控制，如果工艺规定液槽液位最高不能高于高液位 L_H，最低不能低于低液位 L_L，则可以采用断续式控制方法，当液位到达低液位 L_L 时触发电路启动泵；由于液泵入量大于使用排出量，使液位升高，到达当液位 L_H 时，触发电路切断电源电路，泵自动停止，液位开始下降。如果工业规定液槽液位必须保证在 L_0 附近，这时必须采用模拟量控制，当初始液为 L_0，输入流量为出 Q_P，输出流量为 Q_U，$Q_P=Q_U$ 时 L 保持在 L_0 上，当输出流量突然变大，使 $Q_P<Q_U$，液位下降，控制器得到 $L<L_0$ 信号后，按控制规律，自动调整泵的转速或泵出水处的阀门开度，加大 Q_P 流量，使它逐渐与 Q_U 一致，使 L 回到 L_0 位置。显然，连续控制的逻辑运算要复杂得多，对信号装置和执行装置的要求也复杂得多，设备和运行成本也高得多。由于多数工业生产过程控制精度的要求不高，因此工业生产过程中主要采用开关量控制方式，即继电接触控制。

控制的实现根据控制装置的不同可以用机械、液压、气动、射流等方法实现，但是由于电能同其他形式的能量相比有其优越性，所以电气方法最为普遍和迅速。自动控制涉及范围很广，具有很系统的理论和很强的技术性。它包含两方面的内容：一是自动控制理论，它是控制科学的基础，可以分为经典理论、采样控制理论和现代控制理论；二是建立在上述理论基础上的自动控制具体实现的有关技术。电气控制作为自动控制的一个分支，主要研究如何利用各种电气设备及工业生产中的对象实现自动控制，通常把用来完成控制任务的各种电器部件所组成的整体叫电气控制系统。

在发展上，电气控制技术经历了由低级到高级的发展过程，从控制方法上是由手动到自动，从操作上由繁重到灵巧，从控制形式上经历了断续→连续→断续的发展过程。从机械设备的电力拖动来讲，早期的控制比较简单，仅使用一些手动电器，如按钮、刀闸开关等来实现启动、停止、保护几种简单的控制功能。后来，随着拖动方式的改进，对控制要求的提高，除了启动、停滞、保护几个基本功能外，还需要考虑电动机的有级调速、联锁、顺序、切换、协调等方面的要求，形成有各种控制电器组成的电气控制系统，也就是继电接触控制系统，由于所采用的控制元件都是靠触点的闭合和断开来传递控制信息，它属于断续控制系统。

由于继电—接触控制系统有工作频率低、体积大、接线复杂等缺点，于是便产生了新型的断续控制装置——顺序控制器，它是通过组和逻辑元件的插接来实现与继电接触控制同样的控制功能的一种自动化装置。它与继电接触系统相比，不仅体积大为减小，其最大的优越性在于它可以通过改变控制程序来适应不同的控制要求，这也就是常说的PLC 控制。

电气控制发展的第二阶段是连续控制系统，它的特点是控制系统可以随时检测被控对象的工作状态，并将其传送到系统的输入端，一旦被控量与期望值有偏差，就会自动调节，其控制的快速性与准确性大大超过了断续控制系统，如氧化沟中的液位计与进出水堰板的开启程度就形成了一个闭环负反馈系统，能保证液位处于动态稳定过程中。

近年来，随着数字电子技术进入控制领域，与计算机作为主要控制部件组成的控制系统在控制上虽属于断续控制。但同继电接触控制相比，其运算速度快，使它的控制周期短，因此在控制效果上与连续控制相同，而且由于计算机具有强大的运算能力和存储能力，以计算机为核心的控制系统可以实现常规连续控制系统所无法实现的复杂的控制，如最优控制、自适应控制、随机控制等。同时还能实现分时、分级、监督等控制方式。另外，随着计算机的微型化，它将在自动控制领域中起日益重要的作用。

小结

本章讲解了水污染防治方法；污水处理厂的设计基础资料与设计文件；厂址选择；处理的工艺流程选择；处理厂平面及高程布置；验收、运行管理；污水处理厂的配水、计量与水质监测；水质监测与自动控制等基础知识，使学生从整体上对污水规划和设计有所理解和掌握。

复习题

1. 名词解释

PLC　水处理厂试运行　配水设备　量水设备　水处理厂的高程布置

2. 填空题

（1）常用的量水设备有______、______、______、______、______、______、______。

（2）水处理设施验收工作应包括________和__________。

（3）控制设备通常是指______和______、______、______和发送装置。

（4）试运行对采用生物处理法的污水处理厂是必不可少的阶段，其主要工作：一是____________，二是____________或进行所谓“挂膜”工作。

（5）处理厂的基本组成分为____________和____________。

3. 简答题

（1）给水或污水处理厂规划设计需要哪些基础资料？对确定设计方案有什么影响？

（2）水处理流程与进、出水的水质有何联系？试举例说明。

（3）影响处理厂厂址选择的因素有哪些？

（4）处理厂平面与高程布置有什么相互关系？

主要参考文献

符九龙. 2006. 水处理工程（第 6 版）. 北京：中国建筑工业出版社.
高廷耀，顾国维. 1999. 水污染控制工程（上册）. 北京：高等教育出版社.
给水排水设计手册编写组. 2000. 给水排水设计手册（第二版）. 北京：中国建筑工业出版社.
李胜海. 2001. 城市污水处理工程建设与运行. 合肥：安徽科学技术出版社.
苏琴，吴连成. 2004. 环境工程概论. 北京：国防工业出版社.
孙慧修. 1999. 排水工程（第四版）上册. 北京：中国建筑工业出版社.
王洪臣. 1997. 污水处理厂运行控制与维护管理. 北京：科学出版社.
张莉平，习晋. 2006. 特殊水质处理技术. 北京：化学工业出版社.
张希衡. 2000. 水污染控制工程. 北京：冶金工业出版社.
张振家，郭晓燕，周长波. 2003. 工厂废水处理站工艺原理与维护管理. 北京：化学工业出版社.
中国标准出版社第二编辑室. 2001. 水质分析方法. 北京：中国标准出版社.
中华人民共和国国家标准，城市排水工程规划规范（GB 50318—2000）.
中华人民共和国国家标准，室外排水设计规范（GB 50014—2006）.
周本省. 2000. 工业水处理技术（第 4 版）. 北京：化学工业出版社.
朱亦仁. 2000. 环境污染治理技术. 北京：中国环境出版社.